Regulierungsansätze für den Einsatz von Künstlicher Intelligenz und Automatisierungslösungen im Rahmen der Kreditvergabe

Europäische Hochschulschriften Recht

European University Studies in Law

Publications Universitaires Européennes de Droit

Band/Volume 6850

Maria Martina Risse

Regulierungsansätze für den Einsatz von Künstlicher Intelligenz und Automatisierungslösungen im Rahmen der Kreditvergabe

PETER LANG
Berlin · Bruxelles · Chennai · Lausanne · New York · Oxford

Bibliografische Information der Deutschen Nationalbibliothek
Die Deutsche Nationalbibliothek verzeichnet diese Publikation in der Deutschen Nationalbibliografie; detaillierte bibliografische Daten sind im Internet über http://dnb.d-nb.de abrufbar.

Zugl.: Mainz, Univ., Diss., 2024

DE-77
ISSN 3052-8291 (Print)
ISSN 3052-8305 (eBook)
ISBN 978-3-631-93486-9 (Print)
ISBN 978-3-631-93542-2 (ePDF)
ISBN 978-3-631-93543-9 (ePUB)
DOI 10.3726/b22752

Verlegt durch Peter Lang GmbH, Berlin, Deutschland

info@peterlang.com

www.peterlang.com

Kontakt zur Verordnung über die allgemeine Produktsicherheit (GPSR):
gpsr@peterlang.com

Inhalt

Vorwort

Diese Arbeit ist zwischen den Jahren 2021 und 2022 entstanden und wurde im März 2022 beim Fachbereich Rechts- und Wirtschaftswissenschaften der Johannes Gutenberg-Universität Mainz als Dissertation eingereicht. Die Disputation erfolgte am 7. Juni 2024. Diese Dissertation berücksichtigt den Rechts-, Rechtsprechungs- und Literaturstand bis einschließlich März 2022, wobei punktuell und hauptsächlich in den beschreibenden und einführenden Teilen aktuellere Literatur verwertet wurde.

Mein besonderer Dank gilt meinem Doktorvater Herrn Univ.-Prof. Dr. Ruthig für seine kundige und engagierte Begleitung während meines Promotionsverfahrens. Ebenso danke ich Frau Univ.-Prof. Dr. Gurlit für Ihre konstruktiven Anregungen und hilfreichen Impulse. Daneben gilt mein besonderer Dank Frau Dr. Tina Kostic für ihre wertvolle Unterstützung.

Diese Arbeit widme ich meiner Mutter, Gascha Risse, und meinem Vater, Wilhelm Risse, der im Mai 2015 verstorben ist. Ihrer Liebe, Fürsorge und ihrem stets unermüdlichen Einsatz für mich verdanke ich alles.

Einführung

1. Einleitung

Der Einsatz von Künstlicher Intelligenz (‚KI') und die Nutzung von Automatisierungslösungen eröffnen erhebliche Chancen, sowohl für Individuen als auch für die Gesamtwirtschaft, die potenziell enorm von der Nutzung KI-basierter Technologien profitieren könnte. Auf gesamtwirtschaftlicher Ebene wird beispielsweise vorhergesagt, dass die Nutzung von KI-Systemen bis zum Jahre 2030 insgesamt 1,2 Prozentpunkte zum jährlichen Wachstum des globalen Bruttoinlandsprodukts beitragen könnte.[1] Zur Veranschaulichung der Höhe und Signifikanz dieses Werts: Die Entwicklung der Dampfmaschine hat 0,3 Prozentpunkte und die Verbreitung der Informationstechnologie 0,6 Prozentpunkte zum globalen Wachstum beigetragen.[2] Dieser besonders hohe prognostizierte Wachstumswert lässt sich unter anderem auch damit begründen, dass KI-Systeme einen so vielfältigen Anwendungsbereich haben und über die unterschiedlichsten Industriefelder und Dienstleistungssektoren hinweg eingesetzt werden können. Die rapide Entwicklung von Automatisierung und Algorithmisierung wird dadurch

---

1 *Fraunhofer-Institut für Intelligente Analyse- und Informationssysteme (IAIS)*, Vertrauenswürdiger Einsatz von Künstlicher Intelligenz, S. 7, online abrufbar unter: https://bit.ly/3IeeQwR (Stand: 23.02.2022); Statistik des Informationsdienstes des Instituts der deutschen Wirtschaft vom 10.01.2019, online abrufbar unter: https://bit.ly/3v6AaRb (letzter Aufruf am 23.02.2022).

2 *Fraunhofer-Institut für Intelligente Analyse- und Informationssysteme (IAIS)*, Vertrauenswürdiger Einsatz von Künstlicher Intelligenz, S. 7, online abrufbar unter: https://bit.ly/3IeeQwR (letzter Aufruf am 23.02.2022).

begünstigt, dass Informationstechnologie allgegenwärtig ist und mittlerweile immer mehr Lebensbereiche durchzieht.[3] So können immer größere und diversifizierte Datenmengen erhoben, digital erfasst, analysiert und für die Zwecke von KI-basierten Technologien verwendet werden.[4]

Auch die Finanzdienstleistungsbranche macht sich die neuen technologischen Möglichkeiten, insbesondere auch im Rahmen des Kreditgeschäfts, immer mehr zunutze. Nicht zuletzt eröffnen fortschrittliche Technologien in Form von sowohl Automatisierungslösungen als auch KI-basierten Systemen den Kreditinstituten Möglichkeiten, sich im intensiven Wettbewerb auf dem Kreditmarkt behaupten zu können. So ermöglicht es beispielsweise die Teil- oder Vollautomatisierung von Bonitätsbewertungen den Banken, den Zeitraum bis zur Kreditzusage erheblich verkürzen zu können. Da sich die Angebote vieler Banken im Hinblick auf die Zinshöhe kaum noch unterscheiden, helfen Automatisierungslösungen dabei, die Kunden stattdessen mit einer besonders kurzen Wartezeit zwischen Kreditantrag und -auszahlung zu gewinnen. Der Einsatz von Künstlicher Intelligenz, also lernenden Algorithmen, beispielsweise im Rahmen der Kreditwürdigkeitsprüfung ermöglicht es zudem, möglichst präzise Prognosen hinsichtlich der Zahlungsfähig- und -willigkeit zu generieren, die das Risikoprofil des potenziellen Kunden möglichst genau abbilden. Diese Präzision befähigt die Banken, die Kreditentscheidung wie auch die Kreditkonditionen so auszugestalten, dass ihr finanzielles Risiko minimiert wird, was wiederum ihre Profitabilität positiv beeinflusst. Neben traditionellen Banken spielen auch Fintech-Unternehmen aufgrund ihrer spezialisierten Expertise, insbesondere im Technologiekontext, eine immer wichtigere Rolle bei der Entwicklung und Verwendung von KI-basierten Kreditentscheidungssystemen.

Trotz des besonderen Potenzials der neuen technologischen Möglichkeiten für das Kreditgeschäft stellen sich zwei zentrale Herausforderungen für Wirtschaft, Politik und Gesetzgeber:

Zum einen ist nicht zu verkennen, dass der Einsatz der genannten Technologieformen neue Risikobereiche eröffnet, denen es zu begegnen

---

[3] *Bertelsmann Stiftung*, Arbeitspapier, Damit Maschinen den Menschen dienen, S. 7, online abrufbar unter: https://bit.ly/3t1sQUd (letzter Aufruf am 23.02.2022).

[4] *Bertelsmann Stiftung*, Arbeitspapier, Damit Maschinen den Menschen dienen, S. 7, online abrufbar unter: https://bit.ly/3t1sQUd (letzter Aufruf am 23.02.2022).

gilt. So bergen KI-basierte Systeme wie auch Automatisierungslösungen beispielsweise Gefahren für den Datenschutz, begünstigen und perpetuieren unter Umständen diskriminierende Strukturen und gelten als besonders exponiert im Hinblick auf informationstechnologische Sicherheitsrisiken.

Zum anderen sind wichtige Voraussetzungen für die weitläufige Implementierung und den sektorübergreifenden Einsatz neuer Technologien, Vertrauen und gesellschaftliche Akzeptanz in diese Entwicklungen zu schaffen. Dass es aktuell teilweise daran zu mangeln scheint, deutet unter anderem auch die Formulierung der kürzlich erlassenen europäischen Regulierung in Form der EBA-Leitlinien für die Kreditvergabe und -überwachung an.[5] Diese Leitlinien stellen den Einsatz KI-basierter Systeme im Finanzsektor eher als Risiko statt als Chance dar. So lesen sich die entsprechenden KI-bezogenen Vorgaben eher als Versuche, eine plötzlich aufgetretene Gefahrenquelle für die Finanzmarktstabilität zu beherrschen, anstatt KI-Systeme und Automatisierungslösungen als neue Wertschöpfungsmöglichkeiten in die bestehende Regulierungspraxis zu integrieren. Aber auch allgemein betrachtet scheint diese Perspektive einer teilweise vorzufindenden Mentalität zu entsprechen, die als „technologiefeindlich" beschrieben wird und KI-basierte Systeme als „gefährliches Science-Fiction-Zeug" abstempelt.[6] Diese Technologiefeindlichkeit liegt vermutlich unter anderem in zwei Umständen begründet: Erstens könnte aufgrund der aktuell geringen Regulierungsdichte im Hinblick auf die Nutzung KI-basierter Systeme der Eindruck entstehen, die Nutzung solcher Systeme spiele sich in einem „rechtsfreien Raum" ab, in welchem schlimmstenfalls autonom agierende KI-Systeme dem menschlichen Kontroll- und Eingriffsbereich entgleiten könnten. Zweitens besteht sehr wenig technisches Verständnis für die Hintergründe und Wirkungsweise der Technologien, was im Hinblick auf den Einsatz von KI zu Skepsis und Unbehagen führt.[7]

---

[5] *European Banking Authority*, Guidelines on loan origination and monitoring, EBA/GL/2020/06, 29.05.2020, online abrufbar unter: https://bit.ly/3t3R4gr (letzter Aufruf am 23.02.2022).

[6] *Timotheus Höttges*, „Überall Glasfaser? Das ist Quatsch!", in: Frankfurter Allgemeine Sonntagszeitung vom 10.10.2021, Nr. 40.

[7] *Timotheus Höttges*, „Überall Glasfaser? Das ist Quatsch!", in: Frankfurter Allgemeine Sonntagszeitung vom 10.10.2021, Nr. 40.

Vor dem Hintergrund dieser zwei abstrakten Problemkomplexe stellt sich die Frage, welche gesetzlichen Rahmenbedingungen insbesondere bei der Verwendung neuer Technologieformen für die Zwecke der Kreditvergabe zu beachten sind und ob diese Regelungen hinreichend in der Lage sind, dem erhöhten Risikopotenzial zu begegnen. Tatsächlich handelt es sich beim Kreditgeschäft um einen intensiv regulierten Bereich, auf den nicht nur zivil- und datenschutzrechtliche Bestimmungen anwendbar sind, sondern welche auch ein dichtes Regelungsgeflecht von aufsichtsrechtlichen Normen durchzieht. So könnte man meinen, dass insbesondere die technologieneutralen Vorgaben des Aufsichtsrechts ausreichend sein sollten, um jeglichem neuen Technologierisiko zu begegnen. Wie jedoch im Rahmen dieses Beitrags näher ausgeführt wird, sind diese Regelungen eher auf die Steuerung banktypischer Risiken ausgerichtet und daher nicht ausreichend, um auch datenschutzrechtliche, diskriminierungsrechtliche und verbraucherschutzrechtliche Gefahren umfassend im gebotenen Maße zu regulieren. Die datenschutzrechtlichen Regelungen selbst weisen Grenzen und Beschränkungen auf, die im Rahmen dieses Beitrags angerissen werden. Insbesondere sind die datenschutzrechtlichen Informations- und Transparenzpflichten, die eigentlich der Schaffung von Vertrauen dienen könnten, für diesen Zweck nicht uneingeschränkt nutzbar. Somit beleuchtet dieser Beitrag die Grenzen der bestehenden Regulierung, sowohl bei der Steuerung neuer technologieimmanenter Risikobereiche als auch bei der Schaffung von Vertrauen und gesellschaftlicher Akzeptanz.

Für die Zwecke möglicher Regulierungsbemühungen kommt erschwerend hinzu, dass es sich bei der Regulierung von KI im Finanzbereich um eine fachliche Querschnittsmaterie handelt, die in den Kompetenzbereich diverser Fachbehörden, wie den Datenschutzbehörden, Antidiskriminierungsstellen, Aufsichtsbehörden und Verbraucherschutzbehörden, fällt. Gleichzeitig setzt die Aufsicht und Regulierung dieses weitläufigen Komplexes spezialisierten Sachverstand voraus, den es zunächst erstmal bei Fachbehörden, Gesetzgebern und Finanzinstituten aufzubauen gilt. Zusätzlich besteht die Gefahr, dass der Gesetzgeber der technologischen Entwicklung stets hinterherzuhinken droht. Lediglich „reaktive" Gesetzgebung, die erst gewisse Zeit nach Manifestation einer Bedrohungslage in Gang gesetzt wird, entspricht nicht mehr den Bedürfnissen einer sich rasch wandelnden technologisierten Wirtschaft und Gesellschaft. Stattdessen bedürfte es der Implementierung einer Infrastruktur, die in der Lage ist, sich schnell der technologischen Entwicklung anzupassen und diese bestenfalls durch intensiven Austausch mit Wissenschaft und Forschung antizipieren zu können. So steht im Fokus dieses Beitrags nicht ausschließlich die Bankenpraxis, wie sie aktuell gelebt wird und im Rahmen derer sich beispielsweise stets „human oversight" der Kreditwürdigkeitsprüfung anschließt, sondern auch der potenzielle Umgang mit technischen Perspektiven.[8] Abgesehen davon, dass „oversight" ein auslegungsfähiger Begriff ist und diverse Kontrollintensitäten umfassen kann, gibt ein Blick auf andere Rechts- und Wirtschaftskreise Aufschluss darüber, wie expansiv die Möglichkeiten und das Wertschöpfungspotenzial eines intensivierten Technologieeinsatzes, insbesondere im Kreditgeschäft, sind.[9]

Auch vor diesem Hintergrund analysiert dieser Beitrag die bestehenden gesetzlichen Rahmenbedingungen und erläutert den Nutzen und die Sinnhaftigkeit von zwei potenziellen Regulierungsansätzen in Form von staatlichen Zulassungsverfahren, die aktuell bereits im Entwurf der KI-Verordnung vorgesehen sind, und der Einrichtung einer staatlichen Unterstützungs- und Überwachungseinheit am Beispiel des Bundesamts für Sicherheit in der Informationstechnik. Es wird untersucht, inwieweit diese Ansätze eventuell eine sinnvolle Ergänzung der bestehenden Strukturen mit Blick auf die speziellen Herausforderungen darstellen könnten, die aufgrund der aktuellen und fortschreitenden Technologisierung der Finanzbranche substantiiert werden.

2. Gang der Darstellung

Dieser Beitrag befasst sich in Kapitel 2 zunächst mit der Erläuterung von überwiegend technischen Begrifflichkeiten, die im Rahmen der Debatte um die Regulierung von Künstlicher Intelligenz von Relevanz sind. Insbesondere

---

8 *Die Deutsche Kreditwirtschaft*, Stellungnahme zu dem Vorschlag für eine Verordnung des Europäischen Parlaments und des Rates zur Festlegung harmonisierter Vorschriften für künstliche Intelligenz (Gesetz über künstliche Intelligenz) und zur Änderung bestimmter Rechtsakte der Union, S. 4, online abrufbar unter: https://bit.ly/3hbEiHu (letzter Aufruf am 23.02.2022).

9 Vgl. hierzu *Langenbucher / Corcoran*, Responsible AI Credit Scoring – A Lesson from Upstart.com, Digital Finance in Europe: Law, Regulation and Governance 5 (2022), 1, 1 ff.

handelt es sich hierbei um Begriffe, die in der Wissenschaft teilweise uneinheitlich definiert und ausgelegt werden. Somit soll an dieser Stelle das diesem Beitrag zugrunde liegende Verständnis der jeweiligen Konzepte definiert werden.

Kapitel 3 gewährt einen allgemeinen Überblick über einige Möglichkeiten, wie Automatisierungslösungen und KI-basierte Systeme, die im Rahmen der diversen Phasen des Kreditvergabeprozesses zum Einsatz kommen könnten. Insbesondere wird in diesem Kontext verstärkt auf die Verwendung von Technologien auf der Basis von KI und Big Data für die Zwecke der Kreditwürdigkeitsprüfung eingegangen und erläutert, welchen Einfluss diese Technologieformen perspektivisch auf diese Phase des Kreditprozesses haben könnten.

Kapitel 4 erörtert, welchen Einfluss die Nutzung von Automatisierungslösungen und KI-basierten Systemen auf das Risikoprofil des Kreditvergabeprozesses haben. Dies wird im Rahmen einer Gegenüberstellung der risikoerhöhenden und risikosenkenden Aspekte des Technologieeinsatzes veranschaulicht.

Kapitel 5 führt aus, welche zivilrechtlichen Vorgaben allgemein im Rahmen der Kreditvergabe gelten und somit auch beim Einsatz diverser Technologieformen zu beachten sind. Insbesondere wird erörtert, welchen Einfluss der nun auch verbraucherschützende Zweck der Kreditwürdigkeitsprüfung und das Prinzip der verantwortungsvollen Kreditvergabe auf (voll-)automatisierte und KI-basierte Entscheidungssysteme haben könnten.

Kapitel 6 befasst sich mit dem umfangreichen Geflecht aufsichtsrechtlicher Vorgaben, die insbesondere von Relevanz für den Einsatz von Automatisierungs- und KI-Lösungen für die Zwecke der Kreditvergabe sind. In diesem Zusammenhang wird auf die Regelungen der MaRisk, der BAIT und der EBA-Leitlinien zur Kreditvergabe und -überwachung eingegangen. Letztlich werden die Grenzen der aufsichtsrechtlichen Vorgaben bei der Steuerung der neuen datenschutzrechtlichen, diskriminierungsrechtlichen und anderweitigen verbraucherschutzrechtlichen Gefahren aufgezeigt.

Kapitel 7 liefert einen allgemeinen Überblick über die relevanten datenschutzrechtlichen Bestimmungen und deren Grenzen. Insbesondere werden die datenschutzrechtlichen Transparenz- und Informationspflichten erläutert und erörtert, inwieweit sie tatsächlich zur Schaffung von Vertrauen und gesellschaftlicher Akzeptanz neuer Technologieformen beitragen können.

Letztlich werden auch, losgelöst von den spezifischen Limitationen der datenschutzrechtlichen Transparenzregelungen, die allgemeinen Beschränkungen solcher Pflichten aufgezeigt. So stehen Transparenzpflichten generell die Geheimhaltungsinteressen der Entwickler und Verwender KI-basierter Systeme entgegen. Weiterhin wird die Durchsetzung von Transparenzrechten dadurch erschwert, dass die Funktionsweise bestimmter KI-Systeme, je nach Art und Komplexität, selbst von Fachleuten nicht erklärt werden kann. Dies dient der Substantiierung der These, dass zusätzlich zu den bestehenden Vorgaben, alternative Regulierungsansätze eine sinnvolle Ergänzung liefern könnten.

Kapitel 8 nennt der Vollständigkeit halber die relevanten Gesetzesentwürfe, die aktuell für die Regulierung des Einsatzes von KI-Systemen und Automatisierungslösungen in der Kreditindustrie bestehen.

Kapitel 9 erläutert, inwieweit Zertifizierungsverfahren die Regulierung von KI-basierten Systemen im Finanzbereich supplementieren könnten. Insbesondere wird im Sinne eines risikobasierten Regulierungsansatzes herausgearbeitet, welche Kriterien für die Zertifizierungsbedürftigkeit eines KI-basierten Systems maßgeblich sein könnten. Weiterhin werden allgemein die möglichen Vorteile und Herausforderungen solcher Verfahren beschrieben.

Kapitel 10 untersucht, inwieweit die Errichtung einer Unterstützungs- und Überwachungseinheit für KI-basierte Technologie die bestehenden (Aufsichts-)Strukturen sinnvoll ergänzen könnte. Diese Analyse wird anhand des Beispiels des Bundesamts für Sicherheit in der Informationstechnologie (‚BSI‘) vorgenommen. Insbesondere wird auf die Rolle des BSIs im Rahmen der Implementierung von intelligenten Messsystemen für die Zwecke der Digitalisierung der Energiewende eingegangen und herausgearbeitet, welche Kompetenzen und Tätigkeiten das BSI diesbezüglich innehat. Auf dieser Basis wird erörtert, inwieweit eine Behörde im Bereich der Algorithmenregulierung mit ähnlichen Befugnissen ausgestattet werden könnte oder sollte.

Thematischer Überblick

Dieses Kapitel gewährt einen Überblick über technologische Grundkonzepte, die im Rahmen der Debatte um Künstliche Intelligenz und Automatisierungslösungen von besonderer Bedeutung sind. Insbesondere wird in diesem Zusammenhang erörtert, welches Verständnis der jeweiligen Fachtermini dieser Arbeit zugrunde gelegt wird. Weiterhin werden einige Faktoren erläutert, die das Risikoprofil von KI-basierten Systemen determinieren. Dieses Risikoprofil wird nämlich nicht nur von der verwendeten Technologieform als solcher geprägt, sondern auch von den Umständen und Rahmenbedingungen, unter denen jene Technologie zum Einsatz kommt. Diese müssten im Rahmen einer risikobasierten Regulierung ebenfalls Berücksichtigung finden. Letztlich werden einige Grundbegriffe definiert, die fortlaufend im Rahmen dieses Beitrags von Relevanz sein werden.

1. Erläuterung relevanter Grundbegrifflichkeiten

In den letzten Jahren hat die Verwendung von Begrifflichkeiten wie dem der „Künstlichen Intelligenz“, dem „Maschinellen Lernen“ oder auch der „algorithmischen Entscheidungsfindung“ im öffentlichen Diskurs stark zugenommen.[10] Hierbei handelt es sich um Begriffe, die einen engen Technikbezug aufweisen und deren genaue Bedeutung Gegenstand von Diskussionen ist, nicht zuletzt, weil sie in Wissenschaft und Forschung häufig unterschiedlich

---

[10] Vgl. *Hurley / Adebayo*, Credit Scoring in the Era of Big Data, Yale J.L. & Tech. 18 (2016), 148, 159.

ausgelegt und verstanden werden. Zunächst werden daher für die Zwecke dieser Arbeit diverse Begriffe und Konzepte erläutert, die von besonderer thematischer Relevanz sind und auf die im Rahmen der folgenden Kapitel vermehrt Bezug genommen wird. Insbesondere vor dem Hintergrund der Opazität dieser Begriffe, ist eine Spezifizierung des jeweiligen Verständnisses angezeigt, welches dieser Arbeit zugrunde liegt.

1.1 Künstliche Intelligenz

Das zentrale Schlagwort der Debatte ist sicherlich das der „Künstlichen Intelligenz" an sich. Die Literatur zu diesem Thema verwendet voneinander abweichende Definitionen dieses Begriffs, da auch unter Informatikern kein Konsens hinsichtlich einer einzigen allgemeingültigen Begriffsbedeutung besteht.[11] Im Duden wird der Begriff der „Künstlichen Intelligenz" definiert als „die Fähigkeit bestimmter Computerprogramme, menschliche Intelligenz nachzuahmen".[12] Im Grundsatz meint der Begriff der „Künstlichen Intelligenz" somit eine Vielzahl von Technologien, deren gemeinsamer Zweck derjenige ist, Aufgaben zu erfüllen, die typischerweise mit menschlicher oder tierischer Intelligenz in Verbindung gebracht werden.[13] John McCarthy, der den Begriff der Künstlichen Intelligenz in den fünfziger Jahren geprägt hat, definiert das Konzept der Künstlichen Intelligenz als „die Wissenschaft und Technik der Entwicklung intelligenter Maschinen".[14]

In diesem Zusammenhang ist jedoch zu beachten, dass die Bezeichnung von Maschinen beziehungsweise Systemen als „intelligent" selektiv vorzunehmen ist. Denn selbst wenn ein System technologisch fortgeschritten und leistungsstark ist, muss dies nicht zwingend mit dem Merkmal der „Intelligenz" einhergehen. Dieses Merkmal wird nämlich als die Fähigkeit definiert, „zu lernen, zu verstehen oder mit neuen oder herausfordernden

---

11 *Hacker*, Europäische und nationale Regulierung von Künstlicher Intelligenz, NJW 2020, 2142 (2142).

12 Siehe hierzu die Definition des Duden, online abrufbar unter https://bit.ly/3vbfQ0U (letzter Aufruf am 23.02.2022).

13 *The Royal Society*, Explainable AI: the basics, Policy Briefing, November 2019, S. 6, online abrufbar unter: https://bit.ly/3LTqVto (letzter Aufruf am 23.02.2022).

14 *The Royal Society*, Explainable AI: the basics, Policy Briefing, November 2019, S. 6, online abrufbar unter: https://bit.ly/3LTqVto (letzter Aufruf am 23.02.2022).

Situationen umzugehen".[15] Die Klassifizierung eines Systems als „künstlich intelligent" setzt somit die Eigenschaft einer gewissen Adaptivität und Anpassungsfähigkeit voraus. Streng genommen handelt es sich daher bei Systemen, die lediglich nach einem vordefinierten Muster Daten verarbeiten, selbst wenn die Datenverarbeitung an sich einem komplizierten, aber letztlich vorhersehbaren Prozess folgt, nicht um ein intelligentes System im engeren Sinne. Zu künstlich intelligenten Systemen im engeren Sinne gehören lediglich solche, die „lernfähig" sind, also die in der Lage sind, ihre interne Wirkungsweise aufgrund von Feedback über die Qualität der bereits generierten Ergebnisse eigenmächtig anzupassen. Sofern daher im Rahmen dieses Beitrags auf ‚künstlich intelligente Systeme' oder ‚KI-basierte' Systeme abgestellt wird, sind ausschließlich solche gemeint, welche die Eigenschaften der Lernfähigkeit besitzen. Auf die Lernfähigkeit selbst wird ausführlich noch in Kapitel 2, Abschnitt 1.2, (iii) Bezug genommen.

In Übereinstimmung mit diesem Verständnis definiert das Weißbuch der Europäischen Kommission zu diesem Thema Systeme, die auf Künstlicher Intelligenz basieren, wie folgt:

> Künstliche-Intelligenz-Systeme sind vom Menschen entwickelte Software- (und möglicherweise auch Hardware-) Systeme, die in Bezug auf ein komplexes Ziel auf physischer oder digitaler Ebene agieren, indem sie ihre Umgebung durch Datenerfassung wahrnehmen, die gesammelten strukturierten oder unstrukturierten Daten interpretieren, Schlussfolgerungen daraus ziehen oder die aus diesen Daten abgeleiteten Informationen verarbeiten und über die geeignete(n) Maßnahme(n) zur Erreichung des vorgegebenen Ziels entscheiden. Künstliche-Intelligenz-Systeme können entweder symbolische Regeln verwenden oder ein numerisches Modell erlenen, und sind auch in der Lage, die Auswirkungen ihrer früheren Handlungen auf die Umgebung zu analysieren und ihr Verhalten entsprechend anzupassen.[16]

1.2 Algorithmen und algorithmische Entscheidungsfindung

Algorithmen und algorithmische Entscheidungsfindung können als Werkzeug und Grundlage der KI-Systeme verstanden werden. Je nach Art

---

15 Vgl. hierzu Merriam-Webster Dictionary, Definition von „Intelligence", online abrufbar unter: https://bit.ly/3h6LQes (letzter Aufruf am 23.02.2022).

16 *Europäische Kommission*, Weissbuch, Zur Künstlichen Intelligenz – ein europäisches Konzept für Exzellenz und Vertrauen, COM(2020) 65 final, S. 19, online abrufbar unter: https://bit.ly/33JMw6z (letzter Aufruf am 23.02.2022).

und Einsatzform von Algorithmen und deren Einbettung in Softwaresysteme unterscheiden sich die regulatorischen Risiken, die im Fokus der weiteren Kapitel stehen. Aus diesem Grund werden im Folgenden die einzelnen Abstufungen und Ausprägungen algorithmischer Systeme näher erläutert.

(i) Algorithmen

Vereinfacht ausgedrückt sind Algorithmen der Motor und die Basis eines jeden KI-Systems. Im Grunde sind Algorithmen Mittel, die eigenständig und automatisiert mathematische Probleme lösen können.[17] Voraussetzung hierfür ist, dass in den Algorithmus die hierfür notwendigen Informationen eingepflegt werden, die aus dem sogenannten „Input" sowie aus der Beschreibung des zu lösenden Problems bestehen. Der „Input" bezeichnet die Daten und Informationen, die als Entscheidungsgrundlage dienen. Zudem muss der Algorithmus auch dahingehend angeleitet werden, welche bestimmten Eigenschaften der von ihm zu ermittelnde „Output", also das Resultat der algorithmischen Berechnung, haben soll. Auf Basis des „Inputs" einen entsprechenden „Output" zu ermitteln, der die vordefinierten und spezifizierten Eigenschaften hat, stellt das mathematische Problem dar, welches mit Hilfe des Algorithmus zu lösen ist.

Insofern ist ein Algorithmus auch mit einer mathematischen Funktion vergleichbar, welche aufgrund bestimmter Eingaben ein entsprechendes Ergebnis berechnet. Anders als im Falle mathematischer Funktionen sind allerdings die Regeln, die Algorithmen zugrunde liegen, in Programmiersprache, also in sogenanntem „Code", formuliert.[18] Diese Regeln sind eindeutige Handlungsanweisungen, quasi der „Lösungsweg", welcher die Ermittlung von Ausgabedaten auf Basis bestimmter Eingabedaten zu einem spezifizierten Zweck beschreibt.[19] Ein Algorithmus besteht somit aus einer Serie von Handlungsanweisungen, die als Computerprogramm implementiert werden,

---

[17] *Bertelsmann Stiftung*, Arbeitspapier, Wo Maschinen irren können – Verantwortlichkeiten und Fehlerquellen in Prozessen algorithmischer Entscheidungsfindung, S. 11, online abrufbar unter: https://bit.ly/3hbNk7o (letzter Aufruf am 23.02.2022).

[18] *Bertelsmann Stiftung*, Arbeitspapier, Damit Maschinen den Menschen dienen, S. 9, online abrufbar unter: https://bit.ly/3t1sQUd (letzter Aufruf am 23.02.2022).

[19] *Bertelsmann Stiftung*, Arbeitspapier, Wo Maschinen irren können – Verantwortlichkeiten und Fehlerquellen in Prozessen algorithmischer Entscheidungsfindung, S. 11, online abrufbar unter: https://bit.ly/36t6HXf (letzter Aufruf am 23.02.2022).

und der Lösung eines formal definierten beziehungsweise definierbaren Problems dienen.[20] Die auf diesem Weg gewonnenen Resultate bilden letztlich die Grundlage algorithmischer Entscheidungen.[21]

Zusammenfassend bestehen algorithmische Entscheidungen somit aus vier Grundkomponenten: Zunächst aus der Spezifikation des mathematischen Problems an sich, das mit Hilfe des Algorithmus zu lösen ist. Zweitens dem Algorithmus als Lösungsweg zur Ermittlung des Resultats. Drittens, den entsprechenden Eingabedaten, die in den Algorithmus eingepflegt werden und auf deren Basis die jeweiligen Ergebnisse ermittelt werden. Viertens, den Ausgabedaten, also den mit Hilfe des Algorithmus produzierten Ergebnissen, welche die Lösung des mathematischen Problems darstellen.

Ein Beispiel für ein solches mathematisches Problem könnte die Ermittlung der Strecke mit der kürzesten erwarteten Fahrzeit zwischen zwei Punkten, A und B, sein.[22] Die Eingabedaten bestünden in diesem Fall beispielsweise aus einer Straßenkarte, die alle Straßen mit ihren entsprechenden Längen enthält, sowie dem Standort (Punkt A) und dem Ziel (Punkt B) des Fahrers. Der Algorithmus, in welchen diese Daten eingepflegt werden, enthält den Lösungsweg zur Ermittlung der kürzesten erwarteten Fahrzeit, dem Output.[23]

(ii) Algorithmische Entscheidungssysteme

Algorithmische Entscheidungssysteme lassen sich, abhängig von ihrem Automatisierungsgrad, in zwei grobe Kategorien unterteilen: teilautomatisierte und vollautomatisierte Entscheidungssysteme. Aufgrund der Tatsache, dass mit steigendem Automatisierungsgrad algorithmischer Systeme gleichzeitig auch ihr regulatorisch relevantes Risikoprofil steigt, wird die Grobeinteilung im Folgenden kurz erläutert.

---

20 *Fachgruppe Rechtsinformatik der Gesellschaft für Informatik e.V.*, Studie, Technische und rechtliche Betrachtungen algorithmischer Entscheidungsverfahren, S. 17, online abrufbar unter: https://bit.ly/3saCipa (letzter Aufruf am 23.02.2022).

21 *Bertelsmann Stiftung*, Arbeitspapier, Damit Maschinen den Menschen dienen, S. 9, online abrufbar unter: https://bit.ly/3t1sQUd (letzter Aufruf am 23.02.2022).

22 *Bertelsmann Stiftung*, Arbeitspapier, Wo Maschinen irren können – Verantwortlichkeiten und Fehlerquellen in Prozessen algorithmischer Entscheidungsfindung, S. 11, online abrufbar unter: https://bit.ly/36t6HXf (letzter Aufruf am 23.02.2022).

23 *Bertelsmann Stiftung*, Arbeitspapier, Wo Maschinen irren können – Verantwortlichkeiten und Fehlerquellen in Prozessen algorithmischer Entscheidungsfindung, S. 11, online abrufbar unter: https://bit.ly/36t6HXf (letzter Aufruf am 23.02.2022).

Die erste Systemkategorie, sogenannte „Assistenzsysteme" oder „Decision Support Systems", liefern Ergebnisse auf Grundlage von Algorithmen, die lediglich die von Menschen getroffene Letztentscheidung unterstützen sollen. Diese Systeme werden auch als „teilautomatisiert" und „algorithmenbasiert" beschrieben. Sie liefern entscheidungserhebliche Datenpunkte und setzen ein gewisses Maß humaner Handlungsautonomie voraus. Diese Systeme werden für die Zwecke dieses Beitrags als „Teilautomatisierte ADM-Systeme" bezeichnet. Obwohl Teilautomatisierte ADM-Systeme nur richtungsweisende Ergebnisse liefern sollen und die menschliche Letztentscheidung nicht vorwegnehmen dürften, sei an dieser Stelle angemerkt, dass zu befürchten ist, dass die Verantwortlichen unter Umständen, je nach Art und Kontext des verwendeten Systems, nur selten zu Ergebnissen kommen, die von den Empfehlungen des Systems abweichen.[24] Eine mögliche Erklärung liegt im Zeitaufwand, da menschliche Entscheider unter Umständen dazu verpflichtet sind, vom System abweichende Entscheidungen hinreichend zu begründen. Die Herausforderungen, die sich stellen, wenn ein als „teilautomatisiert" tituliertes System in seiner tatsächlichen Funktionsweise eher einem vollautomatisierten System gleicht, werden an späteren Stellen dieses Beitrags untersucht.

Neben algorithmischen Assistenzsystemen gibt es auch automatische Entscheidungssysteme, die als „Automated Decision-Making System" bezeichnet werden. Diese werden auch als „vollautomatisiert" oder „algorithmendeterminiert" beschrieben und für die Zwecke dieses Beitrags als „Vollautomatisierte ADM-Systeme" bezeichnet. Diese Systeme ermitteln mit Hilfe algorithmenbasierter Technologie Bewertungen oder Prognosen, so wie Assistenzsysteme auch. Im Unterschied zu diesen fließen die ermittelten Ausgabedaten bei Vollautomatisierten ADM-Systemen direkt in eine Software ein, die automatisch Entscheidungen auf Basis der algorithmischen Resultate umsetzt. Vollautomatisierten ADM-Systemen liegt somit ein zweistufiger Prozess zugrunde: Zunächst werden mit Hilfe eines Algorithmus Ausgabedaten generiert, beispielsweise die Wahrscheinlichkeit des Eintretens einer Situation wie dem Ausfall eines Schuldners. Daraufhin wird automatisch eine Soft- oder Hardware aktiviert, die auf Grundlage der Prognose eine

[24] Siehe hierzu die Argumentation des VG Wiesbaden, Beschluss vom 01.10.2021, im Zusammenhang mit Scoring-Systemen: *Ukrow*, ZD-Aktuell 2021, 05554.

Entscheidung trifft, die unmittelbare Wirkung auf das Leben der betroffenen Person entfaltet. Diese zwei Schritte erfolgen ohne jegliche menschliche Partizipation oder Intervention.[25]

(iii) Lernfähigkeit von algorithmischen Systemen

Neben der Unterscheidung zwischen Teilautomatisierten ADM-Systemen und Vollautomatisierten ADM-Systemen können algorithmische Systeme auch dahingehend unterschieden werden, ob sie auf der Basis von lernfähigen oder nicht-lernfähigen Algorithmen operieren. Auch diese Unterscheidung beeinflusst erheblich das Risikoprofil des Gesamtsystems und ist somit für die regulatorische Risikoeinschätzung relevant. Schließlich beeinflusst die Lernfähigkeit der verwendeten Algorithmen, inwieweit sich die entsprechenden Prozesse überprüfen, kontrollieren und anpassen lassen.[26]Die meisten Algorithmen sind einfach gestrickt mit klaren einprogrammierten Anweisungen für die durchzuführende Berechnung. Sie sind statisch und entwickeln sich nicht eigenständig auf der Basis der eingepflegten Inputdaten weiter, weshalb sie auch als „nicht-lernend" bezeichnet werden. Jegliche Lösungsschritte und Handlungsanweisungen sind vorab definiert, ohne dass dem System die Möglichkeit eingeräumt wird, sich im Nachhinein anpassen zu können. Regelmäßig werden nicht-lernende Algorithmen dafür verwendet, sogenannte „strukturierte" Probleme zu lösen.[27] Strukturierte Probleme zeichnen sich dadurch aus, dass es für sie eine einzige richtige Lösung gibt, die mit Hilfe eines klar definierten Lösungswegs ermittelt werden kann. Regelmäßig werden für die Lösung strukturierter Probleme statische Algorithmen verwendet, die wie mathematische Formeln aufgebaut sind und eine Lösung auf der Basis eingepflegter Datensätze ermitteln. So ist beispielsweise der Algorithmus, der im Rahmen der Softwareanwendung Microsoft Excel für die Ermittlung der höchsten Zahl innerhalb einer Zahlenspalte eingesetzt wird,

---

[25] Ein Beispiel hierfür ist das australische Centrelink-System, das eine Software verwendet, die nach einer Fallprüfung bei Verdachtsmomenten automatisch Mahnungen verschickt.

[26] *Bertelsmann Stiftung*, Arbeitspapier, Damit Maschinen den Menschen dienen, S. 11, online abrufbar unter: https://bit.ly/3t1sQUd (letzter Aufruf am 23.02.2022).

[27] Die in diesem und den folgenden Sätzen dargestellten Gedanken zu strukturierten Problemen finden sich in *Hurley* und *Adebayo*, Credit Scoring in the Era of Big Data, Yale J.L. & Tech. 18 (2016), 148, 159–162.

vergleichsweise simpel.[28] In einem solchen Fall produziert der Algorithmus einen Output anhand eines Inputs mit Hilfe einer Berechnungsmethode, die vorher festgelegt wird. Ein Vorteil von nicht-lernenden Algorithmen ist es, dass deren Programmierung und Berechnungsmethodik statisch und transparent ist und somit leicht überprüft werden kann, im Falle, dass der Algorithmus fehlerhafte Ergebnisse produziert.[29] Allerdings können auch algorithmische Systeme, die auf nicht-lernenden Algorithmen basieren, für die Automatisierung umfangreicher und komplexer Prozesse eingesetzt werden. Ein Beispiel für einen solchen komplexen Prozess, innerhalb dessen ein statischer, nicht-lernender Algorithmus verwendet wird, ist das „Page Rank“ System von Google.[30] Dieses Page Rank System hat den Zweck, die nach erfolgter Google-Suche angezeigten Webseiten nach absteigender Relevanz zu ordnen. Die Relevanz beziehungsweise relative Bedeutung der jeweiligen Webseiten wird danach ermittelt, wie viele andere Webseiten die jeweilige Webseite verlinken und wie viele Links jeweils auf die verlinkenden Webseiten verweisen. Die Ermittlung der Anzahl der jeweiligen Verlinkungen ist ein weiteres Beispiel für ein strukturierts Problem, für das es eine eindeutige Lösung und einen klaren Lösungsweg gibt. Deshalb wurde für die Zwecke des Page Rank Systems auch ein statischer Algorithmus verwendet, dem es gelang, rasch die relative Bedeutung von 26 Millionen Webseiten zu ermitteln. Dies zeigt, dass auch nicht-lernende Algorithmen erfolgreich für umfangreiche Aufgaben verwendet werden können. Allerdings fehlt ihnen, wie bereits kurz erläutert, die Lernfähigkeit beziehungsweise Adaptivität als prägendes Merkmal künstlich intelligenter Systeme.

Die Lernfähigkeit stellt ein Attribut von Algorithmen dar, welches sowohl teil- als auch vollautomatisierten Systemen zugrunde liegen kann. Lernfähigkeit bezeichnet im Kontext algorithmischer Prozesse das Finden von Mustern in großen Datenmengen, die mit dem zu bewertenden oder

---

[28] *Bruckner*, The Promise and Perils of Algorithmic Lenders’ Use of Big Data, Chicago-Kent Law Review 93 (2018), 3, 8.

[29] *Bruckner*, The Promise and Perils of Algorithmic Lenders’ Use of Big Data, Chicago-Kent Law Review 93 (2018), 3, 9.

[30] Die folgenden Ausführungen zum „Page Rank“-System und dem hierfür verwendeten Algorithmus finden sich in *Bruckner*, The Promise and Perils of Algorithmic Lenders’ Use of Big Data, Chicago-Kent Law Review 93 (2018), 3, 9.

zu prognostizierenden Verhalten korrelieren.[31] Lernfähige Algorithmen sind in der Lage, Feedbackschleifen zu generieren, über die das System die Auswirkungen vorheriger Entscheidungen erkennen kann. Auf Basis dieser Erkenntnisse kann sich das System selbst modifizieren und die Analysen vergangener Entscheidungen in die folgenden Entscheidungsprozesse einbeziehen.[32] Dies geschieht dadurch, dass die neu ermittelten Muster in unterschiedlichen Strukturen abgespeichert werden. Zu solchen Strukturen gehören beispielsweise, je nach Algorithmus-Typ, mathematische Formeln, Entscheidungsbäume oder neuronale Netze.[33] Grundsätzlich werden lernende Algorithmen mit dem Ziel programmiert, selbst erlernen zu können, wie sie am besten bestimmte Aufgaben erfüllen.[34] Deshalb eignen sich lernende Algorithmen besonders gut dafür, sogenannte „unstrukturierte" Probleme zu lösen.[35] Solche Probleme zeichnen sich dadurch aus, dass es für sie keine einzige richtige Lösung und keinen statischen Lösungsweg gibt. Stattdessen existieren mehrere mögliche Lösungen, von denen keine falsch aber manche besser als andere sind. Um solche Probleme zu lösen beziehungsweise um die beste unter mehreren möglichen Lösungen zu ermitteln, werden regelmäßig lernende Algorithmen verwendet, die adaptiv und somit in der Lage sind, ermittelte Lösungswege anhand von eingepflegter Datensätze fortlaufend zu optimieren. Hingegen ist im Fall von nicht-lernenden Algorithmen dieser Lösungsweg, vereinfacht ausgedrückt, schon vorgegeben.[36] Auf das oben genannte Beispiel des von Google verwendeten „Page Rank"-Algorithmus bezogen, wäre es die Aufgabe eines lernenden

---

31 *Bertelsmann Stiftung*, Arbeitspapier, Wo Maschinen irren können – Verantwortlichkeiten und Fehlerquellen in Prozessen algorithmischer Entscheidungsfindung, S. 12, online abrufbar unter: https://bit.ly/36t6HXf (letzter Aufruf am 23.02.2022).

32 *Bertelsmann Stiftung*, Arbeitspapier, Damit Maschinen den Menschen dienen, S. 13, online abrufbar unter: https://bit.ly/3t1sQUd (letzter Aufruf am 23.02.2022).

33 *Bertelsmann Stiftung*, Arbeitspapier, Damit Maschinen den Menschen dienen, S. 13, online abrufbar unter: https://bit.ly/3t1sQUd (letzter Aufruf am 23.02.2022).

34 *Bruckner*, The Promise and Perils of Algorithmic Lenders' Use of Big Data, Chicago-Kent Law Review 93 (2018), 3, 9.

35 Die in diesem und den folgenden Sätzen dargestellten Gedanken zu unstrukturierten Problemen finden sich in *Hurley / Adebayo*, Credit Scoring in the Era of Big Data, Yale J.L. & Tech. 18 (2016), 148, 159 f.

36 *Bruckner*, The Promise and Perils of Algorithmic Lenders' Use of Big Data, Chicago-Kent Law Review 93 (2018), 3, 9.

Algorithmus, herauszufinden, wie man am besten die Ergebnisreihenfolge von Webseiten bestimmt, anstatt lediglich Webseiten anhand von vorbestimmten Kriterien zu sortieren, wie dies bei der Anwendung von nicht-lernenden Algorithmen der Fall ist.[37]

Ein weiteres Beispiel für ein komplexes unstrukturiertes Problem, das mit Hilfe von lernenden Algorithmen bewältigt werden kann, ist die Berechnung der Kreditwürdigkeit eines potenziellen Kreditnehmers.[38] Auch in dieser Konstellation mag es diverse „richtige" Antworten geben, von denen einige aber eine präzisere Prognose darstellen als andere. Es gibt auch keine einzige statisch-mathematische Formel, um die Kreditwürdigkeit zu ermitteln.[39] Gleichzeitig kann sich mit variierenden Inputdaten auch der Lösungsweg verändern, da das System je nach konkreter Ausgestaltung in der Lage ist, sich anhand neu ermittelter Korrelationen weiterzuentwickeln.

Die besondere Kapazität und die Nützlichkeit von lernenden Algorithmen entfalten sich insbesondere in Kombination mit „Big Data", d. h. der Verfügbarkeit besonders großer Datenmengen. Schließlich besitzen lernende Algorithmen auch die Fähigkeit, Zusammenhänge und Korrelationen in großen Datenmengen zu erkennen und auf der Basis dieser Erkenntnisse Prozesse zu automatisieren, oder wie im Anwendungsfall der Kreditwürdigkeitsprüfung, Prognosen zu generieren.[40] Gleichzeitig sind lernende Algorithmen für ihre Weiterentwicklung maßgeblich von großen qualitativ hochwertigen Datenmengen abhängig, innerhalb derer sie Zusammenhänge und Muster erkennen, die ihnen für die Lösung von Problemen dienlich sind. Algorithmische Systeme, die sowohl Big Data als auch lernende Algorithmen verwenden, werden für die Zwecke dieses Beitrags als „BDAI-Systeme" oder als „BDAI-basierte Systeme" beschrieben.

Der potenzielle Nutzen von lernenden Algorithmen geht allerdings noch einen Schritt weiter und liegt darin begründet, dass es solchen Algorithmen

---

37 *Bruckner*, The Promise and Perils of Algorithmic Lenders' Use of Big Data, Chicago-Kent Law Review 93 (2018), 3, 9.

38 *Hurley / Adebayo*, Credit Scoring in the Era of Big Data, Yale J.L. & Tech. 18 (2016), 148, 162.

39 *Hurley / Adebayo*, Credit Scoring in the Era of Big Data, Yale J.L. & Tech. 18 (2016),148, 162.

40 *Bruckner*, The Promise and Perils of Algorithmic Lenders' Use of Big Data, Chicago-Kent Law Review 93 (2018), 3, 10.

gelingen kann, „nicht-intuitive" Zusammenhänge zu erkennen. Dies sind solche Korrelationen, die Menschen höchstwahrscheinlich verborgen geblieben wären. Diese Fähigkeit hat es beispielsweise der Software *AlphaGo Zero* ermöglicht, besser *Go* zu spielen als es einem Menschen wohl jemals möglich wäre.[41] Diese Überlegenheit resultierte daraus, dass der Algorithmus besonders unkonventionelle Strategien verwendete und bestimmte Züge spielte, die menschliche Spieler höchstwahrscheinlich nie gewählt hätten.[42] Wie sich BDAI-basierte Systeme im Bereich der Kreditwürdigkeitsprüfung die Fähigkeit, „nicht-intuitive" Zusammenhänge erkennen zu können, zunutze machen können, wird noch in den folgenden Kapiteln weiter ausgeführt.

Es gibt verschiedene Arten von lernenden Algorithmen, die je nach Fragestellung unterschiedlich gut geeignet sind, Gesetzmäßigkeiten und Korrelationen in Daten zu finden und zu speichern und bestimmte Fragestellungen zu beantworten.[43] Beispielsweise könnte eine solche Fragestellung in der Bewertung von Daten auf einer Skala (Scoring) oder ihrer Einteilung in Klassen (Klassifikation) bestehen.[44]

Die Lernfähigkeit von Algorithmen bilden die Basis für Technologien, die auf sogenanntem „Maschinellem Lernen" beruhen, einer Technologieform, die unter dem folgenden Abschnitt (vi) näher ausgeführt wird. Letztlich ist, wie bereits beschrieben die Lernfähigkeit beziehungsweise Adaptivität das Hauptattribut, das künstlich intelligenten Systemen innewohnt. Jedenfalls nach dem dieser Arbeit zugrundeliegenden Begriffsverständnis gelten nur solche Systeme als „künstlich intelligent", welche auf der Basis von lernenden Algorithmen operieren.

---

41 „Go" wird allgemein als eines der komplexesten Brettspiele überhaupt angesehen, vgl. hierzu *Bruckner*, Regulating Fintech Lending, Banking & Financial Services Policy Report 37 (2018), 1, 1.

42 *Bruckner*, Regulating Fintech Lending, Banking & Financial Services Policy Report 37 (2018), 1, 1.

43 *Bertelsmann Stiftung*, Arbeitspapier, Wo Maschinen irren können – Verantwortlichkeiten und Fehlerquellen in Prozessen algorithmischer Entscheidungsfindung, S. 12, online abrufbar unter: https://bit.ly/36t6HXf (letzter Aufruf am 23.02.2022).

44 *Bertelsmann Stiftung*, Arbeitspapier, Wo Maschinen irren können – Verantwortlichkeiten und Fehlerquellen in Prozessen algorithmischer Entscheidungsfindung, S. 12, online abrufbar unter: https://bit.ly/36t6HXf (letzter Aufruf am 23.02.2022).

(iv) Starke und schwache Künstliche Intelligenz selbstlernender algorithmischer Systeme

Wie bereits mehrfach erläutert, gelten nur algorithmische Systeme, die auf selbstlernenden Algorithmen basieren, als KI-Systeme und nicht auch solche, die auf nicht-lernenden Algorithmen basieren. Innerhalb der Kategorie selbstlernender Algorithmen können jedoch noch weitere Abstufungen vorgenommen werden, je nach Automatisierungsgrad und Selbstständigkeit des Lernprozesses. Diese Kriterien bestimmen, ob es sich um ein System mit „schwacher" oder „starker" Künstlicher Intelligenz handelt.

Um ein algorithmisches System von „schwacher" Künstlicher Intelligenz handelt es sich, sobald Menschen die Ziele der algorithmischen Entscheidungsfindung definiert haben, sowie deren Einsatzbereich, Optimierungsziele und Rahmenbedingungen.[45]Ein algorithmisches System von „starker" Künstlicher Intelligenz liegt dann vor, wenn der Grad menschlicher Vorbestimmung und Intervention deutlich geringer ist. Sofern sich beispielsweise ein selbstlernender Algorithmus nicht an vorgegebene Optimierungsziele orientiert, sondern diese selbst definiert und darüber hinaus eigenmächtig Erkenntnisziele festlegt und nach diesen handelt, wäre eine solche Wirkungsweise als „starke" Künstliche Intelligenz zu bezeichnen. Solche Systeme existieren heute allerdings nur als Fiktion oder als Objekt ausgewählter Forschungsvorhaben.[46]

Trotz der vielfältigen technischen Automatisierungsmöglichkeiten und dem rasanten Entwicklungsfortschritt im Bereich der Künstlichen Intelligenz verbleiben den menschlichen Beteiligten nicht zu verkennende Steuerungsaufgaben und -möglichkeiten. Zwar existieren bereits die technischen Voraussetzungen dafür, dass Systeme automatisch bestimmte Prozesse durchführen und sich hierbei als Folge von Feedbackschleifen eigenständig weiterentwickeln und optimieren; letztlich wurden aber die Rahmenbedingungen und technischen Grundlagen von Menschen festgelegt und dienen bestimmten vorab definierten Zielen. Zwar mag es sein, dass Entscheidungen ab einem gewissen Autonomisierungsgrad schwer erklärbar und nachvollziehbar sind.

---

45 *Bertelsmann Stiftung*, Arbeitspapier, Damit Maschinen den Menschen dienen, S. 13, online abrufbar unter: https://bit.ly/3t1sQUd (letzter Aufruf am 23.02.2022).

46 *Bertelsmann Stiftung*, Arbeitspapier, Damit Maschinen den Menschen dienen, S. 13, online abrufbar unter: https://bit.ly/3t1sQUd (letzter Aufruf am 23.02.2022).

Dies liegt aber an der inhärenten Systemkomplexität und der Automatisierung, und nicht daran, dass KI-Systeme etwa eigenständig und von menschlicher Interventionsmöglichkeit abgekoppelt, innerhalb von notwendigerweise intransparenten Strukturen operieren.[47]

(v) Big Data

Grundsätzlich handelt es sich bei „Big Data" um einen Begriff, für den es aktuell keine trennscharfe allgemeingültige Definition gibt.[48] Eine gängige Beschreibung für Big Data ist, dass es sich hierbei um eine Datenquelle oder Datenquellen handelt, welche sich über bestimmte Merkmale von gewöhnlichen Datenquellen unterscheiden. Im Englischen werden diese Merkmale auch als „3V"s bezeichnet, was für „volume, variety, velocity" steht. Übersetzt bedeutet dies, dass eine Datenmasse insbesondere dann als „Big Data" bezeichnet wird, wenn sie relativ großvolumig ist und unterschiedliche Datentypen beinhaltet.[49] Darüber hinaus ist für „Big Data" Datenquellen wesenstypisch, dass sie sich besonders schnell verarbeiten lassen. So kann Big Data auch so beschrieben werden, dass es sich hierbei um Datenmengen handelt, „die so groß, komplex, schnelllebig und/oder schwach strukturiert sind, dass sie mit manuellen und herkömmlichen Methoden der Datenverarbeitung nicht ausgewertet werden können".[50] Aus diesem Grund werden auch algorithmische Systeme in einem Atemzug mit dem Phänomen „Big Data" genannt, da die großen und teilweise unstrukturierten Datenmengen nur mit der Hilfe von algorithmischen Systemen sortiert, ausgewertet und analysiert werden können. Gleichzeitig benötigen algorithmische Systeme, insbesondere solche, die auf Basis von lernenden Algorithmen operieren, große Datenmengen, da sie nur so Korrelationen erkennen und Muster identifizieren können. Auf diese Weise operieren beispielsweise auch Prognosesysteme, wie solche zur

---

[47] *Bertelsmann Stiftung*, Arbeitspapier, Damit Maschinen den Menschen dienen, S. 13, online abrufbar unter: https://bit.ly/3t1sQUd (letzter Aufruf am 23.02.2022).

[48] *Bruckner*, The Promise and Perils of Algorithmic Lenders' Use of Big Data, Chicago-Kent Law Review 93 (2018), 3, 7.

[49] *Bruckner*, The Promise and Perils of Algorithmic Lenders' Use of Big Data, Chicago-Kent Law Review 93 (2018), 3, 8.

[50] *Fachgruppe Rechtsinformatik der Gesellschaft für Informatik e.V.*, Studie, Technische und rechtliche Betrachtungen algorithmischer Entscheidungsverfahren, S. 11, online abrufbar unter: https://bit.ly/3saCipa (letzter Aufruf am 23.02.2022).

Kreditwürdigkeitsanalyse, die ebenfalls von der Verfügbarkeit von großen und qualitativ hochwertigen Datenmengen abhängig sind.

Letztlich ist Big Data kein Zukunftsphänomen, sondern bereits jetzt allgegenwärtig und in jeglichem Lebensbereich vorzufinden.[51] Dies ist unter anderem eine Folge davon, dass immer mehr Smarte Endgeräte verwendet werden, beispielsweise in Form von Uhren, Kühlschränken oder auch Autos. Diese sind mit Sensoren ausgestattet, die die ermittelten Daten an andere Geräte versenden und verknüpfen. Sie werden als „smart" bezeichnet, weil diese Geräte in der Lage sind, sich mit dem Nutzer oder anderen Endgeräten über ein (Internet-)Netzwerk zu verbinden. Typischerweise speichern diese Geräte die gesammelten Daten in einer Cloud. Dies ist eine Gruppe miteinander verbundener Computer, die dem Zweck dienen, den einzelnen Endgeräten Datenspeicher und Rechenleistung verfügbar zu machen.[52] Diese erhöhte Datengenerierung und Vernetzung führt dazu, dass potenziell immer größere Datenmengen verfügbar sind, die KI-Systeme für Trainings- und Programmierungszwecke nutzen können. Schließlich ist eine Folge der großen Datenmengen, dass auch entsprechend viele „Input-Output-Korrelationen" erkennbar sind, die für bestimmte Lernzwecke verwendbar sind.[53]

Letztlich ist Big Data aber keine absolute Notwendigkeit für die grundsätzliche Funktion KI-basierter Systeme, erleichtert und beschleunigt jedoch deren Lernprozesse.[54] Aus diesem Grund wird Big Data auch als „ein Haupttreiber der Erfolge maschinellen Lernens" bezeichnet.[55]

---

[51] *Bruckner*, The Promise and Perils of Algorithmic Lenders' Use of Big Data, Chicago-Kent Law Review 93 (2018), 3, 10.

[52] *Devillé / Sergeyssels / Middag*, Basic Concepts of AI for Legal Scholars, in: De Bruyne / Vanleenhove (Hrsg.), Artificial Intelligence and the Law, Cambridge/Antwerpen/ Chicago 2021, S. 5.

[53] *Devillé / Sergeyssels / Middag*, Basic Concepts of AI for Legal Scholars, in: De Bruyne / Vanleenhove (Hrsg.), Artificial Intelligence and the Law, Cambridge/Antwerpen/ Chicago 2021, S. 6.

[54] *Deutsche Bundesbank*, Policy Discussion Paper – The Use of Artificial Intelligence and Machine Learning in the Financial Sector, S. 4, online abrufbar unter: https://bit.ly/3v5NG7E (letzter Aufruf am 23.02.2022).

[55] *BaFin*, Studie, Big Data trifft auf künstliche Intelligenz – Herausforderungen und Implikationen für Aufsicht und Regulierung von Finanzdienstleistungen, S. 24, online abrufbar unter: https://bit.ly/3vrh9cv (letzter Aufruf am 23.02.2022).

(vi) Maschinelles Lernen

Wie oben beschrieben, wird KI-Systemen das Attribut beigemessen, menschliche Intelligenz imitieren zu können.[56] Grundsätzlich können EDV-Systeme menschliche Intelligenz nur über deren Fähigkeit zur Informationsverarbeitung imitieren.[57] Bei der Informationsverarbeitung geht es spezifisch um die Umwandlung von bestimmten Informationen in gewünschten Output.[58] Die Informationsverarbeitung mit dem Ziel der Darstellung des gewünschten Outputs gelingt einem EDV-System erst, wenn es dies gelernt hat. Dieser Lernprozess kann auf zwei unterschiedliche Arten erfolgen: Entweder über „wissensbasierte" oder über „datenbasierte" Lernmethodik.[59]

Mangels Verfügbarkeit extensiver Datensätze dominierte ursprünglich die wissensbasierte Lernmethodik, bei der ein EDV-System unter Verwendung bereits festgestellter Wirkzusammenhänge, wie beispielsweise Regeln, Mustern und logischen Schlussfolgerungen, programmiert und dadurch quasi „angelernt" wird. Diese Zusammenhänge werden als Algorithmen und somit quasi als Befehle in das Softwaresystem eingepflegt, sodass nach den entsprechend programmierten Mustern das System bestimmte Informationen nach entsprechenden Regeln in den gewünschten Output transformieren kann. Mit der Zeit nahm allerdings die datenbasierte Lernmethodik zu. Diese beinhaltet, dass Systeme mit beispielhaften Datensätzen bestehend aus Input und dem hiermit korrelierenden Output konfrontiert werden.[60] Daraufhin identifiziert das System selbst die entsprechenden Zusammenhänge zwischen

---

56 Siehe hierzu die Definition des Duden, online abrufbar unter https://bit.ly/3vbfQ0U (letzter Aufruf am 23.02.2022).

57 *Devillé / Sergeyssels / Middag*, Basic Concepts of AI for Legal Scholars, in: De Bruyne / Vanleenhove (Hrsg.), Artificial Intelligence and the Law, Cambridge/Antwerpen/Chicago 2021, S. 4.

58 *Devillé / Sergeyssels / Middag*, Basic Concepts of AI for Legal Scholars, in: De Bruyne / Vanleenhove (Hrsg.), Artificial Intelligence and the Law, Cambridge/Antwerpen/Chicago 2021, S. 4.

59 *Devillé / Sergeyssels / Middag*, Basic Concepts of AI for Legal Scholars, in: De Bruyne / Vanleenhove (Hrsg.), Artificial Intelligence and the Law, Cambridge/Antwerpen/Chicago 2021, S. 4.

60 *Devillé / Sergeyssels / Middag*, Basic Concepts of AI for Legal Scholars, in: De Bruyne / Vanleenhove (Hrsg.), Artificial Intelligence and the Law, Cambridge/Antwerpen/Chicago 2021, S. 4.

Input und Output und definiert die entsprechenden Regeln und Muster, um diese dann auf neuen Input selbstständig anzuwenden. Dieser Prozess, bei dem Gesetzmäßigkeiten und Muster innerhalb bestimmter Datensätzen identifiziert werden und der selbstständigen Weiterentwicklung des Algorithmus dienen, wird als „Maschinelles Lernen" bezeichnet. Sofern im Laufe dieser Arbeit auf „ML-Technologien" oder auf „ML-Modelle" Bezug genommen wird, sind Systeme gemeint, die sich diese Technologieform zunutze machen.

Maschinelles Lernen gilt als besondere Unterform der Künstlichen Intelligenz und wird auch als dessen zentral-treibendes Element bezeichnet.[61] Sofern somit im Zuge dieser Arbeit auf „Künstliche Intelligenz" im Kontext der Kreditvergabeentscheidung oder anderer finanztechnologischen Vorgänge Bezug genommen wird, ist hiermit insbesondere deren Wirkungsweise in Form des Maschinellen Lernens gemeint. Zu den typischen Anwendungsbereichen Maschineller Lernverfahren im Finanzsystem gehören Bonitätsprüfungen, die Geldwäsche- und Betrugserkennung und die Prognose von Aktienkursen.[62] Nach einer der gängigsten Definitionen bezeichnet Maschinelles Lernen die Anwendung von Algorithmen, die eine bestimmte Aufgabe bewältigen und ihre Leistung durch eine Form von Erfahrung verbessern.[63] So erlaubt die Technologieform des Maschinellen Lernens EDV-Systemen, unter Verwendung von lernenden Algorithmen bestimmte Aufgaben auf „intelligente" Weise zu lösen.[64] Traditionelle EDV-Systeme greifen auf Programmiermethoden mit vordefinierten fixen Regeln

---

61 Vgl hierzu *BaFin*, Studie, Big Data trifft auf künstliche Intelligenz – Herausforderungen und Implikationen für Aufsicht und Regulierung von Finanzdienstleistungen, S. 7, online abrufbar unter: https://bit.ly/3vrh9cv (letzter Aufruf am 23.02.2022); *Devillé / Sergeyssels / Middag*, Basic Concepts of AI for Legal Scholars, in: De Bruyne / Vanleenhove (Hrsg.), Artificial Intelligence and the Law, Cambridge/Antwerpen/Chicago 2021, S. 4; *Bank of England, Financial Conduct Authority*, Machine learning in UK financial services, S. 6, online abrufbar unter: https://bit.ly/3Ii98ds (letzter Aufruf am 23.02.2022).

62 *BaFin*, Studie, Big Data trifft auf künstliche Intelligenz – Herausforderungen und Implikationen für Aufsicht und Regulierung von Finanzdienstleistungen, S. 27, online abrufbar unter: https://bit.ly/3vrh9cv (letzter Aufruf am 23.02.2022).

63 *Fachgruppe Rechtsinformatik der Gesellschaft für Informatik e.V.*, Studie, Technische und rechtliche Betrachtungen algorithmischer Entscheidungsverfahren, S. 30, online abrufbar unter: https://bit.ly/3saCipa (letzter Aufruf am 23.02.2022).

64 *The Royal Society*, Explainable AI: the basics, Policy Briefing, November 2019, S. 5, online abrufbar unter: https://bit.ly/3LTqVto (letzter Aufruf am 23.02.2022).

und Prozessen für die Lösung spezifischer Probleme zu und weichen über die Dauer ihres Einsatzes nicht „eigenmächtig“ von den vordefinierten Parametern ab. Demgegenüber basieren Systeme, die Maschinelles Lernen nutzen so wie traditionelle Systeme ebenfalls auf einer Ausgangskonfiguration. Allerdings erfolgt zudem eine dynamische, sich selbst weiterentwickelnde Parametrisierung.[65] Hierfür werden Trainingsdaten in den Algorithmus eingepflegt, die er zur Generierung und Optimierung der eigentlichen Entscheidungsstruktur verwendet. Durch den fortlaufenden Dateninput erkennt der Algorithmus immer neue Zusammenhänge und Korrelationen, wodurch er eigenmächtig weitere Parameter generiert, die das Modell spezifizieren und modifizieren.[66] Im Gegensatz zu den traditionellen algorithmischen Systemen, die auf Basis wissensbasierter Lernmethodik operieren, beinhalten datenbasiert-lernende Algorithmen somit nur wenige feststehende Annahmen und Regeln zu Korrelation und Verhältnis zwischen Input und Output, sondern diese werden vom System selbst erkannt und erlernt. Die vom System identifizierbaren Hypothesen sind somit deutlich vielfältiger und das Gesamtsystem sehr viel freier in der Parametrisierung als bei der Nutzung traditioneller wissensbasierter Algorithmen.[67]

Zusammenfassend und stark abstrahiert kann der Prozess des Maschinellen Lernens somit folgendermaßen beschrieben werden: Ein EDV-System wird mit Datensätzen angefüttert, woraufhin es Zusammenhänge und Korrelationen innerhalb der Datenbasis identifiziert.[68] Die auf diese Weise identifizierten Zusammenhänge werden in einer Funktion abgebildet, die wiederum vom EDV-System verwendet wird, um eine Prognose zu treffen.[69] Vor diesem Hintergrund kann der Gesamtprozess stark vereinfacht auf drei Arbeitsphasenphasen reduziert werden: Die Lern- oder Trainingsphase,

---

65 *The Royal Society*, Explainable AI: the basics, Policy Briefing, November 2019, S. 5, online abrufbar unter: https://bit.ly/3LTqVto (letzter Aufruf am 23.02.2022).

66 *Fachgruppe Rechtsinformatik der Gesellschaft für Informatik e.V.*, Studie, Technische und rechtliche Betrachtungen algorithmischer Entscheidungsverfahren, S. 54, online abrufbar unter: https://bit.ly/3saCipa (letzter Aufruf am 23.02.2022).

67 *BaFin*, Konsultation 11/21, Diskussionspapier: Maschinelles Lernen in Risikomodellen, S. 7, online abrufbar unter: https://bit.ly/3h7qqxZ (letzter Aufruf am 23.02.2022).

68 Vgl. hierzu auch *Hillmer*, Daten als Rohstoffe und Entwicklungstreiber für selbstlernende Systeme, 2021, S. 217.

69 Vgl. hierzu auch *Hillmer*, Daten als Rohstoffe und Entwicklungstreiber für selbstlernende Systeme, 2021, S. 217.

die Testphase und die Anwendungsphase. Im Rahmen der Lern- oder Trainingsphase, werden Daten in das algorithmische System eingepflegt, anhand dessen es ein Modell generiert. Im zweiten Schritt, der Testphase, wird das Modell statistisch auf seine Vorhersagegenauigkeit geprüft. In der letzten Arbeitsphase, der Anwendungsphase, wird das Modell auf neue Daten angewendet, woraufhin das System auf dieser Grundlage bestimmte Prognosen abgibt, sofern dies die gewünschte Output-Form ist.[70]

Die Grundfunktionsweise der Technologieform des Maschinellen Lernens kann beispielhaft anhand des Anwendungsfalls der Bilderkennung demonstriert werden. Sofern ein System dahingehend trainiert werden soll, auf Bildern erkennen zu können, ob diese ein bestimmtes Tier, beispielsweise einen Hund zeigen, wird folgendermaßen vorgegangen: Das System wird mit einer sehr großen Anzahl an Bildern gespeist, von denen eine gewisse Anzahl, aber nicht alle, einen Hund zeigen.[71] Die Bilder enthalten jeweils die entsprechende Meta-Information, ob sie einen Hund zeigen oder nicht. Der Satz an Bildern mit den zugehörigen Meta-Informationen wird auch als „Trainingsdatensatz" bezeichnet. Anhand der Bilder mit der zugehörigen Meta-Information (Hund / kein Hund) versucht nun das System, Elemente zu entdecken, die den Bildern „mit Hund" gemeinsam sind. Anhand dieser Gesetzmäßigkeiten "lernt" das System, welche Elemente einem Hund wesensimmanent sind, sodass es im Optimalfall irgendwann in der Lage ist, auf einem unbekannten Bild zu erkennen, ob darauf ein Hund zu sehen ist oder nicht. Dieses Beispiel demonstriert auch die Wichtigkeit und Relevanz von Trainingsdaten für die Weiterentwicklung und Optimierung des Systems: Mit je mehr Bildern von Hunden das System „gefüttert" wird, desto variierter sind die Hundebilder, die das System entsprechend registrieren kann. So kann das System mit der Zeit unterschiedliche Hunderassen mit ihren entsprechenden Merkmalen als „Hund" registrieren und beispielsweise auch Hunde in diversen Positionen und aus verschiedenen Perspektiven als Hund

70 *BaFin*, Studie, Big Data trifft auf künstliche Intelligenz – Herausforderungen und Implikationen für Aufsicht und Regulierung von Finanzdienstleistungen, S. 27, online abrufbar unter: https://bit.ly/3vrh9cv (letzter Aufruf am 23.02.2022).

71 Zur Identifizierung von Hundebildern als Beispiel für die Funktionsweise des Maschinellen Lernens und den entsprechenden Erläuterungen dieses Abschnittes *Hillmer*, Daten als Rohstoffe und Entwicklungstreiber für selbstlernende Systeme, 2021, S. 217.

erkennen. Je mehrdimensionaler der Datenumfang ist, mit dem das System inklusive der entsprechenden Meta-Information („Hund“ / „kein Hund“) angereichert wird, desto präziser und treffsicherer kann es operieren. Dieser Grundprozess ist repräsentativ für die meisten Anwendungsbeispiele dieser Technologieform.

(a) Kategorien des Maschinellen Lernens

Grundsätzlich kann die Technologieform des Maschinellen Lernens in drei Unterformen kategorisiert werden. Zunächst existiert die Variante des überwachten Lernens (*Supervised Machine Learning*). Im Rahmen dessen wird das ML-System mit „gekennzeichneten Eingabedaten“ gefüttert.[72] Dies bedeutet, dass die Eingabedaten jeweils einem „Ergebnis“ zugeordnet und entsprechend klassifiziert sind. Der oben ausgeführte Fall, in dem ein System mit Hundebildern gespeist wird, stellt ein Anwendungsbeispiel des überwachten Lernens dar.[73] Aufgrund der Tatsache, dass jede Eingabe mit einem bestimmten „Label“ (beispielsweise „Hund“ oder „Haus“) versehen ist, erkennt das System mit der Zeit, welche Merkmale (sogenannte „Features“) entweder einem Hund oder einem Haus zugeordnet werden können.[74] Ziel des überwachten Lernens ist es, dass ein System anhand der Identifizierung von Features nach Einspeisung von „korrekten Trainingsbeispielen“ eigenständig zum korrekten Ergebnis gelangen kann, wie beispielsweise der treffsicheren Identifizierung von bestimmten Bildmotiven.[75] Innerhalb der Variante des überwachten Lernens können unterschiedliche Modelle genutzt werden, wie beispielsweise lineare oder logistische Regressionen, Entscheidungsbäume oder auch Neuronale Netzwerke, auf die in späteren Abschnitten noch detailliert eingegangen wird. Somit existiert eine Vielzahl unterschiedlicher Algorithmen und ML-basierter Verfahren, die für Vorhersageanalysen,

---

72 *Hillmer*, Daten als Rohstoffe und Entwicklungstreiber für selbstlernende Systeme, 2021, S. 219.

73 Hierzu auch *Apel / Kaulartz*, Rechtlicher Schutz von Machine Learning-Modellen, RDi 2020, 24, Rn. 4.

74 Hierzu auch *Apel / Kaulartz*, Rechtlicher Schutz von Machine Learning-Modellen, RDi 2020, 24, Rn. 4.

75 Vgl. hierzu auch *Fachgruppe Rechtsinformatik der Gesellschaft für Informatik e.V.*, Studie, Technische und rechtliche Betrachtungen algorithmischer Entscheidungsverfahren, S. 33, online abrufbar unter: https://bit.ly/3saCipa (letzter Aufruf am 23.02.2022).

insbesondere auch im Bereich des Kreditscorings, verwendet werden.[76] Je nach dem verwendeten Modell ergeben sich unterschiedliche Konsequenzen für die Interpretierbarkeit und inhaltliche Überprüfbarkeit des jeweiligen Gesamtsystems. Die Konsequenz dessen ist, dass eine „*One size fits all*-Analyse" verschiedener ML-Modelle nicht möglich ist.[77] Je nach dem genutzten Vorhersagemodell unterscheiden sich Nachvollziehbarkeit und Vorhersagegenauigkeit, sodass jegliche Regulierung diesbezüglich differenziert und risikobasiert ausgestaltet sein müsste.

Als weitere Kategorie des Maschinellen Lernens existiert die Form des unüberwachten Lernens (*Unsupervised Machine Learning*). Der Unterschied zwischen dem überwachten und unüberwachten Lernen besteht darin, dass bei letzterer Variante die Datensätze, die in das System eingepflegt werden, kein Label tragen.[78] Die Datensätze sind daher weder klassifiziert und noch einem bestimmten Ergebnis zugeordnet. Somit muss das System selbst innerhalb des Datensatzes Labels zuordnen und Ähnlichkeiten erkennen.[79] Systeme, die überwachtes und unüberwachte Lernmethoden verwenden, eignen sich somit für unterschiedliche Zwecke: Während das überwachte Lernen oftmals für Vorhersagemodelle verwendet werden, dient das unüberwachte Lernen der Identifizierung von Strukturen in großen Datenmengen (beispielsweise im Rahmen einer Clusteranalyse).[80]

Als dritte Hauptkategorie existiert noch die Unterform des verstärkten Lernens (*Reinforcement Learning*). Diese Form des Maschinellen Lernens lernt nicht mit Hilfe eines Datensatzes, sondern als Folge einer bestimmten

---

[76] Laut einer Publikation von 2015 wurden damals bereits über 40 verschiedene Algorithmen und Verfahren für Maschinelles Lernen unterschieden. Vgl. hierzu *Fachgruppe Rechtsinformatik der Gesellschaft für Informatik e.V.*, Studie, Technische und rechtliche Betrachtungen algorithmischer Entscheidungsverfahren, S. 31, online abrufbar unter: https://bit.ly/3saCipa (letzter Aufruf am 23.02.2022).

[77] *Fachgruppe Rechtsinformatik der Gesellschaft für Informatik e.V.*, Studie, Technische und rechtliche Betrachtungen algorithmischer Entscheidungsverfahren, S. 34, online abrufbar unter: https://bit.ly/3saCipa (letzter Aufruf am 23.02.2022).

[78] Vgl. zum „unsupervised machine learning" *Hillmer*, Daten als Rohstoffe und Entwicklungstreiber für selbstlernende Systeme, 2021, S. 219; *Apel / Kaulartz*, Rechtlicher Schutz von Machine Learning-Modellen, RDi 2020, 24, Rn. 4.

[79] *Apel / Kaulartz*, Rechtlicher Schutz von Machine Learning-Modellen RDi 2020, 24, Rn. 11.

[80] *Busche*, Einführung in die Rechtsfragen der künstlichen Intelligenz, JA 2023, 441.

Belohnung oder Bestrafung, die auf eine Handlung des Algorithmus in einer bestimmten Umgebung folgt.[81] Somit basieren diese Systeme ihren Lernerfolg auf Erfahrungen und Feedback, quasi auf dem „Trial-and-Error"-Prinzip.[82] Anders als das überwachte Lernen, ist das verstärkte Lernen nicht von der Einpflegung großer Datenmengen abhängig, eignet sich aber andererseits auch weniger gut zur Lösung komplexerer Problemstellungen.[83]

(b) Deep Learning als Spezialfall des Maschinellen Lernens

Als besonders komplexe und gleichzeitig besonders prognosesichere Variante des Maschinellen Lernens gilt das sogenannte „Deep Learning", welches auf Algorithmen mit der Bezeichnung „neuronale Netze" zugreift.[84] Diese Algorithmen sind an die Funktionsweise von Neuronen im menschlichen Gehirn angelehnt und imitieren die Netzstrukturen von Nervenzellen.[85] Neuronale Netze sind komplexe mehrschichtige Systeme, bei denen die Umwandlung von Ein- in Ausgabedaten nur schwer nachvollziehbar ist. Aus diesem Grund gelten neuronale Netze auch als „Blackbox", da sie je nach Struktur nur schwer erklärbar sind.[86] Gleichzeitig benötigen neuronale Netze große Mengen an Trainingsdaten, um das System entsprechend präzise zu kalibrieren.[87] Im Endeffekt ist dieser Aufwand jedoch in vielen Fällen gut investiert: So sind neuronale Netze besonders effektiv darin, schnell zu lernen und Korrelationen in großen Datenmengen zu erkennen, die Menschen nicht

---

[81] *Hillmer*, Daten als Rohstoffe und Entwicklungstreiber für selbstlernende Systeme, 2021, S. 220.

[82] Vgl. zum „reinforcement learning" *Hoeren / Sieber / Holznagel*, MMR-HdB, Teil 29, Rn. 21.

[83] *Hoeren / Sieber / Holznagel*, MMR-HdB, Teil 29, Rn. 22.

[84] *Hillmer*, Daten als Rohstoffe und Entwicklungstreiber für selbstlernende Systeme, 2021, S. 220.

[85] *Fachgruppe Rechtsinformatik der Gesellschaft für Informatik e.V.*, Studie, Technische und rechtliche Betrachtungen algorithmischer Entscheidungsverfahren, S. 34, online abrufbar unter: https://bit.ly/3saCipa (letzter Aufruf am 23.02.2022); *Hillmer*, Daten als Rohstoffe und Entwicklungstreiber für selbstlernende Systeme, 2021, S. 220.

[86] *Fachgruppe Rechtsinformatik der Gesellschaft für Informatik e.V.*, Studie, Technische und rechtliche Betrachtungen algorithmischer Entscheidungsverfahren, S. 34, online abrufbar unter: https://bit.ly/3saCipa (letzter Aufruf am 23.02.2022).

[87] *Hillmer*, Daten als Rohstoffe und Entwicklungstreiber für selbstlernende Systeme, 2021, S. 220.

auffallen würden.[88] Aus diesem Grund eignen sie sich besonders, um präzise Prognoseergebnisse zu generieren.

(c) Besonderheit von Maschinellem Lernen

Die Technologie des Maschinellen Lernen weist insbesondere zwei Aspekte auf, die von besonderer Relevanz sind: Erstens sind ML-basierte Systeme wie bereits angedeutet, je nach Art und Komplexität des verwendeten Modells, schwer zu erklären und nachzuvollziehen. Dies liegt an ihrer Vielschichtigkeit und Verflochtenheit, die es unter Umständen auch Fachleuten schwer macht, sie vollumfänglich nachzuvollziehen.[89] Zweitens sind Technologieformen des Maschinellen Lernens inhärent datengetrieben, sodass sich die Vorhersagegenauigkeit proportional zur Qualität, dem Volumen und der Repräsentativität der eingepflegten Trainingsdaten verhält.[90]

2. Regulatorisches Risikoprofil von ML-Technologien

Beim Maschinellen Lernen als spezieller Anwendungsform der KI-Systeme handelt es sich um eine technologische Ausprägung, die für die Finanzindustrie von ganz besonderer Relevanz ist. Da ML-Technologien die Hauptform der KI-Systeme darstellen, die im Bankensektor eingesetzt wird, liegt hierauf der Fokus dieser Arbeit. Die besondere Bedeutung von ML-Technologien für den Finanzsektor liegt darin begründet, dass über Maschinelles Lernen Vorhersagemodelle, die beispielsweise für Bonitätseinschätzungen relevant sind, wie auch Musterkennungsmodelle mit sehr geringer menschlicher Eingriffs- und Steuerungsnotwendigkeit entwickelt werden können.[91] In den letzten Jahren wurde die Entwicklung von ML-Technologien maßgeblich vorangetrieben, nicht zuletzt durch die Weiterentwicklungen im Soft- und Hardwarebereich und auch durch die Verfügbarkeit von immer größeren

---

88 *Hillmer*, Daten als Rohstoffe und Entwicklungstreiber für selbstlernende Systeme, 2021, S. 220.

89 *Mangelsdorf / Gabriel / Weimer*, Institute for Innovation and Technology, Working Paper Nr. 58, Die Zertifizierung von KI: Mehr Sicherheit für alle – oder unnötiger Ballast?, S. 2, online abrufbar unter: https://bit.ly/3t3SKqj (letzter Aufruf am 24.02.2022).

90 *Mangelsdorf / Gabriel / Weimer*, Institute for Innovation and Technology, Working Paper Nr. 58, Die Zertifizierung von KI: Mehr Sicherheit für alle – oder unnötiger Ballast?, S. 2, online abrufbar unter: https://bit.ly/3t3SKqj (letzter Aufruf am 24.02.2022).

91 *Bank of England, Financial Conduct Authority*, Machine learning in UK financial services, S. 3, online abrufbar unter: https://bit.ly/3Ii98ds (letzter Aufruf am 23.02.2022).

strukturierten und unstrukturierten Datenmengen, die sowohl für Trainings- als auch für Kalibrierungszwecke nutzbar sind (Big Data).[92]

Mit der vermehrten Nutzung von ML-Technologien rücken diese immer weiter in den Fokus von Gesetzgebern und Aufsichtsbehörden. Die regulatorische Relevanz und die Notwendigkeit, ML-Technologien auch für aufsichtsrechtliche Zwecke einschätzen zu müssen, ergibt sich aus deren möglicherweise risikoerhöhenden Effekt auf die zugrundeliegenden Bankgeschäfte.[93] Banken, die ML-Technologien für sich nutzbar machen, müssen einen risikoerhöhenden Effekt der verwendeten Technologien im Rahmen ihrer Governance- insbesondere Risikomanagementstrukturen reflektieren, da auch im Rahmen von KI-generierten Entscheidungen und Prozessen das Prinzip der „Letztverantwortung der Geschäftsleitung" besteht.[94] Gleichzeitig sind die Aufsichtsbehörden zuständig, dafür zu sorgen, dass die Banken die in ML-Technologien vorzufindenden Risiken entsprechend einordnen, würdigen und berücksichtigen.[95]

Der Umgang mit ML-Technologien ist jedoch stark davon geprägt, wie sich das Risikoprofil im Einzelfall gestaltet. Hierbei ist der Proportionalitätsgrundsatz maßgeblich, der als Grundprinzip des Aufsichtsrechts gilt und somit auch die regulatorische Einordnung neuer Technologien prägt. Hierbei ist zu beachten, dass der Einsatz von ML-Technologien nicht nur risikoerhöhend, sondern auch risikosenkend wirkt, da die menschliche Fehleranfälligkeit, die häufig Bankgeschäfte durchzieht, aus den jeweiligen Prozessen entfernt wird. Sofern die Bilanz des risikoerhöhenden und risikosenkenden Potenzials des ML-Einsatzes positiv ist, sodass sich hieraus im Vergleich zum traditionellen Verfahren ein gesteigertes Risiko ergibt, gilt es, dies regulatorisch zu würdigen und entsprechend zu überwachen.

---

92 *Bank of England, Financial Conduct Authority,* Machine learning in UK financial services, S. 3, online abrufbar unter: https://bit.ly/3Ii98ds (letzter Aufruf am 23.02.2022).

93 *Deutsche Bundesbank,* Policy Discussion Paper – The Use of Artificial Intelligence and Machine Learning in the Financial Sector, S. 4, online abrufbar unter: https://bit.ly/3v5NG7E (letzter Aufruf am 23.02.2022).

94 *BaFin,* Big data and artificial intelligence: Principles for the use of algorithms in decision-making processes, S. 6, online abrufbar unter: https://www.bafin.de/SharedDocs/Downloads/EN/Aufsichtsrecht/dl_Prinzipienpapier_BDAI_en.html (letzter Aufruf am 29.09.2024).

95 *Deutsche Bundesbank,* Policy Discussion Paper – The Use of Artificial Intelligence and Machine Learning in the Financial Sector, S. 4, online abrufbar unter: https://bit.ly/3v5NG7E (letzter Aufruf am 23.02.2022).

Aus dem Proportionalitätsgrundsatz ergibt sich, dass sich die gesetzlichen Voraussetzungen und die Intensität der regulatorischen Aufsicht am Risiko des Technologieeinsatzes für die Bankprozesse orientieren sollten.[96] Vor diesem Hintergrund ist insbesondere zu beachten, dass sich das Risikopotenzial von ML-Technologien an einer Fülle von Umständen und Faktoren orientiert, sodass sich eine undifferenzierte Regulierung der Technologieform in ihrer Gesamtheit schwer mit dem Proportionalitätsgrundsatz vereinbaren ließe. So können ML-Technologien sehr unterschiedliche Ausprägungen und Eigenschaften haben, je nachdem auf welcher Basis und mit welchem Ziel sie im Einzelfall entwickelt und angewandt werden. Deshalb existiert auch keine allgemeingültige Definition von „Maschinellem Lernen", sondern sowohl die Einordnung als auch die risikospezifische Beurteilung von algorithmenbasierten Technologien hängt maßgeblich von diversen Faktoren ab. Insbesondere existiert auch keine trennscharfe Abgrenzung zu traditionellen Techniken, die sich zwar neuartiger prozessoptimierender Technologien bedienen, streng genommen aufgrund diverser Faktoren nicht als „ML-Technologien" bezeichnet werden können.[97] An sich erfolgt somit die Einordnung von algorithmischen Systemen als „ML-Technologien" auf einem Kontinuum, im Rahmen dessen die konkrete Platzierung eines bestimmten Systems von einer Reihe von Faktoren abhängt, die stark mit der Systemautonomie und dem damit verbundenen Risikopotenzial der Anwendung korrelieren.[98] Gerade für regulatorische Zwecke ist es vor diesem Hintergrund notwendig, spezifische Systeme entsprechend kategorisieren zu können, um Intensität und Form der Aufsicht im Lichte des jeweiligen Risikoprofils bestimmen zu können.

Die Bundesanstalt für Finanzdienstleistungsaufsicht bedient sich einer Liste von Kriterien, nach denen sich das Risikoprofil und regulatorische Einschätzung diverser Technologien bemessen könnte. Je ausgeprägter und

---

96 *BaFin*, Big data and artificial intelligence: Principles for the use of algorithms in decision-making processes, S. 5, online abrufbar unter: https://www.bafin.de/SharedDocs/Downloads/EN/Aufsichtsrecht/dl_Prinzipienpapier_BDAI_en.html (letzter Aufruf am 29.09.2024).

97 *BaFin*, Konsultation 11/21, Diskussionspapier: Maschinelles Lernen in Risikomodellen – Charakteristika und aufsichtliche Schwerpunkte, S. 4, online abrufbar unter: https://bit.ly/3h7qqxZ (letzter Aufruf am 23.02.2022).

98 *BaFin*, Konsultation 11/21, Diskussionspapier: Maschinelles Lernen in Risikomodellen – Charakteristika und aufsichtliche Schwerpunkte, S. 4, online abrufbar unter: https://bit.ly/3h7qqxZ (letzter Aufruf am 23.02.2022).

vielzähliger diese Kriterien auf einen bestimmten Prozess zutreffen, desto eher sind diese als ML-Technologien einzuordnen, die, je nach regulatorischem Risikoprofil im Einzelfall, entsprechend ausgeprägter Beaufsichtigung bedürfen. Zu diesen Kriterien gehören beispielsweise die im Folgenden aufgelisteten.

2.1 Wenige vordefinierte Regeln

ML-Technologien sind insbesondere dadurch gekennzeichnet, dass vergleichsweise wenige Kausalzusammenhänge und Parameter von den Entwicklern vorgegeben werden. Gerade das namensgebende Attribut der Lernfähigkeit suggeriert, dass in das System vorab wenige fixe Annahmen und Kausalbeziehungen eingespeist werden und diese stattdessen im Laufe des Lernprozesses vom System selbst autonom entwickelt werden.[99] Das System ist quasi selbst in der Lage, aus den eingespeisten Daten selbst solche Zusammenhänge zu erkennen und Regeln zu determinieren. Je eigenständiger und autonomer ein algorithmisches System operiert, desto eher basiert dieses auf ML-Technologie. Im Gegensatz dazu sind in traditionellen Prozessen eher klassische „Wenn-Dann"-Zusammenhänge enthalten.

Mit steigender Autonomität liegt auch ein höheres Risikoprofil vor, da die menschliche Steuerungs- und Eingriffsintensität reduziert ist. Mangels vorgegebener Regeln ist ML-Technologie in der Determinierung von Kausalzusammenhängen freier und in der Auswahl von Parametern flexibler. Dies ist auch direkte Auswirkung der eher eingeschränkten Rolle der Entwickler: Bei traditionellen algorithmischen Systemen geben sie „top down" ein Modell vor, sodass die grundlegenden Parameter, Optimierungsziele, Erfolgskriterien und Zusammenhänge bereits feststehen und ihrer Programmierung entsprechend vom System angewendet werden.[100] Im Gegensatz hierzu findet bei KI-Systemen die Entwicklung eher „bottom up" in einem Verfahren statt, in dem das System lediglich auf Basis einer Grobkonfiguration die Einzelheiten der eigener technischen Gestaltung auf Basis der eingespeisten Datensätze selbst bestimmt. Dies birgt

---

[99] *BaFin*, Konsultation 11/21, Diskussionspapier: Maschinelles Lernen in Risikomodellen – Charakteristika und aufsichtliche Schwerpunkte, S. 7, online abrufbar unter: https://bit.ly/3h7qqxZ (letzter Aufruf am 23.02.2022).

[100] *Bertelsmann Stiftung*, Arbeitspapier, Damit Maschinen den Menschen dienen, S. 13, online abrufbar unter: https://bit.ly/3t1sQUd (letzter Aufruf am 23.02.2022).

neue Risiken, wie beispielsweise die Auswahl von geschützten Attributen als Parameter gewisser Entscheidungen, dem es durch entsprechende Aufsicht und Kontrolle entgegenzuwirken gilt. Allerdings können Entwickler die Modellbildung durch die Auswahl der Trainingsdaten indirekt beeinflussen.[101]

2.2 Adaptivität

Mit dem Kriterium der Lernfähigkeit hängt auch zusammen, mit welcher Frequenz und in welchen zeitlichen Intervallen sich das System auf Grundlage der eingespeisten Datensätze weiterentwickelt und anpasst.[102] Je schneller und häufiger dieser Anpassungsprozess stattfindet, desto ausgeprägter liegt das Merkmal der Lernfähigkeit vor. Diese determiniert ebenfalls maßgeblich die Frage, ob ML-Technologie vorliegt.

2.3 Datengrundlage

Typischerweise basiert ML-Technologie auf einer vielfältigen Datengrundlage, die sowohl strukturierte als auch unstrukturierte Datensätze umfassen kann. Im Gegensatz hierzu bilden bei traditionellen algorithmischen Systemen eher ausschließlich strukturierte Daten die Grundlage.[103] ML-Technologie bedient sich somit vielfältigeren Datenquellen und Datentypen. Gerade die Verwendung unstrukturierter Datensätze birgt gewisse Risiken und erhöht daher die regulatorische Überwachungsnotwendigkeit.

2.4 Bedeutung des Einsatzes lernender Algorithmen für das Gesamtsystem

Der Einsatz lernender Algorithmen für die Zwecke eines Gesamtsystems kann von unterschiedlicher Intensität und Bedeutung für die Gesamtanwendung sein. Zum einen kann der Einsatz von lernenden Algorithmen unterstützend sein. Andererseits kann er aber auch zentraler Bestandteil eines Modells

---

[101] *Bertelsmann Stiftung*, Arbeitspapier, Damit Maschinen den Menschen dienen, S. 13, online abrufbar unter: https://bit.ly/3t1sQUd (letzter Aufruf am 23.02.2022).

[102] *BaFin*, Konsultation 11/21, Diskussionspapier: Maschinelles Lernen in Risikomodellen – Charakteristika und aufsichtliche Schwerpunkte, S. 8, online abrufbar unter: https://bit.ly/3h7qqxZ (letzter Aufruf am 23.02.2022).

[103] *BaFin*, Konsultation 11/21, Diskussionspapier: Maschinelles Lernen in Risikomodellen – Charakteristika und aufsichtliche Schwerpunkte, S. 9, online abrufbar unter: https://bit.ly/3h7qqxZ (letzter Aufruf am 23.02.2022).

darstellen. Je wichtiger und erheblicher der Einsatz lernender Algorithmen für ein Gesamtsystem ist, desto höher ist das inhärente technologische Risiko, dem es regulatorisch zu begegnen gilt.

3. Verständnis für die Zwecke dieser Arbeit

Wenn im Rahmen dieser Arbeit auf „Künstliche Intelligenz" im Kontext der Kreditvergabeentscheidung oder anderer finanztechnologischen Vorgänge Bezug genommen wird, ist hiermit insbesondere deren Wirkungsweise in Form des Maschinellen Lernens gemeint. Des Weiteren ist diese Abhandlung auf Systeme von „schwacher" Künstlicher Intelligenz beschränkt, da zum einen wie oben beschrieben, „starke" Künstliche Intelligenz auf absehbare Zeit nicht von allgemeiner Relevanz ist, erst recht nicht für finanztechnologische Zwecke.

Sofern des Weiteren für die Zwecke dieser Arbeit auf „ML-Technologien" oder „ML-basierte algorithmische Systeme" Bezug genommen wird, ist hierunter der Einsatz von lernenden Algorithmen innerhalb eines Systems gemeint, das anhand der oben dargestellten Kriterien im Kontinuum der technologischen Systeme eine gewisse Erheblichkeitsschwelle überschreitet und aufgrund dessen im Vergleich zu traditionellen Systemen ein erheblich höheres regulatorisch relevantes Risikoprofil aufweist.

Nutzung von Künstlicher Intelligenz für den Kreditvergabeprozess

1. Einleitung

Das Kreditgeschäft spielt für Banken eine übergeordnete Rolle, nicht zuletzt, weil es Kernbestandteil der meisten Bank-Kundenbeziehungen ist und somit als besonders wettbewerbserheblich gilt. Schließlich erweitert ein Kreditzugang in elementarer Weise die Möglichkeiten zu Konsum, Vermögensbildung, wie auch zur Schaffung und Erhaltung einer finanziell stabilen Lebensgrundlage.[104] So ist ein Kreditzugang beispielsweise unter Umständen für den Immobilienerwerb, den Autokauf und für eine beabsichtigte Unternehmensgründung essenziell.[105]

Aufgrund der besonderen Bedeutung eines Kreditzugangs für Bankkunden ist besondere Priorität der meisten Banken, den Kreditvergabeprozess insgesamt zu beschleunigen und kundenfreundlicher zu gestalten. Während der Zeitraum zwischen Kreditantrag und Kreditentscheidung ursprünglich zwischen drei und fünf Wochen betrug und der Zeitraum zwischen Kreditantrag und Kreditauszahlung ungefähr bei drei Monaten lag, sind diese zeitlichen Dimensionen antiquiert.[106] Mittlerweile ermöglicht die Nutzung BDAI-basierter Technologien in Verbindung mit den Mitteln der

---

104 *Hurley / Adebayo*, Credit Scoring in the Era of Big Data, Yale J.L. & Tech. 18 (2016), 148, 148.

105 *Hurley / Adebayo*, Credit Scoring in the Era of Big Data, Yale J.L. & Tech. 18 (2016), 148, 148, 152.

106 *McKinsey & Company*, Artikel, The lending revolution: How digital credit is changing banks from the inside", online abrufbar unter: https://bit.ly/3p8oARy (letzter Aufruf am 23.02.2022).

Digitalisierung eine Reduktion der Kreditentscheidungszeit auf fünf Minuten und eine Kreditauszahlung innerhalb von 24 Stunden.[107] Weitere potenzielle Vorteile der Nutzung dieser Technologien sind, dass Kreditentscheidungen potenziell inklusiver, objektiver und gleichförmiger getroffen werden. Dies sollte auch die Beseitigung von gesellschaftlichem Ungleichgewicht und Diskriminierung unterstützen.

Die Beschleunigung und Automatisierung des Kreditprozesses wird allerdings nicht nur aus Gründen der Kundenfreundlichkeit von Banken vorangetrieben, sondern auch aus Kostengründen: Studien zufolge hat die digitale Transformation des Kreditvergabeprozesses erhebliche Umsatzsteigerung und Kostenersparnisse auf Bankenseite zur Folge.[108] Dies ist unter anderem auch eine Folge davon, dass es Automatisierung und Digitalisierung Kreditinstituten erlauben, in hohem Maße Personalkosten einzusparen, da automatisierte Prozesse immer weniger von der Beteiligung oder dem Input eines Menschen abhängig sind. Des Weiteren können mit Hilfe des Einsatzes von BDAI-basierter Technologie präzisere und inklusivere Kreditwürdigkeitsprüfungen vorgenommen und hierauf basierende Kreditentscheidungen getroffen werden. Kreditentscheidungen, die auf möglichst präzisen Bonitätseinschätzungen beruhen, sind sowohl im Interesse des Instituts selbst als auch im Interesse des (potenziellen) Kreditnehmers: Einerseits gewährleisten diese, dass ein Institut eher in die Lage versetzt wird, einen Kredit, wenn überhaupt, unter Bedingungen auszureichen, die dem potenziellen Adressenausfallrisiko am effektivsten begegnen. Andererseits ermöglicht eine präzise Bonitätseinschätzung bestenfalls, dass ein potenzieller Kreditnehmer vor seiner eigenen Leichtsinnigkeit geschützt wird und im Sinne einer verantwortungsvollen Kreditvergabepraxis nur solchen Kreditbedingungen ausgesetzt wird, denen er finanziell tatsächlich nachzukommen vermag. Grundsätzlich leisten präzise Bonitätseinschätzungen einen wertvollen Beitrag, Kreditausfälle zu verhindern und die Finanzmarktstabilität zu schützen.

---

107 *McKinsey & Company*, Artikel, The lending revolution: How digital credit is changing banks from the inside, online abrufbar unter: https://bit.ly/3p8oARy (letzter Aufruf am 23.02.2022).

108 *McKinsey & Company*, Artikel, The lending revolution: How digital credit is changing banks from the inside, online abrufbar unter: https://bit.ly/3p8oARy (letzter Aufruf am 23.02.2022).

Trotz dieser exemplarisch dargestellten Vorteile wird dem Einsatz digitaler und BDAI-basierter Technologien im Kreditvergabeprozess mit gemischten Gefühlen entgegengeblickt. Während Befürworter den potenziellen Effizienzgewinn betonen, warnen Skeptiker vor den Gefahren der Intransparenz, Benachteiligung und Diskriminierung wie auch dem Verlust von Privatsphäre und Autonomie in einer „künstlich-intelligenten" und digitalisierten Gesellschaft, die sich, wie Skeptiker bemängeln, von Algorithmen abhängig gemacht haben soll. Hinzu kommt, dass die stark datengetriebenen Systeme auf eine Fülle von Datensätze angewiesen sind, sodass eine höhere Gefahr besteht, dass personenbezogene Daten widerrechtlich ohne hinreichend bewusste Zustimmung der Betroffenen erhoben oder auf eine Art und Weise verwendet werden, die sie nicht verstehen.[109]

Im Folgenden werden exemplarisch einige Ansätze dargestellt, wie Automatisierung und BDAI-basierte Technologien für die Zwecke des Kreditvergabeprozesses verwendet werden können. Im Fokus steht die Anwendung BDAI-basierter Technologien für die Zwecke des Kreditscoring-Verfahrens.

2. Phasen des Kreditvergabeprozesses

Der Kreditvergabeprozess hat sich in den letzten Jahrzehnten grundlegend gewandelt. Diese Wandlung ist insbesondere auf zwei Phänomene zurückzuführen, die beide auf ihre eigene Weise den Kreditvergabeprozess umgestaltet haben: Zum einen die Digitalisierung und Automatisierung des Kreditgeschäfts. Zum anderen die vermehrte Nutzung von BDAI-basierten Systemen für die Zwecke der Kreditvergabe.

Die Automatisierung und Digitalisierung des Kreditvergabeprozesses beeinflusst hauptsächlich den Prozess des Kreditverfahrens: Ganz ursprünglich entsprach es beispielsweise noch dem üblichen Weg, sich persönlich bei der örtlichen Bank um einen Kredit zu bemühen, nachdem man dort mit dem zuständigen Bankberater einen Termin vereinbart hatte.[110] Wie noch im Detail

---

[109] *Langenbucher*, Responsible A.I.-Based Credit Scoring – A Legal Framework, European Business Law Review 31 (2020). 527, 527.

[110] *Bruckner*, The Promise and Perils of Algorithmic Lenders' Use of Big Data, Chicago-Kent Law Review 93 (2018), 3, 10.

ausgeführt wird, hat die Automatisierung zur Folge, dass die Kreditvergabe und deren Anbahnungsprozess vermehrt papierlos, standardisiert und ohne persönliche Interaktion mit einem Mitarbeiter stattfindet. Grundsätzlich besteht der Unterschied des automatisierten Kreditvergabeprozesses im Vergleich zum klassischen Kreditvergabeprozess darin, dass einerseits der Gesamtvorgang vollständig digitalisiert stattfindet, darüber hinaus aber auch die Entscheidungsfindung an sich in weiten Teilen teil- oder potenziell auch vollautomatisiert erfolgen kann.[111] Die Vollautomatisierung der Kreditentscheidung bedeutet, dass eine entsprechend konfigurierte Maschine unter Berücksichtigung von Eingangsparametern und Entscheidungsmodellen autark über die Gewährung oder Ablehnung eines Kreditantrags entscheidet.[112] Die Notwendigkeit menschlicher Entscheidungen im Gesamtprozess sowie auch jegliche persönliche Interaktion zwischen Antragsteller und Bankmitarbeiter erübrigen sich, jedenfalls im Rahmen eines solchen vollautomatisierten Kreditvergabesystemen, sodass für Bankmitarbeiter, die mit dem Kreditgeschäft betraut sind, ein erheblicher Teil der Routinearbeit entfallen könnte.[113] Im Rahmen einer teilautomatisierten Entscheidungsfindung liefert das unter Umständen BDAI-basierte Kreditscoring-System einen Entscheidungsbestandteil, der lediglich die Grundlage für eine menschliche Entscheidung bildet.

Die Nutzung von BDAI-basierten Systemen für das Kreditvergabeverfahren ist nicht notwendiger Bestandteil oder Voraussetzung der Automatisierung, sondern KI stellt eher ein getrennt-nutzbares Instrument dar, das jedoch im Rahmen eines automatisierten Systems zum Einsatz kommen kann. Wird beispielsweise ein statischer, nicht-lernender Algorithmus für die Zwecke der Bonitätsprüfung im Rahmen eines automatisierten Kreditvergabeprozesses verwendet, liegt zwar Automatisierung vor, nur wird das Gesamtsystem für

---

111 *Skorjanc*, Automatisierte Kreditentscheidungen – Eine vergleichende Analyse der (datenschutz-)rechtlichen Rahmenbedingungen in Deutschland und Österreich, CB 2020, 70 (70).

112 *BaFin*, Studie, Big Data trifft auf künstliche Intelligenz – Herausforderungen und Implikationen für Aufsicht und Regulierung von Finanzdienstleistungen, S. 79, online abrufbar unter: https://bit.ly/3vrh9cv (letzter Aufruf am 23.02.2022).

113 *Daldrup / Gehrke*, Arbeitsbericht des Instituts für Wirtschaftsinformatik, Automatisierte Ratenkreditvergabe im Privatkundengeschäft mit risikoadjustierten Konditionen, S. 3, online abrufbar unter: https://bit.ly/3BIysGV (letzter Aufruf am 23.02.2022).

die Zwecke dieser Arbeit nicht als *Künstlich-Intelligente-Systeme* qualifiziert. Anders als die Automatisierung beeinflusst die Nutzung von BDAI-basierten, also künstlich intelligenten Systemen, weniger den Prozess der Kreditvergabe als den Inhalt der Kreditvergabeentscheidung sowie die Kreditkonditionen. Das Kreditverfahren, das auf sowohl Automatisierung als auch BDAI-basierte Technologie zugreift, wird im Folgenden der Einfachheit halber als ‚Modernes Kreditvergabeverfahren' bezeichnet. Dementsprechend wird das klassische Kreditvergabeverfahren, dass größtenteils papierbasiert und ohne Einsatz von künstlicher Intelligenz stattgefunden hat, als ‚Traditionelles Kreditvergabeverfahren' bezeichnet.

In der Praxis kann sicherlich keine trennscharfe Unterscheidung zwischen dem „Traditionellen" und dem „Modernen" Kreditvergabeverfahren vorgenommen werden. Diese theoretische Abgrenzung dient eher einer abstrahierten und verallgemeinerten Veranschaulichung, wie Automatisierung und KI-Systeme das bisherige Vorgehen im Rahmen des Kreditprozesses verändern und beeinflussen können. Aktuell bedienen sich Kreditinstitute in der Praxis unter Umständen wohl einer selektiven Auswahl einiger der genannten Elemente und einer Kombination aus traditionellen und KI-basierten Methoden.[114] Im Allgemeinen dient dieser Beitrag jedoch auch der Darstellung des technologischen Potenzials für den Kreditvergabeprozess über den Status quo hinaus.

2.1 Phase 1: Gesprächs- und Beratungsphase

In der ersten Phase des Traditionellen Kreditvergabeverfahrens fand ein Kundengespräch statt, das in der nicht allzu fernen Vergangenheit noch überwiegend persönlich stattfand. Im Laufe dieses Beratungsgesprächs wird der potenzielle Kreditnehmer beispielsweise über spezifische Konditionen des potenziell auszureichenden Kredits informiert und hat üblicherweise die Möglichkeit, die erforderlichen Unterlagen auszufüllen und zu unterschreiben.[115] Das Gespräch erlaubt es dem Bankmitarbeiter, Informationen

---

[114] *Aggarwal*, The Norms of Algorithmic Credit Scoring, Cambridge Law Journal 80 (2021), 42, 43.

[115] *Daldrup / Gehrke*, Arbeitsbericht des Instituts für Wirtschaftsinformatik, Automatisierte Ratenkreditvergabe im Privatkundengeschäft mit risikoadjustierten Konditionen, S. 2, online abrufbar unter: https://bit.ly/3BIysGV (letzter Aufruf am 23.02.2022).; vgl. auch *Bruckner*, 93 Chicago-Kent Law Review 3, 11 (2018).

über den Antragsteller zu gewinnen, die gegebenenfalls nicht typischerweise abgefragt werden, aber für die Kreditentscheidung von Relevanz sein können. Hierzu zählen beispielsweise spezifische Umstände und Lebensverhältnisse des Antragstellers, die aufgrund ihrer Individualität gewöhnlich formularmäßig nicht erfasst werden, aber dennoch für dessen Kreditwürdigkeit relevant sind. Im Übrigen ermöglicht die direkte Interaktion mit dem Antragsteller die Gewinnung eines persönlichen Eindrucks, der ebenfalls für die Prognoseentscheidung relevant sein könnte. Dieser erlaubt es nämlich dem Kreditgeber, bei der späteren Kreditentscheidung und der Festlegung der Kreditkonditionen unter Umständen auf anekdotisches Wissen und allgemeine Erfahrungen mit Kreditnehmern mit ähnlichem Profil wie dem des Antragstellers zurückzugreifen.[116]

Im modernen Kreditvergabeverfahren ist es in den meisten Fällen nicht mehr üblich, dass der Kreditbewerber der Bank persönlich vorstellig wird. Vielmehr informieren sich Kreditbewerber online über mögliche Kreditkonditionen und vergleicht verschiedene Angebote. Auch besteht häufig die Möglichkeit, den Kreditantrag online auszufüllen. In der Regel findet ein persönliches Gespräch mit einem Bankmitarbeiter nicht mehr statt.

2.2 Phase 2: Datenerhebung

In der zweiten Phase erfolgt die Datenerhebung, die für die Zwecke der Kreditwürdigkeitsprüfung verwendet werden. Zu diesem Zweck hat der Kreditbewerber im Traditionellen Kreditvergabeverfahren die nötigen Bankdokumente ausgefüllt und standardmäßige Finanzinformationen, wie beispielsweise zu Einkommen, Vermögenswerte und Schulden, zur Verfügung gestellt. Als Datengrundlage dient der Bank des Weiteren persönliche und berufliche Referenzen des Kunden sowie auch der persönliche Eindruck, den der Bankmitarbeiter vom Kunden erhalten hat.[117] Relevant als Datengrundlage sind gegebenenfalls auch die Erfahrungen, die die Bank mit dem Kreditbewerber selbst oder dessen Familie in der Vergangenheit gemacht hat. Wie bereits beschrieben, ist unter Umständen auch das Erfahrungswissen

---

[116] *Aggarwal*, The Norms of Algorithmic Credit Scoring, Cambridge Law Journal 80 (2021), 42, 43.

[117] *Bruckner*, The Promise and Perils of Algorithmic Lenders' Use of Big Data, Chicago-Kent Law Review 93 (2018), 3, 11.

der Bank zu anderen Kreditnehmern relevant, die ein ähnliches Profil wie das des aktuellen Kreditbewerbers aufweisen.[118]

Die Datenerhebung im modernen Kreditvergabeverfahren ist von besonderer Bedeutung, da sie die Grundlage für die Anwendung der BDAI-basierten Technologie darstellt. Für diesen Zweck werden auf unterschiedlichem Weg automatisch Daten über den Kreditbewerber gesammelt und in Datenbanken eingepflegt. Diese bilden dann die Grundlage für die späteren Analysen und Vorhersagemodelle. Die Daten werden entweder von den Kreditinstituten selbst erhoben, von anderen Marktteilnehmern zur Verfügung gestellt oder anderweitig zusammengetragen. Insbesondere wird beispielsweise für den Zweck der Datenerhebung per Schnittstelle zur kontoführenden Bank auf die Online-Banking-Informationen des potenziellen Kreditnehmers zugegriffen (sogenannter „Digital Account Check"), vorausgesetzt die entsprechende Einwilligung des Kreditnehmers hierfür liegt vor.[119] Wie in Kapitel 3, Abschnitt 4.2 noch näher erläutert wird, kann hierfür auch auf Methoden der künstlichen Intelligenz, wie beispielsweise Text Mining-Technologie, zurückgegriffen werden, um die Datensätze schnell und effektiv zu erheben und zu analysieren.

Die extrahierten und in Datenbanken gesammelten Daten über den Antragsteller werden im nächsten Schritt aufbereitet, indem beispielsweise fehlende Information ergänzt und fehlerhafte Daten entsprechend angepasst oder gelöscht werden. Da der Datenbestand der Konfiguration und Weiterentwicklung des Algorithmus dient, ist es von besonderer Wichtigkeit, dass dieser akkurat ist.

Sofern die Daten nicht alle einer einheitlichen Quelle entspringen und bereits assimiliert zur Verfügung stehen, müssen sie noch entsprechend vereinheitlicht werden.[120] Hierzu gehört auch, dass unterschiedliche Datenpunkte, die aber das gleiche Attribut oder den gleichen Vorgang betreffen, aggregiert

---

118 *Aggarwal*, The Norms of Algorithmic Credit Scoring, Cambridge Law Journal 80 (2021). 42, 43.

119 *Daldrup / Gehrke*, Arbeitsbericht des Instituts für Wirtschaftsinformatik, Automatisierte Ratenkreditvergabe im Privatkundengeschäft mit risikoadjustierten Konditionen, S. 5, online abrufbar unter: https://bit.ly/3BIysGV (letzter Aufruf am 23.02.2022).

120 Zum Prozess der Datenvereinheitlichung in diesem Absatz, vgl. *Fachgruppe Rechtsinformatik der Gesellschaft für Informatik e.V.*, Studie, Technische und rechtliche Betrachtungen algorithmischer Entscheidungsverfahren, S. 47, online abrufbar unter: https://bit.ly/3saCipa (letzter Aufruf am 23.02.2022).

werden. Beispielsweise zählt hierzu, dass auf Grundlage verschiedener vorliegender Zahlungsdaten berechnet wird, wie die Zahlungsdauer des potenziellen Kreditnehmers im Durchschnitt ist.

2.3 Phase 3: Kreditwürdigkeitsprüfung

In der nächsten Phase, der Kreditwürdigkeitsprüfung, werden im Traditionellen Kreditverfahren nun alle über den Kunden vorliegenden Informationen analysiert, um Rückschlüsse auf dessen Kreditwürdigkeit treffen zu können. Bei der Analyse der vorliegenden Kundendaten wird auch im Traditionellen Kreditvergabeprozess regelmäßig ein Scoring-Verfahren verwendet, das auf ein Datenverarbeitungssystem zurückgreift. Allerdings trifft dieses System keine eigenmächtige endgültige Entscheidung, sondern liefert auf Grundlage der vorhandenen Finanzdaten des Kunden lediglich einen Scorewert, der als eines von vielen Entscheidungsmerkmalen in die Gesamtentscheidung eines menschlichen Entscheiders einfließt. Auch verwendet das Kreditscoring-Verfahren im Traditionellen Kreditvergabeverfahren keine lernenden Algorithmen für die Zwecke der Kreditwürdigkeitsprüfung auf der Basis von Big Data.

Im modernen Kreditvergabeverfahren kommt der Einsatz von Künstlicher Intelligenz insbesondere auf der Ebene der Bonitätsprüfung zu Tragen. Die Anwendung von lernenden Algorithmen kann in Verbindung mit der Nutzung von Big Data das Kreditscoring-Verfahren grundlegend verändern. Die Veränderung des Kreditscoring-Prozesses betrifft einerseits die Durchführung des Kreditscorings an sich und andererseits die Bedeutung und Tragweite des Kreditscoring-Verfahrens im Entscheidungsprozess (siehe hierzu den folgenden Abschnitt 2.4 in Kapitel 3). Zunächst erlaubt es die Verwendung von lernenden Algorithmen, dass die für die Kreditentscheidung maßgeblichen Parameter und deren Gewichtung durch das System selbst anhand der eingepflegten Datensätze fortlaufend verändert und angepasst werden. Dies bedeutet, dass der Kreditscore als Schätzwert, der die prognostizierte Zahlungsfähigkeit und -bereitschaft des Kunden repräsentiert, nicht anhand von im Vorhinein festgelegten Parametern mit statischer Gewichtung ermittelt wird. Stattdessen handelt es sich beim BDAI-basierten Kreditscoring um einen dynamischen Prozess, für den unter Umständen auch unstrukturierte Daten nutzbar gemacht werden können. Grundsätzlich gilt: Je mehr (qualitativ hochwertige) Datensätze in das algorithmische System eingepflegt werden, desto mehr Korrelationen und Zusammenhänge werden technisch erfasst und verändern und präzisieren fortlaufend den zugrundeliegenden Algorithmus ohne die Notwendigkeit menschlicher Intervention. So können sich auch fortlaufend die Parameter des BDAI-basierten Systems wie auch und deren Gewichtung verändern. Letztlich generiert ein solches BDAI-basiertes System einen numerischen Wert, der die Ausfallwahrscheinlichkeit des Antragstellers widerspiegelt. Dies wird jedoch in Kapitel 3, Abschnitt 4.1 näher erläutert.

2.4 Phase 4: Kreditentscheidung

In der vierten Phase entscheidet der Bankmitarbeiter üblicherweise im Traditionellen Kreditverfahren über die Annahme oder Ablehnung des Kreditantrags sowie über die Spezifika der Kreditkonditionen. In diese Entscheidung fließen sowohl alle Analyseergebnisse der Bonitätsprüfung als aber auch die persönliche Erfahrung des Bankmitarbeiters aus früheren Kreditprozessen und -beziehungen mit ein[121]. Sollte der Bankmitarbeiter mangels Erfahrungswerte nicht hinreichend befähigt sein, die Kreditentscheidung allein treffen zu können, werden gegebenenfalls weitere Bankmitarbeiter eingeschaltet, die den Analyse- und Entscheidungsprozess überprüfen und unter Umständen selbst zum endgültigen Ergebnis kommen. Somit ist sichergestellt, dass bankinterne Erfahrungswerte in jedem Fall in die Kreditbewilligungs- oder Kreditablehnungsentscheidung mit einfließen, notfalls im Wege eines multipersonalen Entscheidungsprozesses.

Im modernen Kreditvergabeverfahren kann die BDAI-basierte Kreditwürdigkeitsentscheidung sowohl teil- als auch potenziell vollautomatisiert stattfinden. Sofern beispielsweise ein lernender Algorithmus auf der Basis von Big Data einen Kreditscore ermittelt hat, kann dieser Kreditscore entweder selbst bereits entscheidungserheblich sein, oder nur die Entscheidung eines Bankmitarbeiters unterstützen. Sofern der Kreditscore, selbst wenn er unter Verwendung von BDAI-Technologie ermittelt wurde, nur eine menschliche Entscheidung unterstützt, handelt es sich um ein Teilautomatisiertes

[121] Zur Entscheidungsfindung der Bankmitarbeiter im Rahmen des Traditionellen Kreditverfahrens, die in diesem Absatz ausgeführt wird, siehe *Daldrup / Gehrke*, Arbeitsbericht des Instituts für Wirtschaftsinformatik, Automatisierte Ratenkreditvergabe im Privatkundengeschäft mit risikoadjustierten Konditionen, S. 3, online abrufbar unter: https://bit.ly/3BIysGV (letzter Aufruf am 23.02.2022).

ADM-System. Im BDAI-basierten Verfahren wäre es allerdings auch möglich, diese beiden Komponenten, den Kreditscore und die nachgelagerte menschliche Entscheidung auf einen Arbeitsschritt zu reduzieren.[122] So könnte eine automatisierte Entscheidung auf der Basis des algorithmischen determinierten Kreditscores und des Kreditlimits getroffen werden ohne Einbeziehung eines menschlichen Entscheiders, was der Definition eines Vollautomatisierten ADM-Systems entspricht.

2.5 Phase 5: Kreditabwicklung

In der finalen Phase der Kreditabwicklung erfolgt die Erstellung des Kreditvertrags sowie die Auszahlungen des Kreditbetrags.[123] Im modernen Kreditvergabeverfahren kann die Erstellung des Kreditvertrags automatisiert unter Verwendung von Dokumentengeneratoren erfolgen und digital vom Kreditnehmer unterschrieben werden.

2.6 Phase 6: Kreditmonitoring

Auch im Nachgang des Kreditvertragsabschlusses können KI-basierte Technologien eine wichtige Rolle spielen. So werden sie beispielsweise für den Zweck eingesetzt, etwaige Veränderungen in wesentlichen Datenpunkten des Kreditnehmers zu überprüfen, um so dem Kreditinstitut zu ermöglichen, zeitnah auf eine veränderte Risikolage reagieren zu können. Ebenso wichtig gestaltet sich die Überwachung der Werthaltigkeit von etwaigen Kreditsicherheiten, die mit Hilfe von KI-basierter Technologie effektiver gewährleistet werden können. Unter Umständen sind Kreditnehmer ohnehin vertraglich verpflichtet, auf bestimmte Änderungen ihrer Umstände oder der Werthaltigkeit von Kreditsicherheiten hinzuweisen, sodass wohl Kreditinstituten auch auf diese Weise das Kreditmonitoring erleichtert wurde. Letztlich ermöglicht es BDAI-basierte Technologie, den Prozess des Kreditmonitorings für Kreditinstitute zu vereinfachen und effektiver zu gestalten.

---

[122] *BaFin*, Studie, Big Data trifft auf künstliche Intelligenz – Herausforderungen und Implikationen für Aufsicht und Regulierung von Finanzdienstleistungen, S. 80, online abrufbar unter: https://bit.ly/3vrh9cv (letzter Aufruf am 23.02.2022).

[123] *Daldrup / Gehrke*, Arbeitsbericht des Instituts für Wirtschaftsinformatik, Automatisierte Ratenkreditvergabe im Privatkundengeschäft mit risikoadjustierten Konditionen, S. 3, online abrufbar unter: https://bit.ly/3BIysGV (letzter Aufruf am 23.02.2022).

3. Der Kreditscore

3.1 Die Bedeutung des Kreditscores

Der Kreditmarkt hat sich grundlegend gewandelt, seit Kreditbewerber den Kreditsachbearbeitern persönlich bekannt waren und diese ihre Kreditentscheidung häufig darauf basierten, wie gut oder lange sie den Kreditbewerber kannten.[124] Historisch betrachtet, wurden Kreditentscheidung fast schon auf intuitiver Basis in Form einer persönlichen Einschätzung eines Bankmitarbeiters unter Einbeziehung von bestimmten quantitativen und qualitativen Kriterien (beispielsweise Einkommen, persönliches Umfeld, Zahlungsverhalten des Kreditbewerbers) getroffen.[125]

Bereits seit den 50er Jahren hat sich diese Vorgehensweise gewandelt und die Kreditentscheidung wurden immer mehr mit Hilfe von mathematisch-statistischen Verfahren getroffen. Für diesen Zweck wurde statistische Korrelationen zwischen bestimmten Eigenschaften, Umständen und Verhaltensweisen von Kreditnehmern mit ihrem Zahlungsverhalten im Rahmen eines Kreditverhältnisses identifiziert. Auf Grundlage der ermittelten Zusammenhänge und der so erschlossenen relevanten Kriterien wurden künftige Kreditentscheidungen getroffen.[126] Mittlerweile beruhen Kreditentscheidungen überwiegend auf diesem mathematisch-statistischen Verfahren, dem sogenannten Kreditscoring. Auf dessen Grundlage kann die Wahrscheinlichkeit eines bestimmten Kreditnehmerverhaltens, wie beispielsweise Zahlungsausfall, berechnet werden.[127] Diese Wahrscheinlichkeit der künftigen Zahlungsfähigkeit und -bereitschaft wird durch einen numerischen Wert, dem sogenannten „Kreditscore", ausgedrückt. Somit dient das Kreditscoring der Ermittlung der Rückzahlungswahrscheinlichkeit des Darlehens sowie hiermit verbundener Zinszahlungen. Diese wird über einen

---

[124] *Goetghebuer*, AI and Creditworthiness Assessments: The Tale of Credit Scoring and Consumer Protection. A Story with a Happy Ending?, in: De Bruyne / Vanleenhove (Hrsg.), Artificial Intelligence and the Law, Intersentia 2021, S. 429 (458).

[125] *Langenbucher*, Responsible A.I.-Based Credit Scoring – A Legal Framework, European Business Law Review 31 (2020), 527, 528.

[126] *Langenbucher*, Responsible A.I.-Based Credit Scoring – A Legal Framework, European Business Law Review 31 (2020), 527, 528.

[127] Zum Begriff des Scoring-Verfahrens: BT-Drs. 16/10529, S. 1 f.; *Kazemi*, in: Kazemi, Die EU-Datenschutz-Grundverordnung in der anwaltlichen Beratungspraxis, 2018, § 4 Rechtsgrundlagen der Verarbeitung, Rn. 341.

Zahlenwert ausgedrückt, der auf einer statistischen Analyse basiert und dem bankeninternen Risikoklassifizierungsverfahren dient.[128]

Da der Kreditscore direkten Einfluss auf die Darlehenskonditionen hat und die Kreditentscheidung maßgeblich beeinflusst, ist es von besonderer Wichtigkeit, dass dieser die Kreditwürdigkeit so treffsicher wie möglich bestimmen kann.[129] Je akkurater der Kreditscore die aktuelle Gesamtsituation des Kreditnehmers sowie das zu erwartende Zahlungsverhalten beurteilt, desto weniger Kreditausfälle wird es geben.[130] Kommt der Kreditscore nämlich beispielsweise zum Ergebnis, dass die Kreditwürdigkeit des Kreditnehmers als eher schwach eingeschätzt wird, führt dies entweder zu einer negativen Kreditentscheidung, oder zur Bewilligung einer entsprechend geringeren Darlehenssumme, sodass auch die Zins- und Tilgungszahlungen im Sinne einer verantwortungsvollen Kreditvergabepraxis vergleichsweise geringer ausfallen sollten, um auch von einem „schwachen" Kreditnehmer tragbar zu sein. Nicht außer Acht gelassen darf, dass die Konsequenzen einer schwachen Kreditwürdigkeit aber auch von dem Geschäftsmodell der Kreditinstitute abhängig sind. So ist einerseits eine niedrige Bonität des Kreditnehmers mit einem erhöhten Adressenausfallrisiko für das kreditgebende Institut verbunden, welches es sich auch im Wege erhöhter Zinsen vergüten lassen könnte. Wie allerdings noch in den nächsten Kapiteln ausgeführt wird, haben Kreditinstitute bei ihrer Kreditentscheidung nicht mehr nur die Interessen ihres eigenen Risikomanagements und den Schutz der Finanzmarktstabilität zu achten, sondern vielmehr auch verbraucherschutzrechtliche Gesichtspunkte. Insbesondere das verbraucherschützende Konzept der verantwortungsvollen Kreditvergabe würde zu einem gewissen Grad der Kompensation einer schlechten Bonität mit besonders hohen Kreditzinsen entgegenstehen.

Über das Kreditvergabeverfahren hinaus haben Kreditscore und Bonitätsauskunft auch weitere Auswirkungen auf Einzelpersonen. So nutzen,

---

[128] *Kazemi*, in: Kazemi, Die EU-Datenschutz-Grundverordnung in der anwaltlichen Beratungspraxis, 2018, § 4 Rechtsgrundlagen der Verarbeitung, Rn. 342.

[129] *Škorjanc*, Automatisierte Kreditentscheidungen – Eine vergleichende Analyse der (datenschutz-)rechtlichen Rahmenbedingungen in Deutschland und Österreich, CB 2020, 70, 71.

[130] *Kazemi*, in: Kazemi, Die EU-Datenschutz-Grundverordnung in der anwaltlichen Beratungspraxis, 2018, § 4 Rechtsgrundlagen der Verarbeitung, Rn. 342.

jedenfalls empirisch belegt in den Vereinigten Staaten, beispielsweise manche Arbeitgeber Informationen der Wirtschaftsauskunfteien, um zu entscheiden, welcher Arbeitnehmer befördert werden soll.[131] Auch Vermieter verlassen sich bei Mietentscheidungen häufig auf Bonitätsauskünfte.[132]

3.2 Die Ermittlung des Kreditscores

Kreditscores werden heutzutage überwiegend im Wege von automatisierten Kreditscoring-Verfahren ermittelt.[133] Von diesen Verfahren existieren diverse Ausprägungen, die von unterschiedlichen Instituten genutzt werden, sodass kein einheitliches standardisiertes Kreditscoring-Verfahren existiert, dass weltweit Verwendung findet. Die statistischen Methoden, die den Kreditscoring-Verfahren zugrunde liegen, variieren ebenfalls und umfassen beispielsweise Modelle, die auf linearer Regression, Entscheidungsbäumen oder Diskriminanzanalyse basieren. Wie in Kapitel 3, Abschnitt 4.1 noch weiter ausgeführt wird, nutzen Kreditscoring-Verfahren mittlerweile vermehrt auch die Technologie des Maschinellen Lernens, also lernende Algorithmen, für die Zwecke der Bonitätsermittlung.

Grundsätzlich werden im Rahmen des Kreditscoring-Verfahrens Merkmale und Eigenschaften eines Kreditbewerbers mit denen von Kreditnehmern verglichen, denen bereits in der Vergangenheit Kredite bewilligt wurden. Die Kreditnehmer der Vergleichsgruppe befinden sich entweder in einem aktuell laufenden oder bereits beendeten Kreditverhältnis mit dem Institut. Das Kreditscoring-Verfahren operiert unter der grundsätzlichen Annahme, dass, sofern die Eigenschaften eines Kreditbewerbers zu einem gewissen Grad denen von bereits ausgefallenen Kreditnehmern ähneln, der Kreditantrag abzulehnen ist. So werden anhand der verfügbaren Daten über Kreditnehmer bestimmte Korrelationen und Zusammenhänge zwischen

---

131 *Hurley / Adebayo*, Credit Scoring in the Era of Big Data, Yale J.L. & Tech. 18 (2016), 148, 154.

132 *Hurley / Adebayo*, Credit Scoring in the Era of Big Data, Yale J.L. & Tech. 18 (2016), 148, 154.

133 Zu den Ausführungen zur Ermittlung und Bedeutung des Kreditscores in den folgenden beiden Abschnitten, siehe *Goetghebuer*, AI and Creditworthiness Assessments: The Tale of Credit Scoring and Consumer Protection. A Story with a Happy Ending?, in: De Bruyne / Vanleenhove (Hrsg.), Artificial Intelligence and the Law, Intersentia 2021, S. 429 (458).

spezifischen Datenpunkten und Zahlungsverhalten und Bonität identifiziert.[134] Diese Korrelationen werden genutzt, um Ausfallwahrscheinlichkeit und Zahlungsverhalten von neuen Kreditbewerbern einzuschätzen und entsprechende Prognosewerte zu generieren. So werden anhand der Datensätze bereits laufender oder schon beendeter Kreditverhältnisse Rückschlüsse auf die Auswirkungen grundlegender Eigenschaften und Merkmale von Kreditbewerbern auf deren Bonität gezogen.

Der Kreditscore wird dadurch ermittelt, dass anhand einer festgelegten Liste von Merkmalen die Zahlungsfähigkeit und -bereitschaft des Darlehensnehmers ermittelt wird. Diese Merkmale bestanden traditionell unter anderem aus dem Wohnort, dem Beruf und etwaigen zur Verfügung stehenden Kreditsicherheiten. Im Rahmen der Kreditwürdigkeitsprüfung eines potenziellen Kreditnehmers werden anhand der über ihn verfügbaren Datenpunkte für jedes Merkmal Punkte vergeben. Diese werden anschließend je nach Relevanz gewichtet und letztlich zu einer einzelnen Bonitäts-Note zusammengefasst. Die Gewichtung der einzelnen Merkmale bestimmt sich hierbei anhand der Korrelationen, die mit Hilfe der analysierten Datensätze der aktuellen oder vergangenen Kreditnehmer ermittelt wurden. Die auf diese Weise ermittelte Bonitäts-Note ist letztlich nicht nur relevant für die Frage der Kreditvergabe an sich, sondern darüber hinaus für die Festlegung der Zinssätze und Kreditlinien.[135]

Im Einzelnen kann das Kreditscoring-Verfahren im Rahmen einer vereinfachten Darstellung auf die folgenden Arbeitsschritte reduziert werden[136]:

(i) Definition von Kreditwürdigkeit und Kreditunwürdigkeit

Zunächst muss der Kreditgeber festlegen, wie das Merkmal der „Kreditunwürdigkeit“ beziehungsweise „Kreditwürdigkeit“ tatsächlich zu definieren ist. So ist beispielsweise denkbar, dass Kreditunwürdigkeit dann anzunehmen ist, wenn ein Kreditnehmer insgesamt mehr als 90 Tage eines Jahres

---

134 *Aggarwal*, The Norms of Algorithmic Credit Scoring, Cambridge Law Journal 80 (2021), 42, 43.

135 *Kazemi*, in: Kazemi, Die EU-Datenschutz-Grundverordnung in der anwaltlichen Beratungspraxis, 2018, § 4 Rechtsgrundlagen der Verarbeitung, Rn. 342.

136 *Goetghebuer*, AI and Creditworthiness Assessments: The Tale of Credit Scoring and Consumer Protection. A Story with a Happy Ending?, in: De Bruyne / Vanleenhove (Hrsg.), Artificial Intelligence and the Law, Intersentia 2021, S. 441–442.

im Zahlungsverzug ist oder in drei aufeinanderfolgenden Monaten keine Zinsen gezahlt hat.[137] In jedem Fall hat der Kreditgeber zu definieren, welche tatsächlichen Gegebenheiten vorliegen oder Voraussetzungen erfüllt sein müssen, damit ein Kreditnehmer als „kreditunwürdig“ oder „kreditwürdig“ zu bezeichnen ist. In diesem Zusammenhang sei angemerkt, dass die Definition dessen, was „Kreditwürdigkeit“ tatsächlich bedeutet, unter Umständen deutlich komplexer ausfallen kann, als man zunächst vermuten würde. Schließlich wird die Definition der Kreditwürdigkeit beziehungsweise Kreditunwürdigkeit vor dem Hintergrund des Geschäftsmodells des jeweiligen Kreditinstituts vorgenommen.[138] Dieses könnte Kreditinstitute unter Umständen dazu verleiten, „Kreditwürdigkeit“ mit „Attraktivität für Geschäftszwecke“ gleichzusetzen.[139] So könnte es beispielsweise für Geschäftszwecke lukrativ sein, einem Kreditnehmer mit beschränkter Bonität einen Kredit zu anfänglich besonders hohen Zinsen und Tilgungsraten zu gewähren, um einen späteren erwarteten Ausfall zu kompensieren. Wie in Kapitel 5, Abschnitt 2.3 ausgeführt wird, sollte im Sinne des Verbraucherschutzes gewährleistet sein, dass Kreditinstitute und Scoring-Unternehmen eine solche Definition von „Erfolg“ für die Programmierung des Algorithmus nutzen, die mit dem verbraucherschutzrechtlichen Grundgedanken der „verantwortungsvollen Kreditvergabe“ vereinbar ist.

(ii) Auswahl von Merkmalen

Sobald feststeht, welches Verhalten als das eines „kreditunwürdigen Kreditnehmers“ zu charakterisieren ist, wird das Modell genutzt, um entsprechend korrelierende Eigenschaften und Merkmale dieser Kreditnehmer zu ermitteln. Gleichzeitig werden auch die Eigenschaften und Merkmale von

---

[137] *Goetghebuer*, AI and Creditworthiness Assessments: The Tale of Credit Scoring and Consumer Protection. A Story with a Happy Ending?, in: De Bruyne / Vanleenhove (Hrsg.), Artificial Intelligence and the Law, Intersentia 2021, S. 441.

[138] Vgl. hierzu *Langenbucher / Corcoran*, Responsible AI Credit Scoring – A Lesson from Upstart.com, Digital Finance in Europe: Law, Regulation and Governance 5 (2022), 1, 166.

[139] Vgl. hierzu *Langenbucher / Corcoran*, Responsible AI Credit Scoring – A Lesson from Upstart.com, Digital Finance in Europe: Law, Regulation and Governance 5 (2022), 1, 166.

Kreditnehmern analysiert und abstrahiert, die nach der gewählten Definition des Instituts als „kreditwürdig" gelten.

(iii) Auswahl relevanter Variablen

Letztlich gelingt es diesem System auf diese Weise, bestimmte persönliche Charakteristika, Eigenschaften und Merkmale danach zu kategorisieren, ob sie eher einem kreditwürdigen oder kreditunwürdigen Kreditnehmer zuzuordnen sind.[140] Darüber hinaus ist das System in der Lage, die einzelnen Variablen anhand ihrer Relevanz und Aussagekraft zu gewichten.[141]

Beispielsweise basiert der sogenannte Fico-Score, eine US-amerikanische Bewertungskennzahl für Kreditnehmer vergleichbar mit der SCHUFA in Deutschland, auf lediglich fünf Faktoren, zu denen beispielsweise das Zahlungsverhalten des Kreditbewerbers und die Höhe geschuldeter Geldbeträge gehören. Der Fico-Score basiert unter anderem nicht auf dem Gehalt oder Beruf des Kreditbewerbers.[142]

(iv) Modell-Entwicklung

Im finalen Arbeitsschritt wird anhand der identifizierten Korrelationen und Zusammenhänge ein Modell beziehungsweise ein Algorithmus entwickelt, der auf neue Kreditbewerber angewandt werden kann, um eine entsprechende Klassifizierung ihrer Merkmale und Eigenschaften vorzunehmen. Anhand der spezifischen, bereits vorgenommen Gewichtung diverser Faktoren wird für jeden Kreditbewerber nach Analyse der über ihn verfügbaren Daten ein Bonitätswert ermittelt. Der Bonitätswert bestimmt dann, ob ein Kredit abgelehnt oder bewilligt wird, und im Falle einer positiven Bewertung zusätzlich, unter welchen konkreten Konditionen. Dem Kreditgeber steht es jedoch frei,

---

[140] *Goetghebuer*, AI and Creditworthiness Assessments: The Tale of Credit Scoring and Consumer Protection. A Story with a Happy Ending?, in: De Bruyne / Vanleenhove (Hrsg.), Artificial Intelligence and the Law, Intersentia 2021, S. 441–442.

[141] *Goetghebuer*, AI and Creditworthiness Assessments: The Tale of Credit Scoring and Consumer Protection. A Story with a Happy Ending?, in: De Bruyne / Vanleenhove (Hrsg.), Artificial Intelligence and the Law, Intersentia 2021, S. 441–442.

[142] *Goetghebuer*, AI and Creditworthiness Assessments: The Tale of Credit Scoring and Consumer Protection. A Story with a Happy Ending?, in: De Bruyne / Vanleenhove (Hrsg.), Artificial Intelligence and the Law, Intersentia 2021, S. 444.

Grenzwerte festzulegen, bei deren Vorliegen weitere Prüfung und Analyse vorzunehmen ist.

4. Nutzbarkeit von Künstlicher Intelligenz für den Kreditprozess

BDAI-basierte Technologien können auf unterschiedliche Weise für das Kreditvergabeverfahren nutzbar gemacht werden. So können sie, wie im folgenden Teil ausgeführt wird, beispielsweise auch für die schnelle und effektive Extrahierung von Datenpunkten verwendet werden, die für die Kreditwürdigkeitsentscheidung relevant sind. Das Hauptanwendungsgebiet BDAI-basierter Technologien im Kreditvergabeprozess ist allerdings das Kreditscoring-Verfahren, das aufgrund der Kombination aus KI-Systemen und Big Data tiefgreifend verändert werden könnte.

4.1 Verwendung von BDAI-basierter Technologie für das Kreditscoring-Verfahren

Die Nutzung von Algorithmen für die Zwecke des Kreditscorings ist, anders als häufig angenommen wird, keine Entwicklung des 21. Jahrhunderts. Vielmehr existiert diese Möglichkeit bereits seit 1959, dem Jahr der Einführung des Kreditscores durch Fico, einem Analytics-Software-Unternehmen mit Sitz in Kalifornien.[143] Das traditionelle algorithmische Kreditscoring-Verfahren nutzt händisch vorprogrammierte Parameter und Gewichtungen, um Bonitätseinschätzungen vorzunehmen.[144] Somit entscheiden die Programmierer selbst, welche Merkmale für die Zwecke der Kreditscore-Ermittlung relevant sind und in welchem Verhältnis zueinander sie zu bewerten sind. So basiert traditionelles algorithmisches Kreditscoring auf linearen statistischen Methoden sowie auch auf einer begrenzten Zahl an Variablen, um einen Kreditscore zu ermitteln.[145]

---

143 *Bruckner*, Regulating Fintech Lending, Banking & Financial Services Policy Report 37 (2018), 1, 11.

144 *Bruckner*, Regulating Fintech Lending, Banking & Financial Services Policy Report 37 (2018), 1, 14.

145 *Aggarwal*, The Norms of Algorithmic Credit Scoring, Cambridge Law Journal 80 (2021), 42, 44.

(i) Zugriff auf breitere Datenbasis

Die Nutzung von BDAI-Technologie für die Zwecke des Kreditscorings unterscheidet sich vornehmlich in zwei Aspekten vom traditionellen algorithmischen Kreditscoring.

Zunächst wird im Rahmen des BDAI-basierten Kreditscorings eine viel umfangreichere und diversere Datenbasis nutzbar gemacht.[146] Die zusätzlichen Daten, die für das BDAI-basierte Kreditscoring genutzt werden, umfassen sowohl Finanzdaten ohne Kreditbezug (wie beispielsweise Mietzahlungen sowie Zahlungen an Versorgungs- und Telekommunikationsunternehmen) als auch Daten ohne Finanz- und auch ohne Kreditbezug aus anderweitigen Lebensbereichen wie beispielsweise der universitären Ausbildung. Gleichzeitig sind auch eher unkonventionelle Datenpunkte umfasst, die nicht unbedingt mit der Bonitätsbewertung in Verbindung gebracht werden. Hierzu gehören beispielsweise die Aktivität des Kreditbewerbers auf Sozialen Medien, die auf seinem Smartphone vorhandenen Apps, die Nutzungsdauer des Mobiltelefons, sowie dessen online Zahl- und Browsing-Verhalten.[147] Schließlich hinterlässt jeder Kreditbewerber aufgrund der exponentiell zunehmenden Nutzung von Smartphones, sozialen Medien und digitalen Zahlungsformen eine exponentiell wachsende Zahl digitaler Datenpunkte, die von Kreditgebern für die Zwecke der Kreditwürdigkeitsprüfung nutzbar gemacht werden. Die Kreditindustrie fährt seit einigen Jahren einen „*all data are credit data*"-Ansatz, der übersetzt aussagt, dass alle verfügbaren Datensätze über einen potenziellen Kreditbewerber für die Zwecke seiner Kreditwürdigkeitseinschätzung von Relevanz sind.[148] So werden vermehrt alle Informationen, die über das on- und offline Verhalten eines Kreditbewerbers bestehen, für die Zwecke des Kreditscorings verwendet – sowohl beispielsweise das vom Kreditbewerber genutzte Mobiltelefon-Betriebssystem (beispielsweise Android/Apple iOS) wie auch die Zeit, die sich der Kreditbewerber

---

[146] *Aggarwal*, The Norms of Algorithmic Credit Scoring, Cambridge Law Journal 80 (2021), 42, 44.

[147] *Langenbucher*, Diskriminierung bei der Vergabe von Verbraucherkrediten?, BKR 2023, 205, 206; *Aggarwal*, The Norms of Algorithmic Credit Scoring, Cambridge Law Journal 80 (2021), 42, 44.

[148] Dies ist ein Zitat des Gründers von Zest Finance, Douglas Merrill. Vgl. *Bruckner*, Regulating Fintech Lending, Banking & Financial Services Policy Report 37 (2018), 1, 1.

nimmt, um auf Kurznachrichten zu antworten oder durch AGB zu scrollen.[149] Die Datensätze stehen, anders als im traditionellen Verfahren, auch nicht nur in Text-, sondern auch möglicherweise in Video-, Bild- oder Tonform zur Verfügung.[150] Grundlegender Vorteil der Nutzung einer besonders breiten Datenbasis ist, dass die Fehlerhaftigkeit einzelner Datenpunkte in diesem Fall geringer ins Gewicht fällt und keine determinierende Wirkung hat, weil die Fehlerhaftigkeit einzelner Datenpunkte durch die Existenz besonders vieler korrekter Datenpunkte ausgeglichen wird.[151]

(ii) Nutzung von KI-Technologie für das Kreditscoring-Verfahren

Weiterhin wird zusätzlich zu der Nutzung einer breiteren und diverseren Datenbasis auf technisch fortschrittlichere Technologie zurückgegriffen, um die Daten für Prognose- und Modellierungszwecke nutzbar zu machen.[152] Insbesondere werden lernende Algorithmen und Technologien des Maschinellen Lernens in zweierlei Hinsicht eingesetzt: Zum einen erlaubt es die Nutzung von Maschinellem Lernen, eine weitaus größere Datenmenge in hoher Geschwindigkeit zu analysieren und auszuwerten. Zum anderen gelingt es den lernenden Algorithmen, die für die Kreditwürdigkeit relevanten Variablen und deren Gewichtung selbst zu determinieren. KI-basierte Systeme können aus den eingepflegten Inputdaten selbstständig erkennen, welche Parameter mit einem definierten Ziel (beispielsweise einer hohen Kreditrückzahlwahrscheinlichkeit) korrelieren und potenziell Variablen

---

[149] *Goetghebuer*, AI and Creditworthiness Assessments: The Tale of Credit Scoring and Consumer Protection. A Story with a Happy Ending?, in: De Bruyne / Vanleenhove (Hrsg.), Artificial Intelligence and the Law, Intersentia 2021, S. 444; siehe für weitere Beispiele *Bruckner*, The Promise and Perils of Algorithmic Lenders' Use of Big Data, Chicago-Kent Law Review 93 (2018), 3, 15: „For example, a consumer's email addresses, brand of car, Facebook friends, educational background and college major, even whether he or she sends text messages in all capital letters or in lower case. In short, version 2.0 algorithmic lenders are collecting every byte of data they can to feed their credit-scoring algorithms."

[150] *Aggarwal*, The Norms of Algorithmic Credit Scoring, Cambridge Law Journal 80 (2021), 42, 44.

[151] *Aggarwal*, The Norms of Algorithmic Credit Scoring, Cambridge Law Journal 80 (2021), 42, 44.

[152] *Goetghebuer*, AI and Creditworthiness Assessments: The Tale of Credit Scoring and Consumer Protection. A Story with a Happy Ending?, in: De Bruyne / Vanleenhove (Hrsg.), Artificial Intelligence and the Law, Intersentia 2021, S. 446.

erkennen, die über die typischerweise im Rahmen des Kreditscorings verwendeten Datenpunkte hinausgehen.[153] Demgegenüber spielen statische Algorithmen eine lediglich ausführende und keinerlei gestaltende Rolle, indem sie sich für die Zwecke der Kreditwürdigkeitsprüfung allein auf die Nutzung der Datenpunkte und Gewichtungen beschränken, die von Menschen bereits festgelegt und entsprechend einprogrammiert wurden.[154] Statische Algorithmen verwenden somit rein lineare statistische Methoden und eine begrenzte Anzahl von unabänderlich gewichteten Variablen (insbesondere die Kredithistorie des Kreditbewerbers) für die Zwecke der Kreditwürdigkeitsprüfung.[155]

Die Nutzung von lernenden Algorithmen ermöglicht, dass große unstrukturierte und mehrdimensionale Datensätze ausgewertet und analysiert werden. Zu diesen können theoretisch durchaus auch GPS-Daten, die Kontaktliste des Datensubjekt und die Anzahl von Rechtschreibfehler in dessen Kommunikation zählen.[156] Hierbei erkennt das KI-System selbst Muster und Zusammenhänge zwischen diversen Datenpunkten und dem Merkmal der Kreditwürdigkeit. In diesem Fall gelingt es KI-Systemen, die Kreditwürdigkeitsprüfung eigenmächtig ohne menschliche Steuerung, Kalibrierung oder Intervention vorzunehmen.[157] Zunächst wird das System mit Trainingsdaten angefüttert und erkennt auf dieser Basis selbst, welche Variablen und Datenpunkte für das Merkmal der Kreditwürdigkeit relevant sind.[158] Gleichzeitig ermittelt das System durch Nutzung der Techniken des

---

[153] *Langenbucher*, Zur Regulierung des Kreditscoring, EuZW 2021, 961.

[154] *Goetghebuer*, AI and Creditworthiness Assessments: The Tale of Credit Scoring and Consumer Protection. A Story with a Happy Ending?, in: De Bruyne / Vanleenhove (Hrsg.), Artificial Intelligence and the Law, Intersentia 2021, S. 446.

[155] *Aggarwal*, The Norms of Algorithmic Credit Scoring, Cambridge Law Journal 80 (2021), 42, 44.

[156] *Langenbucher*, Responsible A.I.-Based Credit Scoring – A Legal Framework, European Business Law Review 31 (2020), 527, 529.

[157] *Goetghebuer*, AI and Creditworthiness Assessments: The Tale of Credit Scoring and Consumer Protection. A Story with a Happy Ending?, in: De Bruyne / Vanleenhove (Hrsg.), Artificial Intelligence and the Law, Intersentia 2021, S. 446.

[158] *Feldkamp / Kappler / Poretschkin / Schmitz / Weiss*, Rechtliche Fairnessanforderungen an KI-Systeme und ihre technische Evaluation – Eine Analyse anhand ausgewählter Kreditscoring-Systeme unter besonderer Berücksichtigung der zukünftigen europäischen KI-Verordnung, ZfDR 2024, 60; *Bruckner*, Regulating Fintech lending, Banking & Financial Services Policy Report 37 (2018), 1, 2.

Maschinellen Lernens ebenfalls, welche Gewichtung den jeweiligen Variablen beizumessen ist.[159] Anders als statische algorithmische Systeme sind solche, die auf lernenden Algorithmen basieren, dynamisch. Traditionelle Systeme operieren nämlich ausschließlich auf Basis der eingepflegten Konfiguration und passen ihren *Modus Operandi* erst an, wenn durch Programmierer eine Softwareänderung veranlasst wurde. Lernende Algorithmen, hingegen, entwickeln sich stetig weiter und passen ihre Konfiguration eigenmächtig an, sobald sie sich aufgrund der neu eigepflegten Datensätze hierzu veranlasst sehen, weil sich hieraus eine neue Korrelation oder Gewichtung bestehender Korrelationen ergibt.[160]

(iii) Eigenschaften der BDAI-Technologie beim Kreditscoring

(a) Erkennen von nicht-intuitiven Zusammenhängen

Besonders hervorzuheben ist die Fähigkeit von lernenden Algorithmen in Verbindung mit der Nutzung von Big Data, auch nicht-intuitive Zusammenhänge zwischen Datenpunkten und dem Merkmal der Kreditwürdigkeit zu erkennen.[161] Diese Fähigkeit, Zusammenhänge zu erkennen, die Menschen nicht nur selbst nicht erkannt hätten, sondern die für Menschen auch gänzlich unnachvollziehbar erscheinen, ist der große Vorteil der Technologie des Maschinellen Lernens. So ist beispielsweise denkbar, dass ein lernender Algorithmus einen Kreditscore anpasst, weil ein Kreditbewerber sein Mobiltelefon in bestimmten zeitlichen Intervallen lädt, eine bestimmte Displayauflösung gewählt hat oder besonders lange für das Ausfüllen eines Online-Formulars braucht.[162] Der Zusammenhang zwischen diesen Datenpunkten liegt für den menschlichen Betrachter nicht auf der Hand und von selbst hätte er

---

[159] *Goetghebuer*, AI and Creditworthiness Assessments: The Tale of Credit Scoring and Consumer Protection. A Story with a Happy Ending?, in: De Bruyne / Vanleenhove (Hrsg.), Artificial Intelligence and the Law, Intersentia 2021, S. 446.

[160] Bruckner, Regulating Fintech Lending, Banking & Financial Services Policy Report 37 (2018), 1, 2.

[161] Zu den folgenden Ausführungen und Beispielen hinsichtlich der Fähigkeit lernender Algorithmen zum Erkennen nicht-intuitiver Zusammenhänge, siehe *Bruckner*, Regulating Fintech Lending, Banking & Financial Services Policy Report 37 (2018), 1, 1; *Goetghebuer*, AI and Creditworthiness Assessments: The Tale of Credit Scoring and Consumer Protection. A Story with a Happy Ending?, in: De Bruyne / Vanleenhove (Hrsg.), Artificial Intelligence and the Law, Intersentia 2021, S. 447.

[162] *Langenbucher*, Zur Regulierung des Kreditscoring, EuZW 2021, 961.

hier keine Korrelation vermutet. Genau hierin besteht der Grund, weshalb Technologien des Maschinellen Lernens in der Lage sind, die menschliche Leistungsfähigkeit zu übersteigen.[163]

(b) Adaptivität

Weiterhin sind lernende Algorithmen in der Lage, nicht-lineare Verhältnisse zwischen Datenpunkten zu erkennen und sind aufgrund ihrer Adaptivität fähig, anhand der Datensätze Umstandsänderungen zu deuten und im Kreditscore zu reflektieren. Hiermit ist gemeint, dass lernende Algorithmen beispielsweise in der Lage sind, den Kreditscore anzupassen, wenn aus der jüngsten Zahlungshistorie hervorgeht, dass ein Kreditbewerber trotz schlechter Zahlungsmoral in der Vergangenheit jüngst damit begonnen hat, Kredite und Rechnungen rechtzeitig zu begleichen.[164]

Technisch wird dies beispielsweise für das Kreditscore durch die Nutzung von sogenannten neuronalen Netzen ermöglicht. Diese Technologie imitiert die Funktionsweise des menschlichen Gehirns, indem insbesondere die Eigenschaften von Gehirnzellen und deren Kommunikation untereinander technisch nachgestellt wird.[165]

(c) Kein Vollständigkeitserfordernis für Input-Datensätze

Letztlich ist noch eine weitere Folge der Adaptivität lernender Algorithmen, dass die verwendeten Datensätze theoretisch nicht vollständig sein müssen, um für die Zwecke der Kreditwürdigkeitsprüfung von Nutzen zu sein. Wie bereits beschrieben, gilt der im BDAI-basierten Kreditverfahren zum Einsatz kommende Algorithmus als „dynamisch“ und „adaptiv“.[166] Dies bedeutet, dass der Algorithmus nicht zwingend einen vollständigen

---

[163] *Bruckner*, Regulating Fintech Lending, Banking & Financial Services Policy Report 37 (2018), 1, 2.

[164] *Aggarwal*, The Norms of Algorithmic Credit Scoring, Cambridge Law Journal 80 (2021), 42, 44.

[165] *Goetghebuer*, AI and Creditworthiness Assessments: The Tale of Credit Scoring and Consumer Protection. A Story with a Happy Ending?, in: De Bruyne / Vanleenhove (Hrsg.), Artificial Intelligence and the Law, Intersentia 2021, S. 446.

[166] Zu den folgenden Ausführungen zum fehlenden Vollständigkeitserfordernis, der Ermittlung einer Schätzgüte und der möglichen Erhöhung des Kreditlimits nach Bereitstellung weiterer Daten durch den Kreditnehmer, siehe *BaFin*, Studie, Big Data trifft auf künstliche Intelligenz – Herausforderungen und Implikationen für Aufsicht

Datensatz für dessen Funktionalität benötigt und beispielsweise im Rahmen der Kreditvergabe aufgrund einer ermittelten Schätzgüte ein Kreditlimit festlegt, die anhand der vorliegenden Datenart und -qualität ermittelt wird. Sofern nur wenige Daten vorliegen, kann die ermittelte Schätzgüte gering ausfallen, da die Vorhersagegenauigkeit des Kreditscores aufgrund der beschränkten Datenmenge oder -qualität entsprechend gering ist. Das folglich hierdurch erhöhte Risiko für den Kreditgeber kann dazu führen, dass das Kreditlimit reduziert wird. Auf dieser Basis kann die Bank eine rasche Kreditentscheidung, wenn auch mit unter Umständen geringem Kreditlimit treffen, was den Gesamtprozess erheblich beschleunigt. Umgekehrt besteht theoretisch auch die Möglichkeit für den Kreditnehmer, weitere Daten zuzuliefern und somit gegebenenfalls sein Kreditlimit zu erhöhen, sofern er dies wünscht. Auf diese Weise wird der Kunde nicht mit einer für seine Zwecke übertriebenen Datenbereitstellungsverpflichtung belastet und kann selbst entscheiden, ob ihm das Kreditlimit ausreicht, oder er für eine günstigere Beurteilung weitere Daten bereitstellen möchte.

4.2 Nutzung von Künstlicher Intelligenz für die Datenerhebung

Wie bereits erwähnt, ist es technologisch mit Hilfe von KI-Systemen möglich, weitere, teilweise unstrukturierte Datenpunkte in die Kreditentscheidung mit einfließen zu lassen, die aktuell unberücksichtigt bleiben.

Im Einzelnen ermöglicht es die sogenannte Text Mining-Technologie, relevante Datenpunkte aus digitalen Textdateien zu extrahieren. Bei dieser Technologieform werden mit statistischen und linguistischen Mitteln aus Texten Strukturen erschlossen, um bestimmte vorher konfigurierte Kerninformationen zu isolieren. Insbesondere bei einer entsprechenden Fülle von Dokumentation und Text ist es für menschliche Entscheider sehr aufwändig und kostenintensiv, die relevanten Datenpunkte herauszuarbeiten. In dieser Hinsicht schafft algorithmenbasierte Texterkennungssoftware Abhilfe. Beispielsweise könnte je nach Dokument analysiert werden, wie häufig bestimmte Wörter vorkommen. In diesem Zusammenhang bietet sich insbesondere die Suche nach Begrifflichkeiten wie „Inkasso", aber auch

und Regulierung von Finanzdienstleistungen, S. 81, online abrufbar unter: https://bit.ly/3vrh9cv (letzter Aufruf am 23.02.2022).

„Mieteinnahmen“ und „Dividendenzahlung“ an, die sich entsprechend negativ oder positiv auf die Kreditentscheidung auswirken.[167]

4.3 Nutzung von Künstlicher Intelligenz für die Extraktion von Transaktionsdaten

Weiterhin könnten auch die der Bank die ihr vorliegenden granularen Transaktionsdaten der Kunden für die Zwecke der BDAI-basierten Bonitätsbewertung nutzbar machen. Beispielsweise lassen die Kontoabgänge und -zuflüsse und der entsprechende Verwendungszweck Rückschlüsse auf potenzielle Bonitätsveränderungen zu. Insoweit könnte die Extraktion von Transaktionsdaten und deren Berücksichtigung im Scoring-Verfahren zu einer genaueren Bonitätsanalyse beitragen, da sich beispielsweise im Firmenkundengeschäft die Entwicklung einzelner Geschäftsbeziehungen aufgrund der vorliegenden Transaktionsdaten besser antizipieren lässt.[168]

---

[167] *BaFin*, Studie, Big Data trifft auf künstliche Intelligenz – Herausforderungen und Implikationen für Aufsicht und Regulierung von Finanzdienstleistungen, S. 81, online abrufbar unter: https://bit.ly/3vrh9cv (letzter Aufruf am 23.02.2022).

[168] Siehe hierzu *BaFin*, Studie, Big Data trifft auf künstliche Intelligenz – Herausforderungen und Implikationen für Aufsicht und Regulierung von Finanzdienstleistungen, S. 81, online abrufbar unter: https://bit.ly/3vrh9cv (letzter Aufruf am 23.02.2022).

Risikoprofil des KI-basierten Kreditvergabeverfahrens

Grundsätzlich stellt sich die Frage, ob die bereits bestehenden Regelungskonzepte für das Kreditvergabeverfahren ausreichend sind, um auch das im vorigen Kapitel beschriebene technologisierte Kreditvergabeverfahren effektiv regulieren zu können. Darüberhinausgehende Regelungen oder strukturelle Regulierungskonzepte wären nur dann erforderlich, wenn das BDAI-basierte Kreditvergabeverfahren ein im Vergleich zum Traditionellen Kreditvergabeverfahren erhöhtes Risikoprofil aufweisen würde, das nicht vollumfänglich von den bestehenden Regelungen abgedeckt wird. Hierbei liegt das Bestehen eines erhöhten Risikoprofils nicht direkt auf der Hand. Schließlich wird die Entwicklung des BDAI-basierte Kreditvergabeverfahren insbesondere deshalb vorangetrieben, weil es diverse Vorteile für Kreditinstitute und Kunden birgt. Grundsätzlich soll die Verwendung von BDAI-basierter Technologie nicht nur die Genauigkeit, Unvoreingenommenheit und Schnelligkeit von Kreditentscheidungen erhöhen, sondern auch die Effektivität des Ex-post-Kreditmonitorings steigern. So hat sich auch ein Bericht des Weißen Hauses folgendermaßen zur Verwendung von Big Data Anwendungen geäußert: „Big Data provides opportunities for innovations that reduce discrimination and promote fairness and opportunity, including removing subconscious human bias."[169]

Vor diesem Hintergrund wird im folgenden Kapitel eine Gegenüberstellung der risikoerhöhenden und risikosenkenden Eigenschaften des

[169] *Bruckner*, The Promise and Perils of Algorithmic Lenders' Use of Big Data, Chicago-Kent Law Review 93 (2018), 3, 23.

BDAI-basierten Kreditvergabeverfahrens im Vergleich zum Traditionellen Kreditvergabeverfahren vorgenommen. Nach Identifikation und Erläuterung der neuen Risikobereiche, die das BDAI-basierte Kreditvergaben eröffnet, wird sodann in den nächsten Kapiteln untersucht, inwieweit das bestehende Regelungskonzept diesen Gefahren effektiv zu begegnen vermag und ob eventuell alternative Regelungskonzepte einen sinnvollen Beitrag zur Gefahrenabwehr leisten könnten. Schließlich birgt der Einsatz von Künstlicher Intelligenz im Kreditvergabeverfahren, wie im Folgenden erörtert wird, nicht nur Chancen, sondern auch beachtliche Risiken insbesondere im Hinblick auf Datenschutz, Diskriminierung, Transparenz, Verbraucherschutz im engeren Sinne sowie im Hinblick auf informationstechnologische Sicherheit.

1. Risikomitigierende Wirkung des BDAI-Einsatzes im Rahmen des Kreditvergabeverfahrens

1.1 Objektivität der Kreditentscheidung

Wie bereits ausgeführt, kommt es im Rahmen des Traditionellen Kreditvergabeverfahrens maßgeblich auf die Prüfung und Entscheidung eines Menschen, also des zuständigen Kreditsachbearbeiters, an. Grundsätzlich ist dies insofern vorteilhaft, als dass der Kreditsachbearbeiter im Wege eines persönlichen Gesprächs einen umfassenden Gesamteindruck von der Person des Antragstellers gewinnen kann, was unter Prognosegesichtspunkten zunächst zielführend erscheint. Problematisch ist allerdings hierbei, dass es Menschen in der Regel an der Fähigkeit mangelt, rein objektiv zu entscheiden. So sind jegliche menschliche Entscheidungen, wenn auch nur unterbewusst, subjektiv eingefärbt. Dies liegt daran, dass Menschen oft kognitiven Verzerrungen unterliegen und von subjektiven Empfindungen und Vorprägungen geleitet werden, insbesondere wenn sie dem potenziellen Kreditnehmer persönlich entgegentreten.[170] So besteht die Gefahr, dass beispielsweise bei besonderer Sympathie oder Antipathie zwischen Bankmitarbeiter und Antragsteller die vorliegenden objektiven finanziellen Datenpunkte entweder über- oder

---

[170] *Goetghebuer*, AI and Creditworthiness Assessments: The Tale of Credit Scoring and Consumer Protection. A Story with a Happy Ending?, in: De Bruyne / Vanleenhove (Hrsg.), Artificial Intelligence and the Law, Intersentia 2021, S. 448.

untergewichtet werden. Gerade wenn der Bankmitarbeiter dem Antragsteller gegenüber wohlgesonnen ist oder besonderes Verständnis für dessen individuellen Umstände hat, kann dies Negativfolgen für alle Beteiligten haben. Denn gerade in diesem Fall droht, dass dem Antragsteller ein Kredit in einer Höhe gewährt wird, die nicht seiner finanziellen Leistungsfähigkeit entspricht. Dies ist letztlich nicht nur im Hinblick auf das Adressenausfallrisiko für die Bank, sondern auch für den Antragsteller selbst nachteilhaft. Letztlich besteht die Gefahr dieser Voreingenommenheit insbesondere darin, dass sich die Entscheider dessen selbst nicht bewusst sind und auch nur schwer bewusstwerden können.

Diese inhärente Schwäche menschlicher Entscheidungen hat US-amerikanische Aufsichtsbehörden dazu bewogen, Unternehmen die Nutzung algorithmischer Entscheidungssysteme nahezulegen.[171] Algorithmische Entscheidungen sind nämlich frei von der subjektiven und kognitiven Verzerrung und Voreingenommenheit menschlicher Entscheidungen.

1.2 Präzision der Kreditentscheidung

Einer der Hauptvorteile von BDAI-basierten Kreditvergabesystemen liegt darin, dass sie besonders präzise Vorhersageergebnisse liefern können, denen insoweit menschliche Entscheidungen nachstehen. Hierfür gibt es vielfältige Erklärungen. Zum einen spielt sicherlich der oben genannte Aspekt eine Rolle, dass algorithmische Prognosen frei von subjektiver Voreingenommenheit und Verzerrungen aufgrund persönlicher Sympathien oder Antipathien sind. Zum anderen trägt auch die Verwendung von Big Data für die Zwecke der Kreditwürdigkeitsprüfung zur Genauigkeit und Vorhersagestärke der algorithmischen Kreditentscheidung bei.[172] Schließlich leisten gerade unstrukturierte Daten, also beispielsweise solche, die von Smartphone-Applikationen stammen, einen besonderen Beitrag zur Prognosegenauigkeit. Insbesondere in Verbindung mit traditionellen Bankdaten können diese besonders präzise Vorhersageergebnisse generieren. Letztlich erlaubt es die Funktionsweise von algorithmischen Systemen, auf eine breitere Basis von besonders

---

[171] *Bruckner*, The Promise and Perils of Algorithmic Lenders' Use of Big Data, Chicago-Kent Law Review 93 (2018), 3, 23.

[172] *Bank for International Settlements*, BIS Working Papers, Big data and machine learning in central banking, S. 11, online abrufbar unter: https://bit.ly/3h7K3FY (letzter Aufruf am 23.02.2022).

aktuellen Transaktionsdaten zuzugreifen, was ebenfalls die Vorhersagekraft des Kreditvergabesystems stärkt. Diese erhöhte Genauigkeit der algorithmischen Kreditvergabeentscheidung wirkt sowohl zugunsten des Kreditnehmers als auch im Interesse von Kreditinstituten und der Finanzmarktstabilität in Gänze.

Auf Ebene des Kreditnehmers leistet die erhöhte Entscheidungspräzision, dass der Kreditnehmer effektiver vor sich selbst geschützt werden kann. Wie der bereits beschriebene Schutzzweck der zivilrechtlichen Pflicht zur Vornahme einer Kreditwürdigkeitsprüfung indiziert, dient die Bonitätsprüfung auch vornehmlich dem Schutz des Antragstellers selbst, der davor geschützt werden soll, sich im Wege der Kreditaufnahme finanziell zu übernehmen und gegebenenfalls in die Überschuldung abzurutschen.[173] Eine wohlwollende Kreditwürdigkeitsprüfung ist somit nicht unbedingt eine solche, die dem Kreditnehmer jeglichen Kredit gewährt, den er beantragt, sondern eher eine paternalistisch-geleitete, die den Kreditnehmer keine Kreditschulden aufnehmen lässt, denen er nicht gewachsen sein könnte. Aufgrund der technischen Möglichkeiten, welche die Risikoklassifizierung verbessern, ist es möglich, eine genauere Analyse der finanziellen Verhältnisse des Antragstellers vorzunehmen und dessen künftige Zahlungsfähigkeit zu prognostizieren. Dies dient nicht nur dem Interesse der Kreditinstitute, die sich vor ausfallenden Schuldnern schützen möchten, sondern auch dem Interesse des Antragstellers selbst, der unter Umständen zu einer objektiven Selbsteinschätzung nicht in der Lage ist. Gerade in der Psychologie ist es ein oft beobachtetes Phänomen, dass sich Individuen bei der Aussicht von kurzfristigen Vorteilen, zu denen auch Liquiditätsgewinne zählen, schnell zu übermütigen und überaus risikoreichen Handlungen hinreißen lassen und hierbei langfristige Gefahren Risiken subjektiv signifikant untergewichten.

Ein schlechterer Kreditscore hat zur Folge, dass das Kreditlimit entsprechend nach unten angepasst wird. Dies verhindert, dass sich der Antragsteller später in der Situation wiederfindet, Tilgungs- oder Zinszahlungen nicht leisten zu können, was für ihn mit Kosten und schlimmstenfalls mit einer drohenden Überschuldungssituation verbunden sein könnte. Selbst die gänzliche Verweigerung eines Kredites ist unter diesen Umständen eher im Interesse des Kreditnehmers, der vor finanziellen Verpflichtungen zu

---

173 Vgl. hierzu auch Kapitel 5, Abschnitt 2.1.

schützen ist, derer er mit gewisser Wahrscheinlichkeit nicht gewachsen sein könnte.[174]

Für Kreditinstitute bieten algorithmische Systeme den signifikanten Vorteil, eine aktuellere, umfassendere und akkuratere Risikoklassifizierung gewährleisten zu können.[175] Denn durch die optimierte systemische Analyse der jeweiligen Bonitätsmerkmale kann das Kreditrisiko der einzelnen Kreditbewerber besser eingeschätzt werden.[176] Zum einen wird dies durch eine tiefergehende Echtzeit-Analyse von Transaktionsdaten im Rahmen des algorithmischen Kreditvergabesystems ermöglicht. Aufgrund ihrer besonderen Aktualität gewähren sie einen besonderen Schutz vor Kreditausfall. Zwar werden negative Bonitätsentwicklungen auch in der Bilanz oder in der GuV abgebildet, allerdings weisen die Transaktionsdaten eine viel höhere Granularität auf, die für die Genauigkeit der Prognoseentscheidung wichtig ist.[177] Zum anderen gehen mit der Bilanzerstellung auch Verzögerungen einher, sodass negative Entwicklungen erst nach einiger Zeit dargestellt werden und in die Analyse einbezogen werden können. So können auch im auf Grundlage der fortlaufenden Transaktionsdatenanalyse Frühwarnsysteme etabliert werden, die anschlagen, sobald sich die Bonitätsaussichten des Kreditnehmers nachweislich verschlechtern.

Im Übrigen erlauben algorithmische Systeme den Zugriff auf eine breitere Datenbasis. Insbesondere größere Kreditinstitute, die im Laufe der Zeit durch zahlreiche Fusionen und Übernahmen gewachsen sind, haben eine breit fragmentierte Datenbasis, die je nach Region und Geschäftsbereich segmentiert ist. Somit sind Kundendaten auf diverse Datenbanken und Systeme verteilt, sodass im Wege der traditionellen Kreditwürdigkeitsprüfung gegebenenfalls nicht der Gesamtdatenbestand in

---

174 *Bank for International Settlements*, BIS Working Papers, Big data and machine learning in central banking, S. 11, online abrufbar unter: https://bit.ly/3h7K3FY (letzter Aufruf am 23.02.2022).

175 *BaFin*, Studie, Big Data trifft auf künstliche Intelligenz – Herausforderungen und Implikationen für Aufsicht und Regulierung von Finanzdienstleistungen, S. 83, online abrufbar unter: https://bit.ly/3vrh9cv (letzter Aufruf am 23.02.2022).

176 *Füser*, Intelligentes Scoring und Rating: moderne Verfahren zur Kreditwürdigkeitsprüfung, 2001, S. 129.

177 *BaFin*, Studie, Big Data trifft auf künstliche Intelligenz – Herausforderungen und Implikationen für Aufsicht und Regulierung von Finanzdienstleistungen, S. 81, online abrufbar unter: https://bit.ly/3vrh9cv (letzter Aufruf am 23.02.2022).

Bezug auf die Kreditwürdigkeit eines potenziellen Kreditnehmers berücksichtigt werden kann. Algorithmische Systeme erlauben es hingegen, die auf unterschiedliche Systeme verteilten Daten zu konsolidieren und somit den Gesamtdatenbestand in die Kreditwürdigkeitsprüfung einzubeziehen. Letztlich besteht die Möglichkeit, über die Anwendung von algorithmischen Systemen auf eine breitere Datenbasis zuzugreifen und auf diese Weise sowohl bekannte, aber auch zusätzliche interne und externe Daten in die Kreditwürdigkeitsprüfung einfließen zu lassen. Dies ermöglicht ein genaueres Kreditscoring.

1.3 Transparenz und Gleichförmigkeit des BDAI-Kreditscoring-Verfahrens

Im Falle des BDAI-basierten Kreditvergabeprozesses wird die Kreditentscheidung im Wege eines entsprechend konfigurierten Algorithmus getroffen, der alle Kreditanträge nach dem gleichen Verfahren unter Berücksichtigung identischer Parameter erfasst und bearbeitet. Dies hat zur Folge, dass anhand objektiv bestimmbarer Kriterien entschieden wird und Antragsteller, wie bereits oben ausführlich beschrieben, nicht mehr von der Gunst eines Bankmitarbeiters abhängig sind, dessen Entscheidung unter Umständen aufgrund subjektiver Einfärbung nicht objektiv nachvollziehbar ist. Während es bei der Anwendung von BDAI-Kreditscoring-Verfahren bei der Anwendung bestimmter Modelle potenziell möglich ist, eine Kreditentscheidung auf die Anwendung bestimmter identisch gewichteter Kriterien zu reduzieren und erklärbar zu machen, ist diese Möglichkeit im Traditionellen Kreditvergabeverfahren nicht uneingeschränkt gewährleistet.[178] Schließlich ist dem Bankmitarbeiter in den meisten Fällen wohl selbst nicht bewusst, auf welchen Parametern und genauen Gewichtung seine Kreditentscheidung letztlich beruht. Sicherlich ist in diesem Kontext zu beachten, dass wie weiter unten ausgeführt wird, die Transparenz von algorithmischen Systemen nicht stets gegeben ist und insbesondere von der Art des verwendeten Modells abhängig ist. Allerdings ist eine gewisse Erklärbarkeit bei den meisten Modellen zumindest technisch denk- und umsetzbar, während menschliche Entscheidungen

---

[178] *Daldrup / Gehrke*, Arbeitsbericht des Instituts für Wirtschaftsinformatik, Automatisierte Ratenkreditvergabe im Privatkundengeschäft mit risikoadjustierten Konditionen, S. 3, online abrufbar unter: https://bit.ly/3BIysGV (letzter Aufruf am 23.02.2022).

nicht granular analysiert und auf individuell gewichtete Parameter heruntergebrochen werden können. Gleichzeitig führt die Anwendung der stets gleichen und identisch-gewichteten Parameter dazu, dass die Kreditentscheidungen des gleichen Instituts oder der gleichen Wirtschaftsauskunftei gleichförmig sind.

Die jedenfalls meist potenzielle Erklärbarkeit des BDAI-Kreditscoring-Verfahrens sowie auch die Gleichförmigkeit der Kreditvergabeentscheidung führt im Hinblick auf zwei theoretische Aspekte zu mehr Verfahrenstransparenz: Zum einen ist für den Kreditantragsteller einsehbar, auf welchen Kriterien die Positiv- oder Negativentscheidung hinsichtlich seines Kreditantrags beruht. Zum anderen hat die Gleichförmigkeit der Entscheidung zur Folge, dass der Aufwand des Kreditinstituts pro Kreditantrag sinkt und der Antragsteller somit eher in der Lage ist, diverse Angebote verschiedener Banken einzuholen und zu vergleichen. Hierdurch steigt die Markttransparenz.[179]

1.4 Höhere Inklusivität der Kreditvergabeentscheidung

Ein Kreditscoring-System, das sowohl traditionelle strukturierte als auch unstrukturierte Daten wie auch lernende Algorithmen nutzt, erhöht die Inklusivität von Kreditvergabeentscheidungen. Dies bedeutet, dass nun Kredite für Einzelpersonen oder Personengruppen verfügbar sind, welchen ein Kredit vormals beispielsweise mangels Kredithistorie verwehrt wurden. Schließlich nutzen traditionelle Kreditscoring-Verfahren generische Bank- und Kreditdaten, die aber nicht für jeden Antragsteller verfügbar sind. Häufig werden diesen Personengruppen Kredite deshalb verwehrt, weil es schlicht keine Datengrundlage für das Kreditscoring-Verfahren gibt und nicht etwa, weil Negativindizien über sie vorliegen.[180] Diese Personen werden auch als „Kredit-Unsichtbare" bezeichnet und belaufen sich in den USA auf 26 Millionen US-Amerikaner (jeder Zehnte), die keinerlei Kredithistorie haben, und weitere 19 Millionen Amerikaner, die nicht am Kreditscoring-Verfahren teilnehmen können, weil ihre Kredithistorie nicht umfangreich

---

[179] *BaFin*, Studie, Big Data trifft auf künstliche Intelligenz – Herausforderungen und Implikationen für Aufsicht und Regulierung von Finanzdienstleistungen, S. 83, online abrufbar unter: https://bit.ly/3vrh9cv (letzter Aufruf am 23.02.2022).

[180] *Bruckner*, The Promise and Perils of Algorithmic Lenders' Use of Big Data, Chicago-Kent Law Review 93 (2018), 3, 19.

oder aussagekräftig genug ist.[181] Im Vereinigten Königreich beläuft sich die Zahl der Personen, die nicht am Kreditscoring-Verfahren teilnehmen können, weil ihre Kredithistorie nicht existent oder unzureichend ist, auf fast 10 %.[182] Diesen Personen sind überwiegend jung, einkommensschwach oder gehören Minderheiten an.[183] Ältere und einkommensstärkere Antragsteller gehören statistisch gesehen viel seltener zu der Gruppe der „Kredit-Unsichtbaren".[184]

Insofern begünstigen traditionelle Kreditscoring-Verfahren die möglicherweise ungerechte Situation, dass einigen Personengruppen allein deshalb der Kreditzugang verwehrt wird, weil ihnen mangels Kreditzugang in der Vergangenheit die nötige Kredithistorie fehlt. Somit wird durch die Fixierung auf einige traditionelle Datenpunkte, die noch nicht einmal zwingend für die Bonitätseinschätzung notwendig oder nützlich sind, ein gegebenenfalls ungerechter Zustand perpetuiert.[185]

Falls weitere (unstrukturierte) Datenpunkte, wie beispielsweise Telefon-, Gas-, Wasser- oder Stromzahlungen in das Kreditscoring-Verfahren Eingang fänden, wären, jedenfalls in den USA, 70 % der Fälle ohne Kredithistorie nun für das Kreditscoring-Verfahren geeignet und weitere 64 % der Fälle mit dünner Kredithistorie würden von einem deutlich verbesserten Kreditscore profitieren.[186] Von der Einbeziehung von unstrukturierten Datensätzen würden somit insbesondere junge und finanziell-schwache Antragssteller sowie Mitglieder von Minderheiten profitieren. So kam auch eine US-amerikanische Studie zum Ergebnis, dass die Nutzung von BDAI-Kreditscoring-Verfahren

---

[181] Die Anzahl der Personen, die mangels traditioneller Daten nicht geeignet sind, am Kreditscoring-Verfahren teilzunehmen, schwankt, beläuft sich aber auf etwa 64 Millionen US-Amerikaner, siehe Bruckner, Chicago-Kent Law Review 93 (2018), 3, 6.

[182] *Aggarwal*, The Norms of Algorithmic Credit Scoring, Cambridge Law Journal 80 (2021), 42, 47.

[183] *Aggarwal*, The Norms of Algorithmic Credit Scoring, Cambridge Law Journal 80 (2021), 42, 48.

[184] *Bruckner*, The Norms of Algorithmic Credit Scoring, Chicago-Kent Law Review 93 (2018), 3, 18.

[185] *Hurley / Adebayo*, Credit Scoring in the Era of Big Data, Yale J.L. & Tech. 18 (2016), 148, 157.

[186] *Bruckner*, The Promise and Perils of Algorithmic Lenders' Use of Big Data, Chicago-Kent Law Review 93 (2018), 3, 19.

zu einer gerechteren Verteilung des verfügbaren Kreditvolumens führt, insbesondere auch zu häufigeren Kreditzusagen gegenüber hispanischen und afroamerikanischen Antragstellern.[187]

1.5 Verbesserte allokative Effizienz des Kreditmarktes

Des Weiteren wird durch den Einsatz von BDAI-Kreditscoring-Verfahren die allokative Effizienz der Kreditvergabe verbessert. Grundsätzlich liegt allokative Effizienz vor, wenn Ressourcen so zugewiesen werden, dass die Zufriedenheit der Verbraucher maximiert wird. Dies wird im Optimalfall dadurch erreicht, dass die Verbrauchernachfrage vollständig durch das Angebot gedeckt wird. Zwar ist dies lediglich ein theoretisches Konzept, das auf dem Finanzmarkt nicht vollständig realisierbar ist, allerdings führt der Einsatz von BDAI-Kreditscoring-Verfahren dazu, dass die allokative Effizienz der Kreditvergabe zumindest deutlich verbessert wird.[188]

Erreicht wird dies dadurch, dass über den Einsatz von BDAI-Kreditscoring-Verfahren die Prognosesicherheit des Kreditscores steigt, sodass die Ausfall- und Rückzahlwahrscheinlichkeiten der (potenziellen) Kreditnehmer genauer vorhergesagt werden können. Insbesondere sinkt hierdurch die Fehlerquote bei der Einschätzung von Antragstellern, sodass es weniger falsch positive und weniger falsch negative Beurteilungen gibt.[189] Dass es weniger falsch positive Beurteilungen von Antragstellern gibt, bedeutet, dass eine geringere Anzahl von Antragstellern, die tatsächlich nicht kreditwürdig sind, letztlich Kredite erhalten. Demgegenüber führt ein geringerer Anteil an falsch negativen Beurteilungen dazu, dass weniger Antragsteller, die tatsächlich kreditwürdig sind, keinen Kredit erhalten. Gleichzeitig wird durch die treffsicherere Bonitätseinschätzung im Wege des BDAI-Kreditscoring-Verfahrens erreicht, dass die allgemeine Kreditausfallrate sinkt, wodurch die Gesamtbelastung des Finanzsystems reduziert wird.

---

187 *Aggarwal*, The Norms of Algorithmic Credit Scoring, Cambridge Law Journal 80 (2021), 42, 49. Allerdings ist zu beachten, dass diese Minderheiten trotz des Einsatzes von BDAI-Kreditscoring-Verfahren Kreditangebote mit vergleichsweise höheren Zinsen bekommen im Vergleich zu weißen und asiatischen Antragstellern.

188 *Aggarwal*, The Norms of Algorithmic Credit Scoring, Cambridge Law Journal 80 (2021), 42, 47.

189 *Aggarwal*, The Norms of Algorithmic Credit Scoring, Cambridge Law Journal 80 (2021), 42, 47.

1.6 Geringeres Diskriminierungsrisiko

Wie bereits beschrieben, ist die Einbeziehung des persönlichen Eindrucks des Bankmitarbeiters in die Kreditvergabeentscheidung ambivalent und kann die Genauigkeit des Prognoseergebnisses unter Umständen auch negativ beeinflussen. Insbesondere ist jede menschliche Begegnung subjektiv eingefärbt und im Endeffekt von Erfahrungswerten und einer gewissen Voreingenommenheit der Beteiligten geprägt, die unter Umständen von ihnen selbst schwer erkannt und abstrahiert werden kann. Somit ist selbst trotz bester Absichten nicht ausgeschlossen, dass die „subjektiv-intuitive" Natur der Entscheidungsfindung von Faktoren beeinflusst wird, die auf den persönlichen Erfahrungen des Sachbearbeiters basieren und unter Umständen gegenüber der Person des Antragstellers diskriminierend wirken können.[190]

Sofern allerdings ausschließlich auf die technische Funktionsweise eines konfigurierten Algorithmus vertraut wird, wird jegliche Fehleranfälligkeit eines vorher einbezogenen menschlichen Elements entfernt. Allein objektiv vorliegende Datenpunkte sind in dem Fall für die Kreditentscheidung maßgeblich, die nicht mehr subjektiv eingefärbt ist und somit akkuratere Prognoseergebnisse liefern kann. Aufgrund dieser „Objektivierung des Urteils" kann direkt diskriminierenden Entscheidungen, die beispielsweise einer persönlichen Antipathie des Kreditsachbearbeiters gegenüber dem Antragsteller entspringen, entgegengewirkt werden.[191] Darüber hinaus ist es bei Verwendung des BDAI-Kreditscoring-Verfahrens auch einfacher, diskriminierende Entscheidungen aufzudecken. Eine Voraussetzung hierfür ist jedoch, dass es im Rahmen des BDAI-Kreditscoring-Verfahren möglich und vorgesehen ist, die entscheidungserheblichen Parameter in erklärbarer Form kenntlich zu machen und zu dokumentieren.[192] Gleichzeitig steigt vor dem Hintergrund anderer systemimmanenter Aspekte, wie beispielsweise dem Rückgriff auf Proxyvariablen und der Vertiefung und Perpetuierung dateninhärenter Unausgewogenheiten, auch das Diskriminierungsrisiko. Hierauf wird in späteren Abschnitten näher eingegangen.

---

190 *Rolfes / Emse*, Interne Rating-Verfahren zur Bonitätsklassifizierung, DStR 2001, 316; *Aggarwal*, Cambridge Law Journal 80 (2021), 42, 48.

191 *Rolfes / Emse*, Interne Rating-Verfahren zur Bonitätsklassifizierung, DStR 2001, 316; *Aggarwal*, Cambridge Law Journal 80 (2021), 42, 48.

192 *Aggarwal*, The Norms of Algorithmic Credit Scoring, Cambridge Law Journal 80 (2021), 42, 48.

1.7 Effektiveres Ex-Post Monitoring

Neben der Kreditwürdigkeitsprüfung im Vorfeld einer Kreditentscheidung ist auch die Überwachung der Finanzstärke und des Verhaltens des Kreditnehmers über die Dauer des Kreditverhältnisses von besonderer Relevanz für Institute. Schließlich kann die Technik des BDAI-Kreditscoring-Verfahrens auch dazu genutzt werden, die finanzielle Entwicklung und das Finanzverhalten des Kreditnehmers fortlaufend zu analysieren und zu überwachen. Die kontinuierlich generierten Informationen ermöglichen es, im Falle eines Zahlungsausfalls Strafgebühren oder Gebührenverzichte adaptiv festzulegen und der finanziellen Situation wie auch dem Verhalten des Kreditnehmers anzupassen.[193]

Diese Möglichkeit wirkt insbesondere den Risiken des sogenannten „Moral Hazard" entgegen. Ein Moral Hazard beschreibt eine Situation, oftmals nach dem Zeitpunkt des Vertragsschlusses, in der eine ungleiche Informationsverteilung vorliegt.[194] Diese ungleiche Informationsverteilung liegt im Rahmen des Kreditgeschäfts regelmäßig zu Lasten des Kreditgebers vor, der nach Vertragsschluss in der Regel keinen fortlaufenden Einblick in das Verhalten des Kreditnehmers erhält. Letzterer könnte sich durch die Intransparenz seines Verhaltens dazu verleitet sehen, besonders verantwortungslosen oder fahrlässigen finanziellen Tätigkeiten nachzugehen.[195] Schließlich stehen im traditionellen Kreditvergabeverfahren Strafzahlungs- und Gebührenverzichtsregelungen bereits mit dem Vertragsabschluss fest, sodass der Kreditnehmer versuchen könnte, diese Regelungen auszureizen, zu umgehen oder auszunutzen.

Dem könnte man dadurch entgegenwirken, dass der Einsatz von BDAI-Technologie auch im Laufe des bestehenden Kreditverhältnisses und nicht nur für die Zwecke des Vertragsabschlusses nutzbar gemacht wird. So könnte im Wege der Erhebung und Auswertung strukturierter wie auch unstrukturierter Datensätze über den Kreditnehmer dessen Verhalten über die Dauer des Vertragsverhältnisses überwacht werden. Auf diese Weise

---

193 *Aggarwal*, The Norms of Algorithmic Credit Scoring, Cambridge Law Journal 80 (2021), 42, 48.

194 Vgl. hierzu auch weiterführende Ausführung unter folgendem Weblink, online abrufbar unter: https://bit.ly/3H8Manr (letzter Aufruf am 23.02.2022).

195 *Aggarwal*, The Norms of Algorithmic Credit Scoring, Cambridge Law Journal 80 (2021), 42, 48.

könnte man einer Informationsasymmetrie zwischen Kreditnehmer und -geber entgegenwirken und der Kreditnehmer wäre nicht mehr versucht, die bereits fixen Kreditkonditionen zu seinem Vorteil und zu Lasten des Kreditgebers auszunutzen. Schließlich entstehen dem Kreditgeber aufgrund des fahrlässigen Verhaltens des Kreditnehmers Kosten, die zunächst auf künftige Kreditnehmer und mittelbar auf die Allgemeinheit umgelegt werden müssen.

1.8 Erhöhter Wettbewerb im Kreditmarkt

Wie bereits beschrieben, war wichtiger Bestandteil der Kreditentscheidung im Traditionellen Kreditvergabeprozess die subjektiv-intuitive Entscheidung eines Bankmitarbeiters auf Grundlage dessen Erfahrung im Kreditgeschäft. Somit war das Kreditgeschäft exklusiv den Kreditinstituten vorbehalten, die über die Zeit das entsprechende Erfahrungswissen für eine möglichst akkurate Bonitätsanalyse aufgebaut hatten.[196] Mit dem Einsatz algorithmischer Systeme für die Kreditvergabeentscheidung auf der Grundlage von „Big Data“ wird die Kreditvergabe zu einem Metier, das aufgrund der technischen Objektivierbarkeit der Kreditentscheidung nicht nur solchen Institutionen offen steht, die bereits jahrelang im Geschäft sind. Mittlerweile kann diese Entscheidung auch von anderen Marktteilnehmern ebenso akkurat getroffen werden, sodass die Anzahl der potenziellen Marktteilnehmer steigt. Schließlich sind algorithmische Kreditprozesse einfach übertragbar. Grundsätzlich hat der offenere Marktzugang einen positiven Einfluss auf Verbraucherkonditionen und beugt einer Monopolbildung vor.

Gleichzeitig wird dieser Effekt dadurch ein wenig eingedämmt, dass etablierte Kreditinstitute dennoch einen gewissen Wettbewerbsvorteil genießen. Dieser liegt darin begründet, dass Kreditinstitute jedenfalls im Falle von Bestandskunden bereits viele Daten zu Zahlungsströmen und Zahlungsverhalten gesammelt haben und dadurch den neuen Marktteilnehmern jedenfalls datentechnisch überlegen sind. Weiterhin ist die Entwicklung und Innovation von BDAI-basierten Technologien

[196] Siehe zum erhöhten Wettbewerb im Kreditmarkt auch *BaFin*, Studie, Big Data trifft auf künstliche Intelligenz – Herausforderungen und Implikationen für Aufsicht und Regulierung von Finanzdienstleistungen, S. 83, online abrufbar unter: https://bit.ly/3vrh9cv (letzter Aufruf am 23.02.2022).

kostenintensiv und steht bereits aus diesem Grund nicht unbedingt allen bestehenden und potenziellen Marktteilnehmern offen.

2. Risikoerhöhende Wirkung des BDAI-Kreditscoring-Verfahrens

Nach Darstellung der vielfältigen Vorteile des BDAI-Einsatzes im Rahmen des Kreditvergabeverfahrens wird im folgenden Abschnitt nun auf die hiermit verbundenen Risiken eingegangen. Hier offenbart sich, dass viele risikoerhöhende Aspekte sicherlich das Risikomanagement von Kreditinstituten im engeren Sinne und somit auch die Einleger und die Finanzmarktstabilität betreffen. Beispielweise führt die erhöhte Prozessgeschwindigkeit und die Abhängigkeit der KI-Systeme vom eingespeisten Datenpool dazu, dass unter Umständen in hoher Geschwindigkeit viele „fehlerhafte" Kreditentscheidungen vollzogen werden könnten. Als fehlerhaft gelten Kreditentscheidungen insbesondere dann, wenn sie auf Basis einer ungenauen oder unzutreffenden Kreditwürdigkeitsprüfung getroffen wurden. Aus diesem Grund könnten die Eigenarten des BDAI-basierten Kreditvergabeverfahrens theoretisch dazu führen, dass die Kreditkonditionen für ausgewählte Kredite nicht dem Risikoprofil des Antragsstellers entsprechen, sofern kein Eingreifen durch ein menschliches Korrektiv vorgesehen und tatsächlich durchgeführt wird. Aus diesem Grund könnte beispielsweise einem Kreditbewerber mit zweifelhafter Kreditwürdigkeit ein Kredit mit ungerechtfertigt langer Laufzeit, besonders hohem Kreditvolumen oder unangemessen niedrigen Zinssätzen angeboten werden. Aufgrund dessen steigt theoretisch auch das Adressenausfallrisiko des besagten Kreditnehmers, wodurch gleichzeitig auch das Risiko für die Einleger des Kreditinstituts und letztlich für die Finanzmarktstabilität steigt. Die hohe Prozessgeschwindigkeit bedingt theoretisch, dass in kurzer Zeit nicht nur eine falsche Kreditentscheidung, sondern besonders viele unzutreffende systemseitige Kreditentscheidungen mit den besagten Folgen getroffen werden könnten.

Zusätzlich zu diesen banktypischen Gefahren, die aus einer fehlerhaften Kreditwürdigkeitsprüfung resultieren, eröffnet die BDAI-basierte Technologie im Kreditvergabeverfahren zusätzliche neue Risikobereiche, die nicht ausschließlich die Finanzmarktstabilität betreffen. Wie unten ausgeführt, ergeben sich bedeutsame neue Gefahren für natürliche Personen im Hinblick auf Diskriminierung, Datenschutz, Datensicherheit und Verbraucherschutz im engeren Sinne. Ob die bestehenden gesetzlichen, auf das Kreditgeschäft anwendbaren, Regelungen ausreichend sind, um natürliche Personen hinreichend zu schützen, wird sodann in den Folgekapiteln untersucht.

2.1 Hohe Komplexität

Grundsätzlich führt der Einsatz von KI-Systemen beziehungsweise lernenden Algorithmen im Rahmen der Kreditwürdigkeitsprüfung zu einer erhöhten Komplexität.[197] Diese Komplexität betrifft diverse Elemente der Softwareanwendung. Zum einen sind bestimmte Modelle, wie beispielsweise Neuronaler Netze, selbst für Experten „nicht exakt nachvollziehbar", was die Überprüfbarkeit der Systemtätigkeit erheblich einschränkt.[198] Die erschwerte Nachvollziehbarkeit und Überprüfbarkeit behindert einerseits einen effektiven Verbraucherschutz, da ein intransparentes System auch beispielsweise nur erschwert Aufschluss auf etwaige Diskriminierungstendenzen liefern kann. Gleichzeitig bestehen hierdurch aber auch theoretisch Gefahren für die Finanzmarktstabilität, da ein intransparentes System unter Umständen eine Kreditvergabe zu ungerechtfertigt günstigen Konditionen fördern könnte, die dem Risikoprofil des Kreditnehmers nicht entspricht.

Die Komplexität des Gesamtsystems betrifft nicht nur das verwendete Modell im engeren Sinne, sondern auch die Daten, die als Treiber eines jeden KI-Systems gelten. Während vormals hauptsächlich strukturierte Daten für die Zwecke der Kreditwürdigkeitsprüfung verwendet wurden, erlauben es ML-Technologien, auch auf unstrukturierte Datensätze zurückzugreifen. Wie bereits in Kapitel 4, Abschnitt 1.4 beschrieben, erlauben es gerade diese unstrukturierten Datenpunkte, eine inklusivere

---

197 Die Deutsche Kreditwirtschaft, Stellungnahme zu dem Vorschlag für eine Verordnung des Europäischen Parlaments und des Rates zur Festlegung harmonisierter Vorschriften für künstliche Intelligenz (Gesetz über künstliche Intelligenz) und zur Änderung bestimmter Rechtsakte der Union, S. 5, online abrufbar unter: https://bit.ly/3hbEiHu (letzter Aufruf am 23.02.2022).

198 *Nink*, Stichwort-Kommentar Legal Tech, Entscheidungsfindung, automatisierte, Rn. 19; *Die Deutsche Kreditwirtschaft*, Stellungnahme zu dem Vorschlag für eine Verordnung des Europäischen Parlaments und des Rates zur Festlegung harmonisierter Vorschriften für künstliche Intelligenz (Gesetz über künstliche Intelligenz) und zur Änderung bestimmter Rechtsakte der Union, S. 5, online abrufbar unter: https://bit.ly/3hbEiHu (letzter Aufruf am 23.02.2022).

Kreditvergabe zu schaffen: Kreditnehmer, die wohlmöglich ein unzureichendes traditionelles Datenportfolio aufweisen, um einen Kredit zu erhalten, könnten unter Umständen von der Auswertung und Verwendung ihrer unstrukturierten Datensätze profitieren. In Verbindung mit der erhöhten Modellkomplexität birgt die Verwendung unstrukturierter Datensätze jedoch folgendes Risiko: Gerade vor dem Hintergrund von Big Data und der förmlichen Datenflut, die mittlerweile abrufbar ist, könnten Verbraucher leicht den Überblick darüber verlieren, welche Informationen über sie verfügbar sind und in welcher Weise die verfügbaren Daten eine Kreditentscheidung beeinflussen, der sie ausgesetzt sind. Sicherlich leisten datenschutzrechtliche Bestimmungen ihren Beitrag dazu, das allgemeine Bewusstsein für die Erhebung und Speicherung von Daten zu schärfen und eine gewisse Entscheidungsautonomie mit Hilfe von Einwilligungserfordernissen und Informationspflichten aufrecht zu erhalten. Allerdings ist problematisch, dass gewisse Einwilligungsmechanismen zum Automatismus verkommen könnten, wodurch sie ihre Wirkkraft verlieren. So müssen beispielsweise Webseitenbetreiber die ausdrückliche Einwilligung in die Nutzung von Cookies einholen, bevor diese verwendet werden. Allerdings besteht hier die Gefahr, dass diese Einwilligung von Seiten der Webseitennutzer zum Automatismus verkommt und sie ihre Zustimmung erteilen, ohne dass sie sich bewusst sind, welche Implikationen diese Einwilligung haben könnte.[199] Sofern unstrukturierte Daten für die Zwecke der Kreditwürdigkeitsprüfung verwendet werden, besteht hier das Risiko, dass die betroffenen Individuen einerseits trotz erteilter Einwilligung keinen Überblick darüber haben, welche Daten überhaupt über sie gesammelt wurden und andererseits als Folge der Systemkomplexität kein Verständnis davon haben, auf welche Weise diese Daten für die Zwecke der Kreditwürdigkeitsprüfung verwendet werden und wie sie eine etwaige Kreditentscheidung beeinflussen könnten.[200]

Denkt man dieses Szenario einen Schritt weiter, droht unter Umständen folgende Dystopie: Sofern sich (potenzielle) Kreditbewerber darüber im

---

[199] *Langenbucher*, Responsible A.I.-Based Credit Scoring – A Legal Framework, European Business Law Review 31 (2020), 527, 530.

[200] *Langenbucher*, Responsible A.I.-Based Credit Scoring – A Legal Framework, European Business Law Review 31 (2020), 527, 531.

Klaren sind, dass gewisse unstrukturierte Datenpunkte, wie beispielsweise ihr Musikgeschmack, ihr Kaufverhalten auf Amazon oder das von ihnen verwendete Betriebssystem Einfluss auf eine Kreditentscheidung haben könnten, könnte dies schlimmstenfalls verhaltenslenkende Wirkung haben. So könnte es das allgemeine gesellschaftliche Freiheitsgefühl und die Grundpfeiler der Persönlichkeitsentfaltung beeinträchtigen, wenn Individuen ihre persönliche Lebensführung danach ausrichten, welche Verhaltensweise ihnen ihrer Einschätzung nach günstige Kreditkonditionen bescheren sollten.[201] Umgekehrt wäre es nicht minder problematisch, wenn Individuen ihr Verhalten anpassen oder einschränken würden, um keiner besonders nachteilhaften Kreditentscheidung ausgesetzt zu werden. Im Ergebnis könnte die Komplexität der verwendeten Systeme und die damit verbundene Intransparenz zu einer diffusen Angst vor der möglichen Relevanz von Verhaltensweisen führen, die als Teil der privaten Lebensführung einzuordnen sind. Sofern dies dazu führt, dass Individuen ihr Verhalten bewusst oder unbewusst anpassen oder einschränken, hätte dies weitreichende Folgen für das von Autonomie geprägte Gesellschaftsgefüge.

2.2 Gefahr der Diskriminierung

Im Rahmen von automatisierten Kreditentscheidungen auf der Basis von algorithmischen Systemen besteht zunächst die Gefahr, dass gegen potenzielle Kreditnehmer auf unzulässige Weise diskriminiert wird. Dieses Risiko wird als eine der zentralen Gefahren des Einsatzes von KI-Systemen im Rahmen der Kreditvergabe betrachtet. So erscheint das Diskriminierungsrisiko als einer der Hauptgründe, weshalb KI-Systeme, die für die Bewertung der Kreditwürdigkeit natürlicher Personen verwendet werden, im Rahmen des Entwurfs der KI-Verordnung der Europäischen Kommission als Hochrisiko-KI-Systeme eingestuft werden. Demgemäß lautet Erwägungsgrund 37 der KI-Verordnung wie folgt:

> KI-Systeme, die zu diesem Zweck [zur Kreditpunktebewertung oder zur Bewertung der Kreditwürdigkeit natürlicher Personen] eingesetzt werden, können zur Diskriminierung von Personen oder Gruppen führen und historische Diskriminierungsmuster, beispielsweise aufgrund der rassischen oder ethnischen

[201] *Langenbucher*, Responsible A.I.-Based Credit Scoring – A Legal Framework, European Business Law Review 31 (2020), 527, 531.

Herkunft, einer Behinderung, des Alters oder der sexuellen Ausrichtung fortschreiben oder neue Formen von Diskriminierung mit sich bringen.[202]

Im Kontext der Kreditvergabe kann sich Diskriminierung in folgender Weise manifestieren: Zum einen kann Diskriminierung zur Folge haben, dass ein Kredit dem Kreditbewerber zu vergleichsweise ungünstigen Konditionen, wie beispielsweise besonders hohen Zinsraten, angeboten wird.[203] Zum anderen besteht die Gefahr, dass dem Kreditbewerber der Kredit unter Umständen gänzlich versagt wird.[204]

Die Benachteiligung gewisser Kreditbewerber durch eine Kreditvergabe unter ungerechtfertigt schlechten Kreditkonditionen aufgrund von Merkmalen wie ethnischer Herkunft ist nicht neu. Die besonders destruktiven Konsequenzen dessen sollen im Folgenden anhand eines Beispiels für eine besonders gezielte und dadurch destruktive Variante der Diskriminierung veranschaulicht werden. Im Rahmen einer Geschäftspraxis, die auch als „reverse redlining“ bezeichnet wird, wurden gezielte Marketingmaßnahmen dazu genutzt, ethnische Minderheiten zum Abschluss von Kreditverträgen zu unangemessen schlechten Bedingungen zu bewegen.[205] Die Begriffsbezeichnung „reverse redlining“ entspringt der Tatsache, dass das Abzielen auf ethnische Minderheiten für die Zwecke des Abschlusses eines für diese unvorteilhaften Kreditvertrags die Umkehr einer nicht weniger destruktiven Kreditgeschäftspraxis, dem sogenannten „redlining“, darstellt. Der Begriff „redlining“ beschreibt die Praxis, rote Linien um bestimmte geographische Bereiche zu ziehen, deren Bewohnern Kredite ausschließlich aufgrund ihres Wohnortes zu versagen sind. Insbesondere im Rahmen der Subprime-Krise in den USA wurden die verheerenden Folgen der „reverse redlining“-Praxis evident. Es stellte sich heraus, dass besonders vulnerablen

---

202 *Europäische Kommission*, Vorschlag für eine Verordnung des Europäischen Parlaments und des Rates zur Festlegung harmonisierter Vorschriften für Künstliche Intelligenz (Gesetz über Künstliche Intelligenz) und zur Änderung bestimmter Rechtsakte der Union, KOM (2021) 206 final, Erwägungsgrund 37.

203 *Langenbucher*, Responsible A.I.-Based Credit Scoring – A Legal Framework, European Business Law Review 31 (2020), 527, 544.

204 *Langenbucher*, Responsible A.I.-Based Credit Scoring – A Legal Framework, European Business Law Review 31 (2020), 527, 544.

205 Siehe zu den folgenden Ausführungen zum „reverse redlining“ *Fisher*, Journal of Law and Policy 18 (2009), 121, 127.

Minderheiten Kredite zu schlechten Kreditkonditionen, wie beispielsweise besonders hohe Kreditvolumina zu signifikant überhöhten Zinsen, angeboten wurden. Da die ursprünglichen Kreditgeber die Ansprüche aus den Darlehensverträgen selten behielten, sondern weiterverkauften, trugen sie auch nicht das Ausfallrisiko.[206] Stattdessen profitierten die Kreditgeber und Darlehensvermittler aufgrund der großen Kreditvolumina und hohen Zinsen von hohen Provisionen, Gebühren und Erträgen. Als die Kreditnehmer, sicherlich auch als Folge der überhöhten Zinsen, ausfielen, gab es viele Leidtragende. Zuallererst trafen die Folgen jedoch die Kreditnehmer selbst, denen die Zwangsvollstreckung drohte.[207] Dieses Beispiel zeigt zum einen, dass nicht nur Diskriminierung, manifestiert in der gänzlichen Versagung eines Kredits, für Kreditbewerber nachteilhaft ist, sondern insbesondere auch, dass eine Kreditvergabe unter unangemessen Konditionen verheerende Folgen haben kann. Zum anderen soll das Beispiel demonstrieren, dass Diskriminierung im Rahmen der Kreditvergabe außerhalb des KI-Kontexts bereits eine besondere Gefahr darstellte, die aus der menschlichen Entscheidungsmacht resultierte.

Vor dem Hintergrund könnte man annehmen, dass eine automatisierte oder gar KI-basierte Entscheidung, die objektiv und frei von menschlicher Interventionsmöglichkeit agiert, eher zu einer Verringerung des Diskriminierungsrisikos bei der Kreditvergabe führen sollte. So erscheint es nachvollziehbar, dass eine Entscheidung, die rein auf einem Algorithmus beruht, nicht gezielt ungerechtfertigterweise Bewohnern bestimmter geographischer Gebiete Kredite zu überzogenen Konditionen anbieten würde. Darüber hinaus sind auch allgemein betrachtet Algorithmen frei von den typischen Schwächen menschlicher Entscheider. Sie kennen keine persönlichen Sympathien oder Antipathien, Vorurteile oder Vorprägungen.[208] Somit liegt der Schluss nahe, dass algorithmische Entscheidungen eigentlich objektiver, unvoreingenommener und rationaler entscheiden müssten als es Menschen je

---

[206] *Fisher*, Target Marketing of Subprime Loans: Racialized Consumer Fraud & Reverse Redlining, Journal of Law and Policy 18 (2009), 101, 123.

[207] *Fisher*, Target Marketing of Subprime Loans: Racialized Consumer Fraud & Reverse Redlining, Journal of Law and Policy 18 (2009), 101, 125.

[208] *Martini*, Blackbox Algorithmus – Grundfragen einer Regulierung Künstlicher Intelligenz, 2019, S. 47.

könnten.[209] Leider verkennt diese hoffnungsvolle These, dass die Natur und Funktionsweise algorithmischer Systeme zwar keinen Raum für vorsätzliche Diskriminierung beispielsweise aufgrund von persönlichen Animositäten oder Vorurteilen lässt, dafür aber aus anderen Gründen nicht minder diskriminierende Entscheidungen hervorbringen kann. Im Folgenden werden einige der Eigenschaften und Umstände der KI-basierten Kreditentscheidung erläutert, welche dem Diskriminierungspotenzial dieser Entscheidungen zugrunde liegen.

(i) Entscheidungsstruktur und -output als Reflektion der Inputdaten

Zunächst ist ein grundlegender Aspekt, der die potenzielle Diskriminierungsanfälligkeit der KI-Systeme begründet, mit der Datengetriebenheit und -abhängigkeit dieser Systeme verbunden. Insbesondere das zentral definierende Merkmal der KI-Systeme, deren Lernfähigkeit beziehungsweise Adaptivität, setzt die Verfügbarkeit von Inputdaten in ausreichender Quantität voraus. Letztlich ist jedoch neben der Quantität die Qualität dieser Daten maßgebend, denn jegliche Verzerrung, seien es Fehler oder gar diskriminierende Tendenzen innerhalb der eingespeisten Datensätze, spiegeln sich unmittelbar in den Entscheidungsstrukturen wider, die das KI-System auf Grundlage dieser Datenbasis erstellt. Dies liegt daran, dass insbesondere bei algorithmischen Systemen, welche lernfähige Algorithmen nutzen, die eingespeisten Datensätze regelmäßig die einzige Informationsquelle darstellen, die vom System für das Aufsetzen der Entscheidungsstruktur genutzt werden können. Sofern beispielsweise die eingepflegten Datensätze eine Korrelation zwischen dem Merkmal „weiblich unverheiratet" und einem höheren Kreditrisiko suggeriert, würde das KI-System unverheirateten Frauen eine schlechtere Kreditwürdigkeit zuschreiben als ihrer Vergleichsgruppe, die aus verheirateten Frauen oder Männern besteht.[210] Sofern die These, dass unverheiratete Frauen weniger kreditwürdig sind als verheiratete Frauen, sich aufgrund der Veränderung gesellschaftlicher Strukturen nun als unrichtig erweist, würde das KI-System zunächst jedoch trotzdem auf Grundlage dieser Hypothese operieren und diesen sogenannten „bias" fortschreiben. Mangels

---

209 *Martini*, Blackbox Algorithmus – Grundfragen einer Regulierung Künstlicher Intelligenz, 2019, S. 47.

210 *Langenbucher / Adolff*, FS Krieger, 2020, 1 (10).

tatsächlichen Zusammenhangs zwischen dem Merkmal „weiblich unverheiratet" und einer schlechteren Kreditwürdigkeit würde diese Differenzierung auch keinem wirtschaftlichen Zweck dienen und lediglich faktische Relikte der Vergangenheit in die Zukunft weitertragen.[211] Hier offenbaren sich die grundlegenden Schwächen und auch Gefahren der KI-Systeme: Aufgrund der Tatsache, dass ihre Entscheidungsstruktur ausschließlich auf der Grundlage von Daten aus der Vergangenheit basiert, operieren sie reaktiv und können jeglichen strukturellen gesellschaftlichen Wandel nur schleppend reflektieren. Anders als menschlichen Entscheidern fehlt ihnen die kognitive Kapazität zur Reflektion, zur Differenzierung, zur spontanen Reaktion auf veränderte gesellschaftliche Umstände oder deren Antizipation.

Neben der potenziellen Fortschreibung von *„bias"*, der in den Input-Datensätzen zu finden ist, hat auch die Varietät beziehungsweise Diversität der eingespeisten Datensätze unter Umständen diskriminierenden Einfluss auf die Entscheidungsstruktur eines KI-Systems. Sofern beispielsweise die verwendeten Input-Datensätze kaum erfolgreiche weibliche Kreditbewerber enthalten, könnten KI-Systeme hieraus die Schlussfolgerung ziehen, dass das Merkmal der Weiblichkeit eher nicht mit der Eigenschaft der Kreditwürdigkeit korreliert. Zwar in einem anderen Kontext aber nicht minder eindrucksvoll demonstriert das Beispiel des ersten Schönheitswettbewerbs „Beauty Artificial Intelligence", der als erster Schönheitswettbewerb weltweit algorithmenbasiert durchgeführt wurde, die potenziellen Auswirkungen unausgewogener Input-Datensätze.[212] Bei diesem Wettbewerb wurden etwa 6.000 Menschen aus 100 Ländern dazu aufgerufen, Fotos von sich für die Zwecke des Wettbewerbs einzureichen, im Rahmen dessen ihre Schönheit von einem KI-System bewertet werden sollte. Von den 44 Gewinnern hatte letztlich nur eine Person dunkle Haut.[213] Der Grund hierfür lag darin, dass das KI-System für Trainingszwecke mit Beispielen für schöne Menschen gespeist wurde, die weit überwiegend helle Haut hatten. Somit hatte das System das Merkmal „hellhäutig" als Parameter für „Schönheit" registriert

---

[211] *Langenbucher / Adolff*, FS Krieger, 2020, 1 (10).

[212] *Martini*, Blackbox Algorithmus – Grundfragen einer Regulierung Künstlicher Intelligenz, 2019, S. 51.

[213] *Martini*, Blackbox Algorithmus – Grundfragen einer Regulierung Künstlicher Intelligenz, 2019, S. 51.

und daher nur mit einer Ausnahme hellhäutige Personen als Gewinner des Schönheitswettbewerbs gekürt.

Somit ist die Wirkungsweise eines Algorithmus, insbesondere wenn es sich um (lernende) künstlich intelligente Systeme handelt, stark von der Qualität und Diversität der Inputdaten abhängig, die von Menschen ausgewählt, unter Umständen gefiltert und in das System eingepflegt werden. Die Entscheidung eines algorithmischen Systems kann nur so diskriminierungsfrei sein, wie die Inputdaten, die das System für Lern- und Kalibrierungszwecke nutzt.

(ii) Perpetuierung von Diskriminierung

Grundsätzlich könnte man auch argumentieren, dass Kreditbewerber in jedem Fall, sowohl bei einer rein menschlichen als auch bei einer rein automatisierten KI-basierten Kreditentscheidung, Instanzen ausgeliefert sind, die unter Umständen diskriminierend entscheiden. Wäre es da nicht vorzuziehen, einer diskriminierenden Maschine unterworfen zu sein als einem diskriminierenden Menschen? Schließlich bestünde bei einer diskriminierenden Maschine zumindest die theoretische Möglichkeit, anhand einer Analyse von beispielsweise den eingepflegten Inputdaten und den entscheidungserheblichen Parametern eine Diskriminierung aufzudecken. Diese Möglichkeit besteht bei menschlichen Entscheidungen eher nicht, da ein bewusst diskriminierender Sachbearbeiter nicht die wahren Gründe für seine Kreditentscheidung offenlegen würde und es einem unbewusst diskriminierenden Sachbearbeiter ein unrealistisches Maß an Selbstreflektion abverlangen würde, trennscharf die erheblichen Entscheidungskriterien wiederzugeben. Schließlich handelt es sich bei der Kreditentscheidung um eine subjektiv eingefärbte Prognoseentscheidung. Zwar mag es sein, dass diskriminierende Entscheidungen, die von einem algorithmischen System getroffen werden, eher einer Analyse und nachträglicher Aufdeckung zugänglich sind. Dennoch existiert bei algorithmischen Entscheidungen eines KI-Systems ein Risiko, das bei menschlichen Entscheidungen eher nicht gegeben ist: Die Funktionsweise der KI-Systeme kann dazu führen, dass diskriminierende Grundstrukturen in jeder folgenden Einzelentscheidung perpetuiert werden. Ein Aspekt dessen ist sicherlich der, der bereits im vorigen Abschnitt erläutert wurde: KI-Systeme bergen die Gefahr, dass diskriminierende Vorentscheidungen, die sich in den eingespeisten Datensätzen manifestieren, Teil der Entscheidungsstruktur werden, die weitere ähnlich diskriminierende Entscheidungen hervorbringen könnte. Aber noch ein weiterer Aspekt ist bei einer Analyse des Diskriminierungspotenzials der KI-Systeme zu beachten: Menschliche Entscheider können sich, zumindest nach einer unbewusst oder versehentlich diskriminierenden Entscheidung, bei der nächsten Gelegenheit selbst korrigieren und entscheiden nicht zwingend stets diskriminierend. Anders verhält es sich bei algorithmischen Systemen, die unentdeckt diskriminierende Entscheidungsstrukturen beinhalten. Je nach Entscheidungskonstellation besteht hier das Risiko, dass ausnahmslos jede Folgeentscheidung von der systemisch-diskriminierenden Struktur betroffen ist. Insbesondere auch in Verbindung mit der hohen Prozessgeschwindigkeit bei potenziell vollautomatisierten Systemen und der Tatsache, dass Diskriminierung im Rahmen von KI-basierten Entscheidungen unter Umständen schwer erkennbar ist, wird das Diskriminierungsrisiko zurecht als signifikante Gefahr von KI-Systemen angesehen.

(iii) Systemseitiges Abstellen auf Proxyvariablen

Zunächst kann sich Diskriminierung auch bei algorithmischen Entscheidungen klassisch im Wege der direkten Diskriminierung, also der offenen Ungleichbehandlung nach geschützten Merkmalen, manifestieren. Dies wäre beispielsweise der Fall, wenn der Algorithmus zur Entscheidungsfindung auf Merkmale abstellen und Parameter verwenden würde, deren Berücksichtigung eine Diskriminierung darstellt, wie beispielsweise der ethnische Hintergrund, dem Alter oder der sexuellen Ausrichtung des Antragstellers.

In dem Zusammenhang erscheint es zunächst einleuchtend, bei der Konfiguration und der weiteren Verwendung des Algorithmus diejenigen Parameter und Attribute einfach unberücksichtigt zu lassen, die geschützt sind und deshalb nicht entscheidungserheblich sein dürfen. Sofern nämlich ein geschütztes Attribut, beispielsweise das Geschlecht oder die ethnische Herkunft des Antragstellers, mit der Zielvariablen korreliert, wird es das algorithmische System sehr wahrscheinlich zur Entscheidungsfindung hinzuziehen. Der Ansatz, geschützte Attribute gänzlich auszuklammern und aus dem Entscheidungsverfahren auszuschließen, wird allgemein auch als „*Fairness by Blindness*" bezeichnet.[214] Allerdings ist dies aus zwei Gründen

---

[214] *Fachgruppe Rechtsinformatik der Gesellschaft für Informatik e.V.*, Studie, Technische und rechtliche Betrachtungen algorithmischer Entscheidungsverfahren, S. 36, online abrufbar unter: https://bit.ly/3saCipa (letzter Aufruf am 23.02.2022).

problematisch: Zum einen ist ein algorithmisches System auf eine breite repräsentative Datenbasis für die Erstellung genauer Vorhersagen angewiesen. Sobald die Datensätze um gewisse Attribute reduziert werden, die mit bestimmter Gruppenzugehörigkeit korrelieren, erhöht dies die Ungenauigkeit der Vorhersageergebnisse und somit die Nützlichkeit des algorithmischen Systems.[215]

Zum anderen konterkariert das systemseitige automatische Abstellen auf sogenannte „Proxyvariablen" die Ausklammerung der geschützten Attribute. Proxyvariablen sind eine Folge des Mechanismus, der einem KI-System zugrunde liegt. Ein KI-System ist nämlich darauf ausgerichtet, Korrelationen zwischen Datensätzen und einem bestimmten vordefinierten Umstand, auch als „Erfolg" bezeichnet, zu identifizieren.[216] KI-Systeme sind somit darauf ausgerichtet, Variablen zu identifizieren, die mit Kreditwürdigkeit im Sinne der einprogrammierten Erfolgsdefinition korrelieren. Selbst wenn das System daran gehindert wird, auf gewisse geschützte Attribute wie beispielsweise das Alter oder das Geschlecht abzustellen, gewährleistet dies nicht zwingend die die Diskriminierungsfreiheit einer Entscheidung und es kann passieren, dass es jedenfalls mittelbar zu einer Diskriminierung aufgrund eines geschützten Attributs kommt.[217] Sofern dem System nämlich aus Gründen der Diskriminierungsprävention verwehrt wird, auf einzelne Attribute abzustellen, kann es passieren, dass das System automatisch auf andere Variablen rekurriert, die mit den „verbotenen" Variablen korrelieren.[218] Diese Variablen werden auch Proxyvariablen genannt, da sie zwar nicht geschützt sind, aber eine direkte Korrelation mit dem geschützten Attribut aufweisen, sodass

---

[215] Der Verlust von Ergebnisgenauigkeit zur Vermeidung von indirekter Diskriminierung von auch als „pseudo-regret" bezeichnet. *Fachgruppe Rechtsinformatik der Gesellschaft für Informatik e.V.*, Studie, Technische und rechtliche Betrachtungen algorithmischer Entscheidungsverfahren, S. 36, online abrufbar unter: https://bit.ly/3saCipa (letzter Aufruf am 23.02.2022).

[216] *Langenbucher*, Responsible A.I.-Based Credit Scoring – A Legal Framework, European Business Law Review 31 (2020), 527, 547.

[217] *Feldkamp / Kappler / Poretschkin / Schmitz / Weiss*, Rechtliche Fairnessanforderungen an KI-Systeme und ihre technische Evaluation – Eine Analyse anhand ausgewählter Kreditscoring-Systeme unter besonderer Berücksichtigung der zukünftigen europäischen KI-Verordnung, ZfDR 2024, 60, 90.

[218] *Langenbucher*, Responsible A.I.-Based Credit Scoring – A Legal Framework, European Business Law Review 31 (2020), 527, 547.

im Endeffekt eine indirekte Ungleichbehandlung auf der Basis von unzulässigen Faktoren nicht vermieden wird. Beispielsweise liegt häufig eine Korrelation zwischen ethnischem Hintergrund und Wohnort beziehungsweise Postleitzahl vor.[219] Die Nutzung von Proxyvariablen erlaubt es einem KI-System, auf ein harmlos erscheinendes Attribut, wie beispielsweise den Beschäftigungsumfang, abzustellen, welches das geschützte Attribut, in diesem Beispiel das Geschlecht, zu einem gewissen Grad beinhaltet.[220] Das automatische systemseitige Abstellen auf Proxyvariablen kann letztlich zu einer ungewollten Diskriminierung führen, die in der technischen Funktionsweise des KI-Systems angelegt ist. Vor dem Hintergrund der besonders komplexen und zahlreichen Korrelationen, die ein KI-System zwischen Variablen identifizieren kann, stellt sich die Frage, ob ab einem bestimmten Korrelationsgrad zwischen Proxyvariable und einem geschützten Attribut, ein Abstellen auf die Proxyvariable unzulässig sein sollte.[221]

Neben diesem ungewollten systemseitigen Diskriminierungsrisiko besteht allerdings auch die Gefahr, dass die Fähigkeit des KI-Systems, nicht-intuitive und auf den ersten Blick fernliegende Korrelationen zu identifizieren, für Diskriminierungszwecke vorsätzlich ausgenutzt wird. Dieses Risiko wird im folgenden Abschnitt näher erläutert.

(iv) Maskierung diskriminierender Entscheidungen

Die für KI-Systeme genutzte Technologieform ermöglicht es theoretisch Kreditgebern, diskriminierende Entscheidungen zu verdecken. Für diesen Zweck könnten sie sich die Fähigkeit der KI-Systeme zu Nutze machen, nicht-intuitive, fernliegende und daher „unverdächtige" Proxyvariablen zu identifizieren. Sofern beispielsweise ein Kreditgeber aus persönlichen Gründen keine Kredite an Mitglieder bestimmter ethnischer Gruppierungen vergeben möchte, aber weiß, dass es ihm gesetzlich verwehrt ist, aufgrund

---

219 *Fachgruppe Rechtsinformatik der Gesellschaft für Informatik e.V.*, Studie, Technische und rechtliche Betrachtungen algorithmischer Entscheidungsverfahren, S. 36, online abrufbar unter: https://bit.ly/3saCipa (letzter Aufruf am 23.02.2022).

220 *Fachgruppe Rechtsinformatik der Gesellschaft für Informatik e.V.*, Studie, Technische und rechtliche Betrachtungen algorithmischer Entscheidungsverfahren, S. 36, online abrufbar unter: https://bit.ly/3saCipa (letzter Aufruf am 23.02.2022).

221 *Langenbucher*, Responsible A.I.-Based Credit Scoring – A Legal Framework, European Business Law Review 31 (2020), 527, 547.

der ethnischen Herkunft des Antragsstellers dessen Kreditantrag abzulehnen, könnte er dies dadurch maskieren, indem er keine Kredite mehr an Personen mit einer bestimmten Postleitzahl vergibt, in der vermehrt Personen mit dieser spezifischen ethnischen Herkunft wohnhaft sind. Obwohl das Abstellen auf Variablen, die mit einem geschützten Attribut korrelieren bereits vor dem Einsatz von KI-basierten Systemen für Diskriminierungszwecke genutzt werden konnte ist zu erwarten, dass der Einsatz von lernenden Algorithmen diese Praktik noch verstärkt. Schließlich ermöglichen es KI-Systeme, außergewöhnliche und komplexe Zusammenhänge zwischen einzelnen oder mehreren Variablen zu identifizieren, die für Menschen zunächst nicht nachvollziehbar erscheinen oder gar auf der Hand liegen.[222] Auf diese Weise könnten Kreditgeber ihre Kreditentscheidung statt auf geschützte Attribute auf entlegene und dadurch unverdächtige Proxyvariablen stützen, die aufgrund ihrer scheinbar großen Distanz zum geschützten Attribut unverdächtig erscheinen.

So sind KI-Systeme zwar nicht der Auslöser für die Diskriminierungspraktik des Maskierens, aber können Kreditgeber dabei unterstützen, diese unentdeckt zu praktizieren. Zu befürchten ist daher, dass die Nutzung und Anwendung von KI-Systemen zu vermehrtem Auftreten dieser Diskriminierungsform führen könnte.

2.3 Potenziell gravierende Auswirkungen von Modellfehlern

Im Rahmen von algorithmischen Entscheidungsverfahren sind die Auswirkungen von Modellfehlern gravierender als dies im traditionellen Kreditvergabeverfahren der Fall ist.[223] Dies liegt hauptsächlich an zwei Faktoren: Zum einen an der hohen Prozessgeschwindigkeit und zum anderen an der Lernfähigkeit der KI-Systeme.

Im Hinblick auf die Prozessgeschwindigkeit sind automatisierte Kreditvergabesysteme aufgrund der standardisierten Funktionsweise des Algorithmus in der Lage, Kreditvergabeentscheidungen besonders schnell und effizient zu treffen. Allerdings besteht die Gefahr, dass der Algorithmus unrichtig ist und somit fehlerhafte Entscheidungen in rasanter Geschwindigkeit abgewickelt

---

[222] Zum „Maskieren“ indirekt diskriminierender Entscheidung durch das Abstellen auf Proxyvariablen und den in diesem Abschnitt vorgebrachten Aussagen, siehe *Langenbucher*, European Business Law Review 31 (2020), 527, 548.

[223] *BaFin*, Big Data trifft auf künstliche Intelligenz, S. 83.

werden, was im Nachhinein besondere Probleme bei der Rückabwicklung bereitet. Grundsätzlich wird wie bereits beschrieben ein Algorithmus auf die Weise programmiert, dass aus vielerlei Quellen Daten gesammelt und mit Hilfe von algorithmischen Verfahren ein Kreditscoring erstellt wird. Sofern die Parameter der Entscheidung oder deren Bewertung im algorithmischen System fehlerhaft sind, wirkt sich dies unmittelbar auf den Kreditscore aus, der aufgrund dessen keine akkuraten Ergebnisse mehr liefern kann. Dies könnte theoretisch zur Folge haben, dass Kredite an Personen vergeben werden, die eigentlich nicht als kreditwürdig gelten, was aus Risikogesichtspunkten problematisch und mit Gefahren für die Einleger und der Finanzmarktstabilität verbunden ist. Umgekehrt könnten fehlerhafte Modelle dazu führen, dass Kreditanträge ungerechtfertigterweise abgelehnt werden, was wiederum potenziell erhebliche Folgen für die Lebensführung der Betroffenen haben dürfte. Alternativ könnte eine fehlgeleitete Prognoseentscheidung auch zur Folge haben, dass Kredite zu ungerechtfertigten Konditionen, wie beispielsweise einer überzogen hohen Zinshöhe, vergeben werden. Aufgrund der hohen Prozessgeschwindigkeit wirken sich die entsprechenden Mängel je nach Automatisierungsgrad des Kreditvergabeverfahrens signifikant aus, da innerhalb des gleichen Zeitraums eine potenziell erheblich größere Anzahl an Kreditentscheidungen betroffen ist als dies im traditionellen manuellen Verfahren der Fall wäre. Erforderlich ist daher, auch die Reaktions- und Eingriffszeit bei der Identifizierung und Behebung von Fehlern entsprechend zu beschleunigen, was allerdings technisch schwer umsetzbar sein dürfte.

Die Lernfähigkeit von Algorithmen, also deren Fähigkeit, sich selbstständig weiterzuentwickeln, birgt ebenfalls ein besonderes Risiko. Dies liegt zum einen darin begründet, dass lernende Systeme auf der Grundlage von Trainingsdaten operieren. Dies bedeutet, dass diese Systeme „statt mit manuell programmiertem Expertenwissen mit statistischen Inferenzen auf einem Referenzdatensatz arbeiten“ und sich auf dieser Grundlage weiterentwickeln und optimieren.[224] Diese besondere Abhängigkeit des Gesamtprozesses von der Qualität des Trainingsdatensatzes bedeutet in der Praxis, dass sich Fehler innerhalb der verwendeten Datensätze unmittelbar auf die Qualität der

---

[224] *Fachgruppe Rechtsinformatik der Gesellschaft für Informatik e.V.*, Studie, Technische und rechtliche Betrachtungen algorithmischer Entscheidungsverfahren, S. 35, online abrufbar unter: https://bit.ly/3saCipa (letzter Aufruf am 23.02.2022).

Prognoseergebnisse auswirken. Eine Form der Fehlerhaftigkeit liegt beispielsweise bei Datensätzen vor, innerhalb derer Unausgewogenheiten zwischen repräsentierten Gruppen oder Konzepten bestehen. Diese Unausgewogenheiten können sich unmittelbar auf das statistische Modell auswirken.[225] Dies liegt darin begründet, dass der Algorithmus „lernt" gerade auf Basis dieser Unausgewogenheiten zu operieren, sodass sich diese im Laufe des Trainingsprozesses sogar verstärken.[226] Dieser Mechanismus wird auch als „Bias Amplification" bezeichnet und stellt ein Kernproblem in der Algorithmus-Forschung dar, welches bereits oben im Diskriminierungskontext beschrieben wurde.[227] Allerdings erschöpft sich die potenzielle Fehlerhaftigkeit von Trainingsdatensätzen nicht in deren Unausgewogenheit. Auch Ungenauigkeiten oder Unvollständigkeiten wie auch allgemeine Zuordnungsmängel innerhalb der Trainingsdatensätze können zu fehlerhaften Ergebnissen führen, die Kreditentscheidungen beeinflussen. Darüber hinaus führt die Tatsache, dass sich der Algorithmus auf der Basis bisheriger Entscheidungen quasi autark und mit hoher Geschwindigkeit weiterentwickelt dazu, dass die BDAI-induzierte Vernetzung zu Kaskadeneffekten führt. Einmal „erlernte" Fehler verstärken sich und betreffen schnell eine große Anzahl von Kreditentscheidungen.

2.4 Entstehung einer Ungleichgewichtslage zwischen Unternehmern und Verbrauchern

Algorithmische Entscheidungen werden häufig im Verhältnis zwischen Unternehmern und Verbrauchern, und regelmäßig ausschließlich durch den Unternehmer, eingesetzt.[228] Dies hat aus unterschiedlichen Gründen zur Folge, dass ein Ungleichgewicht zwischen Unternehmern und Verbrauchern

---

[225] *Fachgruppe Rechtsinformatik der Gesellschaft für Informatik e.V.*, Studie, Technische und rechtliche Betrachtungen algorithmischer Entscheidungsverfahren, S. 35, online abrufbar unter: https://bit.ly/3saCipa (letzter Aufruf am 23.02.2022).

[226] *Fachgruppe Rechtsinformatik der Gesellschaft für Informatik e.V.*, Studie, Technische und rechtliche Betrachtungen algorithmischer Entscheidungsverfahren, S. 35, online abrufbar unter: https://bit.ly/3saCipa (letzter Aufruf am 23.02.2022).

[227] *Fachgruppe Rechtsinformatik der Gesellschaft für Informatik e.V.*, Studie, Technische und rechtliche Betrachtungen algorithmischer Entscheidungsverfahren, S. 35, online abrufbar unter: https://bit.ly/3saCipa (letzter Aufruf am 23.02.2022).

[228] *BaFin*, Studie, Big Data trifft auf künstliche Intelligenz – Herausforderungen und Implikationen für Aufsicht und Regulierung von Finanzdienstleistungen, S. 80, online abrufbar unter: https://bit.ly/3v1li9cv (letzter Aufruf am 23.02.2022).

entstehen kann. Dieses potenzielle Ungleichgewicht besteht insbesondere in der Form von Informationsasymmetrien, die aufgrund der technischen Funktionsweise des algorithmischen Systems entstehen können. Eine Informationsasymmetrie im weiteren Sinne kann als „unterschiedliches Wissen zwischen Partnern in rechtsgeschäftlichen oder sozialen Beziehungen“ beschrieben werden.[229] Informationsasymmetrien sind zwar nicht unbedingt negativ behaftet und sind notwendige Grundlage einer arbeitsteiligen Gesellschaft. Allerdings sind im Zusammenhang mit der algorithmischen Beurteilung von Menschen Informationsasymmetrien gerade im Hinblick auf den Verbraucherschutz nicht unproblematisch und könnten, insbesondere gepaart mit fehlender Transparenz, schlimmstenfalls Verbrauchermanipulation begünstigen.

Informationsasymmetrien entstehen dadurch, dass dem Unternehmer eine besondere Fülle an Informationen über den Verbraucher vorliegen. Schließlich sammelt und analysiert er mit Hilfe der algorithmenbasierten Technologie eine größere Menge strukturierter und unstrukturierter Datensätze für die Zwecke der Beurteilung, als dies im Rahmen des Traditionellen Kreditverfahrens der Fall ist. Dies ermöglicht es dem Unternehmer potenziell, das Verhalten und die Bedürfnislage von Verbrauchern relativ genau vorherzusagen, insbesondere wenn auf Datenkombinationen abgestellt wird.[230] So kann der Unternehmer unter Umständen die Zahlungswilligkeit des Verbrauchers besonders genau beurteilen, mit dem Ergebnis, dass er die Darlehenskosten zu dessen Lasten entsprechend in die Höhe treiben könnte. Erschwerend kommt hinzu, dass der Verbraucher ab einem gewissen Zeitpunkt gegebenenfalls gar nicht mehr genau nachvollziehen kann, welche Informationen über ihn dem Unternehmer vorliegen.[231] Auch dies ist ein Aspekt, dem mit entsprechenden Transparenzregelungen entgegengewirkt werden sollte.

---

229 *Fachgruppe Rechtsinformatik der Gesellschaft für Informatik e.V.*, Studie, Technische und rechtliche Betrachtungen algorithmischer Entscheidungsverfahren, S. 76, online abrufbar unter: https://bit.ly/3saCipa (letzter Aufruf am 23.02.2022).

230 *BaFin*, Studie, Big Data trifft auf künstliche Intelligenz – Herausforderungen und Implikationen für Aufsicht und Regulierung von Finanzdienstleistungen, S. 100, online abrufbar unter: https://bit.ly/3vrh9cv (letzter Aufruf am 23.02.2022).

231 *Fachgruppe Rechtsinformatik der Gesellschaft für Informatik e.V.*, Studie, Technische und rechtliche Betrachtungen algorithmischer Entscheidungsverfahren, S. 76, online abrufbar unter: https://bit.ly/3saCipa (letzter Aufruf am 23.02.2022).

Letztlich wird auch dem Verbraucher mit dem Einsatz von algorithmischen Systemen bei der Kreditvergabeentscheidung jegliche Steuerungs- und Einflussmöglichkeit genommen. Während er bislang bei der unmittelbaren Kommunikation im Rahmen des persönlichen Beratungstermins mit dem Bankmitarbeiter auch initiativ tätig werden konnte, wird ihm diese Verhandlungsmöglichkeit nun genommen. Im Rahmen algorithmischen Systems nimmt der Verbraucher beim Kreditentscheidungsprozesses eine eher passive Rolle ein, indem sich seine indirekte Einflussmöglichkeit darauf beschränkt, sich algorithmuskonform zu verhalten. Dies bedeutet, dass er seine tatsächlichen Gegebenheiten bestenfalls so strukturiert, dass der Algorithmus auf der Basis zu dem möglichst vorteilhaftesten Ergebnis gelangt. In den USA wird beispielsweise sogenannte „Kreditscore-Optimierung“ betrieben, im Rahmen dessen spezialisierte Berater durch bestimmte Maßnahmen die Kreditwürdigkeit ihrer Klienten zu erhöhen versuchen. Hierzu gehört insbesondere die Umschichtung von Schulden.[232] Weitere Ausführungen hierzu finden sich in Kapitel 7, Abschnitt 5.1, (iv).

2.5 Kein Raum für Einzelfallentscheidungen

Gleichzeitig Vor- als auch Nachteil der algorithmenbasierten Kreditentscheidung ist, dass der Entscheidungsprozess gleichförmig auf der Basis konfigurierter und autark optimierter Parameter stattfindet. Die Gleichförmigkeit hat zwar den Vorteil, dass die Entscheidung im Falle jedes Antrags nach den exakt gleichen Parametern stattfindet, die identisch gewichtet werden. Sofern keine diskriminierenden Kriterien angelegt werden, könnte diese Funktionsweise sogar als besonders fair beschrieben werden. Andererseits mag zwar eine gleichförmige Entscheidung unter Umständen fair sein, allerdings ist Fairness nicht stets mit Richtigkeit gleichzusetzen. Es sind nämlich Konstellationen denkbar, bei denen eine differenziertere Beurteilung und Betrachtung statt der Anwendung eines Standardverfahrens einen Mehrwert liefern könnte.

Insbesondere vor dem Hintergrund, dass es sich bei einer Kreditentscheidung um eine Entscheidung handelt, die stets auf einen Einzelfall bezogen ist und

[232] *Fachgruppe Rechtsinformatik der Gesellschaft für Informatik e.V.*, Studie, Technische und rechtliche Betrachtungen algorithmischer Entscheidungsverfahren, S. 75, online abrufbar unter: https://bit.ly/3saCipa (letzter Aufruf am 23.02.2022).

Prognosebezug aufweist, sind wohlmöglich auch die individuellen persönlichen Umstände des Kreditnehmers entscheidend für die Einschätzung seiner künftigen Zahlungsfähigkeit und -bereitschaft. Hier mögen Umstände und Tatsachen relevant sein, die nicht standardmäßig abgefragt werden oder verfügbar sind. Gerade hierin liegt einer der Vorteile eines persönlich stattfindenden Gesprächs im Vorfeld der Kreditvergabe: Es gab dem Kreditbewerber die Gelegenheit, auf relevante individuelle Umstände hinzuweisen oder Erklärungen für bestimmte Verhaltensweisen in der Vergangenheit zu liefern. Deshalb ist denkbar, dass der Mitarbeiter im Wege eines persönlichen Gesprächs unter Umständen einen umfassenderen Gesamteindruck von der Person des Antragstellers gewinnen dürfte, was unter Umständen zu einer akkurateren Prognose führen könnte. Gerade bei der Einschätzung hinsichtlich der gewissenhaften Leistung künftig vorzunehmender Tilgungs- und Zinszahlungen ist nicht nur die, gegebenenfalls objektiv bestimmbare, Zahlungsfähigkeit, sondern auch die Zahlungsbereitschaft des Darlehensnehmers entscheidend. Da die Zahlungsbereitschaft auch untrennbar mit persönlichen Eigenschaften wie Gewissenhaftigkeit und Zuverlässigkeit einhergeht, ist denkbar, dass der Bankmitarbeiter hierüber im Rahmen eines persönlichen Gesprächs einen umfassenderen Eindruck gewinnen kann. Aus diesem Grund wird schließlich auch im beruflichen Kontext häufig auf Einstellungsgespräche zurückgegriffen, da standardmäßig festgehaltene Datenpunkte wie Noten, berufliche Vorerfahrung oder Referenzen den persönlichen Eindruck des Entscheiders nicht gänzlich zu ersetzen vermögen.

Zudem mag es unter Umständen eine korrekte rechtliche und ethische Bewertung quantitativer Kriterien gebieten, dass keine fixen Parameter mit immer identischer Gewichtung angelegt werden. Tatsächlich könnte es real angebracht und geboten sein, eine positive Kreditentscheidung auf Basis eines einzigen besonders starken Faktors zu treffen. Dies wäre allerdings systemisch bei Verwendung eines algorithmischen Verfahrens technisch schwer umsetzbar.[233] Die Option, eine negative Kreditentscheidung im Nachhinein aufgrund des Gewichts eines besonders starken Positivfaktors zu revidieren, bestünde nur mit Hilfe eines menschlichen Korrektivs. Allerdings scheint es in der Praxis eher die Ausnahme zu sein, dass ein Mensch einem Kreditscore, der

---

[233] *Kumar / Garg / Kaur*, IOSR Journal of Computer Engineering, S. 18, online abrufbar unter: https://bit.ly/3IhcfSC (letzter Aufruf am 23.02.2022).

die Ablehnung eines Kreditantrags suggerierte, trotzt und stattdessen den gegenständlichen Kreditantrag positiv bescheidet. So äußerte sich das VG Wiesbaden im Rahmen dessen EuGH-Vorlage zu einer auf automatisierter Verarbeitung beruhenden Entscheidung wie folgt:

> Eine Kreditvergabe mag zwar trotz eines grundsätzlich ausreichenden Score-Werts [...] versagt werden, ein nicht ausreichender Score-Wert hingegen wird jedenfalls im Bereich der Verbraucherdarlehen in fast jedem Fall und auch dann zur Versagung eines Kredits führen, wenn etwa eine Investition iÜ als lohnend erscheint."[234]

Diese Aussage traf zwar das VG Wiesbaden im Kontext von Scorewerten, die von Wirtschaftsauskunfteien erstellt werden, allerdings dürfte wohl Ähnliches auch für Score-Werte gelten, die von Kreditinstituten selbst für eigene Zwecke generiert werden. So scheint die These, dass der „human in the loop" die Ablehnung eines Kreditantrags aufgrund eines unzureichenden Score-Wertes potenziell verhindern würde, nicht praxisgerecht zu sein. Sofern ein Kreditscore die Ablehnung eines Kreditbewerbers suggeriert, scheinen die involvierten menschlichen Entscheider nur selten, wenn überhaupt, von dieser Entscheidung abzurücken.

Im Ergebnis ist somit die Gleichförmigkeit von algorithmischen Kreditentscheidungen sowohl Fluch als auch Segen zugleich: Einerseits ist es als Vorteil zu begreifen, dass jeder Kreditbewerber denselben gleich gewichteten Entscheidungskriterien unterworfen wird. Andererseits können es die individuellen Umstände des ein oder anderen Kreditbewerbers gebieten, diese im Rahmen einer Einzelfallbetrachtung zu würdigen. Insbesondere die Tatsache, dass es technisch schwer umsetzbar ist, einem besonders gewichtigen Positivfaktor entscheidungserhebliches Gewicht zu verleihen, ist unter Umständen problematisch. Letztlich basieren die Entscheidungen eines KI-Systems im Regelfall auf einem Portfolio unterschiedlicher Kriterien, die entsprechend der Scoreformel gewichtet werden. Hier besteht kein Raum für Ausnahmen, herausstechende Positivfaktoren oder individuell zugeschnittene Kreditlösungen.

---

234 Beschluss, VG Wiesbaden, Beschluss vom 01.10.2021 – 6 K 788/20: EuGH-Vorlage zu einer auf automatisierter Verarbeitung beruhenden Entscheidung – einschließlich Profiling, ZD 2022, 121, Rn. 25.

2.6 Abhängigkeit vom Datenpool

Die automatisierte Kreditvergabeentscheidung auf der Basis von Algorithmen ist sehr stark datengetrieben. Die Genauigkeit und Prognosesicherheit der algorithmischen Kreditvergabeentscheidung hängt maßgeblich von der Qualität und der Größe des zur Verfügung stehenden Datenpools ab.[235] Dies gilt einerseits maßgeblich für den Trainingsdatenpool, aber auch für alle weiteren Daten, die für die Zwecke der laufenden Kreditvergabeentscheidungen verfügbar sind. Je mehr Informationen zu Zahlungsströmen und Verhaltensmustern des Kunden vorliegen, desto eher ist der Algorithmus in der Lage, sich zu optimieren und auf reiner Cashflow-Basis akkurate Ergebnisse zu produzieren.[236] Risikoerhöhend kommt an dieser Stelle hinzu, dass die Auswahl der Datensätze, die in das KI-System eingespeist werden, eine menschliche Entscheidung ist, die mit den typischen Schwächen menschlichen Handels behaftet ist. Deshalb mag es passieren, dass fehlerhafte, unvollständige oder gar überholte Daten verwendet werden, sodass selbst ein hochwirksames algorithmisches System nur ungenaue Prognoseergebnisse produzieren kann.[237] So kann selbst der stärkste Motor mit dem falschen Treibstoff zum Erliegen kommen.

Abhilfe schafft jedoch die Tatsache, dass Algorithmen jedenfalls aktuell in der Regel nicht auf das Vorliegen von vollständigen Datensätzen angewiesen sind, um überhaupt eine Kreditentscheidung treffen zu können.[238]

2.7 Abweichung vom vorgegebenen Kreditentscheidungsprozess

Wie im folgenden Kapitel beschrieben wird, gelten für Kreditinstitute klare organisatorische Anforderungen für die Kreditentscheidung, unter anderem auf Grundlage der MaRisk. So muss eine Kreditentscheidung stets im Wege von zwei Voten (Entscheidungen) getroffen werden, und zwar von zwei

---

[235] *BaFin*, Studie, Big Data trifft auf künstliche Intelligenz – Herausforderungen und Implikationen für Aufsicht und Regulierung von Finanzdienstleistungen, S. 80, online abrufbar unter: https://bit.ly/3vrh9cv (letzter Aufruf am 23.02.2022).

[236] *BaFin*, Studie, Big Data trifft auf künstliche Intelligenz – Herausforderungen und Implikationen für Aufsicht und Regulierung von Finanzdienstleistungen, S. 83, online abrufbar unter: https://bit.ly/3vrh9cv (letzter Aufruf am 23.02.2022).

[237] *Langenbucher*, Responsible A.I.-Based Credit Scoring – A Legal Framework, European Business Law Review 31 (2020), 527, 532.

[238] Vgl. hierzu bereits Kapitel 3, Abschnitt 4.1, (iii), (c).

voneinander getrennten internen Abteilungen, Markt und Marktfolge. Eine Ausnahme gibt es bei Krediten „mit nur unwesentlichen Risiken", für die lediglich ein Votum ausreichend ist.[239]

Diese Streuung von Entscheidungen fehlt bei der ausschließlichen Verwendung von algorithmischen Systemen für die Entscheidungsfindung. Schließlich wird die Gesamtentscheidung quasi von einer „Instanz" getroffen und ist nicht von der Einschätzung unterschiedlicher Abteilungen und Bankmitarbeitern abhängig. Aus diesem Grund müssten alternative Strukturen geschaffen und genutzt werden, um dem Schutzzweck des Vier-Augen-Prinzips dennoch Rechnung tragen zu können. Wie in Kapitel 6, Abschnitt 1.1, (vi) beschrieben, ist hier eine systemische Prüfung denkbar, im Rahmen derer die Entscheidungsparameter und deren Gewichtungen abstrakt von den relevanten Abteilungen im Vorfeld etwaiger automatisierter Kreditentscheidungen geprüft werden. Auf diese Weise wäre jegliche Folgeentscheidung des Systems im Vorfeld genau determinierbar und hätte somit ein Ex-ante-Genehmigungsverfahren unter Einbeziehung der verantwortlichen Abteilungen durchlaufen. Problematisch gestaltet sich ein solches theoretisches Vorgehen dann, wenn lernende Algorithmen für die Zwecke der Kreditentscheidung verwendet werden. Diese entwickeln sich fortlaufend weiter und ändern ihre Entscheidungsstruktur, sodass variierende Parameter und Gewichtungen die Kreditentscheidung determinieren. Hier offenbart sich die abstrakte Gefahr, dass zwar ein systemischer Genehmigungsprozess durchlaufen wurde, sich der lernende Algorithmus jedoch im Nachgang kurzzeitig später modifiziert hat und darauffolgende Kreditentscheidungen nicht mehr anhand der Entscheidungsstruktur getroffen werden, die letztlich genehmigt wurde. Nach Kenntnis der Verfasserin sind zwar vollautomatisierte Kreditentscheidungssysteme unter Verwendung von lernenden Algorithmen aktuell nicht im Einsatz, allerdings scheinen die technologischen Voraussetzungen hierfür bereits gegeben zu sein. Hier wären entsprechende gesetzliche Strukturen zu schaffen, um regulatorischen „toten Winkeln" bei der Ex-ante-Genehmigung von Kreditentscheidungsstrukturen vorzubeugen.

---

239 *Eilers / Rödding / Schmalenbach*, Unternehmensfinanzierung, G. Aufsichtsrecht und Rating I. Bankaufsichtsrechtliche Rahmenbedingungen für die Unternehmensfinanzierung, Rn. 21.

2.8 Risiken durch Technologieversagen

BDAI-Kreditscoring-Verfahren sowie die gesamte automatisierte Kreditvergabe stehen in einem systemimmanenten Abhängigkeitsverhältnis zur zugrundeliegenden Technologie. Somit ist das gesamte Kreditvergabesystem besonders exponiert und ist erheblich durch feindliche Angriffe auf das KI-System gefährdet. Zu diesen zählen beispielsweise auch Hackerangriffe, die darauf abzielen, ein System zu korrumpieren, das auf lernenden Algorithmen beruht, indem die Trainingsdatensätze manipuliert werden.[240] Des Weiteren besteht auch das Risiko von Denial-of-Service- und Malware-Angriffen auf die Rechenzentren der kreditgebenden Institute. Während dieses Risiko in der digitalisierten Welt zwar ohnehin stets gegeben ist, sind die Auswirkungen auf vollautomatisierte oder BDAI-basierte Kreditscoring-Systeme besonders gravierend, weil diese Systeme in Gänze IT-abhängig sind und somit als besonders exponiert gelten.

Cyberkriminalität könnte sowohl auf Mikro- wie auch auf Makroebene zu erheblichen Marktstörungen führen. Auf Makroebene kann ein Hackerangriff mehrere kreditgebende Institute gleichermaßen und gleichzeitig betreffen, indem beispielsweise eine den Instituten gemeinsame Schwäche für die Zwecke der Cyberkriminalität ausgenutzt wird.[241] Störungen auf Mikroebene, die nur einzelne Kreditnehmer betreffen, sind beispielsweise dadurch denkbar, dass die Daten einzelner Kreditnehmer entwendet und missbraucht werden.

Letztlich ist die informationstechnologische Sicherheit ein Faktor, der sowohl die Finanzmarktstabilität als solches wie auch Rechtsgüter mit Individualbezug wie den Verbraucherschutz oder den Datenschutz beeinträchtigen könnte.

3. Ergebnis

Die Bilanz der risikomindernden und risikoerhöhenden Faktoren zeigt, dass das BDAI-Kreditscoring-Verfahren zwar diverse Vorteile für Institute

---

[240] *Aggarwal*, The Norms of Algorithmic Credit Scoring, Cambridge Law Journal 80 (2021), 42, 48.

[241] *Aggarwal*, The Norms of Algorithmic Credit Scoring, Cambridge Law Journal 80 (2021), 42, 43.

und Kreditnehmer hat, gleichzeitig aber auch neue potenziell gravierende Risikobereiche eröffnet, denen es zu begegnen gilt. Im nächsten Teil wird anhand der relevantesten Normen dargestellt, welche kreditbezogenen und datenschutzrechtlichen Regelungen für die Kreditvergabe allgemein und speziell auch für die automatisierte BDAI-basierte Kreditvergabe gelten. Im Rahmen dieser Aufstellung soll untersucht werden, inwieweit die bestehenden Regelungen den Gefahren der BDAI-basierten Kreditvergabe perspektivisch zu begegnen vermögen und wo die Grenzen dieser Schutzkonzepte zu ziehen sind. Im Anschluss wird sodann auf alternative strukturelle Regelungskonzepte hingewiesen, die für die Zwecke der Risikobegrenzung im Bereich der Kreditvergabe ausgeschöpft werden könnten.

Allgemeine rechtliche Vorgaben für die Durchführung des Kreditgeschäfts

In diesem Abschnitt werden die allgemeinen rechtlichen Grundlagen erläutert, die dem Kreditgeschäft zugrunde liegen. Hierzu gehört zunächst die aufsichtsrechtliche Erlaubnispflicht sowie auch materiell-rechtliche Anforderungen des Kreditgeschäfts wie beispielsweise die Pflicht zur Durchführung einer Kreditwürdigkeitsprüfung. Im Anschluss wird erläutert, inwieweit diese materiell-rechtlichen Anforderungen, insbesondere die Pflicht zur Durchführung einer Kreditwürdigkeitsprüfung zum Schutz des Verbrauchers, Einfluss auf die Gestaltung und Implementierung von BDAI-basierten Technologien im Kreditverfahren haben könnten.

1. Aufsichtsrechtliche Erlaubnispflicht

Das Kreditgeschäft wird in § 1 Abs. 1 Satz 2 Nr. 2 des Kreditwesengesetzes (‚KWG') als die Gewährung von Gelddarlehen und Akzeptkrediten definiert. Durch den Gebrauch der Begrifflichkeit „Gelddarlehen" bezieht sich der Gesetzgeber zum einen den Darlehensbegriff im Sinne des § 488 BGB, andererseits wird dieser aber auch auf die Hingabe von ausschließlich Geld eingeschränkt.[242] Der Begriff der „Gewährung" verdeutlicht, dass vornehmlich die originäre Begründung des jeweiligen Kreditverhältnisses zwischen Kreditinstitut und Kreditnehmer der Regulierung unterfällt.

---

242 *Brogl*, in: Reischauer / Kleinhans, Kreditwesengesetz, Mai 2020, § 1 KWG Begriffsbestimmungen, Rn. 63.

Das Kreditgeschäft im Sinne des KWG gilt per se als „risikoträchtig", weshalb es der Gesetzgeber für notwendig befunden hat, hiermit beschäftigte Unternehmen den Regeln des KWG zu unterwerfen.[243] Der Betrieb des Kreditgeschäfts ist somit gesetzlich als Verbot mit Erlaubnisvorbehalt ausgestaltet.

Gemäß § 32 Abs. 1 Satz 1 KWG bedarf der schriftlichen Erlaubnis der Bundesanstalt für Finanzdienstleistungsaufsicht (‚BaFin'), wer im Inland gewerbsmäßig oder in einem Umfang, der einen in kaufmännischer Weise eingerichteten Geschäftsbetrieb erfordert, Bankgeschäfte, wie beispielsweise das Kreditgeschäft, betreiben oder Finanzdienstleistungen erbringen will. Das Merkmal der Gewerbsmäßigkeit ist erfüllt, wenn der Betrieb auf eine gewisse Dauer angelegt ist und der Betreiber ihn mit der Absicht der Gewinnerzielung verfolgt.[244] Alternativ gilt das Kriterium des Erfordernisses eines in kaufmännischer Weise eingerichteten Geschäftsbetriebs, unabhängig davon, ob tatsächlich ein in kaufmännischer Weise eingerichteter Geschäftsbetrieb geführt wird.[245] Laut der BaFin ist hierfür allein maßgeblich, ob die Einrichtung eines solchen Betriebs nach der Verkehrsauffassung im Kreditwirtschaftssektor erforderlich ist.[246] Nach der Verkehrsauffassung ist beispielsweise beim alleinigen Betrieb des Kreditgeschäfts ein in kaufmännischer Weise eingerichteter Geschäftsbetrieb dann erforderlich bei mehr als 100 Darlehen oder bei einem Gesamtdarlehensvolumen von über EUR 500.000 bei mindestens 21 Darlehen.[247]

2. Pflicht zur Durchführung einer Kreditwürdigkeitsprüfung

Sofern Kreditinstitute beabsichtigen, mit Verbrauchern Darlehensverträge abzuschließen, obliegt ihnen sowohl eine zivilrechtliche als auch eine

[243] *Brogl*, in: Reischauer / Kleinhans, Kreditwesengesetz, Mai 2020, § 1 KWG Begriffsbestimmungen, Rn. 62.

[244] *Martinek / Semler / Flohr*, Handbuch des Vertriebsrechts, § 49 Finanzdienstleistungen und Recht des Vertriebs von Finanzdienstleistungsprodukten, Rn. 99.

[245] *Martinek / Semler / Flohr*, Handbuch des Vertriebsrechts, § 49 Finanzdienstleistungen und Recht des Vertriebs von Finanzdienstleistungsprodukten, Rn. 99.

[246] *BaFin*, Merkblatt Kreditgeschäft, Stand: 02.05.2016, online abrufbar unter: https://bit.ly/3scgbhY (letzter Aufruf am 23.02.2022).

[247] *BaFin*, Merkblatt Kreditgeschäft, Stand: 02.05.2016, online abrufbar unter: https://bit.ly/3scgbhY (letzter Aufruf am 23.02.2022).

aufsichtsrechtliche Pflicht, eine Kreditwürdigkeitsprüfung vorzunehmen. Diese Verpflichtungen sind sowohl in der Verbraucherkreditrichtlinie[248] als auch in der Wohnimmobilienkreditrichtlinie[249] angelegt, wobei es allerdings dem nationalen Gesetzgeber offenstand, diese Verpflichtung ausschließlich aufsichtsrechtlich oder zivilrechtlich auszugestalten.[250] Ursprünglich bestand diese Verpflichtung der Kreditinstitute lediglich in aufsichtsrechtlicher Hinsicht und somit ausschließlich im Interesse der Einleger und im öffentlichen Interesse ohne dass ihr eine drittschützende Wirkung für Kreditnehmer zukam.[251] Mit Umsetzung der Wohnimmobilienkreditrichtlinie hat sich der Gesetzgeber allerdings dazu entschieden, Kreditinstituten vor der Hingabe eines Verbraucherdarlehens auch eine zivilrechtliche, dem Verbraucher gegenüber geschuldete Schutzpflicht zur Vornahme einer Kreditwürdigkeitsprüfung aufzuerlegen.[252]

Dies führt dazu, dass die Kreditwürdigkeitsprüfungen, die von Kreditinstituten durchzuführen sind, letztlich den Vorgaben zweier „Kontrollinstanzen“, der Zivilgerichtsbarkeit und den Aufsichtsbehörden, gerecht werden müssen.[253] Des Weiteren sind die Auffassungen einer Behörde für die jeweils andere Behörde nicht bindend, sodass sich Kreditinstitute beispielsweise nicht an der zivilrechtlichen Interpretation des Kreditwürdigkeitsbegriffes orientieren können, um die Einschätzung der Aufsichtsbehörde zu antizipieren.[254]

---

248 Richtlinie 2008/48/EG des Europäischen Parlaments und des Rates vom 23. April 2008 über Verbraucherkreditverträge und zur Aufhebung der Richtlinie 87/102/EWG des Rates, ABl. 2008 L 133, 66.

249 Richtlinie 2014/17/EU des Europäischen Parlaments und des Rates vom 4. Februar 2014 über Wohnimmobilienkreditverträge für Verbraucher und zur Änderung der Richtlinien 2008/48/EG und 2013/36/EU und der Verordnung (EU) Nr. 1093/2010, ABl. 2014 L 60, 34.

250 *Merz / Wittig*, in: Kümpel / Mülbert / Früh / Seyfried, Bank- und Kapitalmarktrecht, 5. Auflage, 2019, Kreditgeschäft mit Verbrauchern, Rn. 5.159a.

251 *Merz / Wittig*, in: Kümpel / Mülbert / Früh / Seyfried, Bank- und Kapitalmarktrecht, 5. Auflage, 2019, Kreditgeschäft mit Verbrauchern, Rn. 5.159.

252 EuGH, Urteil vom 27.03.2014, Rs. C-565/12; *Merz / Wittig*, in: Kümpel / Mülbert / Früh / Seyfried, Bank- und Kapitalmarktrecht, 5. Auflage, 2019, Kreditgeschäft mit Verbrauchern, Rn. 5.159a.

253 *Heibel*, Kreditwürdigkeitsprüfung im Privatkunden- und Baufinanzierungsgeschäft, S. 13.

254 *Heibel*, Kreditwürdigkeitsprüfung im Privatkunden- und Baufinanzierungsgeschäft, S. 13.

Der Gesetzgeber hat jedoch zwischen der zivilrechtlichen und der aufsichtsrechtlichen Verpflichtung weitestgehend Gleichlauf geschaffen, indem die entsprechenden Normen fast wortgleich formuliert sind und somit den Kreditinstituten keine jeweils unterschiedlichen Vorgaben auferlegt werden.

Das Hinzutreten des verbraucherschutzrechtlichen Schutzzwecks der Kreditwürdigkeitsprüfung, welche sich insbesondere im Prinzip der „verantwortungsvollen Kreditvergabe“ manifestiert, beinhaltet potenzielle Konsequenzen für die Automatisierung und Nutzung KI-basierter Systeme für den Kreditvergabeprozesses. Diese werden in Kapitel 5, Abschnitt 2.3 erörtert.

2.1 Zivilrechtliche Pflicht zur Kreditwürdigkeitsprüfung

Die zivilrechtliche Pflicht zur Kreditwürdigkeitsprüfung besteht für Kreditinstitute gemäß § 505a BGB, sofern sie den Abschluss eines Verbraucherdarlehensvertrags im Sinne des § 491 Abs. 1 BGB beabsichtigen. Diese Pflicht besteht auch im Falle von unentgeltlichen Darlehen (sog. „Null-Prozent“-Finanzierungen) im Sinne des § 514 Abs. 1 Satz 1 BGB oder wenn einem Verbraucher eine entgeltliche (§ 510 BGB) oder unentgeltliche Finanzierungshilfe (§ 515 BGB) zur Verfügung gestellt werden soll.[255] Von der Definition eines Verbraucherdarlehensvertrags im Sinne des § 491 sind beispielweise Kleinstkredite gemäß § 491 Abs. 2 Satz 2 Nr. 1 BGB umfasst. Schutzzweck der Prüfungspflicht ist es, den Verbraucher selbst vor den Gefahren der Überschuldung und der Zahlungsunfähigkeit zu schützen.[256]

Unter dem Begriff der Kreditwürdigkeit ist grundsätzlich die Wahrscheinlichkeit zu verstehen, mit der der Darlehensnehmer seinen Zahlungsverpflichtungen aus dem Darlehensvertrag voraussichtlich erfüllen wird.[257] Der genaue Umfang und Inhalt der Kreditwürdigkeitsprüfung hängt jedoch davon ab, ob ein Allgemein-Verbraucherdarlehensvertrag oder ein Immobiliar-Verbraucherdarlehensvertrag abzuschließen ist, wobei letzterer

---

[255] Die Unentgeltlichkeit bedingt allerdings Ausnahmen von den Sanktionsvorschriften. *Feldhusen*, BKR 2016, 441 (441).

[256] EuGH, Urteil vom 27.03.2014, Rs. C-565/12; *Merz / Wittig*, in: Kümpel / Mülbert / Früh / Seyfried, Bank- und Kapitalmarktrecht, 5. Auflage, 2019, Kreditgeschäft mit Verbrauchern, Rn. 5.159a.

[257] *Merz / Wittig*, in: Kümpel / Mülbert / Früh / Seyfried, Bank- und Kapitalmarktrecht, 5. Auflage, 2019, Kreditgeschäft mit Verbrauchern, Rn. 5.159d.

Vertragstyp nicht im Fokus dieser Arbeit liegt.[258] Grundsätzlich sind die Anforderungen, die im Rahmen eines Immobiliar-Verbrauchervertrags gelten, deutlich strenger als bei einem Allgemein-Verbraucherdarlehensvertrag.[259] Dies liegt darin begründet, dass der Verbraucher bei Abschluss eines Immobiliar-Verbrauchervertrags als schützenswerter erachtet wird, weil das Kreditvolumen höher und die Bedeutung für den Kreditnehmer größer ist, als dies regelmäßig bei Abschluss eines Allgemein-Verbraucherdarlehensvertrags der Fall sein sollte.[260]

Gemäß § 505a Abs. 1 Satz 2 BGB muss der Darlehensgeber im Rahmen der Kreditwürdigkeitsprüfung vor Abschluss eines Allgemein-Verbraucherdarlehensvertrags zum Ergebnis kommen, dass *keine erheblichen Zweifel* daran bestehen, dass der Darlehensnehmer seine vertraglichen Verpflichtungen aus dem Darlehensvertrag voraussichtlich erfüllen kann.[261] Bei der Einschätzung der Ausfallwahrscheinlichkeit kann sich der Darlehensgeber auf diverse Faktoren stützen. Hierzu zählen beispielsweise Auskünfte des Darlehensnehmers und Dritter, insbesondere auch Auskunfteien, die Daten zur Zahlungsfähigkeit eines Darlehensnehmers aufbereiten.[262] Im Übrigen kann sich der Darlehensgeber, sofern bereits eine Geschäftsbeziehung zum potenziellen Darlehensnehmer besteht oder bestanden hat, auf bereits vorhandene Kenntnisse über beispielsweise sein Zahlungsverhalten stützen (vgl. § 505b Abs. 1 BGB). In jedem Fall wird vorausgesetzt, dass die Informationen

---

258 Für die Kreditwürdigkeitsprüfung im Rahmen von Immobiliar-Verbraucherdarlehensverträgen hat der Gesetzgeber eine Verordnung erlassen (Verordnung zur Festlegung von Leitlinien zu den Kriterien und Methoden der Kreditwürdigkeitsprüfung bei Immobiliar-Verbraucherdarlehensverträgen, 24.04.2018).

259 MüKoBGB / *Schürnbrand / Weber*, 8. Auflage, 2019, BGB § 505a, Rn. 6.

260 MüKoBGB / *Schürnbrand / Weber*, 8. Auflage, 2019, BGB § 505a, Rn. 6.

261 MüKoBGB / *Schürnbrand / Weber*, 8. Auflage, 2019, BGB § 505a, Rn. 7. Demgegenüber muss es im Rahmen eines Immobiliar-Verbraucherdarlehensvertrags iSv § 491 Abs. 3 wahrscheinlich sein, dass der Darlehensnehmer seinen Verpflichtungen, die im Zusammenhang mit dem Darlehensvertrag stehen, vertragsgemäß nachkommen wird (vgl hierzu ebenfalls MüKoBGB / *Schürnbrand / Weber*, 8. Auflage, 2019, BGB § 505a, Rn. 7).

262 BT-Drucks. 16/11643, 144; *Herresthal*, Die Verpflichtung zur Bewertung der Kreditwürdigkeit und zur angemessenen Erläuterung nach der neuen Verbraucherkreditrichtlinie 2008/48/EG, WM 2009, 1174 (1177); *Rösler / Werner*, Neuerungen im Zivilbankrecht durch die Umsetzung der Verbraucherkredit- und der Zahlungsdiensterichtlinie, BKR 2009, 1.

in der Gesamtschau ausreichend sind, um eine Kreditentscheidung auf fundierter Basis zu ermöglichen.[263] Der Gesetzgeber spezifiziert jedoch nicht, welche genauen Informationen einzuholen sind, sondern überlässt dies der Einschätzung des Darlehensgebers.

Im Falle eines Verstoßes gegen die zivilrechtliche Pflicht zur Kreditwürdigkeitsprüfung drohen Kreditinstituten die in § 505d BGB normierten Folgen. Hierzu zählt die Sanktion, dass sich gemäß § 505d Abs. 1 Satz 1 BGB der vereinbarte Sollzins auf den marktüblichen Zinssatz ermäßigt. Im Übrigen steht dem Darlehensnehmer das Recht zu, den Darlehensvertrag jederzeit fristlos zu kündigen, ohne dass dem Kreditinstitut ein Anspruch auf Vorfälligkeitsentschädigung zusteht (vgl. § 505d Abs. 1 Satz 3 BGB).

2.2 Aufsichtsrechtliche Pflicht zur Kreditwürdigkeitsprüfung

Während § 505a Abs. 1 BGB die zivilrechtliche Pflicht zur Kreditwürdigkeitsprüfung enthält, die auch direkte Schutzwirkung zugunsten des Verbrauchers entfaltet, normiert § 18 a Abs. 1 KWG das Pendant hierzu in aufsichtsrechtlicher Hinsicht. Somit enthält § 18a KWG die aufsichtsrechtlichen Anforderungen, die für die Kreditwürdigkeitsprüfung bei Verbraucherdarlehensverträgen im Sinne von § 491 Abs. 1 BGB, bei Immobiliar-Verbraucherdarlehen im Sinne von § 491 Abs. 3 BGB sowie bei entgeltlichen Finanzierungshilfen im Sinne von § 506 BGB gelten. § 18a Abs. 1 KWG dient gemäß seiner Zweckbestimmung der Gefahrenabwehr und Kreditinstitute müssen im Falle von Verstößen zusätzlich zur zivilrechtlichen Haftung auch mit Sanktionen der Bankenaufsicht rechnen.[264] Somit droht Kreditinstituten bei Nichtbeachtung der Pflicht zur Durchführung einer gesetzesgemäßen Kreditwürdigkeitsprüfung zusätzlich zu den wirtschaftlichen Nachteilen unter Umständen auch ein repressiver hoheitlicher Eingriff.[265]

2.3 Implikationen für die KI-basierte Kreditvergabe

Zunächst ist bei der Nutzung KI-basierter Systeme für die Kreditwürdigkeitsprüfung und die Automatisierung des Kreditvergabeprozesses zu beachten,

---

263 *Herresthal*, Die Verpflichtung zur Bewertung der Kreditwürdigkeit und zur angemessenen Erläuterung nach der neuen Verbraucherkreditrichtlinie 2008/48/EG, WM 2009, 1174, 1177.

264 *Josten*, Kreditvertragsrecht, 2. Teil Verbraucherkredit, 2. Auflage, Rn. 465.

265 *Josten*, Kreditvertragsrecht, 2. Teil Verbraucherkredit, 2. Auflage, Rn. 465.

dass bei der Festlegung des Prüfungsmaßstabs des § 505a Abs. 1 Satz 2 BGB ein unbestimmter Rechtsbegriff, der des „erheblichen Zweifels“, gewählt wurde. Allerdings wird nicht näher definiert, wie genau diese Schwelle zu verstehen ist.

An dieser Stelle offenbart sich eine grundlegende Problematik bei der Entwicklung KI-basierter Softwareanwendungen im rechtswissenschaftlichen Bereich. Einerseits werden in Gesetzesformulierungen oft unbestimmte Rechtsbegriffe genutzt, die mit Hilfe der Rechtsprechung konkretisiert und spezifiziert werden. Dieser Konkretisierungsprozess nimmt jedoch Zeit in Anspruch, die genaue Entwicklung kann schwer vorhergesagt werden und letztlich sind von der Rechtsprechung gewählte Interpretationen unter Umständen nicht dauerhaft in Stein gemeißelt. Gleichzeitig erfordert es die Entwicklung algorithmischer und auch KI-basierter Softwareanwendungen, konkrete Systemanweisungen programmieren zu können. Dies kann aber nur dann gut funktionieren, wenn ein hinreichend spezifisches Verständnis der rechtlichen Voraussetzungen besteht. Für den Grad der erforderlichen Spezifikation ist allerdings auch relevant, wie genau die Softwareanwendung eingesetzt werden soll. Bei Softwareanwendungen, die theoretisch eine Vollautomatisierung des Kreditvergabeprozesses gewährleisten sollen, müssen die rechtlichen Voraussetzungen besonders klar umrissen sein, um eine Übersetzung in die binäre mathematische Programmiersprache zu ermöglichen. Softwareanwendungen, die hingegen erstmal nur einen Kreditscore ermitteln sollen, der Grundlage für eine menschliche Entscheidung bildet, können unter Umständen trotz unpräziser rechtlicher Voraussetzungen operieren. In diesen Fällen ist der Entscheidung der Softwareanwendung noch eine menschliche Entscheidung nachgestellt, die unter Umständen als Korrektiv dienen kann. Dennoch offenbart sich an dieser Stelle die Herausforderung „eines präzisen Algorithmus und einer unscharfen Rechtssprache“, der durch einen regen Austausch zwischen Informatikern und Juristen begegnet werden sollte.[266]

Weiterhin verkompliziert der nun ausdrücklich normierte verbraucherschützende Schutzzweck der Kreditwürdigkeitsprüfung unter Umständen

---

[266] *Fachgruppe Rechtsinformatik der Gesellschaft für Informatik e.V.*, Studie, Technische und rechtliche Betrachtungen algorithmischer Entscheidungsverfahren, S. 18, online abrufbar unter: https://bit.ly/3saCipa (letzter Aufruf am 23.02.2022).

die Bemühungen, den Kreditvergabeprozess zu automatisieren und mit KI-basierten Softwareanwendungen zu unterstützen. Wie bereits ausgeführt, verfolgte die Kreditwürdigkeitsprüfung ursprünglich lediglich den Zweck, die Kreditinstitute vor Zahlungsausfällen zu bewahren und somit auch die Einleger und das Finanzsystem zu schützen. Die Notwendigkeit, nun zusätzlich auch die Belange des Verbraucherschutzes berücksichtigten zu müssen, impliziert hingegen, dass die Kreditwürdigkeitsprüfung ein wenig differenzierter durchgeführt werden müsste. Um diesem Schutzzweck gerecht zu werden, sollten Kreditinstitute bei der Kreditwürdigkeitsprüfung nicht nur vordergründig einschätzen, wie es um das Kreditausfallrisiko der Bank, insbesondere unter Berücksichtigung der verwertbaren Kreditsicherheiten, bestellt ist.[267] In dem Sinne wären eigentlich auch etwaige Verzugszinsen oder anderweitige Gebühren bei verspäteter oder ausgebliebener Tilgungszahlungen im Rahmen der Kreditwürdigkeitsbewertung außer Acht zu lassen oder zumindest unterzugewichten.[268] Diese Forderungen erlauben zwar den Kreditinstituten, das von ihnen getragene Kreditausfallrisiko abzumildern und mögliche Verluste zu kompensieren, gleichzeitig führen diese Ansprüche aber auch dazu, dass bereits finanzschwache Kreditnehmer weiter belastet werden. Dies ist nicht im Sinne einer verbraucherschützenden Kreditvergabepraxis.[269] Stattdessen sind Kreditinstitute gehalten, ihre Kreditentscheidung eher daran zu messen, ob sich der Kreditnehmer die fälligen Zins- und Rückzahlungen tatsächlich leisten kann.[270]

Etwaige KI-basierte Softwareanwendungen zur Bestimmung der Kreditwürdigkeit müssten daher so programmiert werden, dass sie dem verbraucherschützenden Gedanken des Gesetzes gerecht werden können. Insbesondere könnte dies Einschränkungen für lernende Systeme bedeuten, die in ihrer Weiterentwicklung nicht vollkommen frei wären, weil sie beispielsweise

---

[267] *Heibel*, Kreditwürdigkeitsprüfung im Privatkunden- und Baufinanzierungsgeschäft, S. 13.

[268] *Goetghebuer*, AI and Creditworthiness Assessments: The Tale of Credit Scoring and Consumer Protection. A Story with a Happy Ending?, in: De Bruyne/Vanleenhove (Hrsg.), Artificial Intelligence and the Law, Intersentia 2021, S. 458.

[269] *Goetghebuer*, AI and Creditworthiness Assessments: The Tale of Credit Scoring and Consumer Protection. A Story with a Happy Ending?, in: De Bruyne/Vanleenhove (Hrsg.), Artificial Intelligence and the Law, Intersentia 2021, S. 458.

[270] *Heibel*, Kreditwürdigkeitsprüfung im Privatkunden und Baufinanzierungsgeschäft, S. 14.

etwaigen Kreditsicherheiten keine so bedeutende Gewichtung im Rahmen des Kreditscoring-Verfahrens einräumen dürften, wie es gegebenenfalls aus mathematisch-statistischen Gründen geboten wäre. An dieser Stelle wird auch deutlich, dass die Programmierung einer Softwareanwendung zur Ermittlung der „Kreditwürdigkeit" ein vielschichtiger Prozess ist, der letztlich auch vor dem Hintergrund des Geschäftsmodells von Banken stattfindet.[271] Dies muss insbesondere auch bei der Auswahl der Trainingsdaten beachtet werden. Der Programmierung vor allem von KI-basierten Softwareanwendungen muss ein differenzierter Prozess zugrunde liegen, der zunächst eine adäquate Bestimmung eines „kreditwürdigen" Kunden beinhaltet. Sofern das Attribut der „Kreditwürdigkeit" einem Kunden zugeschrieben wird, der lediglich für das Kreditinstitut finanziell attraktiv ist, ist Vorsicht geboten: Dies könnte beispielsweise auch bei einem Kunden der Fall sein, der langfristig nicht in der Lage ist, die Tilgungsraten zu bedienen, aber die ersten Monate besonders hohe Kreditzinsen zahlen konnte. Im Endeffekt könnte ein solcher Kunde, je nach Zinshöhe und Ausgestaltung der Kreditkonditionen unter Berücksichtigung etwaiger Verzugszinsen, theoretisch für Kreditinstitute attraktiv sein.[272] Einem solchen Kunden Kredite zu gewähren, würde aber nicht dem Grundgedanken einer verbraucherschützenden Kreditvergabepraxis gerecht werden.

Letztlich sind sowohl die Verwendung unbestimmter Rechtsbegriffe als auch der Fokus auf sowohl Verbraucherschutz als auch Finanzmarktstabilität bei der Kreditwürdigkeitsprüfung erschwerende Faktoren bei der Entwicklung KI-basierter Softwareanwendungen für die Kreditvergabepraxis.

271 Vgl. hierzu *Langenbucher / Corcoran*, Responsible AI Credit Scoring – A Lesson from Upstart.com, Digital Finance in Europe: Law, Regulation and Governance 5 (2022), 1, 166.

272 Vgl. hierzu *Langenbucher / Corcoran*, Responsible AI Credit Scoring – A Lesson from Upstart.com, Digital Finance in Europe: Law, Regulation and Governance 5 (2022), 1, 166.

Aufsichtsrechtliche Regelungen

Dieses Kapitel gewährt einen allgemeinen Überblick über aufsichtsrechtliche Vorgaben, die für das Kreditgeschäft gelten und insbesondere für die Zwecke der Automatisierung und der Verwendung von BDAI-basierten Technologien bei der Kreditvergabe von Relevanz sind. Über die hier genannten Regelungen hinaus gibt es sowohl auf nationaler wie auch auf europäischer Ebene eine Vielzahl aufsichtsrechtlicher Anforderungen für die Kreditwirtschaft, die aber mangels direkter Relevanz für die BDAI-basierte Kreditvergabe nicht im Einzelnen ausgeführt werden.[273]

1. Vorgaben der Mindestanforderungen an das Risikomanagement

Neben der aufsichtsrechtlichen Erlaubnispflicht existieren auch diverse organisatorische Anforderungen für Institute, die das Kreditgeschäft betreiben.[274]

---

273 Hierzu gehört beispielsweise die „AnaCredit"-Regulierung über die Erhebung granularer Kreditdaten und Kreditrisikodaten (Verordnung (EU) 2016/867 der EZB vom 18.05.2016, die Vorgaben der CRR-Verordnung (Verordnung [EU] 575/2013) sowie die Großkredit- und Millionenkreditverordnung (Verordnung zur Ergänzung der Großkreditvorschriften nach der Verordnung [EU] Nr. 575/2013 des Europäischen Parlaments und des Rates vom 26.06.2013 über Aufsichtsanforderungen an Kreditinstitute und Wertpapierfirmen und zur Änderung der Verordnung [EU] Nr. 646/2012 und zur Ergänzung der Millionenkreditvorschriften nach dem Kreditwesengesetz).

274 Die organisatorischen Pflichten, die Institute beachten müssen, finden sich in § 25a KWG. Gemäß § 25 Abs. 1 S. 1 KWG muss ein Institut über eine ordnungsgemäße

Diese ergeben sich größtenteils aus einem Rundschreiben der BaFin mit dem Titel „Mindestanforderungen an das Risikomanagement" (‚MaRisk')[275].

In der MaRisk sind umfassende Regelungen zur Ausgestaltung bankinterner Entscheidungs- und Steuerungsprozesse, gerade auch für Kreditentscheidungen, enthalten.[276] Das Kreditgeschäft ist in AT 2.3 Tz. 1 MaRisk als Geschäft nach Maßgabe des § 19 Abs. 1 KWG (Bilanzaktiva und außerbilanzielle Geschäfte mit Adressenausfallrisiken) definiert. Als Kreditentscheidung gilt, unter anderem, jede Entscheidung über Neukredite, Krediterhöhungen und Prolongationen (vgl. AT 2.3 Tz. 2 MaRisk).

Die Vorgaben der MaRisk zu Kreditgeschäften und -entscheidungen enthalten insbesondere Anforderungen an die Aufbau- und Ablauforganisation (vgl. BTO MaRisk). Diejenigen Regelungen und Prinzipien, die für die Automatisierung beziehungsweise der Nutzung BDAI-basierter Softwareanwendungen für den Kreditgewährungsprozess von potenzieller Relevanz sind, werden im Folgenden auszugsweise dargestellt.

1.1 BTO 1.1 MaRisk – Funktionstrennung und Votierung im Kreditgeschäft

(i) Prinzip der Funktionstrennung

Gemäß BTO 1.1 Tz. 1 ist maßgeblicher Grundsatz für die Ausgestaltung der Prozesse im Kreditgeschäft die klare aufbauorganisatorische Trennung der Bereiche Markt und Marktfolge bis einschließlich der Ebene der Geschäftsleitung, was auch als Prinzip der Funktionstrennung bezeichnet wird. Dies bedeutet, dass die Verantwortlichkeiten der jeweiligen Bereiche

---

Geschäftsorganisation verfügen, die die Einhaltung der vom Institut zu beachtenden gesetzlichen Bestimmungen und der betriebswirtschaftlichen Notwendigkeiten gewährleistet. Gemäß § 25 Abs. 1 S. 3 KWG muss eine ordnungsgemäße Geschäftsorganisation ein angemessenes und wirksames Risikomanagement umfassen, auf dessen Basis ein Institut die Risikotragfähigkeit laufend sicherzustellen hat. Die MaRisk konkretisieren diese Anforderungen (vgl. hierzu *Hopt / Binder / Böcking* CG-HdB/*Breuer*, 2. Auflage, 2020, § 12, Rn. 44).

[275] *BaFin*, Rundschreiben 10/2021, Mindestanforderungen an das Risikomanagement – MaRisk, Stand: 05.11.2021, online abrufbar unter: https://bit.ly/3BMUGr7 (letzter Aufruf am 23.02.2022).

[276] *Hadamitzky*, in: Müller-Gugenberger / Gruhl / Hadamitzky, Wirtschaftsstrafrecht, 7. Auflage, 2021, Kreditgeschäfte, Rn. 67.38.

fachlich als auch disziplinarisch getrennt sind.[277] Beim Bereich Markt handelt es sich um einen Geschäftsteil, der für die Initiierung von Kreditgeschäften zuständig ist und diesbezüglich auch über ein Votum für die Durchführung von Kreditgeschäften verfügt.[278] Somit übernimmt der Bereich Markt hauptsächlich eine Vertriebsfunktion, weshalb auch die Leistung und der Geschäftserfolg des Bereichs Markt am Vertriebsvolumen und -umsatz gemessen wird.[279]

Der Bereich Marktfolge prüft hinsichtlich einzelner Kreditgeschäfte, ob die Eingehung und Durchführung dieser Geschäfte einer Risikoanalyse standhalten.[280] Somit verfolgt der Bereich Marktfolge einen eher risikoorientierten (vertriebsunabhängigen) Ansatz, während der Bereich Markt vertriebsbezogen agiert.[281] Das besondere Absatz- und Vertriebsinteresse des Bereichs Markt läuft somit unter Umständen dem Bestreben des Bereichs Marktfolge entgegen, das Risikoprofil des Instituts möglichst gering zu halten und risikoarme Geschäfte zu bevorzugen. Zur Wahrung dieser Kontrollfunktion im Sinne der Gewährleistung möglichst objektiver Kreditentscheidungen soll der Bereich Marktfolge trennscharf vom Bereich Markt separiert werden.[282]

Um dem Zweck der Funktionstrennung gerecht zu werden, wird die Separierung zwischen den Bereichen Markt und Marktfolge auch in den Regelungen zur Votierung reflektiert.

(ii) Votierung im Kreditgeschäft

Grundsätzlich sind gemäß BTO 1.1 Tz. 2 MaRisk bei allen risikorelevanten Kreditgeschäften zwei zustimmende Voten aus den Bereichen Markt

---

277 *BaFin*, Erläuterungen zum Rundschreiben 10/2021 (BA) – Mindestanforderungen an das Risikomanagement (MaRisk), Stand: 16.08.2021, online abrufbar unter: https://bit.ly/3t39COb (letzter Aufruf am 24.02.2022).

278 Vgl. BTO 2 (a) MaRisk.

279 *Bornheimer / Westkamp*, MAH Insolvenz, § 7 Beratung bei Beteiligung von Kreditinstituten, Rn. 116; *Hannemann / Steinbrecher / Weigl*, 5. Auflage, 2019, BTO 1.1 Tz. 1, Rn. 2.

280 *Hannemann / Steinbrecher / Weigl*, 5. Auflage, 2019, BTO 1.1 Tz. 1, Rn. 2.

281 *Bornheimer / Westkamp*, MAH Insolvenz, § 7 Beratung bei Beteiligung von Kreditinstituten, Rn. 116; *Hannemann / Steinbrecher / Weigl*, 5. Auflage, 2019, BTO 1.1 Tz. 1, Rn. 2.

282 *Bornheimer / Westkamp*, MAH Insolvenz, § 7 Beratung bei Beteiligung von Kreditinstituten, Rn. 116.

und Marktfolge einzuholen. Ein Votum im Sinne der MaRisk bezeichnet eine „zustimmende oder ablehnende Meinungsäußerung im Rahmen einer Kreditentscheidung“[283].

Hierbei gilt, dass einer positiven Kreditentscheidung im risikorelevanten Kreditgeschäft zwei zustimmende, voneinander unabhängig abgegebene Voten aus den Bereichen Markt und Marktfolge vorausgegangen sein müssen (Zwei-Voten-Prinzip). Hierbei kommt es in der Praxis stets auf das Votum des Bereichs Marktfolge an, da der Bereich Markt im Rahmen seiner Vertriebstätigkeit bereits die jeweiligen Kreditgeschäfte ausgewählt und somit auch positiv votiert hat.[284] Der Bereich Marktfolge hat vor der Votierung eine materielle Plausibilitätsprüfung durchzuführen.[285] Im Fokus der materiellen Plausibilitätsprüfung liegt die Nachvollziehbarkeit und Vertretbarkeit der Kreditentscheidung, insbesondere die Analyse, ob die Kreditentscheidung in Höhe und Form vertretbar ist.[286] Sofern die Voten aus den Bereichen Markt und Marktfolge voneinander abweichen beziehungsweise der Bereich Marktfolge dem jeweiligen Kreditgeschäft kein positives Votum erteilt, ist der Kredit gemäß BTO 1.1 Tz. 6 MaRisk entweder abzulehnen oder die Entscheidung auf eine höhere Kompetenzstufe zu verlagern.

Allerdings ist es in der Praxis nicht unüblich, dass sich die Bereiche Markt und Marktfolge im Vorfeld der Votierung austauschen und als Folge der Gespräche beispielsweise die Kreditvorlage angepasst oder ein positives Votum des Bereichs Marktfolge an gewisse Bedingungen, wie beispielsweise der Verpflichtung zur Bestellung von Kreditsicherheiten, geknüpft wird.[287] Solche Gespräche und Vereinbarungen zwischen Markt und Marktfolge stehen hierbei nicht im Widerspruch zur geforderten Unabhängigkeit der beiden Bereiche.[288]

---

[283] *Hannemann / Steinbrecher / Weigl*, 5. Auflage, 2019, BTO 1.1 Tz. 1, Rn. 6.

[284] *Hannemann / Steinbrecher / Weigl*, 5. Auflage, 2019, BTO 1.1 Tz. 1, Rn. 7.

[285] *BaFin*, Erläuterungen zum Rundschreiben 10/2021 (BA) – Mindestanforderungen an das Risikomanagement (MaRisk), Stand: 16.08.2021, online abrufbar unter: https://bit.ly/3t39COb (letzter Aufruf am 24.02.2022), BTO 1.1, Tz. 2.

[286] *BaFin*, Erläuterungen zum Rundschreiben 10/2021 (BA) – Mindestanforderungen an das Risikomanagement (MaRisk), Stand: 16.08.2021, online abrufbar unter: https://bit.ly/3t39COb (letzter Aufruf am 24.02.2022), BTO 1.1, Tz. 2.

[287] *Hannemann / Steinbrecher / Weigl*, 5. Auflage, 2019, BTO 1.1 Tz. 1, Rn. 6.

[288] *Hannemann / Steinbrecher / Weigl*, 5. Auflage, 2019, BTO 1.1 Tz. 1, Rn. 6.

(iii) Ausnahmen vom Zwei-Voten-Prinzip

Sofern bestimmte Voraussetzungen erfüllt sind, ist es möglich, vom Zwei-Voten-Prinzip abzuweichen, sodass im Endeffekt das positive Votum des Bereichs Markt als das einzig entscheidungserhebliche Votum gilt. Für den Verzicht auf ein positives Votum des Bereichs Marktfolge kann es zum einen risikobezogene und zum anderen prozessbezogene Gründe geben.

Die Tatsache, dass aus Risikogesichtspunkten auf ein zweites Votum verzichtet werden kann, ist in der Regelung des BTO 1.1 Tz. 4 MaRisk angelegt, wonach das Institut für nicht-risikorelevante Kreditgeschäfte bestimmen kann, dass nur ein Votum erforderlich ist. Die Abgrenzung zwischen risikorelevantem und nicht-risikorelevantem Kreditgeschäft ist von jedem Institut eigenverantwortlich und unter Risikogesichtspunkten festzulegen.[289] Zu den nicht-risikorelevanten Kreditgeschäften dürfte beispielsweise regelmäßig das standardisierte Mengengeschäft zählen. In diesen Fällen ist ein Votum ausreichend, sodass ein Kompetenzträger aus dem Bereich die Kreditentscheidung allein treffen kann, ohne dass ein weiteres Votum aus dem Bereich Marktfolge eingeholt werden muss.

Zu den prozessbezogenen Vereinfachungen gehört es, wenn Kreditgeschäfte von Dritten initiiert werden. Wenn nämlich Entscheidungsabläufe durch Dritte so regelungsintensiv normiert werden, dass die Kreditvergabe quasi standardisiert abläuft und es somit zu einer Ermessenseinschränkung kommt, erübrigt sich unter Umständen ebenfalls die Einholung eines zweiten Votums.

(iv) Funktion des Zwei-Voten-Prinzips

Das Zwei-Voten-Prinzip, das untrennbar mit dem Grundsatz der Funktionstrennung verbunden ist, gilt auch als „institutionalisiertes Vier-Augen-Prinzip".[290] Das Vier-Augen-Prinzip ist in diversen Regelungen der MaRisk reflektiert. Das Vier-Augen-Prinzip verfolgt grundsätzlich eine doppelte Stoßrichtung:[291] Zum einen soll es präventiv wirken, um Fehler im Wege der Kontrolle durch ein weiteres Augenpaar zu verhindern („*Controls before the*

---

289 *BaFin*, Erläuterungen zum Rundschreiben 10/2021 (BA) – Mindestanforderungen an das Risikomanagement (MaRisk), Stand: 16.08.2021, online abrufbar unter: https://bit.ly/3t39COb (letzter Aufruf am 24.02.2022), BTO 1.1 Tz. 4.

290 *Hannemann / Steinbrecher / Weigl*, 5. Auflage, 2019, BTO 1.1 Tz. 1, Rn. 3.

291 *Hannemann / Steinbrecher / Weigl*, 5. Auflage, 2019, AT 4.3.1, Rn. 6.

Fact"). Zum anderen kann es aber auch im Nachhinein wirken, um bereits geschehene Fehler aufzudecken („*Controls after the Fact*").[292]

Die Funktionstrennung in Verbindung mit dem Zwei-Voten-Prinzip ist eine spezifische Ausprägung des Vier-Augen-Prinzips und soll gewährleisten, dass nicht nur ein weiteres Augenpaar die jeweilige Kreditentscheidung überprüft, sondern dass diese Kontrollfunktion von einem Mitarbeiter erfüllt wird, der die Entscheidung spezifisch im Hinblick auf risikobezogene Gesichtspunkte überprüft. Insbesondere bei personellen Verflechtungen bestünde die Gefahr, dass die Kontroll- und Überwachungsfunktion des Bereichs Marktfolge nur eingeschränkt erfüllt wäre.

(v) Vereinbarkeit des Zwei-Voten-Prinzips mit der Digitalisierung des Kreditprozesses

Grundsätzlich sieht BTO Tz. 9 MaRisk die Möglichkeit vor, die Funktionstrennung bei IT-gestützter Bearbeitung durch entsprechende Verfahren und Schutzmaßnahmen sicherzustellen. Schließlich würde eine Verpflichtung für Kreditinstitute, zur Sicherstellung von Grundprinzipien wie beispielsweise des Zwei-Voten-Grundsatzes zwingend an traditionellen organisatorischen Maßnahmen festhalten zu müssen, nachhaltig die Entwicklung des Geschäftsbetriebs behindern. Letztlich ist der zeitliche Aspekt, also die Geschwindigkeit, mit der Kreditanträge bearbeitet und Kreditentscheidungen getroffen werden, neben den Kreditkonditionen an sich für die Zwecke der Kreditkundengewinnung maßgeblich.[293] Gerade deshalb ist es erforderlich, die aufsichtsrechtlichen Anforderungen flexibel auszugestalten, um eine digitalisierte elektronische Bearbeitung von Kreditanträgen zu ermöglichen, mit welcher eine erhebliche Steigerung der Entscheidungs- und Prozessgeschwindigkeit einhergeht. Ansonsten würde es Kreditinstituten vermutlich schwerfallen, sich im internationalen Wettbewerb zu behaupten.

BTO Tz. 9 MaRisk ermöglicht eine solche Flexibilisierung für den IT-gestützten, also digitalisierten Kreditvergabeprozess, bei der eine elektronische Bewilligung erfolgt. Im Rahmen dessen müssen zwar systemseitige Entscheidungen ebenfalls im Einklang mit dem Zwei-Voten-Prinzip

---

[292] *Hannemann / Steinbrecher / Weigl*, 5. Auflage, 2019, AT 4.3.1, Rn. 6.
[293] *Hannemann / Steinbrecher / Weigl*, 5. Auflage, 2019, S. 989.

getroffen werden, wofür die notwendige Funktionstrennung zu gewährleisten ist.[294] Systemseitig kann dies im Rahmen des digitalisierten Kreditprozesses mittels der Zuweisung fester Benutzerberechtigungen erfolgen, die jedem beteiligten Mitarbeiter festgelegte Kompetenzen einräumen in Einklang mit der institutsinternen Kompetenzordnung.[295] Auf diese Weise können die erforderlichen bankinternen Abteilungen zum digitalisierten elektronischen Bewilligungsverfahren beitragen.

(vi) Vereinbarkeit des Zwei-Voten-Prinzips mit der Automatisierung des Kreditprozesses

Grundsätzlich stellt sich die Frage, ob sich die Automatisierung des Kreditentscheidungsverfahrens überhaupt mit dem in der MaRisk angelegten Vier-Augen-Prinzip vereinbaren lässt. Schließlich ist prägendes Merkmal und Daseinsberechtigung eines automatisierten Entscheidungssystems, dass gar kein menschliches Augenpaar, geschweige denn zwei Augenpaare, die jeweilige Entscheidung überprüfen müssen. So fragte sich Raimund Röseler, Exekutivdirektor des Geschäftsbereichs Bankenaufsicht der BaFin, im Rahmen einer Rede im Mai 2018, wie mit Vorgaben zum Vier-Augen-Prinzip umzugehen sei, wenn bei voll digitalisierten Prozessen nicht einmal ein menschliches Auge auf einzelne Geschäfte schaut.[296] Insofern ist unter Umständen eine Weiterentwicklung bestehender Konzepte und deren Adaptierung an eine automatisierte Geschäftspraxis notwendig.[297] Für Analysezwecke ist in diesem Zusammenhang zwischen teilautomatisierten und vollautomatisierten Kreditvergabeentscheidungen zu unterscheiden:

(a) Teilautomatisierte Kreditvergabeentscheidungen

Der Grad an Automatisierung und Digitalisierung von bankbezogenen Geschäften ist variabel und die Intensität des Technologieeinsatzes kann frei

---

[294] *Hannemann / Steinbrecher / Weigl*, 5. Auflage, 2019, S. 989.

[295] *Hannemann / Steinbrecher / Weigl*, 5. Auflage, 2019, S. 989.

[296] *BaFin*, Publikationen und Daten, Reden zur Jahrespressekonferenz der BaFin 2018, Rede von Raimund Röseler, 03.05.2018, online abrufbar unter: https://bit.ly/3vi300W (letzter Aufruf am 24.02.2022).

[297] *BaFin*, Studie, Big Data trifft auf künstliche Intelligenz – Herausforderungen und Implikationen für Aufsicht und Regulierung von Finanzdienstleistungen, S. 175, online abrufbar unter: https://bit.ly/3vrh9cv (letzter Aufruf am 23.02.2022).

angepasst werden. Dementsprechend besteht die Möglichkeit, von der in den überwiegenden Fällen Gebrauch gemacht wird, die Kreditvergabeentscheidung nur teilweise zu automatisieren. Teilautomatisierte Kreditentscheidungsverfahren können zwar ebenfalls KI-basierte Softwareanwendungen nutzen, um einen Kreditscore zu erstellen, auf dessen Basis eine Kreditentscheidung getroffen und unter Umständen auch ein entsprechendes Kreditangebot generiert werden kann. Allerdings dienen die digital ermittelten Ergebnisse lediglich als Grundlage für eine Entscheidung eines menschlichen Einzelentscheiders oder Gremiums. Die Teilautomatisierung von Kreditvergabeentscheidungen stellt wohl momentan die Norm in der Kreditvergabepraxis dar, in welcher wohl „am Ende einer jeder Kreditwürdigkeitsprüfung immer der Human Oversight steht“.[298] In diesem Fällen wäre die algorithmische Vorentscheidung in Form beispielsweise eines digital ermittelten Kreditscores mit unter Umständen entsprechendem Kreditangebot als Entscheidung eines Augenpaares zu verstehen. Sofern ein weiteres menschliches Augenpaar diese Vorentscheidung bestätigt, sollte in diesen Fällen das Zwei-Voten-Prinzip gewahrt sein. Die algorithmische Vorentscheidung ist somit als eines der beiden zu beteiligenden Augenpaare zu werten. Dies deckt sich auch mit dem generellen Ansatz, der in der Kommentarliteratur zu finden ist. Diese verweist darauf, dass die Funktion beispielsweise einer zweiten Unterschrift der IT-gestützten-Freigabe entspricht sofern IT-Systeme aktiv in institutsinterne Entscheidungsprozesse eingebunden werden.[299]

(b) Vollautomatisierte Kreditvergabeentscheidungen

Problematischer gestaltet sich die Vereinbarkeit von vollautomatisierten Kreditverfahren mit dem Zwei-Voten-Prinzip. Hauptmerkmal von vollautomatisierten Kreditverfahren für die Zwecke dieser Arbeit ist, dass die Kreditentscheidung an sich ausschließlich durch ein algorithmenbasiertes Kreditscoring-Verfahren ohne Mitwirkung oder Intervention eines menschlichen Entscheiders getroffen wird. Anders als im Rahmen von

---

[298] Die Deutsche Kreditwirtschaft, Stellungnahme zu dem Vorschlag für eine Verordnung des Europäischen Parlaments und des Rates zur Festlegung harmonisierter Vorschriften für künstliche Intelligenz (Gesetz über künstliche Intelligenz) und zur Änderung bestimmter Rechtsakte der Union, S. 4, online abrufbar unter: https://bit.ly/3hbEiHu (letzter Aufruf am 23.02.2022).

[299] *Hannemann / Steinbrecher / Weigl*, 5. Auflage, 2019, AT 4.3.1, Rn. 6.

Teilautomatisierten ADM-Systemen dient der digital generierte Kreditscore nicht lediglich als Basis für die darauffolgende menschliche Entscheidung, sondern anhand dessen werden automatisch die Kreditentscheidung wie auch die entsprechenden Kreditkonditionen ermittelt.

Wie auch im Rahmen von teilautomatisierten Kreditentscheidungsverfahren ist davon auszugehen, dass die automatisch ermittelte Kreditentscheidung als eines der beiden an der Entscheidung mitzuwirkenden „Augenpaare" zu werten ist. Im Rahmen der vollautomatisierten Kreditentscheidung ist jedoch kein weiterer menschlicher Entscheider beteiligt, sodass hier eine Abweichung vom Zwei-Voten-Prinzip vorliegt. Dies setzt voraus, dass zum einen keine Ausnahme vom Zwei-Voten-Prinzip vorliegt. Eine solche Ausnahme liegt beispielsweise im Falle von nicht-risikorelevanten Kreditgeschäften vor, zu denen auch das standardisierte Mengengeschäft zählt.[300] Darüber hinaus ist ebenfalls davon auszugehen, dass keine Ausnahme vom Funktionstrennungsgrundsatz, wie beispielsweise die Erleichterung für kleine Institute im konkreten Fall Anwendung findet[301].

In diesem Kontext wäre zu erwägen, dem Zwei-Voten-Prinzip im Wege einer systemischen Prüfung gerecht zu werden. Dies würde voraussetzen, dass die Entscheidungsparameter und deren Gewichtung, die von dem algorithmischen System für die Bestimmung der Kreditwürdigkeit eingesetzt werden, bekannt sind. Diese Entscheidungskriterien würden dann die Basis einer zweistufigen Prüfung am Vorbild des Zwei-Voten-Prinzips bilden. Eine solche Überprüfung der Entscheidungsparameter und ihrer Gewichtungen würde es vermutlich erlauben, von den Einzelfallüberprüfungen abzusehen, weil dem Zweck des Zwei-Voten-Prinzips bereits durch die allgemeine Überprüfung auf der „Meta-Entscheidungsebene" entsprochen wurde. Sofern jegliche Kreditentscheidung anhand der vordefinierten Parameter und Kriterien

300 „Die Abgrenzung zwischen risikorelevantem und nicht-risikorelevantem Kreditgeschäft sind von jedem Institut eigenverantwortlich und unter Risikogesichtspunkten festzulegen. Zu den nicht risikorelevanten [sic] Kreditgeschäften dürfte z. B. regelmäßig das standardisierte Mengengeschäft zu rechnen sein"; *BaFin*, Erläuterungen zum Rundschreiben 10/2021 (BA) – Mindestanforderungen an das Risikomanagement (MaRisk), Stand: 16.08.2021, S. 59, online abrufbar unter: https://bit.ly/3t39COb (letzter Aufruf am 24.02.2022).

301 *BaFin*, Erläuterungen zum Rundschreiben 10/2021 (BA) – Mindestanforderungen an das Risikomanagement (MaRisk), Stand: 16.08.2021, online abrufbar unter: https://bit.ly/3t39COb (letzter Aufruf am 24.02.2022), BTO 1.1 Tz. 1.

ausgerichtet wird, die bereits durch die Abteilungen Markt und Marktfolge überprüft wurden, ist der Sinn und Zweck des Zwei-Voten-Prinzips gewahrt. Komplexer gestaltet sich eine solche Überprüfung bei der Verwendung von KI-basierten Algorithmen, die sich im Laufe der Zeit weiterentwickeln. Hier müsste die Überprüfung der Entscheidungsparameter in regelmäßigen Intervallen stattfinden oder immer dann, wenn eine gewisse prozentuale Maximalabweichung von der vorherigen Kalibrierung angezeigt wird.

Alternativ wäre zu erwägen, gewisse regulatorische Ausnahmen von dem Zwei-Voten-Prinzip für den Fall der vollautomatisierten Kreditvergabe vorzusehen, insbesondere wenn die genutzten Systeme bestimmten allgemeinen Mindestanforderungen entsprechen und beispielsweise eine Ex-ante-Zulassungskontrolle durchlaufen haben.

1.2 BTO 1.2 MaRisk – Anforderungen an die Prozesse im Kreditgeschäft

Grundsätzlich haben Institute Prozesse für die Kreditbearbeitung (Kreditgewährung und Kreditweiterbearbeitung), die Kreditbearbeitungskontrolle, die Intensivbetreuung, die Problemkreditbearbeitung und die Risikovorsorge einzurichten.[302] Verantwortlich für die Entwicklung und Qualität solcher Prozesse muss eine Abteilung sein, die außerhalb des Bereichs Markt angesiedelt ist. Ansonsten muss gewährleistet sein, dass „die Qualitätssicherung von einem marktunabhängigen Bereich auf der Basis einer materiellen Plausibilitätsprüfung wahrgenommen wird".[303] Auch im Rahmen der BDAI-basierten Kreditvergabepraxis sind selbstverständlich alle Anforderungen an die Prozesse im Kreditgeschäft des Abschnitts BTO 1.2 MaRisk zu beachten. Im Folgenden soll jedoch lediglich auf diejenigen Anforderungen Bezug genommen werden, die von besonderer Relevanz für die BDAI-basierte Kreditvergabe sind.

(i) Externe Bonitätseinschätzungen

Gemäß BTO 1.2 Tz. 5 MaRisk enthebt die Verwendung externer Bonitätseinschätzungen das Institut nicht von seiner Verpflichtung, sich ein Urteil

---

[302] Vgl. BTO 1.2 Tz. 1 MaRisk.

[303] *BaFin*, Erläuterungen zum Rundschreiben 10/2021 (BA) – Mindestanforderungen an das Risikomanagement (MaRisk), Stand: 16.08.2021, online abrufbar unter: https://bit.ly/3t39COb (letzter Aufruf am 24.02.2022), BTO 1.2 Tz. 1.

über das Adressenausfallrisiko zu bilden und dabei eigene Erkenntnisse und Informationen in die Kreditentscheidung mit einfließen zu lassen. Dies bedeutet, dass Kreditinstitute ihre Entscheidungen nicht ausschließlich auf einen extern ermittelten Kreditscore stützen dürfen, sondern eigene Erkenntnisse und Informationen berücksichtigen müssen.[304] Dies ist insbesondere vor dem Hintergrund relevant, dass es immer mehr Fintech-Unternehmen und Wirtschaftsauskunfteien gibt, die KI-basierte Technologie für Scoringzwecke entwickeln und Scoring-Dienstleistungen anbieten. Für Kreditinstitute hat die Einbindung eines externen Scoring-Unternehmens diverse Vorteile: Zum einen müssten sie nicht selbst in die Entwicklung kostspieliger KI-Technologien investieren und könnten von der Expertise und Erfahrung der Technologieunternehmen Gebrauch machen. Zum anderen ist denkbar, dass spezialisierte Scoring-Unternehmen aufgrund ihrer diversen Vertragsbeziehungen Zugriff auf eine erweiterte Datenbasis haben, welche unter Umständen präzisere und genauere Prognosen gewährleistet. Die entsprechende Vorgabe der MaRisk verwehrt es nun Kreditinstituten, sich vollumfänglich auf die Einschätzung eines externen Scoring-Unternehmens verlassen zu können.

Einerseits ist dies sicherlich als vorteilhaft zu werten, insbesondere weil die Aufsichtsbehörden lediglich Kreditinstitute und keine Scoring-Unternehmen beaufsichtigen.[305] Sofern sich Kreditinstitute die Bonitätseinschätzung solcher externen Unternehmen zu eigen machen würden, wäre nicht gewährleistet, dass die Prozesse der Scoring-Unternehmen auch den Risikomanagementanforderungen der Aufsicht entsprechen. Insbesondere auch diverse regulatorisch-organisatorische Anforderungen, die Kreditinstituten obliegen, wie beispielsweise Dokumentations- und Nachweispflichten, gelten nicht für Scoring-Unternehmen. Dies würde die Überprüfbarkeit der Kreditwürdigkeitsprüfung erschweren und könnte zur Kreditvergabe unter risikounangemessenen Bedingungen führen, was letztlich potenziell nachteilhafte Folgen für die Finanzmarktstabilität haben könnte.

---

304 Vgl. hierzu auch *BaFin*, Fachartikel, Rolle der Aufsicht bei der Verwendung von Kreditscores, 20.03.2019, online abrufbar unter: https://bit.ly/36rbcl4 (letzter Aufruf am 24.02.2022).

305 *BaFin*, Fachartikel, Rolle der Aufsicht bei der Verwendung von Kreditscores, 20.03.2019, online abrufbar unter: https://bit.ly/36rbcl4 (letzter Aufruf am 24.02.2022).

Andererseits ist unklar, wie genau Art und Umfang der regulatorisch geforderten Beteiligung von Kreditinstituten bei der Kreditwürdigkeitsprüfung auf Basis einer externen Bonitätseinschätzung gestaltet sein müssen. Kreditinstitute greifen gerade deshalb auf die KI-basierten Kreditscoring-Verfahren externer Scoring-Unternehmen zu, weil sie sich hiervon präzisere Kreditwürdigkeitseinschätzungen erhoffen als sie selbst zu leisten in der Lage wären. Klärungsbedürftig ist vor diesem Hintergrund, inwieweit Kreditinstitute nun „eigene Erkenntnisse und Informationen in die Kreditentscheidung einfließen" lassen müssen. Fern liegend ist, dass ein Kreditinstitut nach der eigenen Kreditwürdigkeitsprüfung regelmäßig vom Ergebnis des Scoring-Modells des externen Anbieters abweichen würde – schließlich besteht der Mehrwert der externen Bonitätseinschätzung gerade in der Genauigkeit des ermittelten Scorewerts. Insbesondere weil das Kreditinstitut das externe Scoring-Unternehmen explizit beauftragt hat, ist davon auszugehen, dass Letzteres über eine breitere Datenbasis, umfangreichere Informationen über den Kreditbewerber sowie auch bessere Modelle zur Bonitätseinschätzung verfügt als das Kreditinstitut selbst. Denkbar ist daher, dass sich die Rolle der Kreditinstitute als „Korrektiv" einer extern eingeholten Bonitätseinschätzung in einem Abgleich des externen Scorings mit der eigenen Datenbasis erschöpft, um im Wege einer allgemeinen Plausibilitätskontrolle das Ergebnis des Scoring-Unternehmens zu überprüfen. So könnte sich der Input der Kreditinstitute theoretisch auch darauf beschränken, besonders unplausible Wertungen des externen Scoring-Unternehmens zu identifizieren und sich ausschließlich über solche Kreditscores hinwegzusetzen. In jedem Fall ist die Beteiligungspflicht eines Kreditinstituts an der Kreditwürdigkeitsprüfung notwendig und auch angebracht. Vor dem Hintergrund des wachsenden Markts für externe Fintech-basierte Bonitätsbewertungen wäre allerdings klärungsbedürftig, welchen Beitrag Kreditinstitute genau bei der Überprüfung und Ergänzung extern eingeholter Bonitätseinschätzungen spielen müssen.

(ii) Anforderungen an Risikoklassifizierungsverfahren

Sowohl im Rahmen der Kreditentscheidung als auch bei turnusmäßigen oder anlassbezogenen Beurteilungen sind die Risiken eines Engagements mit Hilfe eines Risikoklassifizierungsverfahrens zu bewerten und eine Überprüfung der Risikoeinstufung ist jährlich vorzunehmen.[306] In BTO 1.4 MaRisk sind

[306] Vgl. BTO 1.2 Tz. 6 MaRisk.

weitere Vorgaben für das einzurichtende Risikoklassifizierungsverfahren enthalten. Gemäß BTO 1.4 Tz. 1 MaRisk sind in jedem Institut aussagekräftige Risikoklassifizierungsverfahren für die erstmalige beziehungsweise die turnusmäßige oder anlassbezogene Beurteilung der Adressenausfallrisiken einzurichten. Risikoklassifizierungsverfahren verfolgen den Zweck, Gleichförmigkeit und Objektivität in die Risikoeinschätzung der gegenständlichen Kreditgeschäfte zu bringen, sodass möglichst frei von individuellen subjektiven Annahmen über diese entschieden werden kann.[307] Sofern subjektive Vorprägungen und Verzerrungen dennoch Eingang in eine Kreditentscheidung gefunden haben sollten, kann dies aufgrund des Risikoklassifizierungssystems leichter und schneller erkannt werden.[308] Für diesen Zweck werden die zu berücksichtigenden (qualitativen und quantitativen) Faktoren entsprechend ihres Einflusses auf die Risikoeinschätzung klassifiziert.[309] So entstehen institutsinterne Maßstäbe, die systematisch für die Zwecke einer jeden risikorelevanten Kreditentscheidung angelegt werden können. Allerdings muss die Verantwortung für Entwicklung, Qualität und Überwachung der Anwendung des Risikoklassifizierungsverfahrens außerhalb des Bereichs „Markt" angesiedelt sein.[310] Maßgebliche Indikatoren für die Bestimmung der Adressenausfallrisiken im Risikoklassifizierungsverfahren müssen neben quantitativen auch, soweit möglich, qualitative Kriterien sein. Es ist insbesondere zu berücksichtigen, inwieweit der Kreditnehmer in der Lage ist, künftig Erträge zu erwirtschaften, um den ausgereichten Kredit zurückzuführen.[311] Grundsätzlich ist jedoch zu beachten, dass die stets erforderliche Risikobeurteilung nur dann innerhalb eines Risikoklassifizierungsverfahrens erfolgen muss, wenn diese Vorgehensweise aufgrund des Risikogehalts des gegenständlichen Geschäfts geboten ist.[312]

Als gängigste Risikoklassifizierungsverfahren gelten Scoring- und Ratingverfahren.[313] Diese werden, wie bereits beschrieben wurde, unter Anwendung neuer Technologien sowohl automatisiert als auch unter

---

[307] *Hannemann / Steinbrecher / Weigl*, 5. Auflage, 2019, S. 1147, Rn. 3.

[308] *Hannemann / Steinbrecher / Weigl*, 5. Auflage, 2019, S. 1147, Rn. 3.

[309] *Fischer / Schulte-Mattler / Braun*, 6. Auflage, 2023, KWG § 25a, Rn. 514; *Hannemann / Steinbrecher / Weigl*, 5. Auflage, 2019, S. 1147, Rn. 3.

[310] Vgl. BTO 1.4 Tz. 1 MaRisk.

[311] Vgl. BTO 1.4 Tz. 3 MaRisk.

[312] Vgl. BTO 1.2 Tz. 8; *Hannemann / Steinbrecher / Weigl*, 5. Auflage, 2019, S. 1147, Rn. 2.

[313] *Hannemann / Steinbrecher / Weigl*, 5. Auflage, 2019, S. 1147, Rn. 3.

Umständen mit KI-Systemen angereichert. Hierbei sind nach wie vor die einschlägigen Abschnitte der MaRisk zu beachten, die allgemein für Risikoklassifizierungsverfahren gelten, sodass bei der Implementierung und Verwendung BDAI-basierter Kreditscoring-Systeme auch diesen Anforderungen entsprochen werden muss. Einige Aspekte, die einerseits für die Automatisierung des Kreditscoring-Verfahrens und andererseits für die Nutzung KI-basierter Technologien für die Zwecke der Risikoklassifizierung gelten, werden im Folgenden erläutert. Wie bereits erwähnt, ermöglicht die Automatisierung von Prozessen lediglich deren Funktionsweise ohne jegliches menschliche Zutun. Eine Automatisierung erfordert nicht zwingend auch den Rückgriff auf KI-basierte Technologie, kann aber durchaus hiermit angereichert sein. Somit kann Automatisierung, muss aber nicht, mit dem Einsatz von KI-Systemen einhergehen. Im Interesse einer differenzierteren Darstellung wird auf die automatisierte und KI-basierte Risikoklassifizierung in der Erscheinungsform des Kreditscorings, getrennt eingegangen.

(a) Automatisierung von Scoring-Verfahren

Die Automatisierung von Risikoklassifizierungsverfahren ist eine der grundlegenden Möglichkeiten, die Kreditinstitute zur Kostendifferenzierung nutzen können. Die manuelle Bearbeitung ist besonders zeit- und kostenintensiv, weshalb automatisierte Scoring-Verfahren gerade bei Geschäften mit niedrigem Risikoprofil eingesetzt werden. Zu diesen zählt sowohl das Mengengeschäft mit geringen Kreditvolumina oder Kreditgeschäfte, bei denen das Risikoprofil aus anderweitigen Gründen niedrig anzusetzen ist.[314] Bei der Automatisierung von Risikoklassifizierungsverfahren ist jedoch zu beachten, dass ein solches standardisiertes Vorgehen unter Umständen aus zwei Gründen fehleranfälliger ist: Erstens vermag es eine standardisierte Vorgehensweise nicht, auf besondere Umstände eines Einzelfalls einzugehen, sodass sich das Risiko von Fehleinschätzungen erhöht.[315] Zweitens birgt die erhöhte Prozessgeschwindigkeit als willkommene Begleiterscheinung der Automatisierung die Gefahr, dass unangemessen gewichtete Kriterien in kurzer Zeit eine Vielzahl von Kreditentscheidungen beeinflussen können.

---

[314] *Hannemann / Steinbrecher / Weigl*, 5. Auflage, 2019, S. 1148, Rn. 7.
[315] *Hannemann / Steinbrecher / Weigl*, 5. Auflage, 2019, S. 1149, Rn. 7.

(b) Nutzung von KI-basierter Technologie für Scoring-Verfahren

Grundsätzlich gilt für die Implementierung von Risikoklassifizierungsverfahren, dass diese dem Zweck dienen, die Risikoeinschätzung anhand klar definierter Bewertungsmaßstäbe objektiv und gleichförmig zu gestalten. Aus diesem Grund werden traditionell die „Gestaltungsspielräume durch die Festlegung eindeutiger Bewertungsregeln weitgehend eingegrenzt und klare Vorgaben zur Gewichtung der Einzelkriterien bei der Berechnung der Gesamteinstufung gemacht".[316] Diese Herangehensweise könnte auch als „top down" beschrieben werden, da das Institut klare Regeln definiert, an der sich jegliche Kreditwürdigkeitsprüfung orientieren sollte. Dies gewährleistet, dass so lange die entsprechenden Bewertungsregeln in Kraft sind, sich jegliche Bonitätsprüfung hieran orientiert. Sofern allerdings lernende Algorithmen für die Zwecke der Risikoklassifizierung verwendet werden, wird die Festlegung von Bewertungskriterien eher weniger „top down", sondern eher „bottom up" durchgeführt, da das System selbst ermittelt, welche Kriterien risikorelevant sind. Innerhalb eines gewissen Zeitraums sind zwar auch die Entscheidungen eines KI-Systems vollkommen gleichförmig. Aufgrund der Adaptivität des Systems, das zur Veränderung von Entscheidungsparametern und Gewichtungen führen kann, mag jedoch eine spätere Bonitätseinschätzung nach anderen Kriterien erfolgen. Punktuell ist somit sicherlich eine Gleichförmigkeit gewährleistet, allerdings nicht unbedingt auf einem längeren Zeitstrahl betrachtet.

1.3 AT 7.2 MaRisk – Anforderungen an die technisch-organisatorische Ausstattung

Abschnitt AT 7.2 MaRisk enthält Vorgaben hinsichtlich der technisch-organisatorischen Ausstattung von Instituten. Grundsätzlich ist der Begriff der „technisch-organisatorischen Ausstattung" weit auszulegen und umfasst beispielsweise auch Grundstücke, Gebäude, Büromaterial oder Aufbewahrungsmöglichkeiten.[317] Allerdings ist die Informationstechnik der relevanteste Bereich, um den es bei der Regulierung der technisch-organisatorischen Ausstattung von Instituten geht, da sie aus dem modernen Bankbetrieb „nicht mehr wegzudenken ist".[318]

---

[316] *Hannemann / Steinbrecher / Weigl*, 5. Auflage, 2019, S. 1150, Rn. 11.

[317] *Hannemann / Steinbrecher / Weigl*, 5. Auflage, 2019, S. 752.

[318] *Hannemann / Steinbrecher / Weigl*, 5. Auflage, 2019, S. 752.

(i) Pflicht zur Einhaltung gängiger Standards zur Ausgestaltung der IT-Systeme

Gemäß Abschnitt 7.2, Tz. 2 MaRisk müssen die IT-Systeme, einschließlich Hardware- und Software-Komponenten, die zugehörigen IT-Prozesse und sonstige Bestandteile des Informationsverbundes die Integrität, die Verfügbarkeit, die Authentizität sowie die Vertraulichkeit der Daten sicherstellen. Für diese Zwecke ist bei der Ausgestaltung der IT-Systeme und der zugehörigen IT-Prozesse grundsätzlich auf gängige Standards abzustellen. Zu solchen Standards gehören beispielsweise der IT-Grundschutz des Bundesamtes für Sicherheit in der Informationstechnik. Dieses Abstellen auf „gängige Standards" impliziert jedoch nicht, dass Institute nur Standardsoftware verwendet dürften.[319] Grundsätzlich ist es ihnen nicht verwehrt, auch selbst programmierte Software zu nutzen, wobei diese in der Lage sein muss, ihren Zweck störungsfrei zu erfüllen.[320]

(ii) Test- und Abnahmepflichten

Gemäß Abschnitt 7.2, Tz. 3 MaRisk sind die IT-Systeme vor ihrem erstmaligen Einsatz und nach wesentlichen Veränderungen zu testen und von den fachlich sowie auch von den technisch zuständigen Mitarbeitern abzunehmen. Hierfür ist ein Regelprozess der Entwicklung, des Testens, der Freigabe und der Implementierung in die Produktionsprozesse zu etablieren. Für die Beurteilung der Wesentlichkeit einer Veränderung der IT-Systeme ist nicht der Umfang der Veränderungen, sondern die Auswirkungen, die eine Veränderung auf die Funktionsfähigkeit des betroffenen IT-Systems haben kann, maßgeblich.[321]

2. Vorgaben der EBA-Leitlinien für die Kreditvergabe und Überwachung

2.1 Einleitung

Grundsätzlich verwenden in der Europäischen Union immer mehr Kreditinstitute BDAI-basierte Technologien bei der Automatisierung von

---

[319] *Hannemann / Steinbrecher / Weigl*, 5. Auflage, 2019, S. 759.

[320] *Hannemann / Steinbrecher / Weigl*, 5. Auflage, 2019, S. 759.

[321] *BaFin*, Erläuterungen zum Rundschreiben 10/2021 (BA) – Mindestanforderungen an das Risikomanagement (MaRisk), Stand: 16.08.2021, online abrufbar unter: https://bit.ly/3t39COb (letzter Aufruf am 24.02.2022), zu AT 7.2, Tz. 3 MaRisk.

Anwendungen und Prozessen, beispielsweise im Rahmen des Risikomanagements und auch bei der Kreditvergabe. Konkret hat eine Umfrage der Europäischen Bankenaufsichtsbehörde (‚EBA') bei europäischen Kreditinstituten ergeben, dass bereits über 60 % der befragten Institute BDAI-basierte Technologien nutzen.[322] Dieselbe Umfrage ergab zudem, dass innerhalb eines Jahres, zwischen den Jahren 2018 und 2019, 5 % der Institute von der Test- und Entwicklungsphase für BDAI-basierte Technologien in die Anwendungsphase übergingen.[323] Insgesamt stellte die EBA fest, dass die meisten europäischen Kreditinstitute die Nutzbarkeit von BDAI-basierter Technologie erforschen und in ihre Entwicklung investieren.[324]

Allerdings besteht bei der Nutzung von BDAI-basierter Technologie im Bereich des Risikomanagements, wozu unter anderem die Kreditwürdigkeitsprüfung und das Kreditmonitoring gehören, noch viel ungenutztes Potenzial. Schließlich verwenden noch nicht einmal 35 % der Institute BDAI-basierte Technologien für ihr Risikomanagement, obwohl der Einsatz von KI-Systemen gerade hierfür prädestiniert ist – schließlich basieren zentrale Bereiche des Risikomanagements auf der raschen Auswertung von großen Datenmengen, was insbesondere mit der Hilfe von (lernenden) Algorithmen und Big Data Anwendungen wahrscheinlich beschleunigt und präzisiert werden kann.[325]

Diese Zurückhaltung auf Seiten der Institute könnte darin begründet liegen, dass kaum regulatorische Vorgaben für die Verwendung BDAI-basierter Technologien im Bereich des Risikomanagements vorliegen, was zu einer

---

[322] *European Banking Authority*, EBA Report on Big Data and Advanced Analytics, EBA/REP/2020/01, Januar 2020, S. 8, online abrufbar unter: https://bit.ly/3t75mwU (letzter Aufruf am 24.02.2022).

[323] *European Banking Authority*, EBA Report on Big Data and Advanced Analytics, EBA/REP/2020/01, Januar 2020, S. 8, online abrufbar unter: https://bit.ly/3t75mwU (letzter Aufruf am 24.02.2022).

[324] *European Banking Authority*, EBA Report on Big Data and Advanced Analytics, EBA/REP/2020/01, Januar 2020, S. 8, online abrufbar unter: https://bit.ly/3t75mwU (letzter Aufruf am 24.02.2022). Die EBA verwendet in ihrem Report den Begriff „big data and advanced analytics", wobei „advanced analytics" letztlich dem Verständnis dieses Beitrags von „KI-basierten Technologien" entspricht. So definiert der EBA-Bericht „advanced analytics" folgendermaßen: „Advanced analytics include predictive and prescriptive analytical techniques, often using AI and ML in particular, and are used to understand and recommend action based on the analysis of high volumes of data from multiple sources, internal or external to the institution", EBA/REP/2020/01, S. 11.

[325] FCH-Arbeitsbuch / *Gutmark* / *Radtke*, 2021, S. 231.

gewissen Verunsicherung im Markt führt.[326] Denkbar ist auch, dass europäische Institute mit der Implementierung warten, bis die Voraussetzungen des BDAI-Einsatzes von den Aufsichtsbehörden konkretisiert werden beziehungsweise institutsseitiges Ermessen in diesem Bereich ausdrücklich gewährt wird. Ansonsten liefen Kreditinstitute Gefahr, dass bereits etablierte BDAI-basierte Anwendungen gegen künftiges Aufsichtsrecht verstoßen und unter Einsatz von Aufwand und Kosten angepasst werden müssen. Dies würde den ursprünglichen Zweck des BDAI-Einsatzes, der unter anderem in dessen Kostenersparnispotenzial liegt, konterkarieren.

Vor diesem Hintergrund ist es begrüßenswert, dass sich nun die Aufsichtsbehörden auf europäischer Ebene immer weiter mit der Regulatorik von BDAI-basierten Technologien befassen und Kreditinstituten Orientierungshilfen gewähren. Zu diesen zählen insbesondere die Leitlinien für die Kreditvergabe und Überwachung der Europäische Bankenaufsichtsbehörde (‚EBA-Kreditleitlinien'), die bereits erste Anforderungen an die Verwendung von BDAI-basierten Technologien bei der Kreditvergabe enthalten.[327]

2.2 Hintergrund der Veröffentlichung der neuen EBA-Kreditleitlinien

Jüngst hat die COVID-19 Pandemie dazu beigetragen, dass das Kreditgeschäft weiter in den Fokus der Aufsichtsbehörden gerückt ist, zunächst im Hinblick auf die Regulierung notleidender Kredite. Die Ertragsstärke von Kreditinstituten ist maßgeblich von der Qualität ihrer Kreditportfolios abhängig, sodass die pandemiebedingt gestiegenen Kreditausfallraten besondere Implikationen für die Risikokapitalberechnungen, insbesondere für den Risikokapitalbedarf, von Kreditinstituten bergen. Notleidende Kredite, also solche, bei denen die Darlehensnehmer ihre finanziellen Rückzahlungspflichten nicht gemäß den vertraglichen Vereinbarungen erfüllen, beeinträchtigen nicht nur den laufenden Geschäftsbetrieb von Kreditinstituten, sondern auch deren Fähigkeit, neue Kredite zu vergeben.[328] Dies erklärt sich damit, dass zum einen

---

[326] FCH-Arbeitsbuch / *Gutmark / Radtke*, 2021, S. 231.

[327] Vgl. *European Banking Authority*, Guidelines on loan origination and monitoring, EBA/GL/2020/06, 29.05.2020, online abrufbar unter: https://bit.ly/3t3R4gr (letzter Aufruf am 23.02.2022), Abschnitte 4.3.4 EBA.

[328] *European Banking Authority*, Explanatory note on the EBA's comprehensive approach to loan origination, S. 2, online abrufbar unter: https://bit.ly/3sghcG0 (letzter Aufruf am 24.02.2022).

notleidende Kredite Bankressourcen in Anspruch nehmen, die ansonsten für das Ertrag bringende operative Geschäft verwendet werden könnten.[329] Zum anderen müssen Kreditinstitute einen Teil ihrer finanziellen Mittel als Kapitalpuffer zurückstellen, um etwaige Verluste durch notleidende Kredi-ten kompensieren zu können.[330] Dies reduziert wiederum die verfügbaren Mittel, um den Geschäftsbetrieb voranzutreiben.[331] Vor diesem Hintergrund hat die Europäische Bankenaufsichtsbehörde Leitlinien zu notleidenden und gestundeten Risikopositionen erlassen, die in der 6. Novelle der MaRisk durch die BaFin umgesetzt wurden.[332]

An der Regulierung des Kreditprozesses an sich, wie er aktuell im Abschnitt BTO 1 „Kreditprozesse" der MaRisk ausgestaltet ist, hat es hingegen in den letzten Jahren keine relevanten inhaltlichen Änderungen gegeben.[333] Dies wird sich höchstwahrscheinlich im Laufe des Jahres 2022 ändern. Bereits am 29. Mai 2020 hat nämlich die Europäische Bankenaufsichtsbehörde die finale Fassung der EBA-Kreditleitlinien veröffentlicht, die am 30. Juni 2021 in Kraft getreten sind. Die EBA-Kreditleitlinien sollen auch die bisher bestehenden EBA-Leitlinien zur Kreditwürdigkeitsprüfung (EBA/GL/2015/11) aus dem

---

329 *European Banking Authority*, Explanatory note on the EBA's comprehensive approach to loan origination, S. 2, online abrufbar unter: https://bit.ly/3sghcG0 (letzter Aufruf am 24.02.2022).

330 *European Banking Authority*, Explanatory note on the EBA's comprehensive approach to loan origination, S. 2, online abrufbar unter: https://bit.ly/3sghcG0 (letzter Aufruf am 24.02.2022).

331 Vgl. hierzu die Ausführungen auf der Webseite der Europäischen Bankenaufsichtsbehörde, online abrufbar unter: https://bit.ly/3IfZDeH (letzter Aufruf am 24.02.2022).

332 Vgl. hierzu *European Banking Authority*, Guidelines on management of non-performing and forborne exposures, EBA/GL/2018/06, 31.10.2018, online abrufbar unter: https://bit.ly/33Kz426 (letzter Aufruf am 24.02.2022). Siehe auch *BaFin*, Fachartikel, Mindestanforderungen an das Risikomanagement der Banken, 16.08.2021, online abrufbar unter: https://bit.ly/3IkJSmA (letzter Aufruf am 24.02.2022): „Die Anforderungen der Leitlinien zu notleidenden Krediten (Non-performing Loans – NPL) betreffen insbesondere Institute mit einer Quote notleidender Kredite von fünf Prozent oder mehr. Diese müssen für das Jahr 2022 eine Strategie entwickelt, um die notleidenden Risikopositionen über einen realistischen, aber hinreichend ambitionierten Zeithorizont abzubauen. Institute mit hohem NPL-Bestand unterliegen höheren Anforderungen an die Ausgestaltung der Risikocontrolling-Funktion, haben eine spezialisierte Abwicklungseinheit einzurichten und in den Risikoberichten gesondert über notleidende Risikopositionen zu berichten."

333 FCH-Arbeitsbuch / *Reuse*, 2021, S. 3.

Jahr 2015 ablösen.[334] Die Leitlinie zur Kreditwürdigkeitsprüfung ist ohnehin nur wenige Seiten lang, ist inhaltlich überschaubar und wurde größtenteils bereits in den MaRisk umgesetzt.[335]

Die EBA-Kreditleitlinien werden vermutlich eine umfassende Überarbeitung der MaRisk Abschnitte zur Regelung des Kreditprozesses erforderlich machen.[336] Die BaFin hat bereits ihre Absicht verkündet, die signifikanten Teile der Leitlinien bis zum 30. Juni 2022 in den MaRisk umsetzen zu wollen.[337] Laut BaFin soll die Umsetzung beginnen, nachdem die EBA-Leitlinien zu Outsourcing und zu Non-Performing Loans abgeschlossen wurden.[338]

2.3 Ziel der EBA-Leitlinien für die Kreditvergabe und Überwachung

Im Grundsatz beabsichtigt die Europäische Bankenaufsichtsbehörde mit dem Erlass der EBA-Kreditleitlinien die Finanzstabilität im europäischen Währungsraum aufrechtzuerhalten, insbesondere durch Reduktion der hohen, teilweise auch pandemiebedingt gestiegenen Bestände an Non-Performing Loans.[339] Dies soll auch dadurch erreicht werden, dass einheitliche, klare und widerstandsfähige Standards und Kriterien für die Kreditvergabe, insbesondere für die Kreditwürdigkeitsprüfung und entsprechende Dokumentationsanforderungen formuliert werden. Diese einheitlichen Regelungen bezwecken, dass die gründliche Auswahl der

---

[334] *European Banking Authority*, Guidelines on loan origination and monitoring, EBA/GL/2020/06, 29.05.2020, online abrufbar unter: https://bit.ly/3t3R4gr (letzter Aufruf am 23.02.2022), Tz. 23; FCH-Arbeitsbuch / *Reuse*, 2021, S. 3; *European Banking Authority*, EBA Guidelines on creditworthiness assessment, EBA/GL/2015/11, 19.08.2015, online abrufbar unter: https://bit.ly/34XJUmd (letzter Aufruf am 24.02.2022).

[335] *European Banking Authority*, EBA Guidelines on creditworthiness assessment, EBA/GL/2015/11, 19.08.2015, online abrufbar unter: https://bit.ly/34XJUmd (letzter Aufruf am 24.02.2022); FCH-Arbeitsbuch / *Reuse*, 2021, S. 3.

[336] FCH-Arbeitsbuch / *Reuse*, 2021, S. 3.

[337] *European Banking Authority*, Guidelines compliance table, EBA/GL/2020/06, Stand: 21.02.2022, online abrufbar unter: https://bit.ly/3hacMKr (letzter Aufruf am 24.02.2022).

[338] *European Banking Authority*, Guidelines compliance table, EBA/GL/2020/06, Stand: 21.02.2022, online abrufbar unter: https://bit.ly/3hacMKr (letzter Aufruf am 24.02.2022).

[339] FCH-Arbeitsbuch / *Ahsbahs / Cieslak / Grunwald / Otte*, 2021, S. 51.

Kreditnehmer späteren Zahlungsausfällen innerhalb der Kreditverhältnisse präventiv entgegenwirken.

2.4 Rechtliche Einordnung von EBA-Leitlinien

In den später folgenden Abschnitten wird erläutert, welche Regelungen der EBA-Kreditleitlinien für mögliche Entwicklungen auf dem Gebiet BDAI-basierter Kreditvergabe relevant und daher von Instituten zu beachten sind. Inwieweit jedoch die Regelungen der EBA-Kreditleitlinien für Institute von Bedeutung sind, hängt primär von deren Bindungswirkung ab, die es daher im Folgenden vorab zu untersuchen gilt.

(i) Der Erlass und die Zielsetzung von EBA-Leitlinien

Die Europäische Bankenaufsichtsbehörde ist gemäß Art. 16 der EBA-VO befugt, Leitlinien (engl. *Guidelines*) und Empfehlungen (engl. *Recommendations*) zu erlassen.[340]

Leitlinien werden von der Europäischen Bankenaufsichtsbehörde primär mit dem Ziel der „Harmonisierung der Aufsichts- und Unternehmenspraxis erlassen".[341] Die Auslegung und Anwendung des Unionsrechts soll mit Hilfe der Leitlinien europaweit einheitlich und konform gestaltet werden.[342] Dies soll gelingen, indem den zuständigen (nationalen) Aufsichtsbehörden und Finanzinstituten Auslegungs- und Interpretationshilfen in Form von Leitlinien zur Seite gestellt werden, um eine länderübergreifend vergleichbare Anwendung einzelner Teile des Aufsichtsrechts sicherzustellen. Hierdurch gelingt es Mitgliedstaaten und privaten Rechtsanwendern, das Handeln der Kommission besser vorherzusagen und sich dementsprechend auf Änderungen einstellen und vorbereiten zu können.[343]

---

340 ZAGKomm / *Terlau*, Einleitung ZAG, Rn. 62; Verordnung (EU) Nr. 1093/2010 des Europäischen Parlaments und des Rates vom 24.11.2010 zur Errichtung einer Europäischen Aufsichtsbehörde (Europäische Bankenaufsichtsbehörde), zur Änderung des Beschlusses Nr. 716/2009/EG und zur Aufhebung des Beschlusses 2009/78/EG der Kommission, Abl. 2010 L 331, 15 (‚EBA-VO').

341 Art. 16, para. 1 EBA-VO; ZAGKomm / *Terlau*, Einleitung ZAG, Rn. 62.

342 *Hopt / Binder / Böcking*, 2. Auflage, 2020, S. 136.

343 *v. Graevenitz*, Wider die Verrechtlichung von soft law der Europäischen Kommission, ZRP 2019, 75 (76).

Gleichzeitig sollen auch mit Hilfe von Leitlinien effiziente und kohärente Aufsichtspraktiken etabliert und gefördert werden, indem Leitlinien Hinweise für die Interpretation von Unionsrecht liefern.[344] Soweit die Leitlinien also konkrete Teilbereiche der Institutspraxis regeln, können Gerichte und Behörden der Mitgliedstaaten sowie auch private Rechtsanwender Erkenntnisse über die Normauslegung, Durchsetzung und Umsetzungspräferenz der Kommission im Hinblick auf das Unionsrecht gewinnen.[345]

Letztlich ist gerade die Nutzung von Soft Law für die Regulierung von neuen Technologieformen prädestiniert, da es „flexibel und vergleichsweise einfach geschaffen und geändert werden kann".[346] Gerade bei Sachverhalten, die ständiger Entwicklung und Veränderungen ausgesetzt sind, scheinen eine initiale oder supplementäre Regulierung über Soft Law für Harmonisierungszwecke hilfreich und nützlich zu sein.

(ii) Bindungswirkung von Leitlinien

Grundsätzlich steht im wissenschaftlichen Diskurs fest, dass es Leitlinien an einer Verbindlichkeit im Sinne des Art. 288 des Vertrags über die Arbeitsweise der europäischen Union (‚AEUV') fehlt.[347] Grundsätzlich unterliegen die beispielsweise von der EBA erlassenen Leitlinien „derselben rechtlichen Regelung wie die von ihr herausgegebenen Empfehlungen, die gemäß Art. 288 Abs. 5 AEUV für ihre Adressaten nicht verbindlich und daher grundsätzlich unverbindlich sind".[348] Weiterhin müssen gemäß Art. 16 Abs. 3 EBA-VO, die zuständigen Behörden und Finanzinstitute alle erforderlichen Anstrengungen unternehmen, um diesen Leitlinien und Empfehlungen nachzukommen. Die EBA-VO sieht ebenfalls vor, dass binnen zwei Monaten nach der Herausgabe einer Leitlinie oder Empfehlung, jede zuständige Behörde bestätigt, ob sie dieser Leitlinie nachkommt oder nachzukommen beabsichtigt. Sofern sie

---

[344] *Hopt / Binder / Böcking*, 2. Auflage, 2020, S. 136; *Dauses / Ludwigs*, Handbuch des EU-Wirtschaftsrechts, IV. Bankrecht, Rn. 37.

[345] *v. Graevenitz*, Wider die Verrechtlichung von soft law der Europäischen Kommission, ZRP 2019, 75 (76).

[346] *v. Graevenitz*, Wider die Verrechtlichung von soft law der Europäischen Kommission, ZRP 2019, 75 (76).

[347] *v. Graevenitz*, Wider die Verrechtlichung von soft law der Europäischen Kommission, ZRP 2019, 75 (76).

[348] EuGH (Große Kammer), Urteil vom 15.07.2021 – C-911/19 (Fédération bancaire française [FBF]/Autorité de controle prudentiel et de résolution), Rn. 42.

dieser nicht nachkommt, muss sie dies der Behörde unter Angaben der Gründe mitteilen. Hieraus ergibt sich, dass keine allgemeine Rechtspflicht oder Verbindlichkeit besteht, den Leitlinien nachzukommen und Abweichungen mit entsprechender Begründung akzeptiert werden.[349]

Allerdings sind Leitlinien für Mitgliedstaaten, deren Aufsichtsbehörden und Rechtsanwender von besonderer Bedeutung, was auch als „faktische" Bindungswirkung tituliert wird, die sich auch aus Art. 16 Abs. 3 Satz 2 EBA-VO ergibt.[350] Die grundsätzliche Annahme, dass bestimmten unverbindlichen Rechtsakten auf europäischer Ebene, auch in Form von Leitlinien, eine faktische Bindungswirkung beiwohnt, hat sich insbesondere seit den 1990er Jahren entwickelt. Zwar haben Gerichte immer den Standpunkt vertreten, dass diese unbestimmten Rechtsakte keine formale Bindungswirkung entfalten, die als gesetzesähnlich bezeichnet werden könne. Allerdings wohne ihnen eine besondere Bedeutung bei, weil sie die Erwartungshaltung zu auslegungsbedürftigen Rechtsakten oder ungeklärten Rechtsfragen der Europäischen Kommission übermitteln. Schließlich seien sie relevant für die Auslegung und Anwendung von EU-Recht, obwohl sie gleichzeitig nicht in einem demokratisch legitimierten Gesetzgebungsverfahren erlassen wurden und demnach schon aufgrund von verfassungsrechtlichen Grundsätzen keine formelle Verbindlichkeit entfalten dürfen.

Eine wachsende Anzahl an Indizien spricht jedoch dafür, dass Soft Law immer weiter in den Dunstkreis formeller Gesetzgebung rückt. Zum einen setzen sich Gerichte im Rahmen ihrer Entscheidungen in einem Umfang und mit einer besonderen Intensität mit Soft Law auseinander, was darauf schließen lässt, dass Soft Law eine erhebliche Rolle in der Rechtsauslegung und -anwendung spielt und grundsätzlich sind nationale Gerichte auch verpflichtet, sich mit Soft Law auseinanderzusetzen. Dies ergibt sich aus dem Loyalitätsgebot gemäß Art. 4 III EUV und der besonderen primärrechtlichen Aufgabenzuweisung zur Kommission gemäß Art. 17 EUV, Art. 101 ff. und Art. 107 f. AEUV.[351] Des Weiteren sind müssen nationale

---

349 Vgl. hierzu auch EuGH (Große Kammer), Urteil vom 15.07.2021 – C-911/19 (Fédération bancaire française [FBF]/Autorité de controle prudentiel et de résolution), Rn. 43–45.

350 *v. Graevenitz*, Wider die Verrechtlichung von soft law der Europäischen Kommission, ZRP 2019, 75 (76).

351 *v. Graevenitz*, Wider die Verrechtlichung von soft law der Europäischen Kommission, ZRP 2019, 75 (76).

Gerichte „die EBA-Leitlinien bei der Entscheidung der bei ihnen anhängigen Rechtsstreitigkeiten ebenfalls berücksichtigen, insbesondere dann, wenn sie, wie die streitigen Leitlinien, verbindliche Vorschriften der Europäischen Union ergänzen sollen".[352] Im Übrigen schließt auch laut EuGH die rechtlich unverbindliche Natur der Leitlinien dessen Zuständigkeit für Entscheidungen im Hinblick auf deren Gültigkeit nicht aus.[353]

Als weiteres Indiz für eine faktische Bindungswirkung spricht, dass Empfehlungen, Leitlinien und auch Stellungnahmen auf der Webseite der Europäischen Kommission unter der Überschrift „Rechtsakte" zusammen mit Verordnungen und Richtlinien aufgelistet werden.[354] Zwar wird auf der Webseite der Europäischen Kommission ebenfalls erwähnt, dass Empfehlungen, Stellungnahmen und Leitlinien im Gegensatz zu beispielsweise Verordnungen, Richtlinien, Delegierten Verordnungen und Beschlüssen unverbindlichen Charakter haben. Dennoch zeigt zumindest deren Aufnahme in die Liste der „Rechtsakte", dass die Europäische Kommission dem Soft Law eine besondere Bedeutung beimisst und diese Auffassung auch gegenüber dem Markt signalisieren möchte. Insbesondere im Bereich ungeklärter Rechtsfragen entfalten Leitlinien, Empfehlungen und Stellungnahmen eine besondere Bedeutung, weil Mitgliedstaaten, nationalen Aufsichtsbehörden und privaten Rechtsanwendern ansonsten keine Hinweise oder Auslegungshilfen der Europäischen Kommission zur Verfügung stehen.[355] In Ermangelung anderweitiger Vorgaben, kommt dem Soft Law eine Bedeutung zu, die in Anbetracht seiner Entstehungsweise ohne Einbeziehung eines parlamentarischen Gesetzgebers unverhältnismäßig erscheinen könnte. Dennoch resultiert eine gewisse Legitimation der Steuerungswirkung und

---

352 EuGH (Große Kammer), Urteil vom 15.07.2021 – C-911/19 (Fédération bancaire française [FBF]/Autorité de controle prudentiel et de résolution), Rn. 71. Siehe auch EuGH ECLI:EU:C:1989:646 = NZA 1991, 283, Rn. 18 – Grimaldi [C-322/88] und EuGH ECLI:EU:C:2021:249 = BeckRS 2021, 5310, Rn. 80 – Balgarska Narodna Banka [C-501/18].

353 EuGH (Große Kammer), Urteil vom 15.07.2021 – C-911/19 (Fédération bancaire française [FBF]/Autorité de controle prudentiel et de résolution), Rn. 55.

354 *v. Graevenitz*, Wider die Verrechtlichung von soft law der Europäischen Kommission, ZRP 2019, 75 (76).

355 *v. Graevenitz*, Wider die Verrechtlichung von soft law der Europäischen Kommission, ZRP 2019, 75 (76).

Verhaltenslenkung von Leitlinien aus ihrem Entstehungsprozess, der in § 16 Abs. 2 EBA-VO vorgesehen ist. Schließlich wird vor Erlass von Leitlinien eine Konsultation der Öffentlichkeit und bestimmter Interessengruppen durchgeführt, sodass ihre praktische Validität von den tangierten Stakeholdern überprüft und unter Umständen sogar mitgestaltet werden kann.[356]

Maßgeblich für die Annahme einer faktischen Bindungswirkung ist auch das „comply and explain"-Verfahren, das in der EBA-Verordnung vorgesehen ist. Gemäß Art. 16 III EBA-VO unternehmen die zuständigen Behörden und Finanzinstitute alle erforderlichen Anstrengungen, um Leitlinien und Empfehlungen der Europäischen Bankenaufsichtsbehörde nachzukommen. Diese Regelung reflektiert die Erwartungshaltung der Europäischen Kommission, nach der eine Befolgung von Leitlinien und Empfehlungen im Regelfall erfolgt.[357] Binnen zwei Monaten nach Herausgabe einer Leitlinie oder Empfehlung bestätigt jede zuständige Behörde, ob sie dieser Leitlinie oder Empfehlung nachkommt oder nachzukommen beabsichtigt.[358] Kommt eine zuständige Behörde der Leitlinie oder Empfehlung nicht nach oder beabsichtigt sie nicht, dieser nachzukommen, teilt sie dies der Behörde unter Angabe der Gründe mit.[359] Die Behörde veröffentlicht dann in einem weiteren Schritt die Tatsache, dass eine zuständige Behörde dieser Leitlinie oder Empfehlung nicht nachkommt oder nicht nachzukommen beabsichtigt.[360] Gerade diese Veröffentlichungsbefugnis der Aufsichtsbehörden kreiert einen erheblichen Befolgungsdruck für Institute, der dem eigentlichen „Soft Law" eine rechtssatzähnliche Wirkung verleiht.[361] Sie sind daher dazu angehalten, sich mit den Leitlinien auseinanderzusetzen und eine etwaige Nichtbefolgung ausgiebig zu reflektieren.[362] Aufgrund dieses Verfahrens, das

---

356 *Veil*, Aufsichtskonvergenz durch ‚Questions and Answers' der ESMA – Rechtsnatur von Q&A und Implementierung in die nationale Aufsichtspraxis, ZBB 2018, 151 (161).

357 *Veil*, Aufsichtskonvergenz durch ‚Questions and Answers' der ESMA – Rechtsnatur von Q&A und Implementierung in die nationale Aufsichtspraxis, ZBB 2018, 151 (161).

358 Art. 16 III EBA-VO (VO (EU) 1093/2020).

359 Art. 16 III EBA-VO (VO (EU) 1093/2020).

360 Art. 16 III EBA-VO (VO (EU) 1093/2020).

361 ZAGKomm / *Terlau*, Einleitung ZAG, Rn. 68.: Diese Wirkung wird im Kapitalmarktrecht auch als „naming and shaming" bezeichnet.

362 *Anzinger*, Rechtskontrolle informeller Verlautbarungen der europäischen Finanzaufsichtsagenturen, RdF 2018, 181 (183).

im Kapitalmarktrecht auch als „naming and shaming" bezeichnet wird[363], gilt Soft Law als „starkes Konvergenzinstrument".[364]

Dennoch sind aufgrund des sogenannten „Sondervorbehalts" aus Art. 16 Abs. 3 EBA-VO im begründeten Einzelfall Abweichungen von Soft Law möglich.[365] Im Übrigen darf Soft Law niemals „einen Verstoß gegen Primär- oder Sekundärrecht rechtfertigen".[366]

2.5 Anwendungsbereich der EBA-Kreditleitlinien

Zunächst ist hinsichtlich der Geltung der EBA-Kreditleitlinien im weiteren Sinne zwischen Kreditinstituten zu unterscheiden, die unter der Aufsicht der BaFin stehen und solchen, die von der Europäischen Zentralbank beaufsichtigt werden. Die EZB beaufsichtigt CRR-Kreditinstitute, die als bedeutend gelten (*Significant Institutions – SIs*), und die BaFin beaufsichtigt in Zusammenarbeit mit der Deutschen Bundesbank solche CRR-Kreditinstitute, die als weniger bedeutende Kreditinstitute (*Less Significant Institutions – LSIs*) eingeordnet werden.[367]

Für Kreditinstitute, die von der Europäischen Zentralbank beaufsichtigt werden, gelten die EBA-Kreditleitlinien unmittelbar für Kredite, die nach dem

---

[363] ZAGKomm / *Terlau*, Einleitung ZAG, Rn. 68.

[364] *Hopt / Binder / Böcking*, 2. Auflage, 2020, S. 137; *Veil*, ZBB 2018, 151 (154, 159); *Wörner*, Rechtlich weiche Verhaltenssteuerungsformen Europäischer Agenturen als Bewährungsprobe der Rechtsunion, S. 167 ff.

[365] *von Graevenitz*, Wider die Verrechtlichung von soft law der Europäischen Kommission, ZRP 2019, 75 (76).

[366] *von Graevenitz*, Albrecht, Wider die Verrechtlichung von soft law der Europäischen Kommission, ZRP 2019, 75.

[367] *BaFin*, Kreditinstitute unter BaFin – bzw. EZB-Aufsicht, online abrufbar unter: https://bit.ly/3JTn0ee (letzter Aufruf am 24.02.2022). „Ein CRR-Kreditinstitut ist gemäß § 1 Absatz 3d KWG ein Kreditinstitut, das auch die engere Definition eines Kreditinstituts gemäß Artikel 4 Absatz 1 Nr. 1 der EU-Eigenmittelverordnung CRR (Capital Requirements Regulation) erfüllt." Hiernach ist ein Kreditinstitut „ein Unternehmen, dessen Tätigkeit darin besteht, Einlagen oder andere rückzahlbare Gelder des Publikums entgegenzunehmen und Kredite für eigene Rechnung zu gewähren." Ein Unternehmen beispielsweise, welches Kredite vergibt, aber keine Einlagen annimmt (etwa weil es die Kredite mit Geldern seiner Muttergesellschaft finanziert), ist nach dem Europarecht keine Bank; *Schimansky / Bunte / Lwowski*, BankR-HdB, 5. Abschnitt. Öffentliches Bankrecht (einschließlich Europa-Recht), 24. Kapitel. Bankrecht und Währungsrecht der Europäischen Union, § 136. Bankenbegriff und Marktzugang, Rn. 3.

30.6.2021 vergeben wurden.[368] Kreditinstitute, die der Aufsicht durch die BaFin unterliegen, sind erst dann an die Vorgaben der EBA-Kreditleitlinien gebunden, sobald diese entsprechend von der BaFin in nationale Vorschriften, namentlich in den MaRisk voraussichtlich Mitte 2022, umgesetzt worden sind.[369]

(i) Persönlicher Anwendungsbereich

Die EBA-Kreditleitlinien gelten für Institute gemäß Art. 4 (1) Nr. 3 der Kapitaladäquanzverordnung (‚CRR'), wozu Kreditinstitute im Sinne von Art. 4 (1) Nr. 1 CRR und Wertpapierfirmen im Sinne von Art. 4 (1) Nr. 2 CRR gehören.[370] In diesem Zusammenhang ist allerdings zu erwähnen, dass die zuständigen Behörden erwägen können, die Abschnitte 6 und 7 der EBA-Kreditleitlinie (*Bepreisung* und *Bewertung von Immobilien und beweglichen Vermögenswerten*) auch auf Kreditgeber anzuwenden, die in den Anwendungsbereich der Richtlinien 2014/17/EU und 2008/48/EG fallen und keine Kreditinstitute sind, also auch auf Nicht-Banken anzuwenden. Somit können innerhalb des so abgesteckten Rahmens auch Fintech-Unternehmen einer Regulierung unterworfen werden.[371] Dies ist grundsätzlich positiv zu bewerten, da gerade im Kreditgeschäft Fintech-Unternehmen eine immer bedeutendere Rolle einnehmen. Insbesondere vor dem Gesichtspunkt der Wahrung eines fairen Wettbewerbs zwischen den Akteuren im Kreditmarkt wie auch der Aufrechterhaltung der Finanzmarktstabilität ist es geboten, diese Unternehmen in Teilbereichen einer ähnlichen Regulierung zu unterwerfen wie Banken und Wertpapierfirmen.[372]

(ii) Sachlicher Anwendungsbereich

Die EBA-Kreditleitlinien

> dienen der Festlegung der Regelungen, Verfahren und Mechanismen für die Governance gemäß Artikel 74 Abs. 1 der Richtlinie 2013/36/EU, der Anforderungen

---

[368] *Kümpel / Mülbert / Früh / Seyfried*, 6. Auflage, 2022, Kreditgeschäft mit Verbrauchern, Rn. 5_159e; FCH-Arbeitsbuch / *Reuse*, 2021, S. 6.

[369] FCH-Arbeitsbuch / *Reuse*, 2021, S. 6.

[370] *European Banking Authority*, Guidelines on loan origination and monitoring, EBA/GL/2020/06, 29.05.2020, online abrufbar unter: https://bit.ly/3t3R4gr (letzter Aufruf am 23.02.2022); Capital Requirements Regulation/Kapitaladäquanzverordnung (Verordnung (EU) Nr. 575/2013)).

[371] FCH-Arbeitsbuch / *Reuse*, 2021, S. 7.

[372] FCH-Arbeitsbuch / *Reuse*, 2021, S. 7.

> im Hinblick auf das Kredit- und Gegenparteiausfallrisiko gemäß Artikel 79 derselben Richtlinie und der Anforderungen im Hinblick auf die Prüfung der Kreditwürdigkeit des Verbrauchers gemäß Kapitel 6 der Richtlinie 2014/17/EU und Artikel 8 der Richtlinie 2008/48/EG.[373]

Zwar sind die EBA-Kreditleitlinien ausschließlich als Teil des Aufsichtsrechts einzuordnen, allerdings ist denkbar, dass sich die Zivilgerichte „bei der Auslegung der unbestimmten Rechtsbegriffe in §§ 505a und 505b BGB an den Leitlinien und den von ihr gesetzten Anforderungen an die Kreditwürdigkeitsprüfung bei Verbrauchern orientieren werden".[374]

Grundsätzlich gelten die EBA-Kreditleitlinien für „institutsinterne Governance-Regelungen und Verfahren" für Kreditvergabeprozesse.[375] Diese Regelungen beziehen sich auf den gesamten Lebenszyklus einer Kreditfazilität.[376] Gleichzeitig enthalten die EBA-Kreditleitlinien auch Regelungen für „Strategien, Prozesse und Verfahren zur Kreditvergabe, für die Überwachung der nicht notleidenden Risikopositionen sowie für die Einbindung dieser Aspekte in die übergeordnete Governance- und Risikomanagementrahmenwerke".[377] Somit betreffen die neuen Vorgaben der EBA-Kreditleitlinien zum einen die Durchführung des Kreditprozesses als solchen, also die Aufbau- und Ablauforganisation, wie sie aktuell in Abschnitt BTO 1 der MaRisk geregelt ist. Zum anderen beinhalten die EBA-Kreditleitlinien aber auch Regelungen für das allgemeine Risikomanagement

---

373 *European Banking Authority*, Guidelines on loan origination and monitoring, EBA/GL/2020/06, 29.05.2020, S. 3, Tz. 5, online abrufbar unter: https://bit.ly/3t3R4gr (letzter Aufruf am 23.02.2022); Richtlinie 2008/48/EG des Europäischen Parlaments und des Rates vom 23.04.2008 über Verbraucherkreditverträge und zur Aufhebung der Richtlinie 87/102/EWG des Rates (ABl. L 133 vom 22.05.2008, S. 66).

374 *Kümpel / Mülbert / Früh / Seyfried*, 6. Auflage, 2022, Kreditgeschäft mit Verbrauchern, Rn. 5_159e.

375 *European Banking Authority*, Guidelines on loan origination and monitoring, EBA/GL/2020/06, 29.05.2020, S. 3, Tz. 7, online abrufbar unter: https://bit.ly/3t3R4gr (letzter Aufruf am 23.02.2022).

376 *European Banking Authority*, Guidelines on loan origination and monitoring, EBA/GL/2020/06, 29.05.2020, S. 3, Tz. 7, online abrufbar unter: https://bit.ly/3t3R4gr (letzter Aufruf am 23.02.2022).

377 *European Banking Authority*, Guidelines on loan origination and monitoring, EBA/GL/2020/06, 29.05.2020, S. 3, online abrufbar unter: https://bit.ly/3t3R4gr (letzter Aufruf am 23.02.2022).

von Kreditgeschäften, deren Umsetzung entsprechende Änderungen der relevanten MaRisk Abschnitte über BTO 1 hinaus erfordern werden.[378]

Letztlich ist anzumerken, dass die EBA-Kreditleitlinien bewusst auf das Proportionalitätsprinzip beziehungsweise den Verhältnismäßigkeitsgrundsatz Bezug nehmen. So heißt es beispielsweise in Tz. 16, lit. b:

> Im Interesse einer verhältnismäßigen Anwendung dieser Leitlinien sollten folgende Kriterien berücksichtigt werden: b. für Abschnitt 5 Umfang, Art und Komplexität der Kreditfazilität, unbeschadet der Artikel 18 und 20 der Richtlinie 2014/17/EU und des Artikels 8 der Richtlinie 2008/48/EG.[379]

Abschnitt 5 ist der Teil der EBA-Kreditleitlinien, der sich explizit mit dem Verfahren zur Kreditvergabe auseinandersetzt und somit auch beispielsweise Vorgaben für die Durchführung der Kreditwürdigkeitsprüfung enthält. Tz. 16 lit. b. stellt somit klar, dass auch die Vorgaben für die Kreditwürdigkeitsprüfung entsprechend der Art, des Umfangs und der Komplexität der Kreditfazilität gelten, was wiederum die Integrierung sogenannter Öffnungsklauseln in den MaRisk zulässt.[380] Dies ist im Sinne einer flexiblen und risikoangemessenen Anwendung der Vorgaben.

2.6 Regelungen der EBA-Kreditleitlinien mit Relevanz für die automatisierte und BDAI-basierte Kreditwürdigkeitsprüfung

(i) Abschnitt 4.3 – Allgemeine Strategien und Verfahren für das Kreditrisiko

Abschnitt 4.3 enthält spezifische Vorgaben für die Ausgestaltung der institutsinternen Strategien und Verfahren für das Kreditrisiko. In den Teilziffern 34–37 finden sich zunächst allgemeine Hinweise für die Aufstellung der Strategien und Verfahren. So enthält Tz. 34 beispielsweise die Vorgabe, dass Kreditinstitute in ihren Strategien und Verfahren für das Kreditrisiko „die Kriterien für die Ermittlung, Bewertung, Genehmigung, Überwachung, Meldung und Minderung des Kreditrisikos […] festlegen“ wie

---

378 FCH-Arbeitsbuch / *Reuse*, 2021, S. 7.

379 *European Banking Authority*, Guidelines on loan origination and monitoring, EBA/GL/2020/06, 29.05.2020, S. 6, Tz. 16, online abrufbar unter: https://bit.ly/3t3R4gr (letzter Aufruf am 23.02.2022).

380 FCH-Arbeitsbuch / *Reuse*, 2021, S. 7.

auch entsprechende Dokumentations- und Aktualisierungsanforderungen.[381] Teilziffer 35 verdeutlicht, dass das Ziel der einzurichtenden Strategien und Verfahren die Überwachung der Kreditqualität und somit die Steuerung des Risikoprofils ist.[382] Teilziffer 37 weist darauf hin, dass die Strategien und Verfahren für die Kreditvergabe eine hinreichende Detailschärfe aufweisen müssen, die die jeweiligen Branchen und Marktsegmente berücksichtigt.[383] Letztlich handelt es sich bei diesen Standards um solche, die bereits seit Jahren in den meisten Kreditinstituten angewandt und praktiziert werden und somit für keinerlei Überraschung sorgen dürften.[384] Dementsprechend hält sich auch der zu erwartende Umsetzungsaufwand in Grenzen.[385]

Ab Tz. 38 findet sich allerdings über die allgemeinen Vorgaben hinausgehend eine Liste konkreter Aspekte, die in den institutsinternen Strategien und Verfahren für das Kreditrisiko zu berücksichtigen sind. Insbesondere zwei Regelungen der Tz. 38 könnten potenziell Auswirkungen auf die Verwendung von BDAI-basierten Technologien für die Kreditwürdigkeitsprüfung haben.

(a) Einbeziehung der Kreditvergabekriterien in die Risikostrategie[386]

Der Wortlaut von Tz. 38 lit. b lautet konkret: „Die Strategien und Verfahren für das Kreditrisiko sollten Folgendes vorgeben: [...] b. Kreditvergabekriterien unter Berücksichtigung der in Anhang 1 aufgeführten Kriterien“. Die Kreditvergabekriterien in Anhang 1 enthalten eine größere Anzahl unterschiedlicher Beurteilungsaspekte.[387] Sie sind nach Finanzierungsart eingeteilt

[381] *European Banking Authority*, Guidelines on loan origination and monitoring, EBA/GL/2020/06, 29.05.2020, S. 11, Tz. 34, online abrufbar unter: https://bit.ly/3t3R4gr (letzter Aufruf am 23.02.2022).

[382] *European Banking Authority*, Guidelines on loan origination and monitoring, EBA/GL/2020/06, 29.05.2020, S. 11, Tz. 35, online abrufbar unter: https://bit.ly/3t3R4gr (letzter Aufruf am 23.02.2022).

[383] *European Banking Authority*, Guidelines on loan origination and monitoring, EBA/GL/2020/06, 29.05.2020, S. 11, Tz. 37, online abrufbar unter: https://bit.ly/3t3R4gr (letzter Aufruf am 23.02.2022).

[384] FCH-Arbeitsbuch / *Mailach*, 2021, S. 25.

[385] FCH-Arbeitsbuch / *Mailach*, 2021, S. 25.

[386] *European Banking Authority*, Guidelines on loan origination and monitoring, EBA/GL/2020/06, 29.05.2020, S. 12, Tz. 38 lit. b, online abrufbar unter: https://bit.ly/3t3R4gr (letzter Aufruf am 23.02.2022).

[387] FCH-Arbeitsbuch / *Mailach*, 2021, S. 26.

und richten sich danach, ob es sich unter anderem um die Finanzierung eines Verbrauchers, eines Kleinstunternehmens, einer Gewerbeimmobilie oder eines Schiffes handelt.[388]

Dass die EBA-Kreditleitlinien vorgeben, im Rahmen der Kreditwürdigkeitsprüfung an sich gegebenenfalls gewisse Kriterien zu berücksichtigen, sollte nicht verwundern.[389] Allerdings befindet sich Tz. 38 noch im Abschnitt 4 der EBA-Kreditleitlinien und somit bei den Vorgaben für die interne Governance beziehungsweise die Ausgestaltung des institutsinternen Risikomanagements. Die EBA-Kreditleitlinien geben somit vor, dass die Kreditvergabekriterien in Anhang 1 im Rahmen der zu erstellenden Kreditrisikostrategie Berücksichtigung finden sollen, sodass deren Einbeziehung bereits im konzeptionellen Teil der Kreditvergabe relevant wird. Aufgrund der Relevanz der Kreditvergabekriterien bereits im „vor die Klammer“ gezogenen Stadium der Kreditvergabe, kommt diesen eine besondere Bedeutung zu.

Grundsätzlich ist die Intention der EBA nachvollziehbar und es ist aus Risikominimierungsgesichtspunkten auch begrüßenswert, dass der Kreditvergabeprozess bereits auf strategischer Ebene durchdacht und institutsintern vor der Durchführung der Kreditvergabe konzeptionell zu regeln ist. Gleichzeitig dürfen die Vorgaben an die Ausarbeitung der Risikostrategie aber nicht so weit reichen, dass sie einen unverhältnismäßigen Aufwand für die Institute begründen und letztlich das operative Kreditgeschäft behindern. Ob die Vorgaben von Tz. 38 lit. b letztlich eine unangemessene Belastung für Kreditinstitute darstellen, hängt von deren Auslegung und dem in der Praxis vorherrschenden Verständnis dieser Regelung ab. Jedenfalls vom Wortlaut der Regelung umfasst wäre die Auslegung, dass Kreditinstitute innerhalb der institutsinternen Risikostrategie spezifische quantifizierte Bestimmungen zu den in Anhang 1 benannten Kreditvergabekriterien vornehmen sollten.[390] Aus Sicht der Kreditinstitute ist zu hoffen, dass dies nicht der Erwartungshaltung der EBA-Kreditleitlinien entspricht.

Zunächst würde eine solche Vorgabe den Umfang und die Komplexität der Risikostrategie vollkommen übersteigen. Anhang 1 enthält im Grunde

---

388 Vgl. *European Banking Authority*, Guidelines on loan origination and monitoring, EBA/GL/2020/06, 29.05.2020, online abrufbar unter: https://bit.ly/3t3R4gr (letzter Aufruf am 23.02.2022), Anhang 1.

389 FCH-Arbeitsbuch / *Mailach*, 2021, S. 26.

390 FCH-Arbeitsbuch / *Mailach*, 2021, S. 26.

allgemeine Kriterien wie beispielsweise „Mindestanforderungen an Sicherheiten", „Risikobasierte Limits (Konzentration, Produkttyp)" oder auch „Darlehenshöchstbeträge". Um diese Faktoren im Rahmen einer Strategie umfassend zu berücksichtigen, müssten sie entsprechend quantifiziert und für jegliche Fallgruppen festgelegt werden. Nicht nur dieser Prozess, sondern auch die Kommunikation und das Reporting zu all diesen Kriterien würde Kreditinstitute überaus belasten.[391] Die Erarbeitung der Risikostrategie wäre daher auch mit besonders hohen Kosten verbunden.

Des Weiteren würde diese Auslegung von Abschnitt 4 Tz. 38 auch die Implementierung von BDAI-basierten Technologien bei der Kreditwürdigkeitsprüfung erschweren. Schließlich ist Hauptmerkmal des Einsatzes von KI-Systemen, insbesondere lernender Algorithmen bei der Kreditwürdigkeitsprüfung, dass die für die Bonitätsbewertung relevanten Kriterien gerade nicht im Vorhinein feststehen, sondern adaptiv sind. Der besondere Wert der KI-Systeme für die Kreditwürdigkeitsprüfung liegt schließlich vor allem in deren Fähigkeit begründet, nicht-intuitive Zusammenhänge zwischen diversen Variablen und Bonität beziehungsweise auch Zahlungswilligkeit und Zuverlässigkeit eines potenziellen Kreditnehmers zu erkennen. Mit Hilfe des Einsatzes von Big Data ist ein lernender Algorithmus jedenfalls potenziell in der Lage, immer neue Zusammenhänge und Korrelationen zu identifizieren und sich entsprechend anzupassen. Auf diese Weise können diese neu identifizierten Parameter mit entsprechender Gewichtung auch für künftige Kreditentscheidungen nutzbar gemacht werden. Neben der Identifizierung von neuen Korrelationen ist ein lernender Algorithmus allerdings auch in der Lage, die Gewichtung bereits genutzter Parameter anzupassen, sodass beispielsweise ein Merkmal wie „Einkommen" mit der Zeit mit einer geringeren Gewichtung (relativ zu anderen Merkmalen) in die Bonitätsentscheidung einfließt. Eine solche Modifikation findet nur dann statt, wenn der Algorithmus im Laufe der Zeit erkennt, dass beispielsweise das Einkommen für die Prognose des Tilgungsverhaltens eine weniger relevante Rolle spielt als ursprünglich angenommen. So könnte es auch sein, dass der lernende Algorithmus Mindestanforderungen an Sicherheiten oder Garantien, die gemäß Anhang 1 Ziffern 3 und 4 der EBA-Kreditleitlinien für die

[391] FCH-Arbeitsbuch / *Mailach*, 2021, S. 26.

Kreditvergabe an Verbraucher zu bestimmen sind, neu einzuschätzen lernt und anders quantifizieren würde.

Die Vorgabe in Tz. 38 lit. b der EBA-Kreditleitlinien, die es dem Anschein nach erforderlich macht, die Einzelkriterien in Anhang 1 quantifiziert und detailliert in der Risikostrategie festzusetzen, erschwert jegliche Form der automatisierten Weiterentwicklung auf der Basis lernender Algorithmen. Insbesondere auch weil Kreditinstitute grundsätzlich gehalten sind, ihre Risikostrategie zu befolgen und nur ausnahmsweise nach Genehmigung der entsprechenden Kompetenzträger davon abweichen dürfen, steht die Vorgabe in Tz. 38 lit. b der Nutzung von KI-Systemen entgegen.[392] Jedenfalls aber wäre die Nutzung der KI-Systeme für die Überprüfung der Kreditvergabekriterien in Anhang 1 für die Zwecke der institutsinternen Risikostrategie wertlos. Schließlich könnten die Kreditinstitute mögliche neue Erkenntnisse hinsichtlich Kreditvergabekriterien und deren Gewichtung gar nicht nutzen, da eine ständige Anpassung institutsinterner Risikostrategien nicht vorgesehen ist und besonders kostenintensiv wäre. Schließlich müssten die angepassten Vorgaben institutsintern kommuniziert, befolgt und im Rahmen des Reportings berücksichtigt werden, was bei häufig wechselnden Parametern zu Ineffizienz und Fehleranfälligkeit führen würde.[393]

Obwohl lernende Algorithmen dazu beitragen könnten, strategische Risiken präziser einzuschätzen und somit langfristig einen positiven Beitrag zur Wahrung der Finanzmarktstabilität haben könnten, würde die Regelung in Tz. 38 lit. b der EBA-Kreditleitlinien Kreditinstitute eher davor abschrecken, KI-Systeme für die Risikoeinschätzung zu nutzen. Stattdessen müssten Kreditinstitute in der Europäischen Union, gerade vor dem Hintergrund des starken transatlantischen Wettbewerbs, im Kreditmarkt Anreize schaffen, um neue Technologien für sich nutzbar zu machen. Auch der automatisierten Durchführung von Kreditprozessen könnte die Regelung in Tz. 38 lit. b, jedenfalls nach strenger Lesart, entgegenstehen. Obwohl es sicherlich notwendig ist, auf „angemessener Flughöhe" Limits und Leitlinien für die Kreditvergabe zu formulieren, ist eine zu detaillierte institutsinterne Regulierung problematisch[394]. Denn dann steigt die Wahrscheinlichkeit,

---

392 FCH-Arbeitsbuch / *Mailach*, 2021, S. 26.

393 FCH-Arbeitsbuch / *Mailach*, 2021, S. 26.

394 FCH-Arbeitsbuch / *Mailach*, 2021, S. 27.

dass aufgrund zu vieler und zu spezifischer Vorgaben eine größere Anzahl an Kreditanträgen abgelehnt wird, was nicht im Sinne einer inklusiven Kreditvergabepolitik ist. Letztlich ist „jeder Fall anders gelagert" und nur durch einen flexiblen Ansatz könnte im Einzelfall das Vorliegen eines besonders starken Bonitätsindikators beispielsweise die Überschreitung der maximalen Darlehenslaufzeit rechtfertigen.[395] Eine solche Flexibilität wäre aber bei starren internen Risikovorgaben nicht gegeben, sodass viele Kreditanträge mangels Kompatibilität mit den Vorgaben abgelehnt werden würden.

Denkbar ist ebenfalls, dass viele dieser abgelehnten Kreditanträge aufgrund ihrer Atypizität in einem manuellen Verfahren nachträglich nochmals geprüft und genehmigt werden müssten.[396] Vor dem Hintergrund, dass sich viele Kreditinstitute aufgrund des Kostenersparnispotenzials hin zu automatisierten Prozessen bewegen und dies auch mit Blick auf den internationalen Wettbewerb geboten scheint, ist die Notwendigkeit der manuellen Überprüfung unter Umständen nachteilhaft.

(b) Einbeziehung von Voraussetzungen für automatisierte Entscheidungsverfahren in die Risikostrategie[397]

Gemäß Tz. 38 lit. g sind auch die Voraussetzungen für automatisierte Entscheidungsverfahren im Kreditvergabeprozess unter Angabe der Produkte, Segmente und Limits, für die solche Verfahren zugelassen werden, in die Risikostrategie zu integrieren.

In diesem Zusammenhang ist nochmals auf den Unterschied zwischen automatisierten und KI-basierten Systemen einzugehen. Ein automatisiertes System bedeutet zunächst nur, dass die Prozesse an sich ohne menschliche Intervention ablaufen. Ein KI-basiertes System beinhaltet jedenfalls im Kontext der Kreditvergabe in der Regel die Verwendung von lernenden Algorithmen, die sich selbstständig weiterentwickeln. Teilziffer 38 lit. g bezieht sich dem Wortlaut nach nur auf automatisierte Systeme, die vorprogrammierte Algorithmen verwenden, die die Bonität eines Kreditantragstellers anhand von ausgewählten und statistisch gewichteten Parametern bewerten.

---

[395] FCH-Arbeitsbuch / *Mailach*, 2021, S. 27.

[396] FCH-Arbeitsbuch / *Mailach*, 2021, S. 27.

[397] Vgl. *European Banking Authority*, Guidelines on loan origination and monitoring, EBA/GL/2020/06, 29.05.2020, S. 12, Tz. 38, lit. g, online abrufbar unter: https://bit.ly/3t3R4gr (letzter Aufruf am 23.02.2022).

Gerade im kleinteiligen Mengengeschäft wird immer häufiger auf solche automatisierten Kreditprozesse zurückgegriffen.[398]

Vor dem Hintergrund der Rechtssicherheit ist positiv, dass die EBA aufgrund der ausdrücklichen Nennung der automatisierten Kreditentscheidungsverfahren indiziert, dass sie diese Art von Verfahren billigt, akzeptiert und anerkennt.[399] Dies gibt Kreditinstituten auch eine gewisse Sicherheit und einen gewissen Komfort bei der Anwendung und Weiterentwicklung der entsprechenden Technologien.

In der Praxis wird sich zeigen, ob die Vorgabe, auch die Produkte, Segmente und Limits, für die solche automatisierte Kreditentscheidungsverfahren zugelassen werden, in der Risikostrategie festzulegen, nicht etwas zu weitreichend ist. Schließlich würde sich ein Kreditinstitut durch eine solche Festlegung zunächst für einen gewissen Zeitraum selbst in der Weiterentwicklung der Automatisierungstechnologie bremsen, um nicht ständig die Risikostrategie anpassen zu müssen. Anstatt die Nutzung von automatisierten Entscheidungsverfahren auf bestimmte Produkte und Segmente zu beschränken, wäre aus Risikogesichtspunkten vermutlich bereits ausreichend, wenn diese Verfahren bestimmten allgemeinen Sicherheits- und Transparenzkriterien genügen würden. Sofern dies der Fall ist, liegt nicht auf der Hand, weshalb Produkte, Segmente und Limits im Vorhinein festgelegt werden sollten. Dies könnte unter Umständen Kreditinstitute lediglich in ihren technologischen Weiterentwicklungsbemühungen bremsen, sodass Kosteneinsparungspotenziale ungenutzt blieben.

(ii) Abschnitt 4.3.3 – Technologiegestützte Innovationen für die Kreditvergabe

Abschnitt 4.3.3 der EBA-Kreditleitlinien enthält konkrete Vorgaben für Institute, die „technologiegestützte Innovationen“ für die Zwecke der Kreditvergabe verwenden.

(a) Begriff der „technologiegestützten Innovation“

Aus dem Wortlaut der EBA-Kreditleitlinien ergibt sich nicht, welche Technologiearten genau von Abschnitt 4.3.3 umfasst sind. Insbesondere vor

---

398 FCH-Arbeitsbuch / *Mailach*, 2021, S. 31.

399 FCH-Arbeitsbuch / *Mailach*, 2021, S. 31.

dem Hintergrund, dass im operativen Kreditgeschäft der Technologieeinsatz in gewissen Formen und zu einem gewissen Grad mittlerweile omnipräsent ist, wäre eine Eingrenzung des Bezugspunkts der Anforderungen in Abschnitt 4.3.3 der EBA-Kreditleitlinien begrüßenswert gewesen.[400] Allerdings finden sich in der als Teil des Konsultationsprozesses veröffentlichten Feedback-Tabelle der EBA Hinweise auf die Auslegung des Begriffs der „technologiegestützten Innovationen". Innerhalb dieser Feedback-Tabelle nimmt die EBA auf ihren „Report on big data and advanced analytics" aus Januar 2020 Bezug, deren gegenständliche Technologieformen solche sind, die dort als „Big Data" und „Advanced Analytics" bezeichnet werden. Innerhalb dieses Reports wird klargestellt, dass zu diesen Technologieformen insbesondere Formen des Maschinellen Lernens als Unterform der Künstlichen Intelligenz gelten, die beispielsweise dafür genutzt werden, um unter Nutzung und Analyse diverser Datenquellen Vorhersagen zu treffen.[401] Somit ist davon auszugehen, dass dem Begriff der „technologiegestützten Innovationen" wie er im Rahmen des Abschnitts 4.3.3 der EBA-Kreditleitlinien verwendet wird, ein ähnliches Verständnis zugrunde liegt und hierunter *künstlich intelligente Systeme* zu verstehen sind, wie sie für die Zwecke dieses Beitrags definiert sind.[402]

In der Praxis finden sich solche automatisierten Systeme auf Basis Künstlicher Intelligenz im „kleinteiligen Konsumentenkreditgeschäft" oder „bei der Bewertung des Kreditnehmerausfallrisikos im Rahmen von Scoring- oder Ratingverfahren".[403]

(b) Voraussetzungen für die Verwendung technologiegestützter Innovationen bei der Kreditvergabe

Zunächst gibt Abschnitt 4.3.3 vor, dass Institute die mit den technologiestützten Innovationen verbundenen Risiken in ihren Rahmen für

---

[400] *European Banking Authority*, Summary of the responses received to the consultation and the EBA's analysis, Stand: 29.05.2020, EBA/GL/2020/06, S. 17, Frage 3, online abrufbar unter: https://bit.ly/36CSuap (letzter Aufruf am 24.02.2022).

[401] *European Banking Authority*, EBA Report on Big Data and Advanced Analytics, EBA/REP/2020/01, Januar 2020, S. 3, online abrufbar unter: https://bit.ly/3t75mwU (letzter Aufruf am 24.02.2022).

[402] FCH-Arbeitsbuch / *Gutmark / Radtke*, 2021, S. 232.

[403] FCH-Arbeitsbuch / *Mailach*, 2021, S. 34.

Risikomanagement und Risikokontrolle angemessen berücksichtigen sollen.[404] Des Weiteren sollen Institute sicherstellen, dass das Leitungsorgan den Einsatz der technologiegestützten Innovationen, deren Beschränkungen und deren Auswirkungen auf die Kreditvergabeverfahren hinreichend versteht.[405] Sie müssen über ein Verständnis der zugrunde liegenden Modelle einschließlich ihrer Leistungsfähigkeit, Annahmen und Beschränkungen verfügen und die Nachvollziehbarkeit, Überprüfbarkeit, Robustheit und Widerstandsfähigkeit dieser Modelle sicherstellen.[406] Die Institute müssen sicherstellen, dass die Modelle für die vorgesehenen Zwecke geeignet sind und sie müssen die Qualität der Daten und Eingaben in das Modell kennen und Verzerrungen im Entscheidungsprozess über die Kreditvergabe aufdecken und verhindern.[407] Letztlich muss die Leistungsfähigkeit des Modells, einschließlich der Validität und Qualität seiner Ergebnisse, kontinuierlich überwacht werden, und im Falle von erkannten Problemen müssen Institute rechtzeitig Abhilfemaßnahmen ergreifen.[408]

Grundsätzlich ist es positiv zu werten, dass sich die Aufsicht explizit mit dem Einsatz fortschrittlicher Technologien befasst und in diesem Zusammenhang entsprechende Rahmenbedingungen festlegen möchte. Schließlich ist es von besonderer Wichtigkeit, dass KI-Systeme auf eine Weise zum Einsatz kommen, die für die Institute arbeitserleichternd und profitabel ist, ohne dass hierdurch gänzlich neue Risiko- und Schadensquellen eröffnet werden.[409]

---

[404] *European Banking Authority*, Guidelines on loan origination and monitoring, EBA/GL/2020/06, 29.05.2020, S. 16, Tz. 53, lit. a, online abrufbar unter: https://bit.ly/3t3R4gr (letzter Aufruf am 23.02.2022).

[405] European Banking Authority, Guidelines on loan origination and monitoring, EBA/GL/2020/06, 29.05.2020, S. 16, Tz. 53, lit. b, online abrufbar unter: https://bit.ly/3t3R4gr (letzter Aufruf am 23.02.2022).

[406] *European Banking Authority*, Guidelines on loan origination and monitoring, EBA/GL/2020/06, 29.05.2020, S. 16, Tz. 53, lit. c, online abrufbar unter: https://bit.ly/3t3R4gr (letzter Aufruf am 23.02.2022).

[407] *European Banking Authority*, Guidelines on loan origination and monitoring, EBA/GL/2020/06, 29.05.2020, S. 16, Tz. 53, lit. d, e, online abrufbar unter: https://bit.ly/3t3R4gr (letzter Aufruf am 23.02.2022).

[408] *European Banking Authority*, Guidelines on loan origination and monitoring, EBA/GL/2020/06, 29.05.2020, S. 16, Tz. 53, lit. f, online abrufbar unter: https://bit.ly/3t3R4gr (letzter Aufruf am 23.02.2022).

[409] FCH-Arbeitsbuch / *Gutmark / Radtke*, 2021, S. 232.

Gleichzeitig ist gerade der innovative Bereich einer, der unter zu viel Regulierung leidet, sodass die Formulierung von Vorgaben und Voraussetzungen eine Gratwanderung darstellt. Während ein Mindestmaß an Regulierung notwendig ist, um Instituten Orientierung zu gewähren und einen fairen Wettbewerb zu gewährleisten, sind zu strenge und umfassende Vorgaben teuer für die Institute, die ja gerade aus Kostengründen auf KI-Systeme zurückgreifen möchten. Des Weiteren könnten restriktive Vorgaben dazu führen, dass Institute eher von Innovation absehen und bei altbewährten Methoden bleiben, um nicht gegen geltende Aufsichtsstandards zu verstoßen. Dies könnte verheerende Folgen für europäische Banken im internationalen Wettbewerb haben.

Diese Gratwanderung scheinen die Voraussetzungen in Abschnitt 4.3.3 der EBA-Kreditleitlinien mit wenigen Einschränkungen gut zu meistern. Die erste Voraussetzung, die verhältnismäßige Berücksichtigung der neuen technologiebezogenen Risiken in institutsinternen Rahmenbedingungen für Risikomanagement und -kontrolle, scheint insbesondere wegen der expliziten Nennung des Proportionalitätsgrundsatzes angemessen und sinnvoll zu sein. So heißt es im zweiten Satz von Tz. 53 lit. a: „Dabei [also bei der Berücksichtigung der technologiegestützten Innovationen] sollten [die Institute] dem Geschäftsmodell, dem eingegangenen Kreditrisiko, der Komplexität der Methoden und dem Umfang, in dem die technologiegestützte Innovation eingesetzt wird, angemessen Rechnung tragen“. Diese Formulierung erlaubt den Instituten, bei der Erstellung ihres institutsinternen Risikorahmens ein gewisses Ermessen walten zu lassen und nicht jedes Detail bereits antizipieren und vorregulieren zu müssen. Dies wiederum bedeutet, dass Institute sich selbst einen gewissen Grad an Flexibilität bewahren können, was die Weiterentwicklung technischer Lösungen und Innovation begünstigt. Positiv ist auch, dass den Instituten im Rahmen der Proportionalitätsprüfung selbst überlassen wird, die Angemessenheit zu beurteilen. Gerade im Technologiebereich ist der Fortschritt oft schneller als die Regulierung, sodass letztlich den Instituten ein gewisses Maß an Selbstregulierung zugesprochen werden muss.

Auch die zweite Voraussetzung, das grundsätzliche Verständnis des Leitungsorgans hinsichtlich des Einsatzes, der Beschränkungen und Auswirkungen BDAI-basierter Technologien auf das Kreditvergabeverfahren erscheint notwendig und sinnvoll. Insbesondere im Hinblick auf das Prinzip der Letztverantwortung der Geschäftsleitung, welches vor allem im Technologiekontext anwendbar ist und beibehalten werden soll, wird ein technologisches Grundverständnis der Geschäftsleitung vorausgesetzt.

Problematischer scheint hingegen die dritte Voraussetzung. Gemäß Abschnitt 4.3.3 Tz. 53 lit. c. soll nämlich unter anderem die Nachvollziehbarkeit der zugrunde liegenden Modelle sichergestellt werden. Eine strenge Auslegung dieses Kriteriums der Nachvollziehbarkeit konfligiert unter Umständen mit der technischen Realität und könnte somit entwicklungshemmend sein. Schließlich ist ein Merkmal komplexerer Ausprägungen der KI-Systeme, wie beispielsweise Neuronalen Netzen, die besonders effektiv für Prognosezwecke eingesetzt werden können, dass sie gerade nicht vollumfänglich nachvollziehbar sind.[410] Allerdings sind die auf diese Weise produzierten Prognosen besonders akkurat. Sofern also Institute diese Voraussetzung der Nachvollziehbarkeit zu eng lesen, könnte dies unter Umständen die Entwicklung und Anwendung fortschrittlicher Arten von KI-Systemen bremsen, die aber gerade für das Kreditgeschäft von potenziell besonders großem Nutzen sind. Gleichzeitig ist denkbar, dass das Risiko der Anwendung komplexer Arten von KI-Systemen auf andere Weise begrenzt werden kann, beispielsweise durch regelmäßige Tests. Ob ein Modell prognosesichere Ergebnisse produziert, kann nämlich ohne Weiteres überprüft werden. Die Überprüfung erfolgt grundsätzlich, „indem die maschinelle Entscheidung in Stichproben mit einer vermuteten individuellen Entscheidung zu diesem Testfall abgeglichen wird".[411] Alternativ können bei Ratingsystemen die maschinell ermittelten „Ausfallwahrscheinlichkeiten im Portfolio mit späteren tatsächlichen Kreditausfällen verglichen werden".[412]

Letztlich wäre wünschenswert, dass die Vorgabe der „Nachvollziehbarkeit" eher im Sinne eines allgemeinen technischen Grundverständnisses gemeint ist und nicht erfordert, dass der zugrundeliegende Mechanismus vollumfänglich verständlich ist. Letzteres ist nämlich bei bestimmten Ausprägungen der KI-Systeme unter Umständen gar nicht realisierbar, was deren Nutzung und Weiterentwicklung einschränken würde. Eine entsprechende Klarstellung von Seiten der Aufsicht, um den Instituten gewisse Rechtssicherheit zu gewähren, wäre in diesem Kontext begrüßenswert.

---

410 Siehe hierzu ausführlich *Martini*, Blackbox Algorithmus – Grundfragen einer Regulierung Künstlicher Intelligenz, 2019, S. 41 ff.

411 FCH-Arbeitsbuch / *Mailach*, 2021, S. 35.

412 FCH-Arbeitsbuch / *Mailach*, 2021, S. 35.

(iii) Abschnitt 4.3.4 – Modelle für die Kreditwürdigkeitsprüfung und Kreditentscheidungen

(a) Regelungsgehalt von Abschnitt 4.3.4 der EBA-Kreditleitlinien

Wie im vorigen Abschnitt ausgeführt, enthält Abschnitt 4.3.3 (*Technologiegestützte Innovationen für die Kreditvergabe*) der EBA-Kreditleitlinien allgemeine Vorgaben für die Verwendung „technologiegestützter Innovationen" für die Kreditvergabe. Abschnitt 4.3.4 (*Modelle für die Kreditwürdigkeitsprüfung und Kreditentscheidung*) enthält hingegen dem Anschein nach konkretere Anwendungsvorgaben für die Nutzung automatisierter Modelle im Rahmen der Kreditwürdigkeitsprüfung und Kreditentscheidung.[413]

So müssen Institute gemäß Tz. 54 lit. a über interne Strategien und Verfahren verfügen, mit denen Verzerrungen erkannt und verhindert werden sowie die Qualität der Eingabedaten gesichert wird. Weiterhin müssen Institute Maßnahmen zur Sicherstellung der Nachvollziehbarkeit, Prüfbarkeit sowie der Belastbarkeit und Resilienz der Eingabe- und Ausgabedaten treffen.[414] Sie müssen darüber hinaus interne Strategien und Verfahren implementieren, um sicherzustellen, dass die Qualität der Modellergebnisse mithilfe von Maßnahmen, die der Modellverwendung angemessen sind, regelmäßig bewertet wird.[415] Letztlich müssen Institute unter anderem auch über Kontrollmechanismen und Eskalationsverfahren innerhalb des regulären Rahmens für Kreditentscheidungen verfügen.[416]

Teilziffer 55 enthält entsprechende Vorgaben hinsichtlich der Modelldokumentation, über die Institute für die Verwendung automatisierter Modelle im Kreditvergabeprozess verfügen sollten.[417]

---

[413] FCH-Arbeitsbuch / *Mailach*, 2021, S. 36.

[414] *European Banking Authority*, Guidelines on loan origination and monitoring, EBA/GL/2020/06, 29.05.2020, S. 17, Abschnitt 4.3.4, Tz. 54, lit. b, online abrufbar unter: https://bit.ly/3t3R4gr (letzter Aufruf am 23.02.2022).

[415] *European Banking Authority*, Guidelines on loan origination and monitoring, EBA/GL/2020/06, 29.05.2020, S. 17, Abschnitt 4.3.4, Tz. 54, lit. c, online abrufbar unter: https://bit.ly/3t3R4gr (letzter Aufruf am 23.02.2022).

[416] *European Banking Authority*, Guidelines on loan origination and monitoring, EBA/GL/2020/06, 29.05.2020, S. 17, Abschnitt 4.3.4, Tz. 54, lit. d, online abrufbar unter: https://bit.ly/3t3R4gr (letzter Aufruf am 23.02.2022).

[417] *European Banking Authority*, Guidelines on loan origination and monitoring, EBA/GL/2020/06, 29.05.2020, S. 17, Abschnitt 4.3.4, Tz. 55, online abrufbar unter: https://bit.ly/3t3R4gr (letzter Aufruf am 23.02.2022).

(b) Bewertung von Abschnitt 4.3.4

Grundsätzlich ist positiv zu bewerten, dass die Aufsichtsbehörde sich um die Gestaltung eines regulatorischen Rahmens bei der Anwendung automatisierter Modelle bemüht. In dem Zusammenhang ist es auch nachvollziehbar, dass sich die Europäische Bankenaufsichtsbehörde bei der Benennung konkreter Technologieformen zurückhält. So nutzt sie auch im Rahmen des Abschnitts 4.3.3 (*Technologiegestützte Innovationen für die Kreditvergabe*) den sehr allgemein gehalten Oberbegriff der „technologiegestützten Innovation“, ohne zu konkretisieren, welche Ausprägungen genau hierunter zu fassen sind. Dies wurde auch im Rahmen des Konsultationsprozesses mit dem Hinweis bemängelt, dass unklar sei, was genau unter diesen Oberbegriff zu fassen sei und ob beispielsweise alle Arten von Modellen, künstlich intelligenten Systemen, Datenquellen, Algorithmen und Optimierungssystemen inkludiert seien.[418] Die Europäische Bankenaufsichtsbehörde hat sich daraufhin dahingehend positioniert, keine spezifische Definition des Begriffs der „technologiegestützten Innovation“ bereitstellen zu wollen und verwies stattdessen auf die Definition des Finanzstabilitätsrats für den Begriff „FinTech“, die lautet: „Technologisch gestützte Innovation für Finanzdienstleistungen (ist eine Innovation), die zu neuen Geschäftsmodellen, Anwendungen, Prozessen oder Produkten mit wesentlichen Auswirkungen auf die Bereitstellung von Finanzdienstleistungen führen könnte.“[419] Wie bereits erwähnt, verweist die Europäische Bankenaufsichtsbehörde in diesem Zusammenhang auch auf den EBA-Bericht „Report on big data and advanced analytics“.[420] Der Hinweis auf diesen Bericht lässt darauf schließen, dass insbesondere Formen der Künstlichen Intelligenz in der Unterart des Maschinellen Lernens unter den Oberbegriff der „technologiegestützten Innovationen“ zu fassen sind. Dies ist nachvollziehbar, denn gerade im Bereich der innovativen

---

418 *European Banking Authority*, Summary of the responses received to the consultation and the EBA's analysis, Stand: 29.05.2020, EBA/GL/2020/06, S. 17, online abrufbar unter: https://bit.ly/36CSuap (letzter Aufruf am 24.02.2022).

419 *European Banking Authority*, Summary of the responses received to the consultation and the EBA's analysis, Stand: 29.05.2020, EBA/GL/2020/06, S. 17, online abrufbar unter: https://bit.ly/36CSuap (letzter Aufruf am 24.02.2022).

420 *European Banking Authority*, EBA Report on Big Data and Advanced Analytics, EBA/REP/2020/01, Januar 2020, online abrufbar unter: https://bit.ly/3t75mwU (letzter Aufruf am 24.02.2022).

Technologieformen, die im Finanzsektor Anwendung finden, gibt es ständig neue Entwicklungen. Vor diesem Hintergrund besteht die Gefahr, dass eine zu starre Definition und die damit verbundene Eingrenzung der gegenständlichen Technologieformen mit der Zeit gängige Anwendungsformen nicht umfassen würde. Diese müssten dann im Wege einer Änderung der Leitlinien oder einer separaten Regulierungsmaßnahme berücksichtigt werden, was aufwändig wäre und letztlich zu einer unübersichtlichen Regelungsfragmentierung führen könnte.

Gleichzeitig wäre allerdings in Abschnitt 4.3.4 eine klarere Positionierung des sachlichen Anwendungsbereichs des Begriffs der „automatisierten Modelle“ wünschenswert gewesen. Zunächst erschließt sich nicht auf den ersten Blick, in welchem Verhältnis sich der Begriff der „automatisierten Modelle“ in Abschnitt 4.3.4 zu dem der „technologiegestützten Innovationen“ in Abschnitt 4.3.3 steht. Insbesondere stellt sich die Frage, ob es sich bei allen automatisierten Modellen zwingend auch um Formen technologiegestützter Innovationen handeln muss, oder ob nur solche automatisierten Modelle vom Begriff der technologiegestützten Innovation umfasst sind, die ein KI-Element, wie beispielsweise einen lernenden Algorithmus, nutzen. Außerdem ist unklar, ob die die Verwendung des Begriffs der „technologiegestützten Innovation“ in Abschnitt 4.3.3 impliziert, dass hierunter gerade keine automatisierten Modelle zu subsumieren sind, da diese in Abschnitt 4.3.4 expliziert als solche bezeichnet und weitergehenden Regelungen unterworfen werden.

Wie in Kapitel 2 beschrieben, besteht ein grundlegender Unterschied zwischen lediglich automatisierten Modellen und solchen, die zusätzlich zu automatisierten Prozessen auch Elemente der Künstlichen Intelligenz nutzen. Ein Modell für die Zwecke des Kreditvergabeprozesses kann beispielsweise automatisiert sein und ohne jegliches Zutun Kreditentscheidungen treffen, indem auf einen „statischen“ Algorithmus zurückgegriffen wird. Ein solches Modell gilt aber nicht als „künstlich intelligent“. Die Künstliche Intelligenz findet erst dann Eingang in automatisierte Prozesse, wenn beispielsweise lernende Algorithmen oder Technologieformen des Maschinellen Lernens für die Zwecke der Kreditwürdigkeitsprüfung oder des Kreditmonitorings verwendet werden. Vor diesem Hintergrund wäre es hilfreich gewesen, eine entsprechende Klarstellung, beispielsweise in Tz. 14 im Abschnitt „Begriffsbestimmungen“ der EBA-Kreditleitlinien, einzufügen.

Grundsätzlich umfasst der Wortlaut von Abschnitt 4.3.4 sowohl KI-basierte als auch nicht-KI-basierte automatisierte Modelle, da wohl allein das Kriterium der Automatisierung der Modelle entscheidend ist. Gleichzeitig impliziert eine systematische Gesamtschau der EBA-Kreditleitlinien, dass eine vollautomatisierte KI-basierte Kreditvergabe wohl noch nicht von den Aufsichtsbehörden vorgesehen oder gar gebilligt wird. So enthält Abschnitt 5.1 der EBA-Kreditleitlinien Mindestkriterien, die im Rahmen der Kreditwürdigkeitsprüfung zu berücksichtigen sind. Einige der zwingend zu berücksichtigenden Kriterien sind zudem auch solche, die einen manuellen Kreditprozess implizieren. So liegt es nicht auf der Hand, wie ein Algorithmus das Geschäftsmodell und unter Umständen auch die Gesellschaftsstruktur eines kreditbeantragenden Unternehmens im Bonitätsscore berücksichtigen kann. Hier scheint es plausibler, dass die EBA-Kreditleitlinien einen menschlichen Entscheidungsträger vorsehen, der seine eigene Einschätzung des Geschäftsmodells in die Kreditentscheidung einfließen lassen soll. Weiterhin enthält Anhang 2, der beispielhaft Kriterien für die Kreditwürdigkeitsprüfung enthält, nur solche, die als „strukturierte Datensätze" Eingang in den Kreditprozess finden können. Die besondere Prognosestärke BDAI-basierter Kreditwürdigkeitsprüfungen basiert jedoch auch auf der Verwendung unstrukturierter Datensätze, die im Rahmen der EBA-Kreditleitlinien gar nicht berücksichtigt oder erwähnt werden.

Gerade vor dem Hintergrund, dass vollautomatisierte KI-basierte Kreditvergabeprozesse für Banken großes Kostenersparnispotenzial bergen, wäre im Sinne einer eindeutigen und klaren Anwendungspraxis hilfreich gewesen, den Gegenstand beziehungsweise den sachlichen Anwendungsbereich der einzelnen Regelungen zu konkretisieren. Wäre im Rahmen von Abschnitt 4.3.4 beispielsweise auch explizit klargestellt, dass automatisierte Modelle auch solche umfassen, die KI-basierte Technologie nutzen, wäre dies ein klares Signal für Banken gewesen, dass die Aufsicht die Nutzung solcher Systeme anerkennt und billigt. Zwar ist nachvollziehbar, dass die Aufsichtsbehörden gerade im innovativen Bereich eine gewisse Flexibilität wahren wollen, sodass auch künftige Entwicklungen von den Vorgaben umfasst werden können. Allerdings darf dies nicht zu Lasten der Auslegungs- und Rechtssicherheit geschehen. Denn unklare Regelungen stehen gerade dem Ziel der Harmonisierung und Herstellung einer kohärenten, einheitlichen und eindeutigen Aufsichtspraxis entgegen. Dies würde letztlich die Existenzberechtigung der Leitlinie konterkarieren.

(iv) Abschnitt 5 – Verfahren zur Kreditvergabe

In Abschnitt 5 der EBA-Kreditleitlinien finden sich nähere Bestimmungen zur Durchführung des Kreditvergabeverfahrens im engeren Sinn.

(a) Regelungsgehalt von Abschnitt 5.1 der EBA-Kreditleitlinien

In Abschnitt 5.1 der EBA-Kreditleitlinien enthalten die Teilziffern 85 und 86 Vorgaben hinsichtlich der Informationen, die die Institute für die Zwecke der Kreditwürdigkeitsprüfung besitzen und nutzen sollten. Während Tz. 85 die Informationen nennt, die für die Zwecke der Kreditwürdigkeitsprüfung von Verbrauchern verwendet werden sollen, enthält Tz. 86 die entsprechende Regelung für die Kreditwürdigkeitsprüfung von Kleinstunternehmen sowie kleinen, mittleren und großen Unternehmen.

Zu den Informationen, die für die Kreditwürdigkeitsprüfung von Verbrauchern eingeholt und genutzt werden sollen, gehört beispielsweise die Erwerbstätigkeit, der Nachweis der Rückzahlungsfähigkeit, die Tatsache, ob und wie viele Haushaltsmitglieder und Unterhaltsberechtigte existieren, sowie Informationen zu regelmäßigen Ausgaben.[421] Für die Zwecke der Kreditwürdigkeitsprüfung von Kleinstunternehmen sowie von kleinen, mittleren und großen Unternehmen sollten Informationen verwendet werden, die mindestens Aufschluss über die folgenden Aspekte geben: „Einkommen und Cashflow“, „Geschäftsmodell und, sofern relevant, Gesellschaftsstruktur“, „durch finanzielle Planzahlen gestützte Geschäftspläne“ und „produkttypspezifische rechtliche Unterlagen (z.B. Genehmigungen, Verträge)“.[422] Die Europäische Bankenaufsichtsbehörde weist darauf hin, dass die Institute und Kreditgeber für die Zwecke der Kreditwürdigkeitsprüfung auch die in Anhang 2 der EBA-Kreditleitlinien beschriebenen spezifischen Informationen, Datenelemente und Nachweise heranziehen können.[423]

---

[421] *European Banking Authority*, Guidelines on loan origination and monitoring, EBA/GL/2020/06, 29.05.2020, S. 25, Abschnitt 5.1, Tz. 85, lit. b, c, d, e, online abrufbar unter: https://bit.ly/3t3R4gr (letzter Aufruf am 23.02.2022).

[422] *European Banking Authority*, Guidelines on loan origination and monitoring, EBA/GL/2020/06, 29.05.2020, S. 25, Abschnitt 5.1, Tz. 86, lit. b, d, e, h, online abrufbar unter: https://bit.ly/3t3R4gr (letzter Aufruf am 23.02.2022).

[423] *European Banking Authority*, Guidelines on loan origination and monitoring, EBA/GL/2020/06, 29.05.2020, S. 25, Abschnitt 5.1, Tz. 85, 86, online abrufbar unter: https://bit.ly/3t3R4gr (letzter Aufruf am 23.02.2022).

Anhang 2 der EBA-Kreditleitlinien enthält eine Reihe von Informationen, Datenelementen und Nachweisen, die von Instituten und Kreditgebern bei der Erhebung von Informationen für die Zwecke der Kreditwürdigkeitsprüfung in Betracht kommen.[424] Diese sind nach Finanzierungsart unterteilt, also je nachdem, ob es sich beispielsweise um die Finanzierung eines Verbrauchers, eines Kleinstunternehmens, einer Gewerbeimmobilie, einer Immobilienentwicklung oder eines Projekts handelt.[425] Unter anderem zählen zu den verbraucherbezogenen Informationen in Anhang 2 ein „Nachweis über den Wohnsitz", „Informationen über finanzielle Vermögenswerte und Verbindlichkeiten", „Informationen über Mitglieder des Haushalts und Unterhaltsberechtigte" und eine „Bescheinigung des steuerlichen Status".[426]

(b) Bewertung von Abschnitt 5.1

Ursprünglich war im Entwurf der EBA-Kreditleitlinien vorgesehen, dass Institute für die Zwecke der Kreditwürdigkeitsprüfung zumindest die in Anhang 2 aufgelisteten Informationen zusammentragen sollten.[427] Die Absicht der Aufsicht war hierbei, die europaweite Harmonisierung der Kreditvergabepraxis zu erreichen. Allerdings wurde diese ursprünglich starke Einbeziehung der in Anhang 2 genannten Datenpunkte für die Zwecke der Kreditwürdigkeitsprüfung im Rahmen des Konsultationsprozesses bemängelt. Konkret wurde angemerkt, dass die Vorgabe, eine längere Liste spezifischer Informationen für die Zwecke der Kreditwürdigkeitsprüfung zusammentragen zu müssen, zu

---

[424] Vgl. *European Banking Authority*, Guidelines on loan origination and monitoring, EBA/GL/2020/06, 29.05.2020, Anhang 2, online abrufbar unter: https://bit.ly/3t3R4gr (letzter Aufruf am 23.02.2022).

[425] Vgl. *European Banking Authority*, Guidelines on loan origination and monitoring, EBA/GL/2020/06, 29.05.2020, Anhang 2, online abrufbar unter: https://bit.ly/3t3R4gr (letzter Aufruf am 23.02.2022).

[426] *European Banking Authority*, Guidelines on loan origination and monitoring, EBA/GL/2020/06, 29.05.2020, Anhang 2, Abschnitt A, Tz. 2, 7, 9, 10, online abrufbar unter: https://bit.ly/3t3R4gr (letzter Aufruf am 23.02.2022).

[427] *European Banking Authority*, Consultation Paper – Draft Guidelines on loan origination and monitoring, EBA/CP/2019/04, Juni 2019, S. 35, Tz. 92, 94, online abrufbar unter: https://bit.ly/3vk0esh (letzter Aufruf am 24.02.2022).

präskriptiv sei.[428] Insbesondere schränke diese umfassende Vorgabe auch jeglichen innovativen Fortschritt ein, beispielsweise im Rahmen der Entwicklung alternativer Verfahren für die Prüfung der Kreditwürdigkeit. Solche alternativen Kreditwürdigkeitsprüfungen nutzen technologische Möglichkeiten auch, um auf der Grundlage weniger oder andersartiger Informationen oder Datenpunkte eine Einschätzung über die Bonität von Kreditnehmern treffen zu können.[429] Trotz Verwendung weniger „traditioneller" Datenpunkte sind innovative Methoden für die Kreditwürdigkeitsprüfung häufig akkurater und genauer als traditionelle Verfahren.[430] Deshalb sollte ihre Entwicklung und Anwendung gefördert, jedenfalls aber nicht durch Regelungen der Aufsicht eingeschränkt werden.

Sofern allerdings die EBA-Kreditleitlinien zu viele und detaillierte Vorgaben hinsichtlich der Kriterien enthalten, die für die Zwecke der Kreditwürdigkeitsprüfung Berücksichtigung finden müssen, würde dies die Anwendung BDAI-basierter Verfahren für die Kreditwürdigkeit bremsen. Schließlich ist inhärentes Merkmal dieser BDAI-basierten Verfahren, dass die Bonitätseinschätzung gerade nicht auf vorprogrammierten Entscheidungsparametern basiert und unter Umständen weniger auf das traditionelle Repertoire an strukturierten Datenpunkten zurückgreift, um die Kreditwürdigkeitsprüfung durchzuführen. Aufgrund dessen wurde im Rahmen des Konsultationsprozesses auch die Formulierung der entsprechenden Regelungen in Abschnitt 5.1 der EBA-Kreditleitlinien angepasst. Während es vormals hieß, dass die Institute und Kreditgeber für die Zwecke der Erhebung und Überprüfung von Informationen zumindest die Erhebung der in Anhang 2 genannten Informationen und Daten in Betracht ziehen sollten, wurde dieser präskriptive Wortlaut in der finalen Fassung geändert.[431]

---

[428] *European Banking Authority*, Summary of the responses received to the consultation and the EBA's analysis, Stand: 29.05.2020, EBA/GL/2020/06, S. 58, online abrufbar unter: https://bit.ly/36CSuap (letzter Aufruf am 24.02.2022).

[429] *European Banking Authority*, Summary of the responses received to the consultation and the EBA's analysis, Stand: 29.05.2020, EBA/GL/2020/06, S. 58, online abrufbar unter: https://bit.ly/36CSuap (letzter Aufruf am 24.02.2022).

[430] *European Banking Authority*, Summary of the responses received to the consultation and the EBA's analysis, Stand: 29.05.2020, EBA/GL/2020/06, S. 58, online abrufbar unter: https://bit.ly/36CSuap (letzter Aufruf am 24.02.2022).

[431] Diese Formulierung war sowohl bei den Vorgaben für Kreditvergabe an Verbraucher sowie bei den Vorgaben für die Unternehmensfinanzierung enthalten. Vgl. *European*

Nun ist der Wortlaut in der finalen Fassung der EBA-Kreditleitlinien optional gefasst. Gemäß Abschnitt 5.1 *können* Institute und Kreditgeber die Verwendung bestimmter Informationen, Daten und Nachweise in Betracht ziehen, die in Anhang 2 aufgeführt sind.[432] Diese Anpassung des Wortlauts war notwendig und geboten, um Kreditgeber nicht unverhältnismäßig zu belasten und die Nutzung innovativer Technologien für die Zwecke der Kreditwürdigkeitsprüfung zu ermöglichen.

Allerdings findet sich in der finalen Fassung des Abschnitts 5.1 nach wie vor eine starre Liste an Kriterien, die von Instituten für die Zwecke der Kreditwürdigkeitsprüfung in Betracht zu ziehen sind. Zwar sind diese Kriterien nicht so extensiv ausgestaltet, wie dies vormals unter Einbeziehung der Vorgaben des Anhangs 2 der Fall gewesen wäre, dennoch stellen sie eine Hürde für künftige innovationsbezogene Kreditvergabe dar. Diese Hürde besteht darin, dass zum einen Institute bei der Kreditwürdigkeitsprüfung bestimmte Kriterien zwingend beachten müssen, wie beispielsweise bei der Kreditvergabe an einen Verbraucher die Zusammensetzung seines Haushalts und etwaige von ihm abhängige Personen.[433] Sofern die Institute in Erwägung ziehen, die Kreditwürdigkeitsprüfung ausschließlich über ein BDAI-basiertes Verfahren unter Anwendung eines lernenden Algorithmus durchzuführen, müssten auch die zuvor erwähnten Kriterien bei der Kreditwürdigkeitsprüfung berücksichtigt werden. In gewisser Weise schränkt dies die selbstbestimmte automatisierte Weiterentwicklung des Algorithmus ein, was aber für ein optimales Prognoseergebnis förderlich ist. Weiterhin ist auch unklar, wie genau das Kriterium der Haushaltszusammensetzung in die Kreditwürdigkeitsprüfung einzufließen hat und mit welchen jeweiligen Konsequenzen für die Bonitätseinschätzung. Vermutlich dient dieses Kriterium einer genaueren Einschätzung hinsichtlich der Verbindlichkeiten

---

Banking Authority, Consultation Paper – Draft Guidelines on loan origination and monitoring, EBA/CP/2019/04, Juni 2019, S. 35, Tz. 92, 94, online abrufbar unter: https://bit.ly/3vk0esh (letzter Aufruf am 24.02.2022).

[432] Hervorhebung von der Verfasserin eingefügt. *European Banking Authority*, Guidelines on loan origination and monitoring, EBA/GL/2020/06, 29.05.2020, Tz. 85, 86, online abrufbar unter: https://bit.ly/3t3R4gr (letzter Aufruf am 23.02.2022).

[433] *European Banking Authority*, Guidelines on loan origination and monitoring, EBA/GL/2020/06, 29.05.2020, Tz. 85, lit. d, online abrufbar unter: https://bit.ly/3t3R4gr (letzter Aufruf am 23.02.2022).

des Kreditnehmers durch den Kreditgeber, welche allerdings bereits nach Abschnitt 5.1 lit. f EBA-Kreditleitlinien berücksichtigt werden.

Zum anderen enthält die Kriterienliste in Abschnitt 5.1 der EBA-Kreditleitlinien auch solche zwingenden Kriterien für die Kreditwürdigkeitsprüfung, die nicht quantifizierbar sind. Die Eigenschaft der Quantifizierbarkeit ist deshalb relevant, weil Daten, die zahlenmäßig festgehalten oder darstellbar sind, besser und einfacher für die Zwecke eines BDAI-basierten Systems verwendet werden können. Hierzu gehört beispielsweise im Rahmen der Kreditvergabe an Verbraucher die Haushaltszusammensetzung. Sicherlich wäre es einem menschlichen Kreditsachbearbeiter ohne Weiteres möglich, diesen Aspekt in seine Bonitätseinschätzung einfließen zu lassen. Die Frage ist jedoch, wie dieser Aspekt in Betracht zu ziehen wäre, sobald ein automatisiertes BDAI-basiertes System die Bonitätsprüfung vollzieht.

Diese Schwierigkeit offenbart sich bei allen Kriterien, die gemäß den EBA-Kreditleitlinien bei der Kreditwürdigkeitsprüfung zwingend zu berücksichtigen sind, die aber letztlich nicht nummerisch quantifiziert dargestellt werden können. Im Rahmen der Unternehmensfinanzierung gehören zu diesen Kriterien auch das Businessmodel und die Konzernstruktur.[434] Wie ein Algorithmus das Businessmodel für die Zwecke der Kreditwürdigkeitsprüfung bewerten soll, liegt aber nicht auf der Hand. Allein die Tatsache, dass dieser Aspekt Berücksichtigung finden muss, impliziert aber, dass jedenfalls im Rahmen der Unternehmensfinanzierung aber auch unter Umständen bei der Verbraucherfinanzierung der algorithmisch bestimmte Bonitätsscore nach wie vor eher neben einer menschlichen „manuellen“ Entscheidung für die Letztentscheidung verwendet werden darf. So wie allerdings die Kriterien des Anhangs 2 nun im Rahmen der Kreditwürdigkeitsprüfung keine Rolle mehr spielen, weil die Einbeziehungspflicht gerade technologische Weiterentwicklung behindern würde, gilt Gleiches jedoch auch für die übrigen Kriterien des Abschnitts 5.1 der EBA-Kreditleitlinien, die nach wie vor zwingend zu berücksichtigen sind.

Vor diesem Hintergrund wäre es konsequent und hilfreich gewesen, die Formulierung der Teilziffern 85 und 86 der EBA-Kreditleitlinien ebenfalls

---

[434] *European Banking Authority*, Guidelines on loan origination and monitoring, EBA/GL/2020/06, 29.05.2020, Tz. 86, lit. d, online abrufbar unter: https://bit.ly/3t3R4gr (letzter Aufruf am 23.02.2022).

so anzupassen, dass die Berücksichtigung der Kriterien zwar vorgeschlagen, aber nicht zwingend vorgegeben wird.

2.7 Ergebnis

Sicherlich wird die Anwendungspraxis weitere Klarheit hinsichtlich der Auslegungs- und Anwendungsweise der EBA-Kreditleitlinien mit sich bringen. Trotz der formal nicht bindenden Rechtsnatur der EBA-Kreditleitlinien sind diese nämlich faktisch von besonderer Bedeutung für Instituten und lösen für diese einen nicht zu verkennenden Befolgungsdruck aus. Sicherlich ist zu begrüßen, dass die EBA im Rahmen der Kreditleitlinien neue technologische Möglichkeiten aufgreift. Es bleibt zu hoffen, dass es der Aufsicht gelingen wird, die Gratwanderung zwischen der Gewährung von Rechtssicherheit und der Flexibilisierung von Vorgaben im Angesicht der sich stetig wandelnden technologischen Strukturen zu meistern.

3. Die bankaufsichtlichen Anforderungen an die IT im Überblick

3.1 Einleitung

Die Aufsicht hat erkannt, dass der Einsatz von Informationstechnik eine essenzielle Bedeutung sowohl für den Geschäftsbetrieb der einzelnen Institute als solches, als auch für den gesamten Finanzsektor hat.[435] Aufgrund der intensivierten Nutzung und steigenden Abhängigkeit der Einzelinstitute wie auch der Finanzwirtschaft von den verwendeten IT-Systemen messen die Aufsichtsbehörden dem Thema Informationssicherheit eine besonders schützenswerte Bedeutung zu, vergleichbar mit den Faktoren Liquidität und Kapital.[436] Aufsichtsbehörden erachten nicht nur die Verwendung eigener IT-Systeme durch Institute als regulierungsbedürftig, sondern auch deren Zugriff auf IT-Dienstleistungen Dritter im Wege der Auslagerung.

Mit Veröffentlichung des Rundschreibens „Bankaufsichtliche Anforderungen an die IT“ (‚BAIT‘) Ende 2017 konkretisierte die BaFin erstmals ihre

---

[435] *BaFin*, Rundschreiben 10/2017 (BA), Bankaufsichtliche Anforderungen an die IT (BAIT), Stand: 16.08.2021, Abschnitt I., Rn. 2, online abrufbar unter: https://bit.ly/3BOQAPt (letzter Aufruf am 24.02.2022).

[436] *Schwennicke / Auerbach*, 4. Auflage, 2021, KWG § 25a, Rn. 98; *BaFin*, Pressemitteilung, Anforderungen an die IT von Banken (BAIT), WPg 2017, 1391.

Erwartungshaltung an Institute in Bezug auf ihre technisch-organisatorische Ausstattung, die für die Aufrechterhaltung der IT-Sicherheit erforderlich ist.[437] Hiermit teilte die Aufsicht den Geschäftsleitungen der Institute mit, welche spezifischen Rahmenbedingungen sie für die Ausgestaltung der IT-Systeme und der IT-Governance voraussetzt.[438]

Die BAIT wurde seit ihrem erstmaligen Erlass zweimal aktualisiert. Im September 2018 wurde die zweite Version der BAIT veröffentlicht, die durch zusätzlichen Regelungsinhalte zum Thema Kritische Infrastrukturen ergänzt worden war. Jüngst – im August 2021 – wurde sodann die dritte Version der BAIT erlassen, die vor dem Hintergrund der EBA-Leitlinien für das Management von IKT- und Sicherheitsrisiken zusätzliche Abschnitte zu den Themen operative Informationssicherheit, IT-Notfallmanagement und Management der Beziehungen mit Zahlungsdienstnutzern enthält.[439]

3.2 Rechtsnatur der BAIT

Gemäß § 25a Abs. 1 Satz 1, 3 KWG muss ein Institut über eine ordnungsgemäße Geschäftsorganisation verfügen, die insbesondere ein angemessenes und wirksames Risikomanagement umfasst, auf dessen Basis das Institut seine Risikotragfähigkeit laufend sicherzustellen hat. Gemäß § 25a Abs. 1 Satz 3 Nr. 4 und 5 KWG umfasst das Risikomanagement insbesondere eine angemessene personelle und technisch-organisatorische Ausstattung des Instituts sowie die Festlegung eines angemessenen Notfallmanagements, insbesondere für IT-Systeme. Die BAIT, wie auch die MaRisk, sind norminterpretierende Konkretisierungen, die sich im Falle der BAIT auf die in § 25a Abs. 1 Satz 3 Nr. 4, 5 KWG gesetzlich festgelegten Grundsätze ordnungsgemäßer Geschäftsführung beziehen.

Ziel der BAIT ist es, „flexible und praxisnahe" Vorgaben für die technisch-organisatorische Ausstattung der Institute aufzustellen, die sich insbesondere auf das Management von IT-Ressourcen, das Informationsrisikomanagement

---

[437] *BaFin*, Pressemitteilung, Anforderungen an die IT von Banken (BAIT), WPg 2017, 1391.

[438] *BaFin*, Pressemitteilung, Anforderungen an die IT von Banken (BAIT), WPg 2017, 1391.

[439] *BaFin*, Fachartikel, BaFin amends its BAIT, 14.10.2021, online abrufbar unter: https://bit.ly/3JNIKZa (letzter Aufruf am 24.02.2022); *European Banking Authority*, EBA-Leitlinien für das Management von IKT- und Sicherheitsrisiken, EBA/GL/2019/04, November 2019, online abrufbar: https://bit.ly/3t7M8Hw (letzter Aufruf am 24.02.2022).

und das Informationssicherheitsmanagement beziehen.[440] In der BAIT finden sich darüber hinaus Anforderungen zur IT-Strategie, zur IT-Governance, zum Benutzerberechtigungsmanagement sowie zu IT-Projekten und zur Anwendungsentwicklung.[441] Schließlich dient die BAIT auch der Konkretisierung der Anforderungen des § 25b KWG zu Auslagerung von Aktivitäten und Prozessen, da Institute immer häufiger IT-Dienstleistungen, auch im Rahmen von Auslagerungen, von Dritten beziehen.[442]

So wie dies auch bei der MaRisk der Fall ist, sind die Anforderungen der BAIT prinzipienorientiert und sollen die Umsetzung des Prinzips der doppelten Proportionalität ermöglichen.[443]

3.3 Relevante Regelungen der BAIT

Da die BAIT umfangreiche IT-bezogene Vorgaben für die Geschäftsorganisation von Instituten enthält, sind diese gerade auch im Bereich der Entwicklung und Nutzung von KI-Systemen zur Optimierung der Geschäftstätigkeit relevant, wie beispielsweise im Rahmen der Kreditvergabe. Somit sind die Vorgaben der BAIT stets im Blick zu behalten, sowohl bei der Entwicklung neuer IT-Systeme wie auch bei der Nutzung von IT-Anwendungen, die von Dritten bereitgestellt werden. Im Folgenden soll exemplarisch auf zwei Vorgaben der BAIT eingegangen werden, die bei der Entwicklung und Nutzung von KI-Systemen durch Institute von besonderer Relevanz sind.

(i) Vorgaben für die Anwendungsentwicklung

Zunächst enthält Abschnitt 7 gewisse Vorgaben für den Fall der Anwendungsentwicklung, die unter anderem die Erstellung von Software für Geschäfts- und

---

440 *BaFin*, Rundschreiben 10/2017 (BA), Bankaufsichtliche Anforderungen an die IT (BAIT), Stand: 16.08.2021, Abschnitt I., Rn. 2, online abrufbar unter: https://bit.ly/3BOQAPt (letzter Aufruf am 24.02.2022).

441 *Schwennicke / Auerbach*, 4. Auflage, 2021, KWG § 25a, Rn. 98.

442 *BaFin*, Rundschreiben 10/2017 (BA), Bankaufsichtliche Anforderungen an die IT (BAIT), Stand: 16.08.2021, Abschnitt I., Rn. 2, online abrufbar unter: https://bit.ly/3BOQAPt (letzter Aufruf am 24.02.2022); *BaFin*, Pressemitteilung, Anforderungen an die IT von Banken (BAIT), WPg 2017, 1391.

443 *BaFin*, Rundschreiben 10/2017 (BA), Bankaufsichtliche Anforderungen an die IT (BAIT), Stand: 16.08.2021, Abschnitt I., Rn. 4, online abrufbar unter: https://bit.ly/3BOQAPt (letzter Aufruf am 24.02.2022); vgl, insbesondere AT 1 Tz. 3, 5 und 7 sowie AT 2.1 Tz. 2 MaRisk; *Schwennicke / Auerbach*, 4. Auflage, 2021, KWG § 25a, Rn. 98.

Unterstützungsprozesse umfasst.[444] Diese Vorgaben betreffen beispielsweise auch technische Dokumentationsanforderungen, die einzuhalten sind. Sofern ein Institut beispielsweise selbst IT-Systeme entwickelt, auch solche auf Basis von Künstlicher Intelligenz, um Kreditwürdigkeitsprüfungen durchzuführen oder auf andere Weise den Kreditvergabeprozess zu unterstützen, stellt dies eine Anwendungsentwicklung im Sinne des Abschnitts 7 der BAIT dar.

Insbesondere sind gemäß Abschnitt 7.6 angemessene Prozesse für die Anwendungsentwicklung festzulegen, die Vorgaben zur Anforderungsermittlung, zum Entwicklungsziel, zur (technischen) Umsetzung, zur Qualitätssicherung sowie zu Tests, Abnahmen und Freigaben enthalten. Die Ausgestaltung der Prozesse soll zudem risikoorientiert erfolgen.[445]

Weiterhin sind im Rahmen der Anwendungsentwicklung gemäß Abschnitt 7.8 je nach Schutzbedarf angemessene Vorkehrungen zu treffen, damit nach jedem Einsatz einer Anwendung die Vertraulichkeit, Integrität, Verfügbarkeit und Authentizität der zu verarbeitenden Daten nachvollziehbar sichergestellt wird. Als geeignete Vorkehrungen gelten beispielsweise die Prüfung der Eingabedaten, die Protokollierung der Systemaktivität und die Verfolgung von sicherheitsrelevanten Ereignissen.[446]

Darüber hinaus ist die Integrität der Anwendung, insbesondere des Quellcodes, angemessen sicherzustellen.[447] Weiterhin müssen Vorkehrungen getroffen werden, die erkennen lassen, ob eine Anwendung versehentlich geändert oder absichtlich manipuliert wurde.[448]

---

[444] *BaFin*, Rundschreiben 10/2017 (BA), Bankaufsichtliche Anforderungen an die IT (BAIT), Stand: 16.08.2021, Abschnitt 7, Tz. 7.6, online abrufbar unter: https://bit.ly/3BOQAPt (letzter Aufruf am 24.02.2022).

[445] *BaFin*, Rundschreiben 10/2017 (BA), Bankaufsichtliche Anforderungen an die IT (BAIT), Stand: 16.08.2021, Abschnitt 7, Tz. 7.6, online abrufbar unter: https://bit.ly/3BOQAPt (letzter Aufruf am 24.02.2022).

[446] *BaFin*, Rundschreiben 10/2017 (BA), Bankaufsichtliche Anforderungen an die IT (BAIT), Stand: 16.08.2021, Abschnitt 7, Tz. 7.8, online abrufbar unter: https://bit.ly/3BOQAPt (letzter Aufruf am 24.02.2022).

[447] *BaFin*, Rundschreiben 10/2017 (BA), Bankaufsichtliche Anforderungen an die IT (BAIT), Stand: 16.08.2021, Abschnitt 7, Tz. 7.9, online abrufbar unter: https://bit.ly/3BOQAPt (letzter Aufruf am 24.02.2022).

[448] *BaFin*, Rundschreiben 10/2017 (BA), Bankaufsichtliche Anforderungen an die IT (BAIT), Stand: 16.08.2021, Abschnitt 7, Tz. 7.9, online abrufbar unter: https://bit.ly/3BOQAPt (letzter Aufruf am 24.02.2022).

Letztlich ist die IT-Anwendung sowie deren Entwicklung übersichtlich und für sachkundige Dritte nachvollziehbar zu dokumentieren.[449] Hierbei muss die Dokumentation der Anwendung eine Anwenderdokumentation, eine technische Systemdokumentation wie auch eine Betriebsdokumentation umfassen.[450] Dadurch können nicht nur die Institute selbst, sondern auch die Aufsichtsbehörden, den Entwicklungsprozess nachvollziehen.

(ii) Vorgaben für das Testen von IT-Anwendungen

Gemäß Tz. 7.11 der BAIT ist eine Methodik für das Testen von Anwendungen vor ihrem erstmaligen Einsatz und nach wesentlichen Änderungen zu definieren und einzuführen. Die Tests haben in ihrem Umfang die Funktionalität der Anwendung, die implementierten Maßnahmen zum Schutz der Informationen und bei Relevanz die Systemleistung unter verschiedenen Stressbelastungsszenarien einzubeziehen.[451]

Die Testdurchführung erfordert einschlägige Expertise der Tester sowie eine angemessen ausgestaltete Unabhängigkeit von den Anwendungsentwicklern.[452] Des Weiteren ist eine Testdokumentation zu erstellen, die die zugrunde gelegten Parameter des Testfalls, das erwartete und erzielte Testergebnis sowie auch aus den Tests abgeleitete Maßnahmen darstellt.

4. Grenzen der aufsichtsrechtlichen Regelungen

Grundsätzlich ist sicherlich zutreffend, dass die Finanzbranche die meisten anderen Branchen in Regulierungsdichte und -intensität übertrifft.[453] Diese

---

449 *BaFin*, Rundschreiben 10/2017 (BA), Bankaufsichtliche Anforderungen an die IT (BAIT), Stand: 16.08.2021, Abschnitt 7, Tz. 7.10, online abrufbar unter: https://bit.ly/3BOQAPt (letzter Aufruf am 24.02.2022).

450 *BaFin*, Rundschreiben 10/2017 (BA), Bankaufsichtliche Anforderungen an die IT (BAIT), Stand: 16.08.2021, Abschnitt 7, Tz. 7.10, online abrufbar unter: https://bit.ly/3BOQAPt (letzter Aufruf am 24.02.2022).

451 *BaFin*, Rundschreiben 10/2017 (BA), Bankaufsichtliche Anforderungen an die IT (BAIT), Stand: 16.08.2021, Abschnitt 7, Tz. 7.11, online abrufbar unter: https://bit.ly/3BOQAPt (letzter Aufruf am 24.02.2022).

452 *BaFin*, Rundschreiben 10/2017 (BA), Bankaufsichtliche Anforderungen an die IT (BAIT), Stand: 16.08.2021, Abschnitt 7, Tz. 7.11, online abrufbar unter: https://bit.ly/3BOQAPt (letzter Aufruf am 24.02.2022).

453 Vgl hierzu *Die Deutsche Kreditwirtschaft*, Stellungnahme zu dem Vorschlag für eine Verordnung des Europäischen Parlaments und des Rates zur Festlegung harmonisierter

aufsichtsrechtlichen Vorgaben erfordern von Kreditinstituten unter anderem die Einrichtung von umfassenden Risikomanagementkonzepten und das Durchlaufen von diversen Prüfungs- und Genehmigungsprozessen. Wie bereits oben beschrieben, erfordern auf nationaler Ebene bereits die organisatorischen Anforderungen des § 25a KWG und deren Konkretisierung in den MaRisk und den BAIT die Durchführung diverser Maßnahmen, um beispielsweise die Funktionalität, Sicherheit und Qualität von IT-Anwendungen sowie die Implementierung effektiver und sicherer Risikomanagementprozesse für die Zwecke der Kreditvergabe sicherzustellen. Vor diesem Hintergrund liegt der Schluss nahe, dass die Strukturen, die für die Zwecke der Überwachung und Kontrolle der Risikomanagementsysteme und IT-Infrastruktur eingerichtet wurden, eventuell bereits geeignet und ausreichend sein könnten, um etwaige „unbekannte Risiken, welche aufgrund neuer Technologien entstehen können, schnellstmöglich identifizieren und entsprechend adressieren zu können".[454] So könnte man meinen, dass auch die teilweise Erhöhung und Erweiterung des Risikoprofils aufgrund der Automatisierung und der Verwendung von KI-Systemen für die Zwecke der Kreditvergabe bereits hinreichend von den bestehenden Regelungen abgedeckt ist.

Allerdings verkennt diese Ansicht, dass die bestehenden aufsichtsrechtlichen Regelungen prinzipiell darauf abzielen, banktypischen Risiken zu begegnen. Im Fokus jeglicher Vorgabe hinsichtlich der Einrichtung von Risikomanagement- und Prüfungsprozessen steht der Schutz der Einleger, der Kreditinstitute und der Finanzmarktstabilität. So gilt beispielsweise das KWG als „marktwirtschaftliches Aufsichtsgesetz", dessen Ziel es ist, „Ordnung im Kreditwesen" zu gewährleisten.[455] Hierzu gehört zum einen der Schutz der Institute (Funktion des Institutionenschutzes) und andererseits der Schutz

Vorschriften für künstliche Intelligenz (Gesetz über künstliche Intelligenz) und zur Änderung bestimmter Rechtsakte der Union, S. 3, online abrufbar unter: https://bit.ly/3hbEiHu (letzter Aufruf am 23.02.2022).

[454] Vgl hierzu *Die Deutsche Kreditwirtschaft*, Stellungnahme zu dem Vorschlag für eine Verordnung des Europäischen Parlaments und des Rates zur Festlegung harmonisierter Vorschriften für künstliche Intelligenz (Gesetz über künstliche Intelligenz) und zur Änderung bestimmter Rechtsakte der Union, S. 3, online abrufbar unter: https://bit.ly/3hbEiHu (letzter Aufruf am 23.02.2022).

[455] *Schneider*, Ist die Annahme von Gesellschafterdarlehen ein erlaubnisbedürftiges Bankgeschäft?, DB 1991, 1865–1869.

der Gläubiger des Kreditinstituts (Funktion der Einlegersicherung).[456] Die Schutzrichtung der KWG-Regelungen zum Kreditgeschäft sowie der sich hierauf beziehenden norminterpretierenden Vorgaben, beispielsweise in Form der MaRisk und der BAIT, besteht somit darin, den typischen bankmäßigen Risiken zu begegnen, die aus dem Kreditgeschäft resultieren. Hierzu gehört vornehmlich das Adressenausfallrisiko, das Marktrisiko, das Liquiditäts- und das Währungsrisiko.[457]

Wie bereits in Kapitel 4 ausgeführt, erschöpft sich das erhöhte Risikoprofil des BDAI-basierten Kreditgeschäfts jedoch nicht in einer weiteren Steigerung der bereits vorliegenden Risiken für die Finanzmarktstabilität, wie beispielsweise durch die Steigerung der Prozessgeschwindigkeit oder der potenziellen Fehlerhaftigkeit der verwendeten Modelle. Vielmehr kommen nun aufgrund der Verwendung von KI-Systemen neue Risikobereiche hinzu, die sich vornehmlich in erheblich gesteigerten Diskriminierungs- und Datensicherheitsrisiken sowie in einer gewissen Intransparenz der verwendeten Systeme manifestieren. Während die Implementierung und Verwendung von KI-Systemen für die Kreditvergabe auch eine Erhöhung banktypischer Risiken mit sich bringt, die überwiegend von den bestehenden Regelungen abgedeckt sein sollten, eröffnen sich darüber hinaus weitere Risiken in verbraucherschutzrechtlicher Hinsicht. Zweifelhaft ist, ob die aufsichtsrechtlichen Regelungen ausreichend sind, um auch in Angesicht dieser neue Risikobereiche einen effektiven Verbraucherschutz sowie auch die hierfür hinreichende Transparenz gewährleisten zu können.

Demgegenüber könnte man argumentieren, dass Kreditinstitute gemäß § 25a Abs. 1 Satz 1 KWG über eine ordnungsgemäße Geschäftsorganisation verfügen müssen, die insbesondere auch „die Einhaltung der vom Institut zu beachtenden gesetzlichen Bestimmungen“ umfasst. Da die Aufsichtsbehörden grundsätzlich damit betraut sind, die Einhaltung der aufsichtsrechtlichen Organisationsanforderungen zu überwachen, könnte man davon ausgehen, dass sie demnach auch überprüfen müssen, dass die Implementierung von Risikomanagementanwendungen wie KI-basierten Kreditscoring-Verfahren

---

[456] *Schneider*, Ist die Annahme von Gesellschafterdarlehen ein erlaubnisbedürftiges Bankgeschäft?, DB 1991, 1865–1869.

[457] *Schneider*, Ist die Annahme von Gesellschafterdarlehen ein erlaubnisbedürftiges Bankgeschäft?, DB 1991, 1865–1869.

als Teil der institutsinternen Geschäftsorganisation mit den geltenden gesetzlichen Bestimmungen vereinbar ist. Hiervon wären unter Umständen auch datenschutzrechtliche und diskriminierungsrechtliche Vorgaben umfasst, die schließlich auch Teil der gesetzlichen Bestimmungen sind, die von Instituten grundsätzlich beachtet werden müssen. Eine solche Auslegung ginge jedoch zu weit. Zwar ist § 25a Abs. 1 Satz 1 KWG so auszulegen, sodass unter die von Instituten einzuhaltenden „gesetzlichen Bestimmungen" nicht nur die Vorgaben fallen, die sich direkt aus dem KWG selbst ergeben.[458] Allerdings umfasst der Schutzzweck des § 25a Abs. 1 Satz 1 KWG überwiegend nur solche gesetzlichen Bestimmungen, die „dem Schutz der anvertrauten Vermögenswerte, der ordnungsmäßigen Durchführung der Bankgeschäfte und Finanzdienstleistungen sowie der Vermeidung von Nachteilen für die Gesamtwirtschaft durch Missstände im Kredit- und Finanzdienstleistungswesen dienen".[459] Dies zeigt, dass die Stoßrichtung der aufsichtsrechtlichen Organisationsanforderungen, die unter anderem in den MaRisk und den BAIT konkretisiert werden, nicht primär der Verbraucherschutz, sondern eher der Einlegerschutz und die allgemeine Finanzmarktstabilität ist.

Gleichzeitig konkretisieren die MaRisk, dass die aus dem Kreditgeschäft resultierenden Risiken umfassend von Instituten eingedämmt werden müssen. Hierzu gehören auch die sogenannten operationellen Risiken, die auch Rechtsrisiken umfassen.[460] Der Umgang mit Rechtsrisiken wird auch an anderer Stelle erwähnt, wie beispielsweise im Zusammenhang mit dem Kreditgeschäft in BTO Tz. 8. Sofern ein Institut ein KI-System für die Zwecke der Kreditvergabe einsetzt, das Verstöße gegen Antidiskriminierungsrecht oder Datenschutzrecht verursacht, liegt letztlich ein solches Rechtsrisiko vor, das als Teil des Operationellen Risikos theoretisch von den Aufsichtsbehörden geprüft und überwacht werden muss. Allerdings muss hier auch konsequenterweise bedacht werden: Die Schutzrichtung der aufsichtsrechtlichen Regelungen ist originär eine andere. Schließlich verfügen Aufsichtsbehörden auch nicht über die notwendige Kompetenz, datenschutzrechtliche und

458 *Boos / Fischer / Schulte-Mattler / Braun*, KWG, 5. Auflage, 2016, § 25a KWG, Rn. 39.

459 *Boos / Fischer / Schulte-Mattler / Braun*, KWG, 5. Auflage, 2016, § 25a KWG, Rn. 39.

460 Vgl. beispielsweise AT 2.2 Tz. 1d MaRisk; BTR 4 MaRisk; *Hannemann / Steinbrecher / Weigl*, 5. Auflage, 2019, S. 1521.

diskriminierungsrechtliche Verstöße zu verfolgen.[461] Aufsichtsbehörden befassen sich nur dann mit datenschutzrechtlichen oder diskriminierungsrechtlichen Rechtsverstößen, wenn sie konkreten Anlass haben, von diesen auszugehen.[462]

Hinzu kommt, dass immer mehr Fintech-Unternehmen intelligente Scoring-Lösungen als Dienstleistung an Kreditinstitute verkaufen, die auf diese Weise die Kosten und notwendige Expertise für die Entwicklung eigener IT-Anwendungen einsparen. Deutsche Aufsichtsbehörden beaufsichtigen jedoch keine Auskunfteien und genehmigen oder zertifizieren auch keine einzelnen Kreditscoring-Systeme.[463] Hinsichtlich etwaiger datenschutzrechtlicher Verstöße verweisen sie auf die Datenschutzbehörden.[464] Sofern nun Kreditinstitute für ihre Kreditwürdigkeitsprüfung auf extern eingeholte Kreditscoring-Verfahren zurückgreifen, wären letztlich Unternehmen, die keinerlei aufsichtsrechtlichen Regelungen unterworfen sind, maßgeblich in die den Instituten obliegende Kreditwürdigkeitsprüfung involviert. Zwar setzt die BaFin voraus, dass sich ein Kreditinstitut „nicht allein auf externe Bonitätseinschätzungen verlässt, sondern eigene Erkenntnisse und Informationen berücksichtigt".[465] Wie bereits in Kapitel 6, Abschnitt 1.2, (i) beschrieben, ist jedoch unklar, bis zu welchem Grad sich Kreditinstitute auf externe Bonitätseinschätzungen verlassen dürfen und inwieweit und in welcher Form sie weitere Prüfungsmaßnahmen durchführen müssen. Grundsätzlich ist davon auszugehen, dass Institute zum Zwecke der Kosteneinsparung auf Scoring-Dienstleistungen zurückgreifen. Dieser Bewegungsgrund würde

---

461 *Langenbucher*, Responsible A.I.-Based Credit Scoring – A Legal Framework, European Business Law Review 31 (2020), 527, 562; *BaFin*, Fachartikel, Rolle der Aufsicht bei der Verwendung von Kreditscores, 20.03.2019, online abrufbar unter: https://bit.ly/36rbcl4 (letzter Aufruf am 24.02.2022).

462 *Langenbucher*, Responsible A.I.-Based Credit Scoring – A Legal Framework, European Business Law Review 31 (2020), 527, 562; *BaFin*, Fachartikel, Rolle der Aufsicht bei der Verwendung von Kreditscores, 20.03.2019, online abrufbar unter: https://bit.ly/36rbcl4 (letzter Aufruf am 24.02.2022).

463 *BaFin*, Fachartikel, Rolle der Aufsicht bei der Verwendung von Kreditscores, 20.03.2019, online abrufbar unter: https://bit.ly/36rbcl4 (letzter Aufruf am 24.02.2022).

464 *BaFin*, Fachartikel, Rolle der Aufsicht bei der Verwendung von Kreditscores, 20.03.2019, online abrufbar unter: https://bit.ly/36rbcl4 (letzter Aufruf am 24.02.2022).

465 *BaFin*, Fachartikel, Rolle der Aufsicht bei der Verwendung von Kreditscores, 20.03.2019, online abrufbar unter: https://bit.ly/36rbcl4 (letzter Aufruf am 24.02.2022).

konterkariert werden, wenn die Institute selbst umfassende zusätzliche Maßnahmen für die Bonitätsprüfung ergreifen müssten.

Somit besteht die Gefahr, dass die verbraucherschutz-, datenschutz- und diskriminierungsrechtlichen Implikationen von Kreditscoring-Verfahren nicht umfassend und ausreichend von den bestehenden aufsichtsrechtlichen Regelungen abgedeckt werden. Einerseits weil die Aufsichtsbehörden bezüglich dieser zusätzlichen Rechtsgebiete über keine ausdrückliche Kompetenz verfügen. Andererseits weil die Schutzrichtung der aufsichtsrechtlichen Normen die Steuerung von banktypischen Risiken im Fokus hat. Auch kommt hinzu, dass BDAI-basiertes Kreditscoring perspektivisch nicht nur von Kreditinstituten, sondern vornehmlich auch von Fintech-Unternehmen und Wirtschaftsauskunfteien genutzt werden wird. Diese Unternehmen befinden sich aber weder im Anwendungsbereich der aufsichtsrechtlichen Regelungen noch im Blick der Aufsichtsbehörden.

Neben den aufsichtsrechtlichen Regelungen sind zusätzlich noch die datenschutzrechtlichen Bestimmungen maßgeblich für die Eindämmung der zusätzlichen Risiken, die aufgrund des Einsatzes von BDAI-basierten Technologien bei der Kreditvergabe entstehen. Insbesondere enthält das Datenschutzrecht diverse Transparenz- und Informationspflichten, die die Funktionsweise der KI-Systeme unter Umständen zugänglicher und nachvollziehbarer gestalten könnten. Im folgenden Teil wird erörtert, inwieweit diese Regelungen, auch in Kombination mit den aufsichtsrechtlichen Vorgaben, ein hinreichendes Schutzkonzept für die BDAI-basierte Kreditvergabe darstellen.

Datenschutzrechtliche Pflichten für das KI-basierte Kreditgeschäft

Anders als im US-amerikanischen Recht existiert in Europa keine sektorspezifische Regulierung für Kreditscoring und erst recht nicht für Kreditscoring unter Verwendung von BDAI-basierter Technologie.[466] Mangels sektorspezifischer Regulierung gelten die Bestimmungen der DSGVO zusammen mit wenigen anderen Bestimmungen als maßgeblich für die Durchführung von BDAI-basierten Kreditscoring-Verfahren.

Im Folgenden soll somit zunächst ein Überblick über die wichtigsten datenschutzrechtlichen Normen gewährt werden, die für die Zwecke des BDAI-basierten Kreditscorings von Relevanz sind. Sodann wird auf die Transparenzpflichten der DSGVO eingegangen, die vor dem Hintergrund des Ziels der DSGVO erlassen wurden, „eine Vertrauensbasis zu schaffen, die die digitale Wirtschaft dringend benötigt, um im Binnenmarkt weiter wachsen zu können".[467] Teilweise gelten die datenschutzrechtlichen Normen und insbesondere die Transparenzpflichten der DSGVO als ausreichend, um einigen der Risiken zu begegnen, die aus BDAI-basierten (Kreditvergabe-) Systemen resultieren.[468] Transparenzpflichten werden zudem im wissenschaftlichen Diskurs als wichtiges und wirksames Mittel betrachtet, um

---

466 Vgl. hierzu *Langenbucher*, Responsible A.I.-Based Credit Scoring – A Legal Framework, European Business Law Review 31 (2020), 527, 536.

467 Verordnung (EU) 2016/679 des Europäischen Parlaments und des Rates vom 27.04.2016 zum Schutz natürlicher Personen bei der Verarbeitung personenbezogener Daten, zum freien Datenverkehr und zur Aufhebung der Richtlinie 95/46/EG (Datenschutz-Grundverordnung, „DSGVO"), ABl. 2016 L 119, 1, Erwägungsgrund 7.

468 *Kuschel/Müller/Kirchner/Schüßler*, Intelligentes Recht – Intelligente Systeme, 2021, S. 91.

BDAI-basierte Systeme sicher, nachvollziehbar und überprüfbar zu gestalten. Vor diesem Hintergrund werden die datenschutzrechtlichen Schutzpflichten dahingehend analysiert, inwieweit sie speziell im Falle der BDAI-basierten Kreditvergabe ein wirksames Mittel darstellen, um (potenzielle) Kreditnehmer auf die Verwendung BDAI-basierter Systeme hinzuweisen und ihnen einen Überblick über deren spezielle Funktionsweise und Datengrundlage zu verschaffen. In diesem Zusammenhang offenbart sich, dass die datenschutzrechtlichen Transparenzpflichten, aber auch Transparenzpflichten im Allgemeinen nur einen begrenzten Beitrag zur Aufklärung leisten können und diversen Beschränkungen ausgesetzt sind.

Dies bildet die Grundlage für die Folgekapitel, in denen erörtert wird, inwieweit als „Ausgleich informatorischer Wissensasymmetrien" ein kollektiver Kontrollmechanismus eine wichtige Rolle bei der Schaffung von Vertrauen in KI-basierten Systemen und der Gewährleistung eines effektiven Verbraucherschutzes spielen könnte.

1. Allgemeine datenschutzrechtliche Vorgaben

Zunächst werden im folgenden Teil die allgemeinen datenschutzrechtlichen Vorgaben des EU-Rechts und des nationalen Rechts erläutert, die für das BDAI-basierte Kreditscoring-Verfahren von besonderer Relevanz sind. Diese Aufstellung dient nur als Überblick über einige wichtige Normen der aktuellen datenschutzrechtlichen Rechtslage und erhebt nicht den Anspruch einer umfassenden rechtlichen Analyse. Im darauffolgenden Teil werden sodann die einschlägigen datenschutzrechtlichen Transparenz- und Informationspflichten und deren Grenzen erörtert.

Zum Hintergrund der verwendeten Regelungstechnik der DSGVO sei zunächst angemerkt, dass die verwendete Systematik dem eines Verbots mit Erlaubnisvorbehalt ähnelt: Grundsätzlich gilt die Verarbeitung von personenbezogenen Daten als verboten, es sei denn, es handelt sich um einen gesetzlich explizit genannten Ausnahmefall beziehungsweise einen einschlägigen normierten Erlaubnistatbestand.[469]

---

[469] *Langenbucher / Adolff*, Kreditscoring: von Auskunfteien zu künstlicher Intelligenz, FS Krieger, 2020, 1 (5).

1.1 Anwendung der DSGVO auf Kreditscoring-Verfahren

Grundsätzlich ist das Datenschutzrecht dann auf Kreditscoring-Verfahren anwendbar, wenn „personenbezogene Daten" im Sinne des § 4 Abs. 1 DSGVO verarbeitet werden. Bei personenbezogenen Daten handelt es sich um Informationen, die sich auf eine identifizierte oder identifizierbare natürliche Person beziehen.

Aus dieser Definition ergibt sich bereits eine erste Beschränkung des Datenschutzrechts im Hinblick auf die Regulierung von Kreditscoring. Schließlich findet das Kreditscoring-Verfahren in zwei Phasen statt: Zunächst wird anhand von allgemeinen Datensätzen eine Formel entwickelt, die auf Korrelationen basiert, die innerhalb dieser allgemeinen Datensätze identifiziert wurden. Im zweiten Schritt wird auf Grundlage dieser allgemein ermittelten Formel Kreditscoring für bestimmte Einzelpersonen durchgeführt unter Verwendung ihrer personenbezogenen Daten. Aufgrund der Tatsache, dass das Datenschutzrecht nur die Verarbeitung von personenbezogenen Daten umfasst, findet es keine Anwendung auf die erste Phase, die Ermittlung der Scoreformel.[470] Schließlich werden hierfür allgemeine Datensätze verwendet, die keiner spezifischen Einzelpersonen zugeordnet werden können. Gerade in dieser Phase, in der Verarbeitung von Datenbeständen ohne Personenbezug, werden aber bereits Grundsatzentscheidungen getroffen, die etwaigen automatisierten Entscheidungssystemen zugrunde liegen.[471] Indem das Datenschutzrecht die Datenverarbeitung in der ersten Phase nicht umfasst, greift es also bereits zu kurz.

1.2 Art. 6 DSGVO

Zunächst enthält Art. 6 DSGVO eine Liste von Ausnahmefällen, im Rahmen derer die Verarbeitung personenbezogener Daten als zulässig gilt. Insbesondere die folgenden beiden Ausnahmefälle sind von Bedeutung für das BDAI-basierte Kreditscoring-Verfahren:

---

470 *Sachverständigenrat für Verbraucherfragen beim Bundesministerium der Justiz und für Verbraucherschutz*, Verbraucher-Scoring aus Sicht des Datenschutzrechts, 2018, S. 6, online abrufbar unter: https://bit.ly/3suI6tT (letzter Aufruf am 28.02.2022).

471 *Sachverständigenrat für Verbraucherfragen beim Bundesministerium der Justiz und für Verbraucherschutz*, Verbraucher-Scoring aus Sicht des Datenschutzrechts, 2018, S. 33, online abrufbar unter: https://bit.ly/3suI6tT (letzter Aufruf am 28.02.2022).

Gemäß Art. 6 Abs. 1 lit. a DSGVO ist die Verarbeitung von personenbezogenen Daten nur rechtmäßig, wenn die betroffene Person „ihre Einwilligung zu der Verarbeitung der sie betreffenden personenbezogenen Daten für einen oder mehrere bestimmte Zwecke gegeben hat". In diesem Zusammenhang stellt sich vor allem die Frage, in welcher Form eine solche Einwilligung vorliegen muss. Gemäß Art. 7 Abs. 1 DSGVO muss, sofern die Verarbeitung auf einer Einwilligung beruht, der Verantwortliche nachweisen können, dass die betroffene Person in die Verarbeitung ihrer personenbezogenen Daten eingewilligt hat. Für eine solche Einwilligung ist insbesondere ein Erklärungsbewusstsein erforderlich, also das Wissen, „durch eine Handlung die Rechtsfolge der Einwilligung ausgelöst" zu haben.[472] So hat sich der EuGH beispielsweise bereits mit der Frage auseinandergesetzt, ob es eine wirksame Einwilligung darstellt, wenn die Speicherung von Daten durch eine bereits standardmäßig angekreuzte Checkbox vorgesehen ist, welche der Nutzer zur Verweigerung seiner Einwilligung abwählen muss. Dies verneinte der EuGH.[473] Als Begründung nannte er die Tatsache, dass eine Einwilligung eine Willensbekundung im Sinne eines aktiven Verhaltens des Betroffenen voraussetze, was im Falle der Duldung eines bereits angekreuzten Kästchens nicht gegeben sei.[474] Ebenso gestaltet sich problematisch, dass die Einwilligung zur Datenverarbeitung durch Internetnutzer häufig standardmäßig und mechanisch durch Ankreuzen der entsprechenden Checkboxen erfolgt und gerade nicht in dem Bewusstsein darüber, welche Implikationen diese beiläufig erteilte Einwilligung auf diverse Aspekte der persönlichen Lebensführung haben könnte. Somit stellt sich insbesondere auch bei der Verarbeitung von unstrukturierten Daten die Frage, inwieweit die erforderliche Einwilligung in ausreichend spezifischer Form und mit hinreichendem Folgenbewusstsein vorgelegen hat. Ein ähnliches Problem stellt sich bei ausufernden Datenschutzbestimmungen, die aufgrund ihres

---

472 *DS-GVO, Heckmann, Dirk / Paschke, Anne,* Art. 7 Rn. 35.

473 *Langenbucher,* Responsible A.I.-Based Credit Scoring – A Legal Framework, European Business Law Review 31 (2020), 527, 537; Judgement Bundesverband der Verbraucherzentralen und Verbraucherverbände – Verbraucherzentrale Bundesverband e.V. v. Planet49 GmbH, Case C-673/17, ECLI:EU:C:2019:801, Rn. 55.

474 Judgement Bundesverband der Verbraucherzentralen und Verbraucherverbände – Verbraucherzentrale Bundesverband e.V. v. Planet49 GmbH, Case C-673/17, ECLI:EU:C:2019:801, Rn. 52 ff., 60 ff.; *Langenbucher / Adolff,* FS Krieger, 2020, 1 (6).

erheblichen Umfangs gar nicht erst gelesen werden, gerade wenn mobile Endgeräte genutzt werden.[475] Des Weiteren erfolgt die Einwilligung in die Datenverarbeitung häufig im Rahmen von standardisierten Vertragsklauseln. Auch in diesem Kontext besteht in verbraucherschutzrechtlicher Hinsicht die Gefahr, dass Betroffene die entsprechenden Vereinbarungen abschließen ohne ausreichendes Verständnis oder Bewusstsein darüber, welche Implikationen und potenzielle Folgen hiermit verbunden sind.[476]

Gemäß Art. 6 Abs. 1 lit. f DSGVO ist die Verarbeitung personenbezogener Daten rechtmäßig, wenn diese zur Wahrung der berechtigten Interessen des Verantwortlichen oder eines Dritten erforderlich ist, sofern nicht die Interessen oder Grundrechte und Grundfreiheiten der betroffenen Person, die den Schutz personenbezogener Daten erfordern, überwiegen. Vermutlich könnte man annehmen, dass die Präzisierung der Kreditwürdigkeitsprüfung mit Hilfe der Verarbeitung personenbezogener Daten ein berechtigtes Interesse von Kreditinstituten darstellt – sowohl im Hinblick auf den Institutsschutz als auch im Hinblick auf den Einlegerschutz und den Schutz des Kreditnehmers „vor sich selbst". Allerdings ist diesbezüglich gemäß Art. 6 Abs. 1 lit. f DSGVO eine entsprechende Abwägung der Interessen des Betroffenen mit denen der Kreditinstitute vorzunehmen. Diesbezüglich ist noch nicht abschließend geklärt, welche Maßstäbe bei der Abwägung anzulegen sind und wie sie dogmatisch zu konkretisieren ist.[477]

1.3 Art. 9 DSGVO

Art. 9 DSGVO stellt die Verarbeitung besonderer Kategorien personenbezogener Daten unter einen besonderen Schutz. Zu diesen Kategorien gehören gemäß Art. 9 Abs. 1 DSGVO beispielsweise personenbezogene Daten, aus denen die rassische und ethnische Herkunft, politische Meinung, religiöse oder weltanschauliche Überzeugung hervorgehen, sowie genetische Daten und

---

475 Zu weiteren Problemen im Zusammenhang mit der Qualität der gewährten Einwilligung siehe *Sachverständigenrat für Verbraucherfragen beim Bundesministerium der Justiz und für Verbraucherschutz*, Verbraucher-Scoring aus Sicht des Datenschutzrechts, 2018, S. 13, online abrufbar unter: https://bit.ly/3suI6tT (letzter Aufruf am 28.02.2022).

476 *Langenbucher*, Responsible A.I.-Based Credit Scoring – A Legal Framework, European Business Law Review 31 (2020), 527, 537.

477 *Langenbucher / Adolff*, Kreditscoring: von Auskunfteien zu künstlicher Intelligenz, FS Krieger, 2020, 1 (6).

Gesundheitsdaten. Art. 9 Abs. 1 DSGVO enthält ein Verbot der Verarbeitung solcher personenbezogenen Daten, während Art. 9 Abs. 2 DSGVO wiederum einen Ausnahmekatalog enthält. Insbesondere zwei Ausnahmen dieses Katalogs sind für die Zwecke der BDAI-basierten Kreditvergabe von besonderer Relevanz: Gemäß Art. 9 Abs. 2 lit. a DSGVO ist eine Verarbeitung der genannten besonderen Datenkategorien ausnahmsweise zulässig, sofern die betroffene Person „ausdrücklich" in die Verarbeitung eingewilligt hat. Diese Formulierung geht weiter als die Einwilligungsklausel in Art. 6 Abs. 1 lit. a DSGVO, in welcher lediglich schlicht von „Einwilligung" die Rede ist, indem sie die konkludente Einwilligung ausschließt.

Des Weiteren ist gemäß Art. 9 Abs. 2 lit. e DSGVO die Verarbeitung ausnahmsweise zulässig, wenn die betroffene Person die personenbezogenen Daten offensichtlich öffentlich gemacht hat. Im Kontext der Datenverarbeitung für die Zwecke des BDAI-basierten Kreditscorings könnte dies beispielsweise relevant für Gesundheitsdaten sein, die im Wege öffentlich zugänglicher Online-Profile gepostet werden, beispielsweise auf Lauf- oder Fitness-Apps.

1.4 § 31 BDSG[478]

Mit § 31 BDSG hat der nationale Gesetzgeber eine Norm geschaffen, die die Zulässigkeit von Scoring normiert, sofern diverse Voraussetzungen des § 31 Abs. 1 Nr. 1–4 BDSG erfüllt sind. Die Regelung verfolgt den Zweck, „Scoringverfahren und Kreditinformationssysteme weiterhin zu erlauben und so für alle Beteiligten am Wirtschaftsleben dadurch Sicherheit zu schaffen".[479]

Scoring für die Zwecke des BDSG wird gemäß § 31 Abs. 1 BDSG definiert als „die Verwendung eines Wahrscheinlichkeitswerts über ein bestimmtes zukünftiges Verhalten einer natürlichen Person zum Zweck der Entscheidung über die Begründung, Durchführung oder Beendigung

---

478 Gemäß § 1 Abs. 5 BDSG finden die Vorschriften des BDSG keine Anwendung soweit die DSGV unmittelbar gilt (Vorrang des unmittelbar geltenden EU-Rechts). Die Vorschrift ist rein deklaratorischer Natur.

479 Umstritten ist, ob dem deutschen Gesetzgeber die Kompetenz zustand, die Datenschutz-Grundverordnung um eine nationale scoring-spezifische Sonderbestimmung zu ergänzen, vgl. *Sachverständigenrat für Verbraucherfragen beim Bundesministerium der Justiz und für Verbraucherschutz*, Verbrauchergerechtes Scoring, 2018, S. 120, online abrufbar unter: https://bit.ly/3HhYaTJ (letzter Aufruf am 24.02.2022); *Gola / Heckmann / Lapp*, 13. Auflage, 2019, BDSG § 31, Rn. 2; BT-Drs. 18/11325, 102.

eines Vertragsverhältnisses mit dieser Person". Es wird für zulässig erachtet, sofern die Vorschriften des Datenschutzrechts eingehalten werden, für Scoringzwecke nicht ausschließlich Anschriftendaten genutzt werden und im Fall der Verwendung von Anschriftendaten die Betroffenen vorher entsprechend unterrichtet werden, was zu dokumentieren ist. Darüber hinaus müssen die verwendeten Daten „unter Zugrundlegung eines wissenschaftlich anerkannten mathematisch-statistischen Verfahrens nachweisbar für die Berechnung der Wahrscheinlichkeit des bestimmten Verhaltens erheblich sein".

Bei § 31 BDSG handelt es sich somit nicht um eine primär datenschützende Norm, sondern um eine Regelung zum Schutz des Wirtschaftsverkehrs.[480] Als Nachfolger des § 28b BDSG dient § 31 BDSG dem Zweck, klare Voraussetzungen für die Kreditwirtschaft zu schaffen, an denen sich die Institute bei der Verwendung von Systemen zur Analyse von Adressenausfallrisiken orientieren können. Die Vorschrift dient also der Rechtssicherheit. Weiterhin ist vom Anwendungsbereich des § 31 BDSG auch nur die Verarbeitung von personenbezogenen Daten umfasst, sodass die Anforderungen an die „Qualität und Fairness von Scoring-Verfahren" nur „indirekt" bestimmt sind, und zwar als „Anforderungen an die Verarbeitung der Daten, die zur Ermittlung von Score-Werten herangezogen werden".[481]

1.5 § 10 Abs. 2 KWG[482]

§ 10 Abs. 2 KWG enthält eine bereichsspezifische Sonderregelung zum BDSG, die die Erhebung und Verwendung von personenbezogenen Daten im Sinne des § 3 Abs. 1 BDSG durch Institute im Sinne des KWG regelt.[483] Die Vorschrift bezieht sich ausschließlich auf Kundendaten, die „nachweisbar für die Bestimmung und Berücksichtigung von Adressausfallrisiken erheblich

480 *Sachverständigenrat für Verbraucherfragen beim Bundesministerium der Justiz und für Verbraucherschutz*, Verbraucher-Scoring aus Sicht des Datenschutzrechts, 2018, S. 7, online abrufbar unter: https://bit.ly/3suI6tT (letzter Aufruf am 28.02.2022).

481 *Sachverständigenrat für Verbraucherfragen beim Bundesministerium der Justiz und für Verbraucherschutz*, Verbrauchergerechtes Scoring, 2018, S. 121, online abrufbar unter: https://bit.ly/3HhYaTJ (letzter Aufruf am 24.02.2022).

482 Diese Regelungen stellen berufsspezifische Sonderregelung zur DSGVO dar. Sie sollen „für Institute und deren Dienstleister insoweit Planungs- und Rechtssicherheit schaffen"; vgl. *Fischer / Schulte-Mattler / Glaser*, 6. Auflage, 2023, KWG § 10, Rn. 12.

483 *Boos / Fischer / Schulte-Mattler / Konesny / Glaser*, 5. Auflage, 2016, KWG § 10, Rn. 12.

und erforderlich sind".[484] Die Erlaubnis bezieht sich somit ausschließlich auf Daten, die für die Ermittlung des Kreditrisikos erhoben werden.[485] Die Vorschrift erlaubt es Kreditinstituten, personenbezogene Kundendaten zu verarbeiten, sofern, unter anderem, die Daten gemäß § 10 Abs. 2 Satz 1 Nr. 1 KWG für die Bestimmung und Berücksichtigung von Adressenausfallrisiken erheblich sind. Somit dürfen nur solche Daten erhoben werden, die für die Berechnung und Bestimmung des Kreditrisikos relevant sind.[486]

Grundsätzlich bestehen vier Voraussetzungen für die Erhebung und Verwendung von personenbezogenen Daten: Zunächst muss es sich um Kunden oder Personen handeln, mit denen sich Vertragsverhältnisse anbahnen. Zweitens müssen die erhobenen Daten unter Zugrundelegung eines wissenschaftlich anerkannten mathematisch-statistischen Verfahrens nachweisbar für die Bestimmung und Berücksichtigung von Adressenausfallrisiken erheblich sein. Weiterhin müssen die Daten zum Aufbau und Betrieb einschließlich der Entwicklung und Weiterentwicklung von internen Ratingsystemen für die Schätzung von Risikoparametern des Adressenausfallrisikos des Kreditinstituts sein. Und letztlich darf es sich bei den erhobenen Daten nicht um Angaben zur Staatsangehörigkeit oder um besondere Kategorien personenbezogener Daten nach Art. 9 Absatz 1 der Verordnung (EU) 679/2016.

1.6 Art. 22 DSGVO

Art. 22 DSGVO ist eine für automatisierte Entscheidungssysteme zentrale Norm, die Anforderungen an die Rechtmäßigkeit automatisierter Einzelfallentscheidungen statiert. Mit dem Vorliegen einer solchen automatisierten Einzelfallentscheidung verbindet die Datenschutz-Grundverordnung zahlreiche Folgen, wie beispielsweise Informationspflichten vor der Datenverarbeitung gemäß Art. 13 Abs. 2 lit. f DSGVO und Auskunftsrechte nach der Datenverarbeitung gemäß Art. 15 Abs. 1 lit. h DSGVO.[487] Gleichzeitig knüpft das Gesetz an das Vorliegen einer automatisierten Einzelfallentscheidung auch gewisse „system- und verfahrensbezogene

[484] *Boos / Fischer / Schulte-Mattler / Konesny / Glaser*, 5. Auflage, 2016, KWG § 10, Rn. 10.

[485] *Boos / Fischer / Schulte-Mattler / Konesny / Glaser*, 5. Auflage, 2016, KWG § 10, Rn. 10.

[486] *Glaser / Fischer / Schulte-Mattler / Glaser*, 6. Auflage, 2023, KWG § 10, Rn. 10.

[487] *Sachverständigenrat für Verbraucherfragen beim Bundesministerium der Justiz und für Verbraucherschutz*, Verbrauchergerechtes Scoring, 2018, S. 116, online abrufbar unter: https://bit.ly/3HhYaTJ (letzter Aufruf am 24.02.2022).

Pflichten", wie die Verpflichtung zur Durchführung einer Datenschutz-Folgenabschätzung gemäß Art. 35 DSGVO und zur Bestellung eines Datenschutzbeauftragten.[488] Gemäß Art. 22 Abs. 1 DSGVO hat die betroffene Person das Recht, „nicht einer ausschließlich auf einer automatisierten Verarbeitung beruhenden Entscheidung unterworfen zu werden, die ihr gegenüber rechtliche Wirkung enthält oder sie in ähnlicher Weise erheblich beeinträchtigt".[489] Der Rechtsgedanke des Art. 22 Abs. 1 DSGVO knüpft an Erwägungsgrund 71 der DSGVO an, wonach eine betroffene Person „das Recht habe, keiner Entscheidung unterworfen zu werden, die ausschließlich auf einer automatisierten Verarbeitung beruht", beispielsweise „die automatische Ablehnung eines Online-Kreditantrags [...] ohne jegliches menschliche Eingreifen".[490] Anderes als der Wortlaut suggerieren mag, handelt es sich bei Art. 22 Abs. 1 DSGVO nicht lediglich um einen Unterlassungsanspruch, sondern nach herrschender Meinung vielmehr um ein gesetzliches Verbot.[491]

Für den Anwendungsfall der Kreditvergabe gilt Folgendes: Explizit fällt Kreditscoring nicht in den Anwendungsbereich des Art. 22 DSGVO, weil der Kreditscore „nicht als Entscheidung mit rechtlicher Wirkung gegenüber dem Betroffenen eingeordnet wird".[492] Allerdings bezieht sich Art. 22 Abs. 1 DSGVO auf Entscheidungen, die ausschließlich auf einer automatisierten Verarbeitung, einschließlich Profiling, beruhen. Dies ist so zu verstehen, dass sich Art. 22 DSGVO auf automatisierte Entscheidungsvorgänge und deren *integrierte* Profiling-Prozesse bezieht.[493] Es ist mittlerweile anerkannt, dass

---

488 *Sachverständigenrat für Verbraucherfragen beim Bundesministerium der Justiz und für Verbraucherschutz*, Verbrauchergerechtes Scoring, 2018, S. 116, online abrufbar unter: https://bit.ly/3HhYaTJ (letzter Aufruf am 24.02.2022).

489 Ursprünglich war die für maschinelle Entscheidungen maßgebliche Norm im deutschen Datenschutzrecht § 6a BDSG, der jedoch von Art. 22 DSGVO abgelöst wurde.

490 *Langenbucher / Adolff*, Kreditscoring: von Auskunfteien zu künstlicher Intelligenz, FS Krieger, 2020, 1 (7); Erwägungsgrund 71 DSGVO (VO (EU) 2016/679).

491 *Fachgruppe Rechtsinformatik der Gesellschaft für Informatik e.V.*, Studie, Technische und rechtliche Betrachtungen algorithmischer Entscheidungsverfahren, S. 94, online abrufbar unter: https://bit.ly/3saCipa (letzter Aufruf am 23.02.2022).

492 *Langenbucher / Adolff*, Kreditscoring: von Auskunfteien zu künstlicher Intelligenz, FS Krieger, 2020, 1 (7); Erwägungsgrund 71 DSGVO (VO (EU) 2016/679); *Krämer*, NJW 2020, 497, 498.

493 *Martini*, Blackbox Algorithmus – Grundfragen einer Regulierung Künstlicher Intelligenz, 2019, S. 178.

das Scoring als Unterfall des Profilings im Sinne des Art. 4 Nr. 4 DSGVO gilt.[494] Allerdings fällt Kreditscoring nur dann in den Anwendungsbereich des Art. 22 DSGVO, wenn eine Entscheidung direkt an einen zuvor ermittelten Kreditscore-Wert anknüpft.[495] Der Anwendungsbereich des Art. 22 DSGVO ist also nur dann eröffnet, wenn ein vollautomatisiertes Kreditentscheidungsverfahren vorliegt, bei dem keinerlei menschliche Entscheidung Einfluss auf das Ergebnis nimmt. Sobald ein Kreditscoring-Wert beispielsweise im Rahmen eines teilautomatisierten Kreditentscheidungsverfahren verwendet wird, nur eine Entscheidung vorbereitet oder gar abstrakt ohne Zusammenhang mit einer Kreditentscheidung gebildet wird, findet Art. 22 DSGVO keine Anwendung.[496] Dies wird im folgenden Absatz (i) näher erläutert. Allerdings ist anzumerken, dass das VG Wiesbaden den Schutzbereich des Art. 22 DSGVO bereits dann als eröffnet erachtet, wenn eine menschliche Entscheidung in der Praxis rein tatsächlich erheblich von einem Scorewert beeinflusst wird.[497] Sofern schließlich augenscheinlich zwar eine „humangesteuerte" Entscheidung erfolgt, sich diese aber maßgeblich an einem determinierten Scorewert orientiert, sollte gemäß dem VG Wiesbaden aus teleologischen Gründen der Anwendungsbereich des Art. 22 DSGVO ebenfalls eröffnet sein, um das ebenso berechtigte Schutzinteresse der betroffenen Personen zu wahren.

Art. 22 Abs. 2 DSGVO sieht diverse Ausnahmen von der Unzulässigkeit einer automatisierten Entscheidung vor. So ist gemäß Art. 22 Abs. 2 lit. a DSGVO eine automatisierte Entscheidung im Sinne des Art. 22 Abs. 1 DSGVO dann zulässig, wenn sie für den Abschluss oder die Erfüllung eines Vertrags zwischen der betroffenen Person und dem Verantwortlichen erforderlich ist. Das Merkmal der Erforderlichkeit ist so auszulegen, dass es sich nicht auf das Treffen einer Entscheidung an sich bezieht, sondern auf die Automatisierung der Entscheidungsfindung.[498] Eine weitere relevante Ausnahme findet sich in Art. 22 Abs. 2 lit. c DSGVO: Hiernach ist eine automatisierte Entscheidung

---

[494] Vgl. beispielsweise *Taeger / Gabel / Taeger*, 4. Auflage, 2022, DS-GVO Art. 22, Rn. 40.

[495] *Paal / Pauly / Martini*, 3. Auflage, 2021, DS-GVO Art. 22, Rn. 24.

[496] *Paal / Pauly / Martini*, 3. Auflage, 2021, DS-GVO Art. 22, Rn. 24.

[497] VG Wiesbaden, Beschluss vom 17.03.2021, 6 B 84/21; Vereinbarkeit des Schufa-Scoring mit DSGVO, BKR 2021, 782, Rn. 25.

[498] *Fachgruppe Rechtsinformatik der Gesellschaft für Informatik e.V.*, Studie, Technische und rechtliche Betrachtungen algorithmischer Entscheidungsverfahren, S. 96, online abrufbar unter: https://bit.ly/3saCipa (letzter Aufruf am 23.02.2022).

im Sinne des Art. 22 Abs. 1 DSGVO mit ausdrücklicher Einwilligung der betroffenen Person zulässig.

Für die Ausnahmefälle des Art. 22 Abs. 2 lit. a und c DSGVO hat der Verantwortliche gemäß Art. 22 Abs. 3 DSGVO angemessene Maßnahmen zu treffen, um die Rechte und Freiheiten sowie die berechtigten Interessen der betroffenen Person zu wahren, wozu mindestens das Recht auf Erwirkung des Ergreifens einer Person seitens des Verantwortlichen, auf Darlegung des eigenen Standpunkts und auf Anfechtung der Entscheidung gehören. Diese Rechte der betroffenen Person gewährleisten, dass sie, sofern sie von ihren Rechten in Art. 22 Abs. 3 DSGVO Gebrauch macht, nie gegen ihren Willen einer automatisierten Entscheidung unterworfen bleiben muss.[499]

Aus den folgenden Gründen kann Art. 22 DSGVO, gerade im Kontext der teil- oder vollautomatisierten BDAI-basierten Kreditvergabe, als „stumpfes Schwert" beschrieben werden.[500]

(i) Schutzbereich bereits bei geringer menschlicher Entscheidungsbeteiligung verschlossen

In den Schutzbereich des Art. 22 Abs. 1 DSGVO fallen nur solche Entscheidungen, die ausschließlich auf einer automatisierten Verarbeitung, einschließlich Profiling, beruhen. Für den Kreditvergabekontext bedeutet dies „übersetzt", dass eine Kreditentscheidung nur dann unter Art. 22 DSGVO fällt und weitere Rechte wie beispielsweise die Kennzeichnungspflicht für Kreditinstitute gemäß Art. 13 Abs. 2 lit. f DSGVO auslöst, wenn die Entscheidung ausschließlich auf dem Kreditscore (als Unterform des Profilings) beruht.[501] In diesem Zusammenhang ist erneut die Unterscheidung zwischen algorithmendeterminierten Entscheidungen, die ohne jegliches menschliche

---

[499] *Fachgruppe Rechtsinformatik der Gesellschaft für Informatik e.V.*, Studie, Technische und rechtliche Betrachtungen algorithmischer Entscheidungsverfahren, S. 97, online abrufbar unter: https://bit.ly/3saCipa (letzter Aufruf am 23.02.2022).

[500] Art. 22 DSGVO wird vom Vertreter der hessischen Datenschutzaufsicht (dem hessischen Beauftragten für Datenschutz und Informationsfreiheit) als „stumpfes Schwert" bezeichnet. Hierzu *Fachgruppe Rechtsinformatik der Gesellschaft für Informatik e.V.*, Studie, Technische und rechtliche Betrachtungen algorithmischer Entscheidungsverfahren, S. 97, online abrufbar unter: https://bit.ly/3saCipa (letzter Aufruf am 23.02.2022).

[501] Eine andere Ansicht vertritt, wie bereits oben erwähnt, das VG Wiesbaden, welches bereits dann den Anwendungs- und Schutzbereich des Art. 22 DSGVO als eröffnet erachtet, wenn ein Scorewert maßgeblich eine menschliche Entscheidung beeinflusst.

Zutun zustande kommen und algorithmenbasierten Entscheidungen, die nur Grundlage für eine letztlich menschliche Entscheidung bilden, relevant.[502] Fraglich ist, welche Qualität und welchen Umfang das menschliche Zutun bei der Entscheidungsfindung haben darf, damit der Betroffene noch in den Schutzbereich des Art. 22 DSGVO fällt. Grundsätzlich gilt, dass die

> Mitwirkung einer natürlichen Person an der Entscheidungsfindung nur dann beachtlich sein kann, wenn diese nicht lediglich formaler, sondern vielmehr inhaltlicher Art ist und letztlich dazu führt, dass die getroffene Entscheidung der Sache nach von einer natürlichen Person (statt von der Maschine) zu verantworten ist.[503]

Allerdings besteht neben algorithmenbasierten und algorithmendeterminierten Entscheidungen noch eine dritte Kategorie, und zwar die der sog. algorithmengetriebenen Entscheidungen. Bei algorithmengetriebenen Entscheidungen vermögen es Algorithmen, die Gesamtentscheidung einzuschränken, die von Menschen getroffen wird.[504] Selbst wenn Algorithmen den Entscheidungsspielraum von menschlichen Entscheidungsträgern einschränken, ist der Schutzbereich des Art. 22 DSGVO nicht eröffnet. Auch wenn sich der menschliche Entscheidungsbeitrag darin erschöpft, unplausible automatisch generierte Entscheidungen herauszugreifen, wird eine menschliche und keine vollautomatisierte Entscheidung angenommen.[505] Dies würde bedeuten, dass ein Kreditnehmer bereits dann aus dem Schutzbereich des Art. 22 DSGVO herausfällt, sobald in dem ihm bevorstehenden Kreditprozess eine menschliche Kontrollinstanz lediglich solche Kreditentscheidungen überarbeitet oder verwirft, die ihr „unplausibel" erscheinen.

Diese „Unplausibilitätsschwelle" ist insbesondere im Kreditvergabekontext bedenklich, da wohl nur wenige Kreditentscheidungen, die letztlich auch für das Kreditinstitut selbst als „unwirtschaftlich" einzustufen wären, als unplausibel gelten dürften. Gleichzeitig spielen kleine Zinsunterschiede für Kreditnehmer bereits eine große Rolle. Das Spektrum der „Plausibilität" ist

---

[502] *Kühling / Buchner / Buchner*, 3. Auflage, 2020, DS-GVO, Art. 22, Rn. 14.

[503] *Kühling / Buchner / Buchner*, 3. Auflage, 2020, DS-GVO, Art. 22, Rn. 15.

[504] *Kühling / Buchner / Buchner*, 3. Auflage, 2020, DS-GVO, Art. 22, Rn. 14.

[505] Allerdings darf der menschliche Entscheider in diesem Zusammenhang nicht nur einzelne unplausible Stichproben herauspicken, sondern muss den Gesamtentscheidungsbestand überprüfen., vgl. *Kühling / Buchner / Buchner*, 3. Auflage, 2020, DS-GVO, Art. 22, Rn. 15.

im Kontext der Kreditwürdigkeitsprüfung relativ weitläufig, insbesondere weil so viele Faktoren und Variablen prognoserelevant sein könnten. Aus diesem Grund ist eine menschliche Beteiligung, die sich auf die Identifizierung unplausibler Entscheidungen beschränkt, im Endeffekt zu vernachlässigen. Letztlich ist ein Kreditnehmer in einer solchen Konstellation so zu behandeln, als wäre er einer vollautomatisierten Entscheidung unterworfen, weshalb es auch angezeigt ist, ihm beispielsweise bestimmte Kennzeichnungs- und Auskunftsrecht zu gewähren.

Letztlich ist nachvollziehbar, weshalb Art. 22 DSGVO als stumpfes Schwert bezeichnet wird. Erstens fallen in den Anwendungsbereich des Art. 22 DSGVO im Hinblick auf die Kreditvergabe nur sehr wenige Entscheidungen, da in der Regel zumindest teilautomatisierte Kreditentscheidungsverfahren gewählt werden. Zweitens fallen Kreditentscheidungen schnell aus dem Anwendungsbereich der Verbotsnorm heraus, und zwar bereits dann, wenn ein vergleichsweise geringer Entscheidungsspielraum seitens der Sachbearbeiter vorliegt.[506]

(ii) Beschränkter Anwendungsbereich

Weiterhin ist der sachliche Anwendungsbereich des Art. 22 DSGVO begrenzt. Zwar bergen vollautomatisierte KI-unterstützte Kreditvergabeverfahren erhebliches Potenzial für Kreditinstitute, weshalb nicht auszuschließen ist, dass ihre Bedeutung künftig steigen wird. Zumindest momentan werden diese vollautomatisierten Verfahren jedoch selten eingesetzt, vornehmlich bei Verbraucherkrediten für Unterhaltungselektronik und im risikoarmen standardisierten Mengengeschäft.[507] Überwiegend wird wohl aktuell in der Praxis auf teilautomatisierte Kreditverfahren abgestellt. Aufgrund der besonders einschränkenden Voraussetzung der „vollständig automatisierten" Entscheidungsfindung profitiert somit nur ein vergleichsweise kleiner Verbraucherkreis von Art. 22 DSGVO und den hieran geknüpften datenschutzrechtlichen Rechten und Folgen.

---

506 *Fachgruppe Rechtsinformatik der Gesellschaft für Informatik e.V.*, Studie, Technische und rechtliche Betrachtungen algorithmischer Entscheidungsverfahren, S. 97, online abrufbar unter: https://bit.ly/3saCipa (letzter Aufruf am 23.02.2022).

507 *Fachgruppe Rechtsinformatik der Gesellschaft für Informatik e.V.*, Studie, Technische und rechtliche Betrachtungen algorithmischer Entscheidungsverfahren, S. 97, online abrufbar unter: https://bit.ly/3saCipa (letzter Aufruf am 23.02.2022).

(iii) Die Annahme eines teilautomatisierten Entscheidungsverfahrens entspricht häufig nicht dem tatsächlich stattfindenden Entscheidungsvorgang

Der Schutzbereich des Art. 22 DSGVO greift auch aus dem Grund zu kurz, da die Annahme eines teilautomatisierten Entscheidungsverfahrens häufig nicht der praktischen Realität entspricht. Selbst wenn einem menschlichen Mitarbeiter tatsächliche Entscheidungsmacht eingeräumt wird, wird er sich häufig so stark an den systemseitig ermittelten Scorewerten orientieren, dass seine faktische Entscheidungsmacht zu vernachlässigen ist. Aus diesem Grund geht die Einordnung der Gesamtentscheidung als „teilautomatisiert" an der praktischen Realität vorbei und schließt den Schutzbereich der DSGVO für viele Entscheidungen, die eigentlich hiervon umfasst sein sollten. Vergleichbar argumentierte auch die 6. Kammer des VG Wiesbaden, welche entschieden hat, dem EuGH zwei Fragen zur Klärung im Zusammenhang mit SCHUFA-Scoring vorzulegen.[508] Vor diesem Hintergrund äußerte das VG Wiesbaden, dass Scoring an sich zwar allgemein nur als Vorbereitung einer automatisierten Entscheidung und nicht als automatisierte Entscheidung gewertet wird, hauptsächlich weil das Scoring-Verfahren jedenfalls theoretisch eine menschlich gesteuerte Einzelfallentscheidung nicht vorwegnimmt und diese nur vorbereitet. Nach Ansicht des VG Wiesbaden entspricht diese Wertung jedoch nicht der Realität, in welcher die Entscheidung „praktisch in erheblichem Maße durch den von Wirtschaftsauskunfteien übermittelten Score-Wert bestimmt" wird.[509] Zwar müssten Kreditentscheidungen regelmäßig nicht ausschließlich der Wertung des Scores entsprechen, in der Praxis sei dies allerdings regelmäßig der Fall, sodass Scores maßgebliche Entscheidungsfaktoren seien.[510] Insbesondere führe ein unzureichender Score in der Praxis mit an Sicherheit grenzender Wahrscheinlichkeit zur Ablehnung eines Kreditantrags.[511] Ein menschlicher Entscheider würde in

---

508 VG Wiesbaden, Beschluss vom 17.03.2021, 6 B 84/21; *Ukrow*, VG Wiesbaden: EuGH-Vorlage wegen SCHUFA-Scoring, ZD-Aktuell 2021, 05554.

509 VG Wiesbaden, Beschluss vom 17.03.2021, 6 B 84/21; *Ukrow*, VG Wiesbaden: EuGH-Vorlage wegen SCHUFA-Scoring, ZD-Aktuell 2021, 05554.

510 VG Wiesbaden, Beschluss vom 17.03.2021, 6 B 84/21; *Ukrow*, VG Wiesbaden: EuGH-Vorlage wegen SCHUFA-Scoring, ZD-Aktuell 2021, 05554.

511 VG Wiesbaden, Beschluss vom 17.03.2021, 6 B 84/21; *Ukrow*, VG Wiesbaden: EuGH-Vorlage wegen SCHUFA-Scoring, ZD-Aktuell 2021, 05554.

dieser Situation nämlich nicht von der „Ablehnungsempfehlung“ des Scores abweichen.[512] Andersrum führe allerdings ein positiver Score nicht zwingend zur Gewährung eines Kredits, da andere Faktoren wie beispielsweise das Fehlen von Sicherheiten, entgegenstehen könnten.[513]

Diese Ausführungen des VG Wiesbaden zeigen, dass die Vorstellung, Scorewerten würde lediglich die Bedeutung eines von vielen weiteren zu berücksichtigenden Entscheidungsfaktoren zukommen, eine reine Fiktion ist. Kreditinstitute und Scoring-Unternehmen investieren gerade deshalb in die Entwicklung fortschrittlicher Technologien für die Zwecke der Kreditvergabe, weil die so ermittelten Scoreformeln besonders präzise Prognoseergebnisse liefern, denen menschliche Einschätzungen nachstehen. Sollte ein auf diese Weise ermittelter Scorewert von der Gewährung eines Kredits abraten, wäre schon viel Courage und Überzeugung auf Seiten eines Mitarbeiters notwendig, um von dieser Entscheidung abzuweichen. Es liegt auf der Hand, weshalb die Missachtung des Scorewerts in der Praxis eher die Ausnahme darstellt.

Aus diesem Grund sollte Art. 22 DSGVO und auch die hieran geknüpften Folgen der DSGVO bereits dann eingreifen, wenn personenbezogene Daten für die Zwecke von Scoring-Verfahren verwendet werden oder wurden, unabhängig davon, ob der Scorewert, wie es jedenfalls theoretisch der Fall ist, nur die Grundlage für eine menschliche Entscheidung bilden soll.

(iv) Nachweisproblematik

In der Praxis wird es sich auch schwierig gestalten, das Vorliegen von Entscheidungsspielräumen zu widerlegen, um den Anwendungsbereich des Art. 22 DSGVO zu öffnen.[514] Ebenfalls sollte es im Nachhinein praktisch schwer zu ermitteln sein, inwiefern ein menschlicher Entscheider tatsächlich eine eigene Bewertung vorgenommen hat, anstatt sich ausschließlich auf den automatisch generierten Kreditscore zu verlassen und sich dessen

512 VG Wiesbaden, Beschluss vom 17.03.2021, 6 B 84/21; *Ukrow*, VG Wiesbaden: EuGH-Vorlage wegen SCHUFA-Scoring, ZD-Aktuell 2021, 05554

513 VG Wiesbaden, Beschluss vom 17.03.2021, 6 B 84/21; *Ukrow*, VG Wiesbaden: EuGH-Vorlage wegen SCHUFA-Scoring, ZD-Aktuell 2021, 05554.

514 *Fachgruppe Rechtsinformatik der Gesellschaft für Informatik e.V.*, Studie, Technische und rechtliche Betrachtungen algorithmischer Entscheidungsverfahren, S. 97, online abrufbar unter: https://bit.ly/3saCipa (letzter Aufruf am 23.02.2022)

Entscheidung zu eigen zu machen. Insbesondere vor dem Hintergrund, dass KI-basierte Kreditscoring-Verfahren im Vergleich zu menschlichen Entscheidungen erwiesenermaßen als häufig präziser gelten, sollten wohl gewisse Vorbehalte auf Seiten des menschlichen Entscheiders vorhanden sein, von der KI-basierten Entscheidung abzuweichen. In letzterem Fall wäre der Verbraucher faktisch der automatisch generierten Kreditentscheidung unterworfen, die keiner entscheidungserheblichen Anpassung durch ein menschliches Korrektiv ausgesetzt wurde.

2. Allgemeine Grenzen der datenschutzrechtlichen Bestimmungen

Problematisch, insbesondere vor dem Hintergrund der Technologisierung der Kreditvergabe und den hieraus resultierenden Risiken, ist, dass die DSGVO originär gar nicht darauf abzielt, ein Technologierisiko zu regulieren.[515] Vielmehr handelt es sich hierbei um Gesetzgebung, die hauptsächlich die Risiken zu steuern beabsichtigt, „die für die persönlichkeitsrechtliche Ebene der Datenverarbeitung und die damit verbundenen Rechte bestehen und nicht auch alle anderen Rechtsgüter, die durch den Einsatz von algorithmischen Entscheidungssystemen gefährdet sein können".[516]

Zudem erhebt das DSGVO nicht den Anspruch, alle Implikationen der Datenverarbeitung zu regulieren. So umfasst der Schutzanspruch der DSGVO insbesondere nicht die Phase nach der Datenerhebung und -verarbeitung, namentlich die Schlussfolgerung, die nach der Verarbeitung gezogen wird.[517] Im Rahmen der BDAI-basierten Kreditvergabe ist jedoch gerade die Schlussfolgerung von besonderem Interesse und potenziell mit besonderen Risiken für Kreditnehmer behaftet. So mag es sein, dass eine Verarbeitung personenbezogener Daten datenschutzrechtlich einwandfrei

---

515 *Kuschel / Müller / Kirchner / Schüßler*, Intelligentes Recht – Intelligente Systeme, 2021, S. 91; beispielsweise Erwägungsgrund 15 DSGVO (VO (EU) 2016/679).

516 *Kuschel / Müller / Kirchner / Schüßler*, Intelligentes Recht – Intelligente Systeme, 2021, S. 91; *Martini*, Blackbox Algorithmus – Grundfragen einer Regulierung Künstlicher Intelligenz, 2019, S. 80 f.

517 *Martini*, Blackbox Algorithmus – Grundfragen einer Regulierung Künstlicher Intelligenz, 2019, S. 80.

erfolgt ist, die Schlussfolgerung jedoch anderweitige Rechtsgüter der betroffenen Individuen beeinträchtigt.[518]

3. Transparenzpflichten der DSGVO

Nach dieser allgemeinen Darstellung der wichtigsten allgemeinen datenschutzrechtlichen Normen, die für die BDAI-basierte Kreditvergabe relevant sind, befasst sich der folgende Teil mit den datenschutzrechtlichen Transparenzpflichten.

Obwohl Transparenzpflichten sicherlich eine relevante Rolle bei der Schaffung von gesellschaftlicher Akzeptanz von und Vertrauen in KI-basierte Systeme spielen, sind ihre Kapazitäten begrenzt. So wird im Folgenden zunächst auf die datenschutzrechtlichen Kennzeichnungs- und Erläuterungspflichten eingegangen. Wie in folgenden Abschnitten erläutert wird, stoßen sie rasch an Grenzen, unter anderem weil ihr Anwendungsbereich in der Regel auf „vollautomatisierte" Entscheidungsverfahren begrenzt ist und dadurch ein vergleichsweise beschränkter Kreditnehmerkreis von ihnen profitieren kann.

Abschnitt 7.4 befasst sich mit weiteren Gründen, aus denen Transparenzpflichten im Allgemeinen keinen umfassenden Verbraucherschutz gewährleisten und somit auch nur begrenzt zur Schaffung öffentlichen Vertrauens beitragen können. Erstens stehen den Transparenzansprüchen nicht zu unterschätzende Gegenrechte der Kreditinstitute entgegen, die auch aus gesamtwirtschaftlichen Gründen mit den Verbraucherrechten in Einklang zu bringen sind. Zweitens sind die Kreditgeber selbst aufgrund der Komplexität der angewandten Technologie nur begrenzt in der Lage, die Transparenzpflichten zu erfüllen. Und drittens helfen die Transparenzrechte, wie noch ausgeführt wird, Kreditnehmern unter Umständen auch nicht dabei, potenziell fehlerhafte oder diskriminierende Kreditentscheidungen aufzudecken. Dies zeigt, dass Transparenz- und Offenlegungspflichten, selbst bei gesetzlicher Erweiterung ihres Anwendungsbereichs, nur begrenzt zu Kontrolle über und Nachvollziehbarkeit von KI-basierten Systemen führen können.

Trotz der unbestrittenen Wichtigkeit von Transparenz- und Erklärungspflichten können diese somit nur teilweise zur Schaffung von Vertrauen und

---

518 *Kuschel / Müller / Kirchner / Schüßler*, Intelligentes Recht – Intelligente Systeme, 2021, S. 92.

einem effektiven Verbraucherschutz beitragen. Über die datenschutzrechtlichen Risiken hinaus, bestehen schließlich diverse weitere Risikobereiche, die durch das BDAI-basierte Kreditscoring-Verfahren eröffnet werden. Diese Erkenntnis bildet die Basis für die folgenden Kapitel, in denen angeregt wird, unterstützend zu den bestehenden gesetzlichen Regelungen und Gesetzgebungsvorhaben, kollektive Kontroll- und Unterstützungsmechanismen einzurichten. Hierzu gehören beispielsweise Zertifizierungsverfahren und die Etablierung einer staatlichen Unterstützungs- und Überwachungseinheit.[519]

3.1 Kennzeichnungspflichten

Die fundamentalste einer jeden Offenlegungspflicht besteht darin, dem potenziellen Kreditnehmer kenntlich machen zu müssen, dass er im Rahmen einer Kreditwürdigkeitsprüfung überhaupt einem automatisierten oder gar KI-basierten System ausgesetzt wird. Gerade bei einem digitalisierten Antragsprozess hat der Kreditnehmer keine Möglichkeit, von dieser Tatsache zu erfahren, es sei denn, er wurde hierauf explizit durch das entsprechende Kreditinstitut hingewiesen. Kennzeichnungspflichten sind deshalb so fundamental, weil der Kreditnehmer ohne die Kenntnis über den Einsatz von beispielsweise KI-basierter Technologie auch keine Möglichkeit hat, etwaige ihm zustehende Rechte in Anspruch zu nehmen.

Gemäß Art. 13 Abs. 2 lit. f beziehungsweise Art. 14 Abs. 2 lit. g DSGVO müssen Verantwortliche auf das Bestehen einer automatisierten Entscheidungsfindung einschließlich Profiling hinweisen. Gemäß Art. 13 Abs. 2 lit. f DSGVO besteht diese Verpflichtung für den Verantwortlichen zum Zeitpunkt der Erhebung personenbezogener Daten, sofern die personenbezogenen Daten bei der betroffenen Person erhoben werden. Gemäß Art. 14 Abs. 2 lit. g DSGVO besteht diese Pflicht für den Verantwortlichen im Falle, dass die personenbezogenen Daten *nicht* bei der betroffenen Person erhoben werden. Die Vorschriften sind in beiden Fällen so zu verstehen, dass der Betroffene über eine bevorstehende automatisierte Entscheidung oder ein bevorstehendes Profiling gemäß Art. 22 Abs. 1 oder 4 DSGVO informiert werden muss, für welchen Zweck die erhobenen personenbezogenen Daten genutzt werden sollen.[520]

---

519 *Martini*, Algorithmen als Herausforderung für die Rechtsordnung, JZ 2017, 1017 (1021).
520 *Simitis / Hornung / Spiecker gen. Döhmann*, Datenschutzrecht, DSGVO, Art. 13, Rn. 16.

(i) Anwendungsbereich der Kennzeichnungspflichten an Art. 22 DSGVO geknüpft

Der Hinweis auf das Bestehen einer automatisierten Entscheidung ist nur dann verpflichtend, wenn es sich um eine automatisierte Entscheidungsfindung einschließlich Profiling gemäß Artikel 22 Abs. 1 und 4 DSGVO handelt. Für den Anwendungsfall der Kreditvergabe bedeutet dies, dass die Ex-ante-Hinweispflichten der DSGVO nur bei vollautomatisierten Kreditentscheidungsverfahren eingreifen.[521] Wie schon erläutert, kann grob zwischen teilautomatisierten und vollautomatisierten Kreditvergabeprozessen unterschieden werden. Bei teilautomatisierten Kreditvergabeprozessen wird zwar in der Regel im Wege eines automatisierten Verfahrens ein Kreditscore-Wert für den jeweiligen Antragsteller ermittelt. Allerdings bildet dieser Wert nur die Grundlage einer menschlichen Entscheidung und stellt, jedenfalls abstrakt und in Theorie, nur ein Kriterium unter anderen dar. Bei einem vollautomatisierten Kreditvergabeprozess hingegen bildet der automatisiert generierte Kreditscore-Wert nicht nur die Grundlage der Kreditentscheidung, sondern verkörpert diese. Anhand des Kreditscore-Werts und dem darin zum Ausdruck kommenden Kreditrisiko für das Institut lassen sich, zumindest theoretisch, automatisch auch der Preis des Kredits in Form des Kreditzinses wie auch die Laufzeit und etwaige Tilgungsraten ableiten. Sofern jedoch eine KI-basierte oder automatisierte Bonitätsprüfung in Kombination mit einem menschlichen Handlungsbeitrag die Basis der Kreditvergabe bildet, sind die Kennzeichnungspflichten der DSGVO nicht mehr einschlägig.[522]

Des Weiteren könnte eine objektiv geringe menschliche Beteilung an der Kreditentscheidung ausreichend sein, um diese aus dem Anwendungsbereich der Art. 13, 14 DSGVO fallen zu lassen, sodass die Kennzeichnungspflicht leicht umgangen werden kann. In diesem Zusammenhang sind ebenfalls die Ausführungen unter Kapitel 7, Abschnitt 1.6, (i) relevant.

(ii) Schutzbedürftigkeit der ausgenommenen Datensubjekte

Selbst in dem Fall, dass eine Kreditentscheidung überwiegend auf dem automatisch generierten Kreditscore basiert und Hauptkriterium für eine

---

521 Andere Ansicht vertritt das VG Wiesbaden, Beschluss vom 17.03.2021, 6 B 84/21.

522 *Kuschel / Müller / Kirchner / Schüßler*, Intelligentes Recht – Intelligente Systeme, 2021, S. 92.

menschliche Kreditentscheidung darstellt, besteht ein schutzwürdiges Interesse des Verbrauchers, davon zu erfahren, dass seine personenbezogenen Daten für die automatisierten Generierung eines ausschlaggebenden Entscheidungskriteriums genutzt werden. Schließlich könnte ein solches Verfahren ebenfalls „in sensibler Weise“ die Rechte des potenziellen Kreditnehmers betreffen, selbst wenn keine vollautomatisierte Kreditentscheidung vorliegt.[523] In einem solchen Fall wäre die Kreditentscheidung über den Verbraucher unter Umständen gar nicht vom Wortlaut der Art. 13, 14 DSGVO umfasst, nur weil rein formal keine „vollautomatisierte“ Kreditentscheidung vorliegt. Dies ist deshalb problematisch, weil bei teilautomatisierten Entscheidungen unter Umständen ein ähnliches, wenn nicht sogar ein höheres Interesse der betroffenen Verbraucher an Aufklärung bestünde.

3.2 Erklärungspflichten

Informationsrechte der Verbraucher zur Schaffung von Vertrauen wären unvollständig, wenn sie sich nur auf den Hinweis beschränken würden, dass überhaupt eine automatisch generierte Entscheidung unter Verwendung personenbezogener Daten zum Einsatz kommen wird. Von ebenso großer Bedeutung für den Schutz der Datensubjekte und die Schaffung von Transparenz bei KI-basierten Systeme ist die Information, auf welche Weise die entsprechende Technologie eingesetzt werden wird, vor allem, wenn für diesen Zweck personenbezogene Daten erhoben werden.

Die DSGVO enthält gleich mehrere Regelungen, die unter bestimmten Umständen Kreditgebern die Pflicht auferlegen, Kreditnehmern aussagekräftige Informationen „sowohl über die involvierte Logik und die Tragweite als auch über die angestrebten Auswirkungen einer vollständig automatisierten Verarbeitung an die Hand zu geben“.[524]

Diese Verpflichtungen finden sich in Art. 13 Abs. 2 lit. f, Art. 14 Abs. 2 lit. g und Art. 15 Abs. 1 lit. h DSGVO. Während das Informationsrecht in Art. 13 Abs. 2 lit. f DSGVO im Fall greift, dass personenbezogene Daten bei der betroffenen Person erhoben werden, ist das Informationsrecht gemäß Art. 14

[523] *Martini*, Blackbox Algorithmus – Grundfragen einer Regulierung Künstlicher Intelligenz, 2019, S. 178.

[524] *Martini*, Blackbox Algorithmus – Grundfragen einer Regulierung Künstlicher Intelligenz, 2019, S. 181; vgl. auch Erwägungsgrund 60 S. 1 und 2 DSGVO (VO (EU) 2016/679).

Abs. 2 lit. g DSGVO dann einschlägig, wenn die personenbezogenen Daten gerade nicht bei der betroffenen Person erhoben wurden. Art. 15 Abs. 1 lit. h DSGVO hingegen enthält ein Auskunftsrecht der Verbraucher bezüglich des Bestehens einer automatisierten Entscheidungsfindung (einschließlich Profiling) und deren involvierter Logik, Tragweite und Auswirkungen für den Fall, dass den Verbraucher betreffende personenbezogene Daten verarbeitet wurden.

Anders als ein Auskunftsrecht, bei dem ein Informationsanspruch erst nach ausdrücklichem Verlangen durch den Verbraucher begründet wird, greift eine Informationspflicht des Verantwortlichen als „anlasslose Grundpflicht" automatisch auch bei Passivität des Verbrauchers ein.[525] Somit tragen allgemeine Informationspflichten zur Anhebung des „Transparenzniveaus" bei.[526] Gerade im Kontext von algorithmenbasierten Kreditentscheidungen unterstützen solche gesetzlichen Informationspflichten die Schaffung öffentlichen Vertrauens: Der Verbraucher hat in diesem Kontext weniger das Gefühl, heimlich durchgeführten, opaken und technologiegetriebenen Verfahren ausgeliefert zu sein, sondern wird proaktiv von Seiten des Kreditgebers über grundlegende Funktionsweisen und Auswirkungen der algorithmenbasierten Technologie informiert.

(i) Anwendungsbereich der Erläuterungspflichten an Art. 22 DSGVO geknüpft

Wie bereits oben im Rahmen der datenschutzrechtlichen Kennzeichnungspflichten angemerkt, ist jedoch auch bei den datenschutzrechtlichen Erläuterungspflichten problematisch, dass der sachliche Anwendungsbereich sehr beschränkt ist. Auch die Erläuterungspflichten in Form der Informations- und Auskunftsrechte knüpfen an die automatisierte Entscheidungsfindung im Sinne des Art. 22 DSGVO an und sind daher nur dann einschlägig, wenn beispielsweise im Rahmen der Kreditvergabe die Kreditentscheidung vollautomatisiert getroffen wird. Wie bereits dargelegt, umfasst dies nur solche Entscheidungen, die gänzlich ohne menschliches Eingreifen getroffen

[525] *Martini*, Blackbox Algorithmus – Grundfragen einer Regulierung Künstlicher Intelligenz, 2019, S. 181; vgl. auch Erwägungsgrund 60 DSGVO: „Darüber hinaus sollte [der Verantwortliche] die betroffene Person darauf hinweisen, dass Profiling stattfindet und welche Folgen dies hat."

[526] *Martini*, Blackbox Algorithmus – Grundfragen einer Regulierung Künstlicher Intelligenz, 2019, S. 181.

wurden.[527] Dies schließt leider eine große Anzahl von schutzwürdigen Kreditnehmern aus, die zwar „lediglich" einer teilautomatisierten Kreditentscheidung ausgesetzt waren, hierdurch jedoch ähnlich schwerwiegend in ihren Rechten betroffen wurden. Da vollautomatisierte Entscheidungen zumindest aktuell in der Kreditvergabepraxis eher die Ausnahme bilden und eher bei besonders risikoarmen Kreditgeschäftsarten eingesetzt werden, kann auch nur ein sehr geringer Anteil der Kreditnehmer von den Erläuterungspflichten der DSGVO profitieren. Zudem handelt es sich hierbei auch überwiegend um solche Kreditnehmer, die aufgrund der vergleichsweise niedrigen Kreditvolumina, für die momentan vornehmlich noch vollautomatisierte Entscheidungsverfahren eingesetzt werden, zu einem geringeren Grad von der Kreditentscheidung an sich betroffen sind.

(ii) Begrenzter Umfang der Erläuterungspflicht

Letztlich beinhalten die Erläuterungspflichten lediglich die Vorgabe, „aussagekräftige Informationen über die involvierte Logik sowie die Tragweite und die angestrebten Auswirkungen einer derartigen Verarbeitung für die betroffene Person" zu übermitteln. Dies beinhaltet beispielsweise im Rahmen des Kreditscorings nicht die Preisgabe des Quellcodes oder anderweitiger Detailinformationen hinsichtlich der genauen Entscheidungsfindung, sondern beschränkt sich auf die groben Entscheidungsmechanismen.[528] Etwaige detaillierte Informationen können im Rahmen des Art. 13 Abs. 2 lit. f DSGVO ohnehin nicht unterbreitet werden, da die entsprechende Erläuterung zum Zeitpunkt der Datenerhebung erfolgt, wenn noch gar keine automatisierte Entscheidung getroffen wurde. Daher kann die Erläuterung auch nur allgemeine Hinweise bezüglich der Entscheidungsstruktur umfassen.[529]

---

[527] *Martini*, Blackbox Algorithmus – Grundfragen einer Regulierung Künstlicher Intelligenz, 2019, S. 181. Allerdings könnte der Wortlaut des Art. 13 Abs. 2 lit. f, Art. 14 Abs. 2 lit. g und Art. 15 Abs. 1 lit. h DSGVO „zumindest in diesen Fällen" darauf hindeuten, dass diese Pflichten möglicherweise auch über den engen Anwendungsbereich des Art. 22 DSGVO hinaus gelten könnten, siehe hierzu *Martini*, Blackbox Algorithmus – Grundfragen einer Regulierung Künstlicher Intelligenz, 2019, S. 182–189.

[528] *Martini*, Blackbox Algorithmus – Grundfragen einer Regulierung Künstlicher Intelligenz, 2019, S. 181.

[529] *Martini*, Blackbox Algorithmus – Grundfragen einer Regulierung Künstlicher Intelligenz, 2019, S. 191.

Obwohl der Anwendungsbereich des Art. 14 Abs. 2 lit. g und Art. 15 Abs. 1 lit. h DSGVO in zeitlicher Hinsicht weiter ist als der des Art. 13 Abs. 2 lit. f DSGVO, ergibt sich nichts Anderes für die erforderliche Begründungstiefe. Art. 14 Abs. 2 lit. g und Art. 15 Abs. 1 lit. h DSGVO beinhalten auch dann noch eine Pflicht zur Erläuterung nach Abschluss der automatisierten Entscheidung. Allerdings beschränkt sich diese Pflicht inhaltlich ebenso wie Art. 13 Abs. 2 lit. f DSGVO auf eine Darstellung der grundsätzlichen Funktionalität des Systems. Auf eine einzelfallbezogene Entscheidungsbegründung hofft ein potenzieller Kreditnehmer daher vergeblich.[530]

4. Allgemeine Grenzen von Transparenzpflichten

Grundsätzlich ist die Erhöhung von Transparenz zentral für einen effektiven Verbraucherschutz und für die Schaffung von Vertrauen, insbesondere, wenn es sich um technologiegetriebene Innovationen handelt, von denen natürliche Personen betroffen sind. Wie oben dargestellt, enthalten das Datenschutzrecht und vermutlich auch bald das Verbraucherschutzrecht solche Kennzeichnungs- und Erläuterungspflichten, die ihren Teil dazu beitragen werden, die allgemeine Akzeptanz von algorithmenbasierten Kreditentscheidungssystemen zu erhöhen.

Allerdings sind die datenschutzrechtlichen Transparenzpflichten, wie oben beschrieben, aus verschiedenen Gründen, insbesondere aufgrund ihres beschränkten Anwendungsbereichs, für Betroffene nur begrenzt hilfreich. Aber selbst ohne die gesetzesimmanenten Einschränkungen der Transparenzpflichten sind diese nur von beschränktem Wert für die Gewährleistung eines effektiven Verbraucherschutzes. Dies wird im Folgenden ausgeführt.

4.1 Einschränkung der Transparenzpflichten durch Geheimhaltungsinteressen

Grundsätzlich ist davon auszugehen, dass die Informationsrechte der Verbraucher auf Auskünfte hinsichtlich der Funktionsweise von Kreditscoring-Systemen dort ihre Grenze finden, wo das berechtigte Interesse auf Geheimhaltung

---

[530] *Martini*, Blackbox Algorithmus – Grundfragen einer Regulierung Künstlicher Intelligenz, 2019, S. 192.

der Entwickler und Verwender der Kreditscoring-Systeme beginnt. Schließlich handelt es sich bei gewissen Informationen zu algorithmenbasierten Kreditvergabeverfahren um Tatsachen, bezüglich derer ihre Entwickler und Verwender bis zu gewissen Grenzen berechtigt sein sollten, diese für sich behalten zu dürfen. Zu den Entwicklern und Verwendern können einerseits Kreditinstitute, andererseits aber auch Wirtschaftsauskunfteien oder andere Scoring-Unternehmen gehören. Im Folgenden wird allerdings hauptsächlich auf Kreditinstitute Bezug genommen, obwohl ähnliche Erwägungen mit Sicherheit auch für anderweitige Entwickler und Verwender von algorithmenbasierten Kreditscoring-Systemen gelten.

Der Gedanke, dass Verwender und Entwickler bis zu einem gewissen Grad zu Geheimhaltung berechtigt sein sollten, findet sich auch in der Datenschutz-Grundverordnung, in der es in Erwägungsgrund 63 heißt:

> Dieses [Auskunftsrecht] sollte die Rechte und Freiheit anderer Personen, etwa Geschäftsgeheimnisse oder Rechte des geistigen Eigentums und insbesondere das Urheberrecht an Software, nicht beeinträchtigen. Dies darf jedoch nicht dazu führen, dass der betroffenen Person jegliche Auskunft verweigert wird. Verarbeitet der Verantwortliche eine große Menge von Informationen über die betroffene Person, so sollte er verlangen können, dass die betroffene Person präzisiert, auf welche Information oder welche Verarbeitungsvorgänge sich ihr Auskunftsersuchen bezieht, bevor er ihr Auskunft erteilt.[531]

Um als Betriebs- oder Geschäftsgeheimnis zu qualifizieren, muss es sich bei einer Information um „unternehmensbezogene Tatsachen, Umstände und Vorgänge handeln“, die die folgenden zwei Voraussetzungen erfüllen: erstens dürfen sie nicht offenkundig sein, was insbesondere bedeutet, dass sie nur einem „begrenzten Personenkreis“ zugänglich sind.[532] Um ein Geheimnis handelt es sich somit nicht bei Informationen, die beispielsweise in der Presse oder in Geschäftsberichten veröffentlicht wurden.[533] Zweitens muss ihr Inhaber ein berechtigtes Interesse daran haben, dass die Informationen weiterhin nur einem begrenzten Personenkreis zugänglich bleiben.[534] Die Abgrenzung

---

[531] Erwägungsgrund 63, DSGVO (VO (EU) 2016/679).

[532] *Martini*, Blackbox Algorithmus – Grundfragen einer Regulierung Künstlicher Intelligenz, 2019, S. 37.

[533] *Boos / Fischer / Schulte-Mattler / Lindemann*, 5. Auflage, 2016, KWG § 9, Rn. 10.

[534] *Martini*, Blackbox Algorithmus – Grundfragen einer Regulierung Künstlicher Intelligenz, 2019, S. 37.

zwischen Betriebs- und Geschäftsgeheimnis ist danach vorzunehmen, ob es sich bei der geheimen Information um technisches oder kaufmännisches Wissen handelt.[535] Wie im Folgenden ausgeführt wird, erfüllen bestimmte Informationen bezüglich des Kreditscoring-Verfahrens diese beiden Kriterien, sodass sie als Geschäftsgeheimnis der Kreditinstitute unter Ausschluss der Öffentlichkeit verbleiben dürfen und auch sollten.

Zunächst handelt es sich bei gewissen Informationen zu Kreditscoring-Verfahren um solche, die nicht offenkundig sind. Grundsätzlich gibt es sicherlich Informationen zum Kreditscoring-Verfahren, die Kreditinstitute jedenfalls auf Anfrage mit beispielsweise betroffenen Kreditbewerbern teilen müssen. Es ist allerdings davon auszugehen, dass diese Auskunftsrechte nur dann in Anspruch genommen werden können, wenn der Anfragende ein berechtigtes Interesse an der Informationsübermittlung hat, sodass auch allgemeine Informationen zu Kreditscoring-Verfahren nur einem begrenzten Personenkreis zugänglich, mithin nicht offenkundig sind.

Grundsätzlich dürfen auch gewisse Details des verwendeten Kreditscoring-Systems wie beispielsweise die Kreditscore-Formel, als Betriebsgeheimnis der Kreditinstitute berechtigterweise bei diesen verbleiben.[536] Sofern nämlich ein Kreditinstitut selbst in die Entwicklung eines individualisierten Kreditscoring-Verfahrens investiert hat und dieses für eigene Zwecke verwendet, ist jedenfalls anzunehmen, dass gewisse Einzelheiten des genutzten Systems bei den jeweiligen Kreditinstituten verbleiben dürfen und nicht mit der Öffentlichkeit geteilt werden müssen. Das Geheimhaltungsinteresse gründet in diesem Zusammenhang insbesondere auf wirtschaftlichen und wettbewerbstechnischen Erwägungen.

(i) Berechtigtes Geheimhaltungsinteresse aus wirtschaftlichen Gründen

Der Kreditscore-Wert als Verkörperung der Bonität eines Kreditbewerbers ist ein Zahlenwert, dessen Prognosestärke besonderen Einfluss auf die Profitabilität von Kreditinstituten hat. Je genauer ein Kreditinstitut Zahlungsfähigkeit und Ausfallwahrscheinlichkeiten einschätzen und prognostizieren kann, desto besser können sie über die relevante Frage der

---

535 *Boos / Fischer / Schulte-Mattler / Lindemann*, 5. Auflage, 2016, KWG § 9, Rn. 13.

536 Vgl. hierzu auch BGH 6. Zivilsenat, VI ZR 156/13.

Kreditvergabe entscheiden. Darüber hinaus können Kreditinstitute anhand eines Kreditscore-Wertes die Kreditkonditionen so bestimmen, dass sie für das Kreditinstitut in Anbetracht des Risikoprofils des Kreditbewerbers angemessen sind. Auf diese Weise können Kreditinstitute zum einen Zins- und Tilgungsausfällen entgegenwirken, indem beispielsweise das Kreditvolumen, das einem bestimmten Kreditbewerber gewährt wird, eher gering angesetzt wird. Alternativ könnte ein Kreditinstitut ein mögliches Kreditrisiko über die Wahl der angebotenen Kreditart steuern: sofern Zweifel daran bestehen, dass ein Kreditbewerber über einen längeren Zeitraum hinweg zahlungsfähig und zahlungswillig bleibt, könnte ein Kreditinstitut einen solchen Kreditbewerber beispielsweise auf die Variante des Annuitätendarlehens verweisen, bei dem ständige Tilgungsraten fällig sind. So hätte das Kreditinstitut über die Laufzeit des Kredites hinweg schon einen Teil der Darlehenssumme mitsamt Zinsen zurückerhalten und könnte auf diese Weise vermeiden, dass am Ende der Laufzeit ein endfälliges Darlehen gar nicht getilgt werden kann.

Diese Beispiele sollen verdeutlichen, dass Kreditinstitute einen erheblichen Geschäfts- und Wettbewerbsvorteil aus einem möglichst präzisen Kreditscore generieren können, da sie hierdurch das Kreditrisiko besser einschätzen und die jeweiligen Kreditkonditionen entsprechend anpassen können. Je nachdem wie gut dies einem Kreditinstitut gelingt, kann es unter Umständen von Wettbewerbsvorteilen gegenüber konkurrierenden Kreditinstituten profitieren. Gleiches gilt auch für Fintech-Unternehmen, Wirtschaftsauskunfteien und anderweitige Scoring-Unternehmen. Insbesondere vor dem Hintergrund, dass das Kreditgeschäft eines der Hauptgeschäftsfelder von Kreditinstituten darstellt, wirken sich solche relativen Vorteile besonders auf die Profitabilität und Marktposition aus.

Vor diesem Hintergrund liegt nahe, dass Informationen, die das Kreditscoring-Verfahren betreffen, als Geschäfts- und Betriebsgeheimnis klassifiziert werden sollten. Sofern nun Kreditinstitute in neue Technologien investieren, um Systeme für die möglichst präzise Einschätzung von Kreditwürdigkeit zu entwickeln, gestaltet sich dies als kostspieliges, langwieriges und aufwändiges Verfahren. Die Kosten und Mühen werden allerdings in der Hoffnung investiert, eine Kreditscore-Formel zu ermitteln, die präzisere Bonitätseinschätzungen liefert als die der Konkurrenten. Im Falle von Kreditscoring-Systemen, die Technologien des Maschinellen Lernens verwenden, ist dieses Verfahren unter Umständen noch aufwändiger: Sofern die Kreditinstitute diese Systeme selbst entwickeln, müssten sie die lernenden Algorithmen mit entsprechend vielzähligen hochqualitativen Datensätzen trainieren. Die Zusammenstellung, Aufbereitung und qualitative Kontrolle dieser Datensätze ist ebenfalls besonders kostspielig und zeitintensiv. Schließlich hängt aber die Genauigkeit und Präzision des lernenden Algorithmus von der Qualität und Vielzahl der Input-Datensätze ab, was wiederum weiteren Aufwand für Kreditinstitute darstellt.

Die Kosten, die Kreditinstitute, aber auch Wirtschaftsauskunfteien und anderweitige Scoring-Unternehmen in die Entwicklung und Innovation von Kreditscoring-Systemen investieren müssen, rechtfertigen das Interesse dieser Institute, wettbewerbserhebliche Informationen des von ihnen oder auf ihre Kosten entwickelten Kreditscoring-Verfahrens für eigene Zwecke behalten und nutzen zu dürfen.

(ii) Das „Schufa-Urteil" des Bundesgerichtshofs

So bekräftigte der BGH im Rahmen eines Urteils im Jahre 2014 in Bezug auf § 34 BDSG a.F., dass Details von Scoring-Verfahren als Geschäftsgeheimnis von Auskunfteien schützenswert sind. Dies begründet der BGH unter anderem damit, dass die Ermittlung und Erstellung der Scoreformel eine „aufwändige Entwicklung" sowie auch „spezielles Fachwissen" voraussetze.[537] Gleichzeitig erwähnt der BGH auch, dass die Qualität der Scoreformel Einfluss auf die Genauigkeit der darauf basierenden Prognoseentscheidung habe und somit auch auf die „Wettbewerbsfähigkeit" sowie den „Marktwert des Produkts und der Auskunftei selbst".[538]

Zwar bezieht sich das Urteil des BGH lediglich auf die Scoreformel, die von Auskunfteien wie der SCHUFA ermittelt und verwendet werden. Dennoch veranschaulicht das Urteil, dass der BGH die Scoreformel und hiermit verbundene Detailinformation als schützenswert erachtet, insbesondere vor dem Hintergrund der zur Ermittlung aufgebrachten Ressourcen und dem damit verbundenen erheblichen Arbeitsaufwand. Auch mit Rücksicht auf wettbewerbstechnische Gesichtspunkte sowie die Marktposition der Auskunfteien stellt der BGH klar, dass die Geschäftsgeheimnisse der Auskunfteien zu einem gewissen Grad gegenüber dem Informationsbedürfnis der Betroffenen zu

537 BGH 6. Zivilsenat, VI ZR 156/13, Rn. 27.

538 BGH 6. Zivilsenat, VI ZR 156/13, Rn. 27.

priorisieren sind. Es ist davon auszugehen, dass eine ähnliche Wertung in ihren Grundzügen auch für Kreditinstitute gelten sollte, die für die Zwecke der Kreditwürdigkeitsprüfung KI-basierte Kreditscoring-Verfahren entwickeln. Daher wird das Urteil des BGH im Folgenden in Grundzügen erläutert.

(a) Tatbestand

Die Klägerin forderte 2011 eine Bonitätsauskunft von der Wirtschaftsauskunftei SCHUFA ein, nachdem sie versucht hatte, einen Autokauf zu finanzieren, der an einer Negativauskunft der SCHUFA scheiterte.[539] Die SCHUFA übersandte der Klägerin eine Datenübersicht nach dem Bundesdatenschutzgesetz, welche unter anderem die folgenden Informationen enthielt: die gespeicherten persönlichen Daten der Klägerin, ihre Wahrscheinlichkeitswerte unter Ausweisung der einzelnen branchebezogenen Scores, die Auflistung unterschiedlicher Datenarten sowie der Mitteilung, ob die Datenarten jeweils verwendet wurden oder nicht.[540]

Nach Ansicht der Klägerin entsprach die Datenübermittlung der SCHUFA nicht den gesetzlichen Anforderungen und war nicht hinreichend transparent.[541] Insbesondere meinte die Klägerin, sie könne anhand der Darstellung der SCHUFA nicht erkennen, wie die einzelnen Branchen-Scorewerte zustande gekommen seien.[542] Sie forderte daher die Offenlegung der „einzelnen Elemente, die in die Berechnung der Scores eingeflossen sind" sowie auch „Angaben zu den Vergleichsgruppen, in welche [die SCHUFA] die Klägerin zur Berechnung der Scores eingeordnet hatte".[543] Die Klägerin stützte ihr weitergehendes Auskunftsrecht auf § 34 Abs. 4 Satz 1 Nr. 4 BDSG a.F.

(b) Entscheidungsgründe

Der BGH führte aus, dass es dem Gesetzgeber bei der Formulierung des entsprechenden Auskunftsanspruchs des BDSG darum ging, einen gerechten Ausgleich zwischen den folgenden widerstreitenden Interessen herzustellen: Einerseits zwischen dem Informationsrecht und -bedürfnis des Betroffen

---

[539] BGH 6. Zivilsenat, VI ZR 156/13, Rn. 2.
[540] BGH 6. Zivilsenat, VI ZR 156/13, Rn. 4.
[541] BGH 6. Zivilsenat, VI ZR 156/13, Rn. 6.
[542] BGH 6. Zivilsenat, VI ZR 156/13, Rn. 6.
[543] BGH 6. Zivilsenat, VI ZR 156/13, Rn. 6.

und andererseits dem Schutz der Geschäftsgeheimnisse der Auskunfteien.[544] So bekräftigte der BGH, dass die Scoreformel als Geschäftsgeheimnis der Auskunfteien nicht preisgegeben müsse.[545] Die Scoreformel wird auf der Grundlage einer Vielzahl von Datensätzen berechnet, innerhalb derer Korrelationen identifiziert werden.[546] Die Scoreformel an sich enthält daher die einzelnen Datenkategorien beziehungsweise Merkmale, die für die Berechnung des Scores als maßgeblich identifiziert wurden sowie auch deren relative Gewichtung zueinander.[547] In diese abstrakt ermittelte Formel werden im Rahmen des Scoring-Verfahrens die Daten des Betroffenen eingefügt und auf diese Weise das individuelle Scoring-Ergebnis errechnet.[548]

Zu den Informationen, die als Teil des Geschäftsgeheimnisses der Auskunfteien nicht preisgegeben werden müssen, gehören die „herangezogenen statistischen Werte, die Gewichtung einzelner Berechnungselemente bei der Ermittlung des Wahrscheinlichkeitswerts und die Bildung etwaiger Vergleichsgruppen als Grundlage der Scorekarten“.[549] Diese Informationen seien nach Einschätzung des BGH nicht notwendig, um dem Transparenzbedürfnis der Betroffenen zu entsprechen. So könne das „gesetzgeberische Ziel eines transparenten Verfahrens“ bereits dadurch erreicht werden, dass dem Betroffenen offenbart würde, „welche konkreten Umstände als Berechnungsgrundlage in die Ermittlung des Wahrscheinlichkeitswerts eingeflossen sind“.[550] Diese Entscheidung des BGH wird dahingehend kritisiert, dass ein zu umfassender Schutz der Scoreformel zu Lasten der Betroffenen angenommen

---

544 BGH 6. Zivilsenat, VI ZR 156/13, Rn. 17.

545 Rechtsgrundlage der Entscheidung des 6. Zivilsenats des BGH (VI ZR 156/13) war § 34 Abs. 4 S. 1 Nr. 4 BDSG a.F. Aufgrund der seitdem erfolgenden Änderung der Rechtslage (vgl. Art. 4 Nr. 4 DSGVO, Art. 22 DSGVO, § 31 BDSG) könnte man die Argumentation beziehungsweise den damals erfolgten Interessenausgleich des BGH in Zweifel ziehen. Schließlich fällt Scoring unter Art. 22 DSGVO, sodass der betroffenen Person ein Auskunftsanspruch hinsichtlich der involvierten Logik sowie der Tragweite und Auswirkung der Datenverarbeitung hat (vgl. Art. 15 Abs. 1 lit. h DSGVO). Unter die „involvierte Logik“ könnte man theoretisch auch aus Transparenzgründen die Einzelheiten zur Scoreformel fassen. Vgl. hierzu *Gola / Heckmann / Lapp*, 3. Auflage, 2022, BDSG § 31, Rn. 23.

546 BGH 6. Zivilsenat, VI ZR 156/13, Rn. 27.

547 BGH 6. Zivilsenat, VI ZR 156/13, Rn. 27.

548 BGH 6. Zivilsenat, VI ZR 156/13, Rn. 27.

549 BGH 6. Zivilsenat, VI ZR 156/13, Rn. 27.

550 BGH 6. Zivilsenat, VI ZR 156/13, Rn. 29.

worden sei.[551] Dies ermögliche es Auskunfteien, sich auf „nichtssagende Erklärungen zurückzuziehen", die letztlich für Betroffene wertlos seien.[552] In einer anderen Entscheidung bemängelte zwar das LG Berlin, dass Betroffene mangels Information über die Vergleichsgruppen nicht überprüfen könnten, ob sie korrekt zugeordnet worden seien.[553] Dieses Ergebnis wurde aber im BGH-Urteil als angemessen und im Sinne des gesetzgeberischen Willens erachtet, einen angemessen Ausgleich zwischen den Geheimhaltungsinteressen der Auskunfteien und den Informationsrechten der Betroffenen herzustellen.[554]

(iii) Berechtigtes Geheimhaltungsinteresse aus „Gaming-the-system"-Erwägungen

Des Weiteren könnten zu expansive Offenlegungspflichten hinsichtlich der Funktionsweise von algorithmischen Kreditscoring-Verfahren deren Wirkungsweise beeinträchtigen. Insbesondere bei der Verwendung von unstrukturierten Daten für die Zwecke der Kreditwürdigkeitsprüfung könnte deren Offenbarung gleichzeitig ihre Nützlichkeit und Aussagekraft schmälern. Wie bereits erläutert, kann bei den Inputdaten für algorithmische Kreditscoring-Verfahren zwischen strukturierten und unstrukturierten Datensätzen unterschieden werden. Zu den strukturierten Daten gehören insbesondere Kredit- und Finanzdaten wie beispielsweise Einkommen, der Wert angebotener Sicherheiten, bestehendes Vermögen und anderweitige Verbindlichkeiten. Zu den unstrukturierten Datenpunkten gehören allerlei weitere Informationen über den Kreditbewerber, teilweise ohne jeglichen Finanzbezug, die allerdings mittlerweile getreu dem Motto *„all data is credit data"* theoretisch für die Zwecke der Kreditwürdigkeitsprüfung nutzbar gemacht werden könnten. Zu diesen unstrukturierten Daten gehören beispielsweise Gesundheits- und Fitnessdaten eines Kreditbewerbers, die Dauer, die er für das Durchlesen von Online-AGB benötigt und Informationen dazu, ob er sein Handy regelmäßig lädt.[555]

---

551 *Gola / Heckmann / Lapp*, 13. Auflage, 2019, BDSG § 31, Rn. 23.
552 *Gola / Heckmann / Lapp*, 13. Auflage, 2019, BDSG § 31, Rn. 23.
553 *Lang*, Anmerkung zu Urteil BGH 6. Zivilsenat, VI ZR 156/13, K&R 2014, 274.
554 *Lang*, Anmerkung zu Urteil BGH 6. Zivilsenat, VI ZR 156/13, K&R 2014, 274.
555 Für weitere Beispiele siehe *Langenbucher*, Responsible A.I.-Based Credit Scoring – A Legal Framework, European Business Law Review 31 (2020), 527, 529.

Dem Kreditbewerber wird regelmäßig bewusst sein, dass seine Finanzdaten mit Kreditbezug, wie beispielsweise Informationen zu seinem Einkommen und etwaigen dauerhaften finanziellen Verpflichtungen, von Kreditinstituten für die Zwecke der Kreditwürdigkeitsprüfung verwendet werden. Dies liegt auf der Hand und ist wohl für keinen Kreditbewerber überraschend. Eher weniger offensichtlich für Kreditbewerber wäre allerdings, dass Kreditinstitute beispielsweise seine durchschnittliche Lesedauer von Online-AGB für die Zwecke seiner Kreditwürdigkeitsprüfung verwenden. Die Kenntnis des Kreditbewerbers über dieses fernliegende Entscheidungskriterium könnte aber unmittelbar dessen Nützlichkeit für Prognosezwecke schmälern: Sobald der Kreditbewerber weiß, dass eine längere Lesedauer von Online-AGB unter Umständen seine Kreditkonditionen zu seinem Vorteil beeinflussen könnte, würde er sich bei der Lektüre künftig mehr Zeit lassen. Diese bewusste Verhaltensanpassung hätte mittelfristig zur Folge, dass zunächst die Bonitätsprognose „manipuliert" wäre. Sofern im Laufe der Zeit alle Kreditbewerber von dieser „Manipulationsmöglichkeit" Kenntnis erlangen, wäre der Lesedauer von Online-AGB langfristig kein Bedeutungsgehalt mehr im Hinblick auf die Kreditwürdigkeit beizumessen. Auch aus diesem Grund wäre eine gewisse Einschränkung von Transparenzpflichten zu dulden. Schließlich müssen Kreditinstitute auch im allgemeinen Interesse der Finanzmarktstabilität, ihr berechtigtes Interesse und zugleich ihre gesetzliche Pflicht zur Durchführung der Kreditwürdigkeitsprüfung bestmöglich im Rahmen des Rechtmäßigen wahrnehmen dürfen.

Die Manipulationsgefahr, die von der Veröffentlichung von Einzelheiten einer verwendeten Scoreformel ausgeht, manifestierte sich in den USA. Zunächst trat der „Equal Credit Opportunity Acts" im Jahre 1974 in Kraft, der die Geheimhaltung der Scoreformel verbot.[556] Daraufhin wurde eine Studie veröffentlicht, die Mängel an der verwendeten Scoreformel aufzeigte und Tür und Tor für jegliche Manipulationsvorhaben eröffnete. So war es Verbrauchern möglich, auf vielfältige Weise ihren eigenen Score zu manipulieren: Beispielsweise war die Verschuldenshöhe eines der Kriterien, die in den Scorewert einflossen. Diese konnte dadurch manipuliert werden, dass die Verbraucher einfach einen Privatkredit aufnahmen, um ihre

---

[556] *Gola / Heckmann / Lapp*, 13. Auflage, 2019, BDSG § 31, Rn. 21.

Schulden zurückzubezahlen und somit ihren Scorewert zu verbessern.[557] Mit Hilfe des verbesserten Scorewerts konnten sie nun einen noch höheren Kredit aufnehmen, um hiermit den Privatkredit abzulösen.[558] Eine weitere Manipulationstaktik war, sich kurzfristig als Nutzungsberechtigter einer Kreditkarte oder Mitinhaber eines Kontos einer anderen Person mit besonders verantwortungsvollem Zahlungsverhalten und guter Zahlungsmoral eintragen zu lassen, um kurzfristig den eigenen Scorewert zu verbessern.[559] Diese Beispiele demonstrieren, wie leicht der Scorewert manipuliert werden kann, selbst wenn er als entscheidungserhebliche Parameter strukturierte Daten, also solche mit Zahlungs- und Finanzbezug, enthält. Sofern nun unstrukturierte Daten, wie beispielsweise die Ladefrequenz eines Mobiltelefons, das verwendete Betriebssystem oder gar die Lesedauer von Online-AGB in das Scoringsystem einfließen, sind diese sehr viel leichter zu manipulieren.

Nachträglich wurde die Veröffentlichung der Scoreformel als hilfreich angesehen, weil hierdurch „untaugliche", also manipulierbare, Kriterien aus der Scoreformel entfernt werden konnten.[560] So nannte ein Bericht von Bloomberg eher Kriterien wie „vorbildliches Zahlungsverhalten" und „nur begrenzte Nutzung eingeräumter Kreditlimits" als tauglich für die Zwecke einer Scoreformel – schließlich seien diese nicht manipulierbar und somit auch nicht geheimhaltungsbedürftig.[561]

Allerdings sind auch manipulierbare Kriterien, sofern eine Korrelation mit Zahlungsverhalten festgestellt werden kann, für die Zwecke einer Kreditwürdigkeitsprüfung nützlich und sinnvoll. Das Ziel kann nicht sein, nur auf solche Variablen zu rekurrieren, die unmöglich manipuliert werden können. Insbesondere wird die Prognosefähigkeit von Scoreformeln präziser, je mehr Variablen genutzt werden können. Sich nur auf einen kleinen Kreis von nicht geheimhaltungsbedürftigen Variablen zu beschränken, würde das Potenzial, insbesondere von KI-basierten Kreditscore-Verfahren,

---

557 *Gola / Heckmann / Lapp*, 13. Auflage, 2019, BDSG § 31, Rn. 21.

558 *Gola / Heckmann / Lapp*, 13. Auflage, 2019, BDSG § 31, Rn. 21.

559 *Gola / Heckmann / Lapp*, 13. Auflage, 2019, BDSG § 31, Rn. 21.

560 *Gola / Heckmann / Lapp*, 13. Auflage, 2019, BDSG § 31, Rn. 21.

561 *Gola / Heckmann / Lapp*, 13. Auflage, 2019, BDSG § 31, Rn. 21.; vgl. hierzu auch Bloomberg Artikel How more Americans are getting a perfect credit score, online abrufbar unter: https://bloom.bg/356hd6v (letzter Aufruf am 24.02.2022).

unverhältnismäßig einschränken. Sofern die Daten rechtmäßig für die Ermittlung eines Scores verwendet werden dürfen und deren Offenlegung nicht zwingend gesetzlich geboten ist, sollten sie für die Zwecke der Kreditwürdigkeitsprüfung genutzt werden dürfen. Schließlich haben präzise Scoreformeln nicht nur Vorteile für die Finanzmarktstabilität, sondern auch für Verbraucher selbst.

(iv) Berechtigtes Geheimhaltungsinteresse zur Förderung von Innovation

Weiterhin würde es ein gravierendes Innovationshemmnis darstellen, wenn Kreditinstitute Einzelheiten zu der von ihnen entwickelten Kreditscore-Formel veröffentlichen müssten. Wie bereits beschrieben, investieren Kreditinstitute unter anderem auch deshalb viel Zeit und Mühe in die Entwicklung des Kreditscoring-Verfahrens, um sich einen Vorteil gegenüber ihren Wettbewerbern zu sichern. Nun wäre die Mühe in diesem Zusammenhang obsolet, wenn die aufwändig entwickelte Kreditscore-Formel letztlich zum „Allgemeingut" würde. Zwar besteht sicherlich eine weitere grundlegende Motivation für die Entwicklung von Kreditscoring-Verfahren darin, das eigene Risiko besser einschätzen und steuern zu können, sodass selbst bei einer Verbreitung der Kreditscore-Formeln der Kredit- und somit auch der Finanzmarkt in Gänze profitieren würde. Allerdings würden sich vermutlich Kreditinstitute dennoch scheuen, auf eigene Kosten, die sinnvoll anderweitig zur Förderung des Geschäftsbetriebs eingesetzt werden könnten, in Technologie zu investieren, von der letztlich die anderen Kreditinstitute ohne eigenen Kosteneinsatz ebenfalls profitieren könnten. Ein ähnlicher Gedanke gilt sicherlich auch für andere Entwickler und Verwender von algorithmischen Systemen.

(v) Wettbewerbs- und kartellrechtliche Grenzen des Geheimhaltungsinteresses

Wie bereits ausgeführt, ist es auch im Sinne der Innovationsförderung und Fairness, dass Entwickler und Verwender einer Kreditscoring-Formel oder eines entsprechenden Systems diese für ihre eigenen Zwecke nutzen und für sich behalten dürfen. Gleichzeitig könnten sich aus dem Wettbewerbs- und Kartellrecht möglicherweise Grenzen des Geheimhaltungsinteresses der Institute ergeben. Schließlich ist die Verwendung von KI-basierten

Technologien perspektivisch ein Schlüsselfaktor für das Erlangen von Marktanteilen und die Einnahme einer marktbeherrschenden Stellung. Dies birgt die Gefahr, dass große und finanzstarke Institute mit entsprechend üppigem Innovationsbudget, Technologieformen wie die des Maschinellen Lernens auf effiziente und extensive Weise für sich nutzbar machen können, wodurch sie ihre bereits marktstarke Stellung noch ausbauen würden. Letztlich könnte dies in eine Marktmacht-Spirale münden, an deren Ende ein oligopolistischer Markt mit nur noch wenigen besonders starken Kreditinstituten verbleibt.[562]

Dieser überproportionale Ausbau von Marktmacht liegt deshalb nahe, weil eher großen Instituten die beiden Hauptressourcen zur Verfügung stehen, die für die Nutzung KI-basierter Softwareanwendungen benötigt werden: Erstens finanzielle Mittel für die Entwicklung der entsprechenden Softwareanwendungen und zweitens große Mengen von Datensätzen, mit welchen lernfähige KI-basierte Systeme gefüttert werden müssen, damit sie sich weiterentwickeln und möglichst präzise Vorhersageergebnisse liefern können. Sofern Kreditinstitute auf ihren eigenen Datenfundus für das Training ihrer KI-basierten Softwareanwendungen zurückgreifen, liegt der Vorteil großer Institute auf der Hand: Sie haben, auch in der historischen Betrachtung mehr Kunden und somit auch einen größeren Datenfundus, den sie theoretisch für die Weiterentwicklung ihrer KI-Systeme nutzen könnten. Die Verfügbarkeit dieser beiden Faktoren in Kombination – der KI-Softwareanwendung an sich und einem größeren Fundus an qualitativ hochwertigen Datensätzen – könnte großen Instituten perspektivisch einen nicht einholbaren Vorsprung verschaffen. Dies würde nicht nur bereits bestehende kleinere Institute abhängen, die weder die finanziellen Mittel für die Entwicklung der KI-Systeme noch die entsprechenden Trainingsdatensätze haben. Darüber hinaus würde die technische Uneinholbarkeit größerer Institute jeglichen Marktzugang zu den Kreditmärkten verhindern.[563]

Diese Uneinholbarkeit basiert auf der Tatsache, dass die Verwendung von KI-Systemen, die mit qualitativ hochwertigen Datensätzen trainiert

---

[562] Vgl. hierzu auch allgemein *Martini*, Blackbox Algorithmus – Grundfragen einer Regulierung Künstlicher Intelligenz, 2019, S. 63.

[563] Vgl. *Martini*, Blackbox Algorithmus – Grundfragen einer Regulierung Künstlicher Intelligenz, 2019, S. 64.

wurden, potenziell erhebliche Umsatzvorteile auf dem Kreditmarkt mit sich bringt. Erstens erlaubt die Verwendung von KI-Systemen und Automatisierungsverfahren, das Kredit-Transaktionsvolumen erheblich in die Höhe zu treiben. Gleichzeitig können mit der Hilfe der Technologieform des Maschinellen Lernens im Rahmen der Kreditwürdigkeitsprüfungen präzisere Prognosen generieren werden als mit Hilfe anderer Systeme. Die Präzision der Prognoseentscheidungen erlaubt es Instituten, die auf diese Technologieformen zurückgreifen, finanzielle Ausfälle zu vermeiden und hierdurch produktiver zu operieren.

Hier stellt sich die Frage, die an dieser Stelle jedoch nicht weiter vertieft werden kann, ob KI-basierte Softwareanwendungen selbst oder gar die für deren Entwicklung notwendigen Daten unter die „Essential-Facilities-Doktrin“ fallen und ein entsprechendes Recht auf Zugangsgewährung etabliert werden müsste.[564]

4.2 Technologische Grenzen

Eine grundlegende Herausforderung bei der Anwendung und Nutzung von KI-Systemen ist die Gewährleistung von Erklärbarkeit. Vielfach durchgeführte empirische Analysen belegen zwar, dass algorithmenbasierte Systeme funktionieren und, beispielsweise im Kreditvergabesektor, prognosesichere und akkurate Vorhersageergebnisse liefern können. Gleichzeitig ist es allerdings unter Umständen schwierig, den entsprechenden Systemen eine Aufstellung der entscheidungserheblichen Parameter und deren relativer Gewichtung zu entlocken.[565] Unglücklicherweise ist das Verhältnis von Erklärbarkeit zu Prognosegenauigkeit bei den gängigen algorithmischen Vorhersagesystemen fast schon antiproportional. Pauschal ausgedrückt könnte man sagen, dass je erklärbarer ein technologisches System ist, desto ungenauer im Zweifel die generierten Ergebnisse sind. Die Europäische Gruppe für Ethik der Naturwissenschaften und der Neuen Technologien formuliert es folgendermaßen: *„Bedauerlicherweise sind einige der besonders leistungsstarken kognitiven Instrumente auch besonders intransparent. Ihr Handeln wird nicht mehr linear von*

[564] Siehe beispielsweise zur Anwendung der Essential-Facilities-Doktrin auf den Zugang zu exklusiven Daten auch *Hillmer*, Daten als Rohstoffe und Entwicklungstreiber für selbstlernende Systeme, 2021, S. 165 ff.

[565] Vgl. zu den technischen Limitationen der Erklärbarkeit ausführlich *Martini*, Blackbox Algorithmus – Grundfragen einer Regulierung Künstlicher Intelligenz, 2019, S. 41 ff.

Menschen programmiert."[566] So verhält es sich beispielsweise auch bei den besonders leistungsfähigen neuronalen Netzen: Sie sind nachweislich in der Lage, besonders präzise Vorhersageergebnisse zu produzieren. Gleichzeitig ist ihre Entscheidungsstruktur schwer darstell- und vermittelbar. Letztlich gelingt es solchen Systemen, sich eigenständig Lösungsmodelle anzueignen und neue relevante Datenpunkte zu ermitteln und für sich nutzbar zu machen. Die Tatsache, dass es Menschen jedenfalls aktuell teilweise nicht gelingen kann, die genaue Funktionsweise eines Systems zu überprüfen, gründet auf zwei Tatsachen: Erstens kann teilweise technisch nicht nachvollzogen werden, wie ein KI-System „über den ersten Algorithmus hinaus" Ergebnisse erzielt.[567] Zweitens beruht die Weiterentwicklung und Lernfähigkeit der KI-Systeme auf Daten, die möglicherweise nicht mehr zugänglich oder verfügbar sind.[568] Aus diesen Gründen gelten solche KI-Systeme häufig als „Blackbox", deren Vorgehensweise für den Nutzer weitestgehend unbekannt bleibt.

Vor diesem Hintergrund ergeben sich zwei grundlegende Herausforderungen im Zusammenhang mit den gesetzlich statuierten Transparenz- und Offenlegungspflichten: Erstens dürfen die gesetzlichen Informationsrechte von Verbrauchern nicht über die Erklärungsfähigkeiten und -kapazitäten der Kreditinstitute hinausgehen. Jedes Recht ist letztlich bedeutungslos, sofern der gesetzlich Verpflichtete die geforderte Leistung objektiv nicht erbringen kann. Bei einigen besonders effektiven KI-basierten Bonitätsprüfungssystemen ist jedenfalls aktuell die Erklärbarkeit nicht uneingeschränkt gegeben. Umfassende Erklärungspflichten würden Kreditinstitute davon abhalten, besonders effektive Vorhersagesysteme zu entwickeln und zu nutzen, nur weil sie die technische Wirkungsweise nicht hinreichend erläutern können.

---

[566] *Europäische Kommission*, Europäische Gruppe für Ethik der Naturwissenschaften und der Neuen Technologien, Erklärung zu künstlicher Intelligenz, Robotik und „autonomen" Systemen, März 2018, S. 7, online abrufbar unter: https://bit.ly/3ticO8u (letzter Aufruf am 28.02.2022).

[567] *Europäische Kommission*, Europäische Gruppe für Ethik der Naturwissenschaften und der Neuen Technologien, Erklärung zu künstlicher Intelligenz, Robotik und „autonomen" Systemen, März 2018, S. 7, online abrufbar unter: https://bit.ly/3ticO8u (letzter Aufruf am 28.02.2022).

[568] *Europäische Kommission*, Europäische Gruppe für Ethik der Naturwissenschaften und der Neuen Technologien, Erklärung zu künstlicher Intelligenz, Robotik und „autonomen" Systemen, März 2018, S. 7, online abrufbar unter: https://bit.ly/3ticO8u (letzter Aufruf am 28.02.2022).

Dies könnte die Innovationsbereitschaft deutscher (und europäischer) Kreditinstitute hemmen und zu wettbewerbstechnischen Nachteilen im globalen Finanzmarkt führen.

Zweitens ist die Implementierung von extensiven Erläuterungsrechten auch kostentechnisch kritisch zu hinterfragen. Selbst wenn Kreditinstitute in der Lage wären, die von ihnen verwendeten algorithmischen Kreditbewertungssysteme zu erklären, könnte dies unter Umständen mit erheblichen Kosten verbunden sein. In diesem Zusammenhang ist darauf zu verweisen, dass Kreditinstitute sich vornehmlich deshalb der KI-Systeme bedienen, um Kosten zu senken. Wie bereits beschrieben, kann der Einsatz von KI-Systemen insbesondere die Einsparung von Personalkosten begünstigen. Sofern nun allerdings umfassende Erläuterungspflichten auf die Kreditinstitute zukommen, wären die Mitarbeiter nun anstatt mit der Kreditwürdigkeitsprüfung mit der Darlegung der Kreditbewertungskriterien und der Funktionsweise des algorithmischen Entscheidungsverfahrens beschäftigt. Dies würde den originären Zweck des Technologieeinsatzes konterkarieren.

4.3 Zweckverfehlung der Transparenzpflichten

Möglicherweise könnte auch jegliches Informationsrecht, jedenfalls für die Zwecke der Vertrauensschaffung in KI-basierte Systeme, ins Leere laufen, weil selbst Erläuterungen durch das Kreditinstitut dem Verbraucher nicht den nötigen Komfort vermitteln können. Dieser These liegt die Vermutung zugrunde, dass in einigen Fällen der psychologische Hintergrund einer Forderung nach Transparenz und Informationen das inhärente Misstrauen ist, das Verbraucher einer über sie entscheidenden technischen Autorität entgegenbringen. Bei diesem Verlangen nach Erläuterung geht es aber tatsächlich nicht darum, die technische Wirkungsweise des algorithmischen Entscheidungsverfahrens zu durchdringen, sondern darum, einem Bedürfnis nach Kontrolle nachzugehen. Den Verbraucher interessiert vermutlich in vielen Fällen nicht die Logik, die dem Algorithmus zugrunde liegt, sondern er will sichergehen, dass er keiner willkürlichen, fehlerhaften oder diskriminierenden Entscheidungsgewalt unterworfen wurde. Im Wege der Geltendmachung gewisser Informations- und Erläuterungsrechte erhofft sich der Verbraucher, die entsprechende Kontrolle über das eigene Schicksal ausüben respektive wiedererlangen zu können. Letztlich sieht er sich aber unter Umständen mit der Situation konfrontiert, Erläuterungen zu erhalten, die sein tatsächliches Bedürfnis nicht befriedigen können.[569] Auch vor diesem Hintergrund laufen allgemeine Erläuterungen zu Logik, Tragweite und Struktur einer algorithmenbasierten oder -determinierten Entscheidung ins Leere.

5. Ergebnis

Diese Analyse sollte veranschaulichen, wo die Grenzen der Transparenzpflichten liegen, die nicht nur in den Spezifika des Datenschutzrechts begründet sind, sondern sich auch aus allgemeingültigen Erwägungen ergeben. Diese Erkenntnis bildet die Basis für die Kapitel 9 und 10, in denen alternative ergänzende Regelungsmechanismen analysiert werden. So stellte bereits Martini fest, dass es unter Umständen alternativer kollektiver Mechanismen bedarf. Diese sollten dort eingreifen und sinnvolle Ergänzungen liefern, wo Transparenzpflichten an Grenzen stoßen, die möglicherweise dazu führen, dass Individuen die Funktionsweise einer Softwareanwendung „weder verstehen noch kontrollieren können".[570] Dies kann beispielsweise, wie noch ausgeführt wird, durch die Implementierung von Zulassungs- oder Zertifizierungsverfahren erfolgen. Im folgenden Kapitel werden jedoch zunächst die Grundzüge bestehender Gesetzesentwürfe erläutert, die den Einsatz von BDAI-basierter Technologie für die Zwecke der Kreditvergabe betreffen.

---

569 Dieser Gedanke wird auch unter dem Stichwort „meaningful transparency" diskutiert.

570 *Martini*, Algorithmen als Herausforderung für die Rechtsordnung, JZ 2017, 1021.

Gesetzesinitiativen mit Relevanz für die BDAI-basierte Kreditvergabe

Im folgenden Kapitel werden die Grundzüge von zwei Gesetzesentwürfen erläutert, die von besonderer Relevanz für die BDAI-basierte Kreditvergabe sind. Bei diesen Gesetzesentwürfen handelt es sich um den Verordnungsentwurf zur Regulierung von Künstlicher Intelligenz („Entwurf der KI-Verordnung" oder ‚E-KI-VO')[571] sowie um den Entwurf der Verbraucherkreditrichtlinie (‚E-VKRL').[572] Obwohl diese beiden Gesetzesentwürfe auf absehbare Zeit nicht in Kraft treten werden, wurden sie aus Vollständigkeitsgründen in diesen Beitrag aufgenommen. Allerdings beschränken sich die folgenden Ausführungen auf die Grundstrukturen und Grundprinzipien dieser Gesetzesentwürfe und ihrer jeweiligen Bedeutung für die BDAI-basierte Kreditvergabe.

---

571 Am 12. Juli 2024 wurde die KI-Verordnung (Verordnung [EU] 2024/1689 des Europäischen Parlaments und des Rates vom 13.06.2024, ‚KI-VO') im Amtsblatt der EU veröffentlicht und trat 20 Tage nach ihrer Veröffentlichung am 01.08.2024 in Kraft.

572 *Europäische Kommission*, Vorschlag für eine Richtlinie des europäischen Parlaments und des Rates über Verbraucherkredite, KOM(2021) 347 final; *Europäische Kommission*, Vorschlag für eine Verordnung des Europäischen Parlaments und des Rates zur Festlegung harmonisierter Vorschriften für Künstliche Intelligenz (Gesetz über Künstliche Intelligenz) und zur Änderung bestimmter Rechtsakte der Union, 21.04.2021, COM(2021) 206 final. Die Richtlinie (EU) 2023/2225 des Europäischen Parlaments und des Rates vom 18.10.2023 über Verbraucherkreditverträge und zur Aufhebung der Richtlinie 2008/48/EG wurde am 30.10.2023 im Amtsblatt veröffentlicht und trat am zwanzigsten Tag nach dieser Veröffentlichung in Kraft

1. Entwurf der KI-Verordnung

1.1 Einleitung

Das Thema Künstliche Intelligenz ist in den letzten Jahren verstärkt in den Fokus der Europäischen Union gerückt, welche sich bereits in Form verschiedener Veröffentlichungen zu dem Regelungskomplex positioniert hat. So hat die Europäische Kommission bereits im Jahr 2018 einen „Koordinierten Plan für Künstliche Intelligenz" wie auch eine europäische KI-Strategie veröffentlicht, in der sie ein Konzept vorschlägt, um den Menschen „in den Mittelpunkt der KI-Entwicklung" zu stellen und um den „Einsatz dieser leistungsfähigen Technik zur Bewältigung der größten Herausforderungen der Welt „zu fördern"[573]. Daraufhin veröffentlichte sie 2019 „Leitlinien für vertrauenswürdige KI" sowie 2020 das „Weißbuch zur Künstlichen Intelligenz – Ein europäisches Konzept für Exzellenz und Vertrauen".[574]

Im April 2021 veröffentlichte die Europäische Kommission schließlich den Entwurf der KI-Verordnung. Dieser enthält einen horizontalen Regulierungsansatz für KI, mit dem Ziel, Risiken und Herausforderungen der Technologieformen zu begegnen, ohne Innovation einzudämmen oder Hersteller und Anwender mit unverhältnismäßigen Anforderungen zu belasten.[575]

1.2 Grundlagen des Entwurfs der KI-Verordnung

(i) Risikobasierter Ansatz

Eines der Grundprinzipien, die dem Entwurf der KI-Verordnung zugrunde liegen, ist die Verfolgung eines risikobasierten Ansatzes.[576] So heißt es im

---

[573] *Europäische Kommission*, Koordinierter Plan für künstliche Intelligenz, KOM(2018) 795 final, S. 1.

[574] *Europäische Kommission*, Schaffung von Vertrauen in eine auf den Menschen ausgerichtete künstliche Intelligenz, KOM(2019) 168 final; *Europäische Kommission*, Weissbuch zur Künstlichen Intelligenz – ein europäisches Konzept für Exzellenz und Vertrauen, COM(2020) 65 final.

[575] *Europäische Kommission*, Vorschlag für eine Verordnung des Europäischen Parlaments und des Rates zur Festlegung harmonisierter Vorschriften für Künstliche Intelligenz (Gesetz über Künstliche Intelligenz) und zur Änderung bestimmter Rechtsakte der Union, KOM(2021) 206 final, S. 3.

[576] *Europäische Kommission*, Vorschlag für eine Verordnung des Europäischen Parlaments und des Rates zur Festlegung harmonisierter Vorschriften für Künstliche Intelligenz (Gesetz über Künstliche Intelligenz) und zur Änderung bestimmter Rechtsakte der Union, KOM(2021) 206 final, S. 3.

Abschnitt zu den Gründen und Zielen des Vorschlags, dass ein Regulierungssystem geschaffen werden soll, das die Verhältnismäßigkeit wahrt und auf genau definierte Risiken ausgerichtet ist.[577] So sollen „regulatorische Belastungen nur dann entstehen, wenn davon auszugehen ist, dass ein KI-System hohe Risiken für die Grundrechte und die Sicherheit darstellt".[578]

Aus diesem Grund unterscheidet die KI-Verordnung zwischen drei Risikoklassen, in welche KI-Systeme eingeordnet werden.[579] In die erste Risikoklasse fallen KI-Anwendungen, die ein unannehmbares Risiko darstellen. Die zweite Risikoklasse umfasst solche KI-Anwendungen, von denen potenziell ein hohes Risiko ausgeht (sog. ‚Hochrisiko-KI-Systeme'). Und in die dritte Risikoklasse fallen solche KI-Systeme, die ein geringes oder minimales Risiko darstellen.

(ii) Anwendungsbereich des KI-Verordnungsentwurfs

Gemäß Art. 2 Abs. 1 lit. a, b E-KI-VO gilt der Verordnungsentwurf für Anbieter, die KI-Systeme in der Union in Verkehr bringen oder in Betrieb nehmen und für Nutzer von KI-Systemen, die sich in der Union befinden.[580] Nutzer sind in Art. 3 Nr. 4 E-KI-VO definiert als: „eine natürliche

---

577 *Europäische Kommission*, Vorschlag für eine Verordnung des Europäischen Parlaments und des Rates zur Festlegung harmonisierter Vorschriften für Künstliche Intelligenz (Gesetz über Künstliche Intelligenz) und zur Änderung bestimmter Rechtsakte der Union, KOM(2021) 206 final, S. 3.

578 *Europäische Kommission*, Vorschlag für eine Verordnung des Europäischen Parlaments und des Rates zur Festlegung harmonisierter Vorschriften für Künstliche Intelligenz (Gesetz über Künstliche Intelligenz) und zur Änderung bestimmter Rechtsakte der Union, KOM(2021) 206 final, Abschnitt 2.3, S. 8.

579 Diese Differenzierung zwischen KI-Systemen mit unterschiedlichen Risikoklassen ist nunmehr in Art. 5 KI-VO (Verbotene Praktiken im KI-Bereich), Art. 6 KI-VO (Einstufungsvorschriften für Hochrisiko-KI-Systeme) reflektiert. Darüber hinaus gelten für KI-Systeme mit geringem Risiko allerdings unter anderem Transparenzpflichten gemäß Art. 50 ff. KI-VO. KI-Systeme mit einem zu vernachlässigenden Risiko unterstehen keinen Vorgaben der KI-VO, wobei deren Anbieter auf freiwilliger Basis bestimmte Verhaltensregeln einhalten können (vgl. Art. 95 KI-VO).

580 Nunmehr umgesetzt in Art. 2 Abs. 1 lit. a, b KI-VO: Gemäß Art. 2 Abs. 1 lit. a gilt die KI-VO für Anbieter, die (unter anderem) in der EU KI-Systeme in Verkehr bringen oder in Betrieb nehmen, und gemäß Art. 2 Abs. 1 lit. b für Betreiber von KI-Systemen, die ihren Sitz in der EU haben oder sich in der EU befinden. „Betreiber" ist in Art. 3 Nr. 4 KI-VO definiert als „eine natürliche oder juristische Person, Behörde, Einrichtung oder sonstige Stelle, die ein KI-System in eigener Verantwortung verwendet, es sei denn,

oder juristische Person, Behörde, Einrichtung oder sonstige Stelle, die ein KI-System in eigener Verantwortung verwendet".[581]

Hierdurch wird deutlich, dass sich der Verordnungsentwurf vornehmlich an Hersteller und Verwender von KI-Systemen richtet, also gerade nicht an Verbraucher. Im Kontext des KI-basierten Kreditscorings wären die Verwender beispielsweise die Kreditinstitute, die die KI-basierten Systeme für die Zwecke ihres Geschäftsbetriebs verwenden. Die Verbraucher, die beispielsweise als Bankkunden von KI-basierten Systemen „betroffen" sind, sind allerdings gerade nicht vom direkten persönlichen Anwendungsbereich des Verordnungsentwurfs umfasst.

1.3 Bedeutung für das KI-basierte Kreditvergabeverfahren

(i) Einordnung als Hochrisiko-KI-System

Gemäß Art. 6 Abs. 2 E-KI-VO gelten die in Anhang III der E-KI-VO genannten KI-Systeme als hochriskant.[582] Anhang III der E-KI-VO nennt als Hochrisiko-KI-System in Nr. 5 b): „KI-Systeme, die bestimmungsgemäß für die Kreditwürdigkeitsprüfung und Kreditpunktebewertung natürlicher Personen verwendet werden sollen, mit Ausnahme von KI-Systemen, die von Kleinanbietern für den Eigengebrauch in Betrieb genommen werden".[583] Somit ist KI-Kreditscoring sowie auch jegliche andere Art KI-gestützter Beurteilung der Kreditwürdigkeit als ein solches „Hochrisiko-KI-System" zu klassifizieren.[584]

Der Wortlaut des Verordnungsentwurfs lässt jedoch den Schluss zu, dass nicht nur solche Kreditscoring-Verfahren, die Technologien des maschinellen Lernens, also beispielsweise lernende Algorithmen verwenden, als Hochrisiko-KI-System gelten. Vielmehr ist die Definition so weit gefasst,

---

das KI-System wird im Rahmen einer persönlichen und nicht beruflichen Tätigkeit verwendet".

[581] Anstatt auf den Begriff des „Nutzers" stellt die in Kraft getretene KI-VO auf den des „Betreibers" ab, wobei diese beiden Begriffe identisch definiert werden.

[582] Dies wurde ebenso in der KI-VO umgesetzt.

[583] Anhang III, Nr. 5 lit. b der KI-VO benennt als Hochrisiko-KI-Systeme gemäß Art. 6 Abs. 2 KI-VO: „KI-Systeme, die bestimmungsgemäß für die Kreditwürdigkeitsprüfung und Bonitätsbewertung natürlicher Personen verwendet werden sollen, mit Ausnahme von KI-Systemen, die zur Aufdeckung von Finanzbetrug verwendet werden."

[584] Vgl. hierzu auch *Langenbucher*, Zur Regulierung des Kreditscoring, EuZW 2021, 961–962.

dass auch jegliche Kreditscoring-Verfahren auf Basis statistischer Verfahren, die bereits seit Jahrzehnten verwendet werden, unter die Kategorie der Hochrisiko-KI-Systeme fallen sollten. Diese Schlussfolgerung lässt sich folgendermaßen aus dem Verordnungsentwurf ableiten: KI-System wird in Artikel 3 des Entwurfs der Verordnung so definiert:

> […] eine Software, die mit einer oder mehreren der in Anhang I aufgeführten Techniken und Konzepte entwickelt worden ist und im Hinblick auf eine Reihe von Zielen, die vom Menschen festgelegt werden, Ergebnisse wie Inhalte, Vorhersagen, Empfehlungen oder Entscheidungen hervorbringen kann, die das Umfeld beeinflussen, mit dem sie interagieren.[585]

Anhang I des Entwurfs der KI-Verordnung nennt in lit. a) zwar „Konzepte des maschinellen Lernens", in lit. c) jedoch auch „statistische Ansätze".[586] Dies bedeutet im Ergebnis, dass Kreditscoring-Verfahren, die mit Hilfe von statistischen Ansätzen entwickelt worden sind, ebenfalls ein Hochrisiko-KI-Systeme im Sinne des Verordnungsentwurfs darstellen.[587]

Fraglich ist, ob diese weite Definition dem Anspruch des Europäischen Gesetzgebers tatsächlich gerecht wird, eine risikobasierte Regulierung zu schaffen. Schließlich wurden regelbasierte statistische Methoden für die Zwecke der Kreditwürdigkeitsprüfung bereits seit Jahrzehnten genutzt, wie bereits in vorherigen Kapiteln ausgeführt wurde. Bei solchen traditionellen statistischen Methoden werden die Klassifikationsergebnisse eindeutig vorgegeben. Die Entscheidungsparameter und deren Gewichtung werden von Programmierern klar definiert und eine eigenständige Weiterentwicklung

[585] Art. 3 Nr. 1 E-KI-VO. Art. 3 Nr. 1 KI-VO lautet nunmehr: „ein maschinengestütztes System, das für einen in unterschiedlichem Grade autonomen Betrieb ausgelegt ist und das nach seiner Betriebsaufnahme anpassungsfähig sein kann und das aus den erhaltenen Eingaben für explizite oder implizite Ziele ableitet, wie Ausgaben wie etwa Vorhersagen, Inhalte, Empfehlungen oder Entscheidungen erstellt werden, die physische oder virtuelle Umgebungen beeinflussen können".

[586] Anhang I, lit. a), c), E-KI-VO. In der aktuellen Fassung der KI-VO wird nicht mehr explizit auf „statistische Ansätze" verwiesen, da die Definition von KI-System in Art. 3 Nr. 1 KI-VO geändert wurde (siehe vorherige Fußnote).

[587] Vgl. hierzu auch *Die Deutsche Kreditwirtschaft*, Stellungnahme zu dem Vorschlag für eine Verordnung des Europäischen Parlaments und des Rates zur Festlegung harmonisierter Vorschriften für künstliche Intelligenz (Gesetz über künstliche Intelligenz) und zur Änderung bestimmter Rechtsakte der Union, 06.08.2021, S. 16.

des Algorithmus anhand eingepflegter Datensätze scheidet aus. Aus diesem Grund werden solche statischen Entscheidungssysteme häufig, wie auch im Rahmen dieser Arbeit, nicht als „künstlich intelligent" bezeichnet.[588] Daher erschließt sich nicht, warum diese Systeme, die bereits lange in Gebrauch sind, nun Gegenstand einer Verordnung über Künstliche Intelligenz sein sollten, insbesondere vor dem Hintergrund, dass die Europäische Kommission mit ihrem Entwurf einen risikobasierten Ansatz verfolgt. Dies könnte schlimmstenfalls zu Überregulierung führen.

Es erschließt sich nicht, welches besondere Risiko sich aus der Nutzung eines regelbasierten Verfahrens für die Zwecke der Kreditwürdigkeitsprüfung ergeben sollte. Möglicherweise könnte sich ein solches Risiko dann ergeben, wenn ein solches System vollautomatisiert und eigenständig Kreditentscheidungen trifft, ohne Einbeziehung eines menschlichen Entscheiders. Dies müsste aber dann als Kriterium explizit genannt werden.[589] Aktuell liest sich der Verordnungsentwurf nämlich so, als würde der Einsatz eines statischen regelbasierten Verfahrens für die Kreditwürdigkeitsbestimmung bereits für sich genommen zum Eingreifen der Bestimmungen der KI-Verordnung führen. Vorzugswürdig wäre, den Anwendungsbereich der KI-Verordnung auf solche Systeme zur Kreditwürdigkeitsbestimmung zu beschränken, die Techniken des maschinellen Lernens verwenden oder alternativ auf solche regelbasierte „statischen" Systeme, die vollautonom Kreditentscheidungen treffen.

Insbesondere vor dem Hintergrund, dass mit der Einordnung als „Hochrisiko-KI-System" diverse Verpflichtungen, intensivierte Aufsicht

---

[588] *Die Deutsche Kreditwirtschaft*, Stellungnahme zu dem Vorschlag für eine Verordnung des Europäischen Parlaments und des Rates zur Festlegung harmonisierter Vorschriften für künstliche Intelligenz (Gesetz über künstliche Intelligenz) und zur Änderung bestimmter Rechtsakte der Union, 06.08.2021, S. 16.

[589] So schlägt die Deutsche Kreditwirtschaft folgende alternative Definition eines KI-Systems vor: „Artificial intelligence system means software that is developed with one or more of the techniques and approaches listed in Annex I and can, for a given set of human-defined objectives, generate outputs such as content, predictions, recommendations, or decisions influencing the environments they interact with under the overall condition that the system, to a significant degree, works autonomously"; *Die Deutsche Kreditwirtschaft*, Stellungnahme zu dem Vorschlag für eine Verordnung des Europäischen Parlaments und des Rates zur Festlegung harmonisierter Vorschriften für künstliche Intelligenz (Gesetz über künstliche Intelligenz) und zur Änderung bestimmter Rechtsakte der Union, 06.08.2021, S. 17.

und schlimmstenfalls finanzielle Sanktionen drohen, ist hier im Sinne der Verhältnismäßigkeit eine angemessene und differenzierte Definition zu wählen.[590]

(ii) Ausnahmeregelungen für CRR-Kreditinstitute

Aufgrund der besonderen Relevanz für das Kreditscoring ist punktuell auf einen weiteren Aspekt des Entwurfs der KI-Verordnung einzugehen. Der KI-Verordnungsentwurf erkennt nämlich an, dass CRR-Kreditinstitute bereits umfassender europäischer Regulierung unterworfen sind, die ebenfalls dann Anwendung findet, wenn diese Kreditinstitute KI-Systeme verwenden. Aus diesem Grund sind zum Zwecke der Herstellung von Kohärenz zwischen den bereits bestehenden aufsichtsrechtlichen Vorgaben für solche Kreditinstitute und den neuen Pflichten unter dem Entwurf der KI-Verordnung beispielsweise anbieterbezogene Risikomanagement-, Beobachtungs- und Dokumentationspflichten in die bestehenden Verpflichtungen und Verfahren gemäß der Richtlinie 2013/36/EU (‚CRD IV') mitaufzunehmen.[591] Um Doppelverpflichtungen zu vermeiden, sind weiterhin Ausnahmen für CRR-Kreditinstitute bezüglich der Anforderungen an Qualitätsmanagementsysteme und Beobachtungspflichten zu erwägen. So gilt beispielsweise gemäß Art. 17 Abs. 3 E-KI-VO bei CRR-Kreditinstituten die Verpflichtung zur Einrichtung eines Qualitätsmanagementsystems als erfüllt, wenn die Vorschriften über Regelungen, Verfahren und Mechanismen der internen Unternehmensführung gemäß Art. 74 CRD IV eingehalten werden.[592]

Dieses Interesse des EU-Gesetzgebers, Überregulierung und Doppelverpflichtungen für Kreditinstitute vermeiden zu wollen, ist begrüßenswert und ein positiver struktureller Aspekt des KI-Verordnungsentwurfs, der

---

590 *Langenbucher*, Zur Regulierung des Kreditscoring, EuZW 2021, 961.

591 Erwägungsgrund 80, E-KI-VO.

592 Erleichterungen für Finanzinstitute, die gemäß den Rechtsvorschriften der Europäischen Union über Finanzdienstleistungen gewissen Anforderungen unterliegen, finden sich nun hauptsächlich in den folgenden Vorschriften der in Kraft getretenen KI-VO: Art. 17 Abs. 4 KI-VO (Qualitätsmanagementsystem), Art. 18 Abs. 3 KI-VO (Aufbewahrung der Dokumentation), Art. 19 Abs. 2 KI-VO (Automatisch erzeugte Protokolle), Art. 26 Abs. 5 UA 2 KI-VO und Art. 26 Abs. 6 UA 2 KI-VO (Pflichten der Betreiber von Hochrisiko-KI-Systemen).

hoffentlich Eingang in die finale Fassung finden wird. In einem Aspekt ist jedoch eine solche Ausnahmeregelung für CRR-Kreditinstitute möglicherweise etwas zu weitreichend. Der Verordnungsentwurf sieht nämlich vor, dass nationale Aufsichtsbehörden die Rolle der Marktüberwachung von KI-Systemen erfüllen sollten. Gemäß Art. 63 Abs. 4 des E-KI-VO gilt jedoch für KI-Systeme, die von in der der Union regulierten Finanzinstituten in Verkehr gebracht, in Betrieb genommen oder eingesetzt werden, als zuständige Marktüberwachungsbehörde die jeweils zuständige Bankaufsichtsbehörde. In Deutschland wäre das entweder die EZB oder die BaFin, je nach Art des beaufsichtigten Instituts.

Zunächst ist erwähnenswert, dass KI-Systeme für die Zwecke der Kreditwürdigkeitsprüfung nicht nur von Kreditinstituten, sondern auch von anderen Unternehmen in Verkehr gebracht werden können. So würden beispielsweise Scoring-Unternehmen, die KI-basierte Kreditscoring-Systeme auf den Markt bringen, von einer anderen Behörde überwacht werden als Kreditinstitute, die insoweit der gleichen Tätigkeit nachgehen und diesbezüglich auch von den Bankaufsichtsbehörden überwacht werden würden. Es ist davon auszugehen, dass die Bankaufsichtsbehörden eigene Standards und Vorgaben für KI-Kreditscoring-Verfahren formulieren, an denen sie ihre Aufsichtstätigkeit orientieren.[593] Diese werden sich aller Voraussicht nach von den Standards unterscheiden, die die Behörde formuliert, die beispielsweise für die Aufsicht über Scoring-Unternehmen zuständig sind.[594] Insbesondere aus dem Grund, dass diese Behörde für die Überwachung aller Arten von KI-Systemen zuständig ist und nicht die gleiche finanzbezogene Vorerfahrung aufweist wie dies bei den Bankaufsichtsbehörden der Fall ist.[595] Hier ist zu befürchten, dass sich aufgrund der unterschiedlichen zuständigen Stellen und deren verschiedenen Hintergründe uneinheitliche Standards und Regulierungsmodalitäten herausbilden. Dies ist deshalb problematisch, weil dem Inverkehrbringen oder der Nutzung von KI-basierten Kreditscoring-Systemen derselbe Risikogehalt innewohnt, egal ob dies durch Banken oder Nicht-Banken praktiziert wird. Uneinheitliche Vorgaben kreieren Rechtsunsicherheit, erschweren die

---

593 *Langenbucher*, Zur Regulierung des Kreditscoring, EuZW 2021, 962.
594 *Langenbucher*, Zur Regulierung des Kreditscoring, EuZW 2021, 962.
595 *Langenbucher*, EuZW 2021, 962.

Rechtsdurchsetzung durch Verbraucher und könnten dazu führen, dass mit Hilfe von Umgehungsstrukturen die jeweils regelungsintensiveren Vorgaben gemieden werden.[596]

2. Entwurf der neuen Verbraucherkreditrichtlinie

Auch der aktuelle Entwurf der Verbraucherkreditrichtlinie (‚E-VKRL') enthält einige Pflichten, die für das BDAI-basierte Kreditscoring-Verfahren von Relevanz sind.[597] Der folgende Teil beschränkt sich hauptsächlich auf die Offenlegungspflichten, die Verbrauchervertrauen, insbesondere auch in Kreditbewertungen, die mit ML-Technologien durchgeführt werden, erhöhen sollen.[598]

Grundsätzlich sieht der Entwurf der neuen Verbraucherkreditrichtlinie eine gebotene Erweiterung des Verbraucherkreises vor, der von den dort enthaltenen Transparenzpflichten profitieren darf.

2.1 Kennzeichnungspflichten

Der Entwurf der neuen Verbraucherkreditrichtlinie enthält in Art. 10 Abs. 3 lit. t und Art. 13 E-VKRL Kennzeichnungsvorgaben für Kreditgeber.[599] Während Art. 10 Abs. 1 E-VKRL eine Kennzeichnungspflicht für das vorvertragliche Vertragsstadium enthält, findet sich in Art. 13 E-VKRL eine allgemeine verpflichtende Offenlegungspflicht, die wohl in der Phase ab Vertragsschluss zu erfüllen ist.[600]

Die Ex-ante-Kennzeichnungspflicht ist wie folgt ausgestaltet: Zunächst enthält Art. 10 Abs. 1 E-VKRL die allgemeine Pflicht für Kreditgeber, dem

---

596 *Langenbucher*, Zur Regulierung des Kreditscoring, EuZW 2021, 962.

597 Die Richtlinie (EU) 2023/2225 des Europäischen Parlaments und des Rates vom 18.10.2023 über Verbraucherkreditverträge und zur Aufhebung der Richtlinie 2008/48/EG wurde am 30.10.2023 im Amtsblatt veröffentlicht und trat am zwanzigsten Tag nach dieser Veröffentlichung in Kraft (‚VKRL').

598 *Europäische Kommission*, Vorschlag für eine Richtlinie des europäischen Parlaments und des Rates über Verbraucherkredite, KOM(2021) 347 final.

599 Diese Vorgaben wurden nunmehr in Art. 13 VKRL und in Art. 10 Abs. 5 lit. m VKRL umgesetzt.

600 Argument e contrario aus Art. 10 (der freiwillig ist und sich auf die Phase vor Vertragsschluss bezieht)

Verbraucher gewisse vorvertragliche Informationen zukommen zu lassen. Gemäß Art. 10 Abs. 1 E-VKRL muss der Kreditgeber dem Verbraucher

> die vorvertraglichen Informationen zur Verfügung stellen, die der Verbraucher benötigt, um verschiedene Angebote zu vergleichen und eine fundierte Entscheidung darüber zu treffen, ob er auf der Grundlage der vom Kreditgeber [...] angebotenen Konditionen sowie gegebenenfalls der vom Verbraucher geäußerten Präferenzen und vorgelegten Auskünfte einen Kreditvertrag [...] schließen will.

Art. 10 Abs. 3 E-VKRL enthält einen Katalog von zwingenden und optionalen Angaben, die in den vorvertraglichen Informationen nach Art. 10 Abs. 1 E-VKRL enthalten sein sollten.

In Art. 10 Abs. 3 lit. t E-VKRL findet sich als Vorgabe für den Inhalt der vorvertraglichen Informationen der Hinweis, „dass der Preis auf der Grundlage einer automatisierten Datenverarbeitung, einschließlich Profiling, personalisiert wurde." Diese Vorgabe ist wohl so zu verstehen, dass als „Preis" der Zinssatz für den gewährten Kredit gilt, der auf Basis einer automatisierten Datenverarbeitung generiert wurde. Art. 3 Nr. 14 E-VKRL verweist hinsichtlich der Legaldefinition des Begriffs „Profiling" auf das datenschutzrechtliche Verständnis in Art. 4 Nr. 4 DSGVO. Gemäß Art. 4 Nr. 4 DSGVO ist

> Profiling jede Art der automatisierten Verarbeitung personenbezogener Daten, die darin besteht, dass diese personenbezogenen Daten verwendet werden, um bestimmte persönliche Aspekte, die sich auf eine natürliche Person beziehen, zu bewerten, insbesondere um Aspekte bezüglich Arbeitsleistung, wirtschaftliche Lage, Gesundheit, persönliche Vorliegen, Interessen, Zuverlässigkeit, Verhalten, Aufenthaltsort oder Ortswechsel dieser natürlichen Person zu analysieren oder vorherzusagen.

Somit umfasst die Definition des Profilings im Sinne des Art. 4 Nr. 4 DSGVO drei Voraussetzungen[601]: Erstens muss die Datenverarbeitung automatisiert erfolgen. Zweitens muss die Datenverarbeitung personenbezogene Daten umfassen. Drittens muss der Zweck der Datenverarbeitung der Bewertung bestimmter persönlicher Aspekte dienen. Grundsätzlich sollten alle drei Voraussetzungen vom Kreditscoring-Verfahren erfüllt sein: Sofern personenbezogene Daten eines Kreditbewerbers genutzt werden, um mit Hilfe eines algorithmischen Systems automatisiert eine Prognose

---

[601] Vgl. *Taeger / Gabel / Arning / Rothkegel*, 3. Auflage, 2019, DS-GVO Art. 4, Rn. 109.

hinsichtlich dessen wirtschaftlicher Lage und Zuverlässigkeit zu erstellen, erfüllt dies den Tatbestand des Profilings.[602] Gerade aufgrund der fortschrittlichen Möglichkeiten, auf der Grundlage von Big Data mit Hilfe von statischen, aber auch lernenden Algorithmen besonders genaue Prognosen zur Zahlungsfähigkeit und Zahlungswilligkeit eines Kreditbewerbers zu generieren, unterstützt diese Technologieform Kreditinstitute auch bei der Festlegung der Kreditkonditionen, namentlich bei der Zinshöhe als Preis für den Kredit, bei der Laufzeit des Kredits, beim Kreditvolumen und etwaigen Tilgungsraten. Schließlich kann aufgrund des Kreditscore-Wertes das Risiko für das Kreditinstitut relativ präzise geschätzt werden, sodass ein vergleichsweise größeres Risiko beispielsweise über Einpreisung eines entsprechend höheren Zinssatzes kompensiert werden kann.[603]

Sollte der Kreditscore-Wert tatsächlich für die Zwecke der Zinsbestimmung verwendet werden, ist der Anwendungsbereich des Art. 10 Abs. 3 lit. t E-VKRL eröffnet. Diese Norm ist so auszulegen, dass der Kreditgeber dem potenziellen Kreditnehmer im vorvertraglichen Stadium anzeigen muss, dass ein automatisiertes Kreditscoring-Verfahren für die Zwecke der Zinshöhenbestimmung nutzbar gemacht wird, sollte dies der Fall sein.

2.2 Offenlegungspflichten

Wie bereits erwähnt, enthält der Entwurf der neuen Verbraucherkreditrichtlinie neben der vorvertraglichen Kennzeichnungsvorgabe auch eine Offenlegungspflicht. Diese greift sowohl dann ein, wenn dem Verbraucher ein Angebot auf Grundlage eines automatisch generierten Kreditscore-Wertes unterbreitet wird, als auch unter Umständen dann, wenn dem Verbraucher ein Kredit versagt wurde und die Kreditwürdigkeitsprüfung im Versagungsfall auf einer automatisierten Verarbeitung von Daten gestützt war.

---

[602] *Taeger / Gabel / Arning / Rothkegel*, 3. Auflage, 2019, DS-GVO Art. 4, Rn. 113; *Fachgruppe Rechtsinformatik der Gesellschaft für Informatik e.V.*, Studie, Technische und rechtliche Betrachtungen algorithmischer Entscheidungsverfahren, S. 95, online abrufbar unter: https://bit.ly/3saCipa (letzter Aufruf am 23.02.2022); *Kühling / Buchner / Buchner*, 3. Auflage, 2020, Art. 22, Rn. 22.

[603] Zur Zinserhöhung aufgrund von Risikozuschlägen, siehe auch *BaFin*, Studie, Big Data trifft auf künstliche Intelligenz – Herausforderungen und Implikationen für Aufsicht und Regulierung von Finanzdienstleistungen, S. 82, online abrufbar unter: https://bit.ly/3vrh9cv (letzter Aufruf am 23.02.2022).

Für den Fall des erfolgreichen Kreditantrags regelt Art. 13 der E-VKRL Folgendes:

> Die Mitgliedstaaten schreiben vor, dass Kreditgeber [...] die Verbraucher informieren, wenn sie ihnen ein Angebot unterbreiten, das auf der Grundlage von Profiling oder anderen Arten der automatisierten Verarbeitung personenbezogener Daten personalisiert wurde.

Positiv zu vermerken ist, dass Art. 13 E-VKRL relativ weit gefasst ist und eine Offenlegung vorsieht, sofern das Kreditangebot *auf der Grundlage* von Profiling oder anderen Arten der automatisierten Verarbeitung personenbezogener Daten personalisiert wurde. Anders als die bereits oben erwähnte eng gefasste Formulierung der DSGVO, die in Artikel 22 DSGVO angelegt ist und gewisse Kreditnehmerrechte auf den Fall beschränkt, dass diese einer *vollständig* automatisierten Entscheidung unterworfen wurden, ist die Schwelle im Entwurf der neuen Verbraucherkreditrichtlinie dem Wortlaut nach nicht ganz so hoch angesetzt. Schließlich sind von der Formulierung in Art. 13 E-VKRL, die von einer automatisierten Datenverarbeitung beziehungsweise Profiling *als Grundlage* eines Kreditangebots ausgeht, auch Konstellationen mit teilautomatisierten Kreditentscheidungsverfahren umfasst. Sofern daher beispielsweise ein automatisch generierter Kreditscore-Wert ein erhebliches Kriterium einer letztlich menschlich getroffenen Kreditentscheidung darstellt und Einfluss auf die daraufhin festgelegten Kreditkonditionen nimmt, sollte die Offenlegungspflicht des Art. 13 E-VKRL bereits eingreifen.

Für den Fall des abgelehnten Kreditantrags gibt Art. 18 Abs. 7 E-VKRL Folgendes vor:

> Die Mitgliedstaaten stellen sicher, dass der Kreditgeber [...] im Falle der Ablehnung des Kreditantrags verpflichtet ist, den Verbraucher unverzüglich über die Ablehnung und gegebenenfalls über die Tatsache, dass sich die Kreditwürdigkeitsprüfung auf eine automatisierte Verarbeitung von Daten stützt, zu unterrichten.

2.3 Erklärungspflichten

Der Entwurf der neuen Verbraucherkreditrichtlinie sieht auch ein Recht auf Erklärung für Verbraucher vor, die algorithmenbasierter Kreditentscheidungsverfahren unterzogen werden.

Diesbezüglich enthält Art. 18 Abs. 6 lit. b E-VKRL folgende Vorgabe:

> Für den Fall, dass die Kreditwürdigkeitsprüfung Profiling oder eine andere automatisierte Verarbeitung personenbezogener Daten umfasst, stellen die Mitgliedstaaten sicher, dass der Verbraucher das Recht hat, von dem Kreditgeber [...] klare Erläuterungen zu der Kreditwürdigkeitsprüfung zu verlangen und zu erhalten, einschließlich der Logik und der Risiken der automatisierten Verarbeitung personenbezogener Daten sowie ihrer Bedeutung für die Entscheidung und ihrer Auswirkungen auf sie.[604]

Erwägungsgrund 48 des Entwurfs der neuen Verbraucherkreditrichtlinie erwähnt in diesem Zusammenhang erläuternd, dass KI-Systeme, die für die Kreditwürdigkeitsprüfung natürlicher Personen verwendet werden, einen erheblichen Einfluss auf die Lebensumstände der betreffenden Personen haben können: Schließlich kann der Zugang zu Finanzmitteln potenziell über Bildungsmöglichkeiten, Investitionen und Lebensstandard der Kreditbewerber entscheiden. Aus diesem Grund sieht der Entwurf der neuen Verbraucherkreditrichtlinie ein Portfolio an Rechten für Verbraucher vor, die einem solchen teil- oder vollautomatisierten Kreditbewertungs-Verfahren ausgesetzt werden.

Zu diesen Rechten gehört auch der Anspruch eines Verbrauchers auf eine „aussagekräftige Erläuterung der Prüfung und der Funktionsweise der verwendeten automatisierten Verarbeitung (darunter z.B. der wichtigsten Variablen, der damit verbundenen Logik und Risiken)".[605] Für die Zwecke der Vertrauensschaffung ist diese Regelung von besonderer Bedeutung, insbesondere weil hier auch die weiche Formulierung gewählt wurde „[sofern] die Kreditwürdigkeitsprüfung Profiling oder eine andere automatisierte Verarbeitung personenbezogener Daten umfasst". Diese Formulierung gewährleistet, dass der Anwendungsbereich dieses Erläuterungsrechts hinreichend weit gefasst ist und, anders als die datenschutzrechtlichen Informationsrechte, nicht nur den Fall vollautomatisierter Kreditentscheidungsverfahren abdeckt.

Nicht ideal ist im Hinblick auf das Ziel, öffentliches Vertrauen zu schaffen, die Tatsache, dass es sich bei Art. 18 Abs. 6 lit. b E-VKRL um ein Auskunftsrecht

---

[604] Nunmehr umgesetzt in Art. 18 Abs. 8 lit. a VKRL.

[605] *Europäische Kommission*, Vorschlag für eine Richtlinie des europäischen Parlaments und des Rates über Verbraucherkredite, KOM(2021) 347 final, Erwägungsgrund 48.

und nicht um eine Informationspflicht handelt. Somit muss der Verbraucher sich erst eigeninitiativ betätigen und beim entsprechenden Kreditgeber nachfragen, bevor ihm die geforderten Informationen zuteilwerden. Andererseits handelt es sich bei den Informationen, die vom Verbraucher eingeholt werden können, um solche, deren Unterbreitung für Kreditinstitute aufwändig ist und Personalressourcen in Anspruch nehmen werden.

Algorithmische Kreditscoring-Systeme

Zulassungskontrollen und Zertifizierungsanforderungen

1. Einleitung

Wie in den letzten Kapiteln ausgeführt wurde, wird das Geschäftsfeld der Kreditvergabe bereits von einem umfangreichen Normen- und Regelungsgeflecht auf nationaler und europäischer Ebene durchzogen. Insbesondere Kreditinstitute müssen zusätzlich zu den aufsichtsrechtlichen Regelungen auch zivilrechtliche und datenschutzrechtliche Bestimmungen bei der Kreditvergabe beachten, die natürlich auch für die Zwecke der BDAI-basierten und automatisierten Kreditvergabe gelten.

Wie sich herausgestellt hat, sind die bestehenden Vorgaben trotz Regelungsdichte aus diversen Gründen nicht hinreichend in der Lage, dem erhöhten und diversifizierten Gefahrenpotenzial zu begegnen, welches mit der BDAI-basierten Kreditvergabe, insbesondere mit dem BDAI-basierten Kreditscoring, im Vergleich zum traditionellen Kreditvergabeverfahren einhergeht. So gelten beispielsweise die umfangreichen aufsichtsrechtlichen Vorgaben der MaRisk hauptsächlich für Kreditinstitute und Finanzdienstleistungsinstitute und nicht auch für etwaige Fintech-Unternehmen, die Kreditscoring betreiben. Des Weiteren steht im Fokus der aufsichtsrechtlichen Vorgaben die Regulierung von banktypischen Risiken für den Einleger- und Institutsschutz sowie für die Finanzmarktstabilität in ihrer Gesamtheit. Die aufsichtsrechtlichen Vorgaben zielen nicht originär darauf ab, datenschutzrechtliche, diskriminierungsrechtliche oder kartellrechtliche Risiken zu steuern, die etwaige Folge der BDAI-basierten Kreditvergabe sein könnten. Dies läge ohnehin außerhalb der Kompetenz der Aufsichtsbehörden. In datenschutzrechtlicher Hinsicht verweisen die Aufsichtsbehörden folglich auf die Kompetenz der Datenschutzbehörden.[606] Auch das Datenschutzrecht, vornehmlich in Form der DSGVO, vermag es nicht, ein hinreichend umfassendes Schutzniveau in Anbetracht des Gefahrenpotenzials BDAI-basierter Kreditvergabesysteme zu gewähren. Grundsätzlich ist dies auch eine Folge davon, dass die DSGVO originär gar nicht der Regulierung eines Technologierisikos dienen soll.

Auch außerhalb der spezifischen Beschränkungen der DSGVO gibt es diverse allgemeine Gründe, weshalb Transparenz- und Offenlegungspflichten unter Umständen nur begrenzt zu erhöhter Überprüfbarkeit und Nachvollziehbarkeit von BDAI-basierten Systemen sowie zur Schaffung von Vertrauen und gesellschaftlicher Akzeptanz beitragen können. Beispielsweise im Rahmen der Konstellation, dass *„das innere Verfahren des Systems realiter nicht den Entscheidungsbedingungen folgt, die es nach außen proklamiert, oder der Nutzer zumindest diesen Verdacht hegt, vermitteln insbesondere Transparenzpflichten keinen realen Schutz"*.[607] Dieses Vertrauen ist jedoch essenziell für die Etablierung BDAI-basierter Systeme im Dienstleistungssektor und sollte somit im Fokus jeglicher Regulierung stehen. Dem Einzelnen stehen aktuell nur beschränkt effektive Möglichkeiten zur Seite, um sich dahingehend vergewissern zu können, dass die BDAI-basierten Systeme, denen er unterworfen ist, mit den Maßstäben der Rechtsordnung in Einklang stehen.

Um zu gewährleisten, dass die eingesetzten KI-basierten Systeme, die im persönlichkeitssensiblen Bereich eingesetzt werden, hinreichenden Mindeststandards entsprechen, könnten Zulassungskontrollen eingesetzt werden. So bringt *Martini* die Problematik folgenermaßen auf den Punkt:

> Kann der Einzelne die Funktionsweise einer Softwareanwendung, die Einfluss auf seine gesellschaftliche Teilhabe ausübt, weder verstehen noch kontrollieren, ist als Instrument eines Ausgleichs informatorischer Wissensasymmetrien ein ergänzender kollektiver Kontrollmechanismus sachgerecht.[608]

---

[606] Vgl hierzu auch *BaFin*, Fachartikel, Rolle der Aufsicht bei der Verwendung von Kreditscores, 20.03.2019, online abrufbar unter: https://bit.ly/36rbcl4 (letzter Aufruf am 24.02.2022).

[607] *Martini*, Blackbox Algorithmus – Grundfragen einer Regulierung Künstlicher Intelligenz, 2019, S. 225.

[608] *Martini*, Algorithmen als Herausforderung für die Rechtsordnung, JZ 2017, 1017, 1021.

Unter Umständen kann es für den Einzelnen gewissen Komfort liefern, wenn eine neutrale Instanz eine Produkt- oder Systemzertifizierung durchgeführt hat[609].

An dieser Stelle nicht zu verkennen ist das Spannungsfeld zwischen Gewährleistung vertrauenswürdiger und sicherer Systeme wie auch der Schaffung öffentlichen Vertrauens auf der einen Seite und der Verhinderung untragbarer finanzieller und operativer Belastung von Kreditinstituten auf der anderen Seite. Diese sind gerade im Geschäftsfeld der Kreditvergabe ohnehin bereits einem vielfältigen Normen- und Regelungsgeflecht auf nationaler und europäischer Ebene unterworfen, sodass weitere Zulassungshürden für KI-unterstützte Kreditvergabesysteme Kreditinstitute eher von der Entwicklung und Etablierung solcher Systeme abschrecken könnten.[610] Dies wiederum hätte schwerwiegende Folgen für die Wettbewerbsfähigkeit von deutschen und europäischen Kreditinstituten im internationalen Finanzmarkt.

Trotz einer florierenden Diskussion in Wissenschaft und Politik gibt es in Deutschland noch keine zielgerichteten gesetzlichen Pflichten oder Vorgaben für die Zertifizierung BDAI-basierter Systeme im Hinblick auf die konkreten technologieimmanenten Gefahren, die diese mit sich bringen.[611] Zwar benötigen Kreditinstitute eine ausdrückliche Genehmigung, um ihre Eigenkapitalanforderungen mit einem internen Ratingverfahren berechnen zu dürfen, sodass im Rahmen dieses Genehmigungsverfahrens auch die Güte und Performance des verwendeten Modells geprüft wird.[612]

---

[609] *Jennen / Kersten / Schröder*, Sicherheitszertifizierung des BSI, CR 1996, 702 (703).

[610] Vergleich hierzu Kapitel 5, 6 und 7, sowie auch ausführlich: *Die Deutsche Kreditwirtschaft*, Stellungnahme zu dem Vorschlag für eine Verordnung des Europäischen Parlaments und des Rates zur Festlegung harmonisierter Vorschriften für künstliche Intelligenz (Gesetz über künstliche Intelligenz) und zur Änderung bestimmter Rechtsakte der Union, S. 5, online abrufbar unter: https://bit.ly/3hbEiHu (letzter Aufruf am 23.02.2022).

[611] Allerdings sind sogenannte Konformitätsbewertungsverfahren für Hochrisiko-KI-Systeme im aktuellen Entwurf der KI-Verordnung angelegt, vgl. KI-VO, S. 4. (Aktualisierung nach Inkrafttreten der KI-VO: Die Pflicht zur Konformitätsbewertung von Hochrisiko-KI-Systemen wurde nunmehr in Art. 16 lit. f KI-VO i.V.m. § 43 KI-VO umgesetzt.)

[612] Internal Ratings Based Approach (IRBA), *BaFin*, Fachartikel, Rolle der Aufsicht bei der Verwendung von Kreditscores, 20.03.2019, online abrufbar unter: https://bit.ly/36rbcl4 (letzter Aufruf am 24.02.2022).

Allerdings liegt der Fokus, wie unten weiter ausgeführt wird, eher auf den Eigenkapitalanforderungen der Institute und somit auf Risikomanagement und Finanzmarktstabilität als auf den weiteren technologieimmanenten Gefahren, beispielsweise für den Datenschutz, dem Antidiskriminierungsrecht, Verbraucherschutz, oder ethische Themen.[613] Anderswo ist die Entwicklung jedoch bereits weiter fortgeschritten: Großbritannien hat beispielsweise schon seit längerer Zeit das besondere Marktpotenzial von Algorithmen erkannt, die im Hinblick auf ethische Aspekte, wie Diskriminierungsfreiheit, von einer Zertifizierungsstelle überprüft werden.[614] Beabsichtigt ist, dass die Einführung einer allgemeingültigen und akzeptierten Drittabnahme im Hinblick auf einzelne Risikoaspekte wie beispielsweise technische Sicherheit, Diskriminierungsfreiheit und Manipulationsresistenz einen besonderen Marktvorteil darstellen könnten.[615] Zudem hat die Republik Malta als erstes Land weltweit ein Zertifizierungssystem für KI-Systeme eingeführt, bei dem die Überprüfung von unabhängigen Prüfern durchgeführt wird.[616] Dieses Zertifizierungssystem soll sicherstellen, dass das KI-System „transparent, sozial verantwortlich und unter Berücksichtigung ethischer Leitlinien entwickelt wurde".[617]

---

[613] Vgl. hierzu auch *Langenbucher*, Responsible A.I.-Based Credit Scoring – A Legal Framework, European Business Law Review 31 (2020), 527, 561.

[614] *Fachgruppe Rechtsinformatik der Gesellschaft für Informatik e.V.*, Studie, Technische und rechtliche Betrachtungen algorithmischer Entscheidungsverfahren, S. 8, online abrufbar unter: https://bit.ly/3saCipa (letzter Aufruf am 23.02.2022); so auch Kastrop: „Vertrauenswürdige KI-Systeme sind ein Markenzeichen und werden uns im Wettbewerb mit Asien langfristig Vorteile bringen"; Handelsblatt-Artikel vom 07.09.2021, online abrufbar unter: https://bit.ly/3hg0O1Y (letzter Aufruf am 24.02.2022).

[615] *Fachgruppe Rechtsinformatik der Gesellschaft für Informatik e.V.*, Studie, Technische und rechtliche Betrachtungen algorithmischer Entscheidungsverfahren, S. 8, online abrufbar unter: https://bit.ly/3saCipa (letzter Aufruf am 23.02.2022).

[616] *Mangelsdorf / Gabriel / Weimer*, Institute for Innovation and Technology, Working Paper Nr. 58, Die Zertifizierung von KI: Mehr Sicherheit für alle – oder unnötiger Ballast?, S. 3 , online abrufbar unter: https://bit.ly/3t3SKqj (letzter Aufruf am 24.02.2022).

[617] *Mangelsdorf / Gabriel / Weimer*, Institute for Innovation and Technology, Working Paper Nr. 58, Die Zertifizierung von KI: Mehr Sicherheit für alle – oder unnötiger Ballast?, S. 3 , online abrufbar unter: https://bit.ly/3t3SKqj (letzter Aufruf am 24.02.2022).

2. Bestehende aufsichtsrechtliche Genehmigungsverfahren für Risikomodelle von Kreditinstituten

Kreditinstitute haben die Möglichkeit, zur Bemessung ihrer regulatorischen Eigenkapitalanforderungen auf institutseigene Ratingverfahren zurückzugreifen, bei denen die Bonitätsgewichtungen mit Hilfe von schuldnerbezogenen Risikoparametern ermittelt werden.[618] Kreditinstitute benötigen jedoch eine Erlaubnis der zuständigen Aufsichtsbehörde, um ein solches internes Ratingverfahren für die Zwecke der Berechnung ihrer Eigenkapitalanforderungen verwenden zu dürfen.[619] Als Ausnahme vom Prinzip, dass Algorithmen eigentlich keiner Genehmigungspflicht unterliegen, sind ML-Methoden, die innerhalb solcher internen Ratingverfahren zum Einsatz kommen, ebenfalls Gegenstand der Überprüfung der Aufsichtsbehörden.[620] Diese kontrollieren „die Güte und die Perfomance des Modells" im Wege einer kontinuierlichen Überwachung in regelmäßigen Abständen.[621]

Allerdings ist der Genehmigungs- und Überprüfungsumfang der Aufsichtsbehörden im Hinblick auf die ML-Methoden, die im Rahmen von internen Ratingverfahren genutzt werden, beschränkt. Schließlich sind in der Regel Aspekte des Datenschutzes, des Anti-Diskriminierungsrechts sowie weitere verbraucherrechtliche oder ethische Vorgaben nicht im Fokus der aufsichtsrechtlichen Überprüfung.[622] Ebenso wenig werden Kreditscoring-Systeme

---

618 Vgl. hierzu die folgende Webseite der Bundesbank, online abrufbar unter: https://bit.ly/3scVdzz (letzter Aufruf am 24.02.2022).

619 Vgl. Art. 143 Abs. 2 CRR; *BaFin*, Fachartikel, Rolle der Aufsicht bei der Verwendung von Kreditscores, 20.03.2019, online abrufbar unter: https://bit.ly/36rbcl4 (letzter Aufruf am 24.02.2022).

620 Siehe hierzu ausführlich *BaFin*, Konsultation 11/21, Diskussionspapier: Maschinelles Lernen in Risikomodellen – Charakteristika und aufsichtliche Schwerpunkte, S. 4, online abrufbar unter: https://bit.ly/3h7qqxZ (letzter Aufruf am 23.02.2022).

621 *BaFin*, Fachartikel, Rolle der Aufsicht bei der Verwendung von Kreditscores, 20.03.2019, online abrufbar unter: https://bit.ly/36rbcl4 (letzter Aufruf am 24.02.2022).

622 *Langenbucher*, European Business Law Review 31 (2020), 527, 561; *BaFin*, Konsultation 11/21, Diskussionspapier: Maschinelles Lernen in Risikomodellen – Charakteristika und aufsichtliche Schwerpunkte, S. 4, online abrufbar unter: https://bit.ly/3h7qqxZ (letzter Aufruf am 23.02.2022).

oder Scoring-Unternehmen von den Aufsichtsbehörden überprüft.[623] Stattdessen ist die zentrale Fragestellung für Aufsichtsbehörden, ob das verwendete Ratingverfahren geeignet ist, im Hinblick auf die Bemessung von banktypischen Risiken, insbesondere Adressenausfallrisiken, akkurate und präzise Ergebnisse unter Einbeziehung aller relevanten Risikofaktoren liefern zu können.[624]

Sofern Scorewerte von Kreditinstituten für die Zwecke der internen Ratingverfahren verwendet werden, wie dies beispielsweise im Retailgeschäft unter Umständen der Fall ist, werden diese von den Aufsichtsbehörden „wie andere externe Inputdaten“ behandelt und entsprechend mitgeprüft.[625] Allerdings überprüfen die Aufsichtsbehörden keine Scoring-Unternehmen und genehmigen auch keine bestimmten Kreditscoring-Systeme.[626] Der Fokus der Aufsichtsbehörden auf Adressenausfallrisiken, Instituts- und Einlegerschutz sowie auf Finanzmarktstabilität könnte unter Umständen dazu führen, dass beispielsweise Fairnessaspekte bei der Bewertung von ML-Techniken untergewichtet werden. Sofern ein System beispielsweise in der Lage ist, besonders prognosesicher Adressenausfallrisiken bewerten zu können, unter Umständen zu Lasten von Fairnessgesichtspunkten, wäre letzterer Aspekte möglicherweise aktuell nicht entscheidend für die Bewertung der Aufsichtsbehörden.[627]

Sofern im Folgenden auf „Zertifizierung“ abgestellt wird, ist hiermit ein Verfahren gemeint, das KI-basierte Kreditscoring-Systeme über das bestehende Genehmigungssystem des Aufsichtsrechts hinaus umfassend mit Fokus auf verbraucherschutzrechtliche Risiken, Anti-Diskriminierung und Datenschutz überprüfen und freigeben. Des Weiteren beziehen sich die im Folgenden ausgeführten zertifizierungsbezogenen Aspekte umfassend auf BDAI-basierte Kreditscoring-Systeme, sowohl solche, die von Kreditinstituten

---

[623] *BaFin*, Fachartikel, Rolle der Aufsicht bei der Verwendung von Kreditscores, 20.03.2019, online abrufbar unter: https://bit.ly/36rbcl4 (letzter Aufruf am 24.02.2022).

[624] *Langenbucher*, European Business Law Review 31 (2020), 527, 561; vgl. auch Art. 185 Abs. 1 Regulation 575/2013 von 26.06.2013.

[625] *BaFin*, Fachartikel, Rolle der Aufsicht bei der Verwendung von Kreditscores, 20.03.2019, online abrufbar unter: https://bit.ly/36rbcl4 (letzter Aufruf am 24.02.2022).

[626] *BaFin*, Fachartikel, Rolle der Aufsicht bei der Verwendung von Kreditscores, 20.03.2019, online abrufbar unter: https://bit.ly/36rbcl4 (letzter Aufruf am 24.02.2022).

[627] *Langenbucher*, Responsible A.I.-Based Credit Scoring – A Legal Framework, European Business Law Review 31 (2020), 527, 563.

verwendet werden, als auch solche, die bei Scoring-Unternehmen zum Einsatz kommen. Insbesondere werden Zertifizierungsverfahren im Sinne dieses Kapitels als Verfahren verstanden, die nach klaren öffentlich zugänglichen Kriterien durchgeführt und denen im Nachgang für Verbraucher wahrnehmbare Außenwirkung zukommt, beispielsweise durch Aushändigung eines öffentlich einsehbaren Zertifikats an das Kreditinstitut oder das Scoring-Unternehmen nach erfolgreicher Zertifizierung.

Sicherlich stellt sich bei Kreditinstituten die Frage, welche Instanz für Zertifizierungsverfahren von Kreditscoring-Systemen mit Fokus auf verbraucherschutzrechtliche Aspekte zuständig sein könnte.[628] Eine Möglichkeit wäre sicherlich, den Aufsichtsbehörden im Rahmen ihrer Genehmigung interner Ratingverfahren von Kreditinstituten auch eine Ex-ante-Überprüfungspflicht im Hinblick auf Aspekte des Verbraucherschutzes aufzuerlegen.[629] Alternativ könnte eine andere Behörde, allgemein zuständig für BDAI-basierte Kreditscoring-Systeme, sowohl die institutsinternen BDAI-basierten Kreditscoring-Systeme wie auch die BDAI-basierten Kreditscoring-Systeme von Scoring-Unternehmen im Hinblick auf diese Aspekte überprüfen. Dies wäre insofern vorteilhaft, als dass ein einheitlicher Kontrollmechanismus nach gleichen Maßstäben für alle BDAI-basierten Kreditscoring-Systeme existieren würde, unabhängig von dessen Verwender. Sicherlich sind dies jedoch Fragen, die spätestens nach Inkrafttreten der KI-Verordnung virulent werden sollten.

---

628 Der Entwurf der KI-VO sieht gemäß § 43 Abs. 2 S. 2 vor, dass für Hochrisiko-KI-Systeme, die von Kreditinstituten in den Verkehr gebracht oder in Betrieb genommen werden, die Konformitätsbewertung im Rahmen des in den Artikeln 97–101 der Richtlinie 2013/36/EU genannten Verfahrens durchgeführt wird. (Aktualisierung nach Inkrafttreten der KI-VO: § 43 Abs. 2 S. 2 der Entwurfsfassung wurde gestrichen. Deshalb gelten nun auch für Hochrisiko-KI-Systeme für die Zwecke der Kreditwürdigkeitsprüfung gemäß Anhang III Nr. 5 lit. b die allgemeine Regelung gemäß § 43 Abs. 2 KI-VO, dass Anbieter solcher Systeme ein Konformitätsbewertungsverfahren auf der Grundlage einer internen Kontrolle gemäß Anhang VI der KI-VO, das keine Beteiligung einer notifizierten Stelle vorsieht, durchführen müssen.)

629 Dies scheint auch die Intention des aktuellen Entwurfs der KI-Verordnung zu sein; vgl. *BaFin*, Konsultation 11/21, Diskussionspapier: Maschinelles Lernen in Risikomodellen – Charakteristika und aufsichtliche Schwerpunkte, S. 12, online abrufbar unter: https://bit.ly/3h7qqxZ (letzter Aufruf am 23.02.2022).

3. Rechtfertigung eines Zertifizierungserfordernisses für ADM-Systeme im Bereich der Kreditvergabe

Die Implementierung von Zertifizierungsverfahren erfüllt den wichtigen Zweck, die Konformität eines algorithmischen oder KI-basierten Systems im Hinblick auf bestimmte Kriterien durch eine neutrale und anerkannte Stelle überprüfen zu lassen. Allerdings muss dieser Zweck im Verhältnis zu den Kosten und zum Aufwand stehen, welcher den Verantwortlichen beim Durchlauf der Zertifizierungsprozesse entsteht. Andernfalls könnten Zertifizierungsprozesse eher einen Kostenpunkt darstellen, als dass sie zur präventiven Vermeidung tatsächlicher Risiken beitragen würden. Wäre eine standardmäßige Zulassungskontrolle im Bereich der Softwareentwicklung ähnlich umfassend gesetzlich vorgesehen wie beispielsweise im Arzneimittelrecht, würde dies schnell eine „unangemessene Belastung" für Hersteller und Anwender darstellen.[630] Es ist nicht zu verkennen, dass eine allzu „risikoaverse Regulierung" zu einem weitläufigen gesellschaftlichen Schaden führen könnte, indem das Potenzial der KI-Systeme aufgrund von Innovationshemmnissen wie zwingende kostspielige Zulassungsverfahren unausgeschöpft bleibt.[631] Gleichzeitig müssen etwaige Zertifizierungsanforderungen auch einen gerechten Ausgleich zwischen der staatlichen Schutzpflicht gegenüber potenziellen „Betroffenen" algorithmischer Systeme und der Handlungs- und Berufsfreiheit der Hersteller und Anwender herstellen.[632]

---

630 *Martini*, Blackbox Algorithmus – Grundfragen einer Regulierung Künstlicher Intelligenz, 2019, S. 229.

631 *Kuschel / Müller / Kirchner / Schüßler*, Intelligentes Recht – Intelligente Systeme, 2021, S. 101.

632 *Kuschel/Müller/Kirchner/Schüßler*, Intelligente Systeme – Intelligentes Recht, 2021, S. 101; *Martini*, Blackbox Algorithmus – Grundfragen einer Regulierung Künstlicher Intelligenz, 2019, S. 109. (Aktualisierung nach Inkrafttreten der KI-VO: § 43 KI-VO sieht nunmehr drei Arten von Konformitätsbewertungsverfahren abhängig von der Art des jeweiligen KI-Systems vor. Man unterscheidet hierbei interne Konformitätsbewertungsverfahren gemäß Anhang VI, externe Konformitätsbewertungsverfahren nach Anhang VII und integrierte externe Konformitätsbewertungsverfahren für solche KI-Systeme, für die bereits nach anderen Harmonisierungsrechtsakten produktsicherheitsrechtliche Konformitätsbewertungsverfahren vorgesehen sind. Für biometrische Hochrisiko-KI-Systeme gem. Anhang III Nr. 1 der KI-VO gelten entweder interne oder externe Konformitätsbewertungsverfahren. Für andere Hochrisiko-KI-Systeme gem. Anhang III Nr. 2–8 der KI-VO gelten grundsätzlichen interne Konformitätsbewertungsverfahren gemäß Anhang VI der KI-VO, die vom Anbieter

Aus diesem Grund sollten sich staatliche Kontrollverfahren auf solche ADM-Systeme beschränken, deren Anwendungsart und -umfang ein besonderes Gefahrenpotenzial für wichtige Rechtsgüter bergen.[633] So liegt auf der Hand, dass die Nutzung von KI-Systemen im Automobilsektor beispielsweise bei Anwendungen im Bereich des autonomen Fahrens unmittelbaren potenziellen Einfluss auf gewichtige Rechtsgüter wie Leib und Leben haben können. So verhält es sich auch bei dem Einsatz von ADM-Systemen im medizinischen Bereich, wie beispielsweise bei der Nutzung von Pflegerobotern oder medizinischen Analysesystemen.[634] Neben ADM-Systemen, die Gefahren für Leib oder Leben darstellen können, verdienen auch solche ADM-Systeme „besondere Aufmerksamkeit", die laut Entwurf der KI-Verordnung Folgendes beeinflussen:

> Den Zugang zu und die Nutzung von bestimmten grundlegenden privaten und öffentlichen Diensten und Leistungen, die erforderlich sind, damit die Menschen uneingeschränkt and der Gesellschaft teilhaben oder ihren Lebensstandard verbessern können.[635]

In diesem Zusammenhang nennt der Entwurf der KI-Verordnung insbesondere

> KI-Systeme, die zur Kreditpunktebewertung oder zur Bewertung der Kreditwürdigkeit natürlicher Personen verwendet werden, [...], da sie den Zugang dieser Personen zu Finanzmitteln oder wesentlichen Dienstleistungen wie Wohnraum, Elektrizität und Telekommunikationsdienstleistungen bestimmen.[636]

Der Entwurf der KI-Verordnung klassifiziert solche ADM-Systeme insbesondere deshalb als „Hochrisiko-KI-System", weil sie unter Umständen zur

---

eigenverantwortlich durchzuführen sind. Hochrisiko-KI-Systeme, für welche die in Anhang I Abschnitt A der KI-VO genannten Rechtsakte gelten, unterliegen dem integrierten externen Konformitätsbewertungsverfahren. Siehe hierzu auch *Gerdemann / Martini / Wendehorst*, 2024, KI-VO Art. 43, Rn. 18, 19.]

633 *Martini*, Blackbox Algorithmus – Grundfragen einer Regulierung Künstlicher Intelligenz, 2019, S. 229.

634 *Martini*, Blackbox Algorithmus – Grundfragen einer Regulierung Künstlicher Intelligenz, 2019, S. 230.

635 Entwurf KI-Verordnung, Erwägungsgrund 37; vgl. Anhang III, Nr. 5 des Entwurfs der KI-VO.

636 Entwurf KI-Verordnung, Erwägungsgrund 37; vgl. Anhang III Nr. 5 lit. b des Entwurfs der KI-VO.

Diskriminierung von Gruppen oder Einzelpersonen führen können.[637] Eine ähnliche Wertung findet sich im Datenschutzrecht, insbesondere in Art. 35 DSGVO, welcher die Pflicht zur Durchführung einer Datenschutz-Folgeabschätzung regelt. Eine solche ist gemäß Art. 35 Abs. 1 DSGVO dann durchzuführen, wenn eine Form der (Daten-)Verarbeitung aufgrund der Art, des Umfangs, der Umstände und der Zwecke der Verarbeitung voraussichtlich ein hohes Risiko für die Rechte und Freiheiten natürlicher Personen zur Folge hat. Gemäß Art. 35 Abs. 3 lit. a DSGVO ist eine solche Datenschutz-Folgeabschätzung im Falle der systematischen und umfassender Bewertung persönlicher Aspekte natürlicher Personen durchzuführen, die sich auf automatisierte Verarbeitung einschließlich Profiling gründet und die ihrerseits als Grundlage für die Entscheidungen dient, die Rechtswirkung gegenüber natürlichen Personen entfalten oder diese in ähnlich erheblicher Weise beeinträchtigen. Eine solche Bewertung persönlicher Aspekte natürlicher Personen ist insbesondere im Falle des Kreditscorings anzunehmen, welches einen Unterfall des Profilings darstellt, und Grundlage für Kreditentscheidungen darstellen, die Rechtswirkung gegenüber natürlichen Personen entfalten. Die Einordnung ADM-basierter Kreditscoring-Systeme als Datenverarbeitungssysteme mit hohem Risiko für die Rechte und Freiheiten natürlicher Personen repräsentiert die Wertung des Gesetzgebers, dass diese Art von ADM-Systemen kontrollbedürftig ist.[638]

Somit wird deutlich, dass die Kreditvergabe einen „besonders sensiblen Einsatzbereich" darstellt, insbesondere weil hier Entscheidungen über natürliche Personen getroffen werden, die maßgeblich ihre Lebensführung beeinflussen können. Gleichzeitig beinhaltet die ADM-basierte Kreditvergabe die Verarbeitung besonders persönlichkeitssensibler Daten und ist mit Diskriminierungsgefahren verbunden. In einer Gesamtschau mit den weiteren allgemeinen gefahr- und risikoerhöhenden Aspekten der ADM-basierten Kreditvergabe liegt auf der Hand, weshalb ADM-Systeme, die in diesem Bereich eingesetzt werden, grundsätzlich für Zertifizierungspflichten in Frage kommen sollten.[639]

---

637 Entwurf KI-Verordnung, Erwägungsgrund 37; ; vgl. Anhang III, Nr. 5 des Entwurfs der KI-VO.

638 Vgl. *Martini*, Blackbox Algorithmus – Grundfragen einer Regulierung Künstlicher Intelligenz, 2019, S. 230.

639 Vgl. zu den allgemeinen Risiken und Gefahren von ADM-Systemen zur Bestimmung der Kreditwürdigkeit, Kapitel 4.

4. Voraussetzungen für die Zertifizierungsbedürftigkeit von ADM-Systemen im Bereich der Kreditvergabe[640]

Zwar wurde im vorigen Abschnitt erläutert, weshalb ADM-Systeme im Bereich der Kreditvergabe grundsätzlich Zertifizierungspflichten unterworfen werden sollten. Allerdings kann sich das Risiko- und Gefahrpotenzial der Anwendung von ADM-Systemen in diesem Bereich erheblich unterscheiden, je nach dem in welcher Art und in welchem Umfang diese Systeme eingesetzt werden. Somit muss klar definiert und umrissen werden, welche Arten von algorithmischen oder KI-basierten Systemen die hier angedachten umfangreichen Zertifizierungsverfahren durchlaufen müssen, beziehungsweise welche Kriterien oder Eigenschaften eines Systems Zertifizierungspflichten auslösen. Um der Entstehung von Rechtsunsicherheit und einer Überregulierung vorzubeugen, eignet sich ein risikobasierter Ansatz mit klaren Vorgaben für den Anwendungsbereich von Zertifizierungspflichten. Vor diesem Hintergrund sollen solche Pflichten davon abhängig gemacht werden, wie das potenzielle Risiko eines Systems im Hinblick auf die Gefährdung persönlichkeitssensibler Rechtsgüter einzuschätzen ist. Ansonsten drohen unangemessen hohe Kosten und eine innovationshemmende Belastung für die Hersteller und Anwender von ADM-Systemen im Bereich der Kreditvergabe, zu denen insbesondere Kreditinstitute und Scoring-Unternehmen gehören.

Ein Beispiel für eine solche Überregulierung ist die Formulierung des aktuellen Entwurfs der KI-Verordnung, welcher alle algorithmischen Verfahren zur Bestimmung der Kreditwürdigkeit als „Hochrisiko-Systeme" einordnet, solange diese zumindest auf einem mathematisch-statistischen Verfahren basieren. Diese Einordnung umfasst daher auch Systeme, die gänzlich ohne den

[640] Aktualisierung nach Inkrafttreten der KI-VO: Die KI-VO sieht für Hochrisiko-KI-Systeme, die für die Zwecke der Kreditwürdigkeitsprüfung und Bonitätsbewertung verwendet werden, ein Konformitätsbewertungsverfahren auf der Grundlage einer internen Kontrolle gemäß Anhang VI vor. Im Rahmen dessen, muss der Anbieter prüfen, ob das bestehende Qualitätsmanagementsystem den Anforderungen von § 17 KI-VO entspricht (vgl. Anhang VI, Nr. 2 KI-VO). Des Weiteren muss der Anbieter die in der technischen Dokumentation enthaltenen Informationen prüfen, um zu beurteilen, ob das KI-System den einschlägigen grundlegenden Anforderungen in Kapitel III Abschnitt II der KI-VO entspricht (vgl. Anhang VI der KI-VO). Letztlich muss der Anbieter überprüfen, ob der Entwurfs und Entwicklungsprozess des KI-Systems und seine Beobachtung nach dem Inverkehrbringen gemäß § 72 der KI-VO mit der technischen Dokumentation in Einklang stehen

Einsatz lernender Algorithmen und auch nicht vollautomatisiert operieren. Wie bereits erläutert, wurden Kreditscoring-Systeme bereits seit Jahrzehnten auf der Basis von mathematisch-statistischen Verfahren, also mit Hilfe von nicht-lernenden Algorithmen für die Zwecke der Kreditvergabe eingesetzt.[641] Auch dieser Fall wird von der Formulierung des Entwurfs der KI-Verordnung umfasst und löst unberechtigterweise extensive neue Pflichten aus.[642]

Anhand dieses Beispiels wird deutlich, dass Zertifizierungspflichten differenzierter ausgestaltet werden müssen. Im Folgenden werden beispielhaft abstrakt diverse Faktoren genannt, die einen Einfluss auf das Risiko und das Gefahrenpotenzial von ADM-Systemen im Bereich der Kreditvergabe haben. Sofern und soweit dies praktisch umsetzbar ist, könnte der ein oder andere Faktor bei der Definition des sachlichen Anwendungsbereichs von etwaigen umfassenden Zertifizierungspflichten, über die bereits bestehenden aufsichtsrechtlichen Genehmigungsverfahren hinaus, genutzt werden.

4.1 Rolle der algorithmischen Berechnung im Gesamtentscheidungsprozess

Zunächst sind algorithmische Entscheidungssysteme für die Zwecke der Kreditvergabe danach zu klassifizieren, wie genau sich die Berechnungsergebnisse des Systems auf die Letztentscheidung über die Kreditvergabe auswirken. In diesem Zusammenhang stellt sich die Frage, zu welchem Grad die Prognosewertung des Algorithmus die menschliche Entscheidung beeinflusst, oder ob sie diese gar gänzlich ersetzt. So kann sich das Ergebnis der algorithmischen Entscheidung in unterschiedlicher Intensität auf die Gesamtentscheidung und somit auf die Rechtsgüter des Betroffenen auswirken. Sofern beispielsweise ein algorithmische determinierter Kreditscore nur ein Indikator von vielen ist, welcher für die Entscheidung über einen Kreditantrag verwendet wird,

---

[641] Vgl. *Die Deutsche Kreditwirtschaft*, Stellungnahme zu dem Vorschlag für eine Verordnung des Europäischen Parlaments und des Rates zur Festlegung harmonisierter Vorschriften für künstliche Intelligenz (Gesetz über künstliche Intelligenz) und zur Änderung bestimmter Rechtsakte der Union, online abrufbar unter: https://bit.ly/3hbEiHu (letzter Aufruf am 23.02.2022).

[642] Vgl. *Die Deutsche Kreditwirtschaft*, Stellungnahme zu dem Vorschlag für eine Verordnung des Europäischen Parlaments und des Rates zur Festlegung harmonisierter Vorschriften für künstliche Intelligenz (Gesetz über künstliche Intelligenz) und zur Änderung bestimmter Rechtsakte der Union, online abrufbar unter: https://bit.ly/3hbEiHu (letzter Aufruf am 23.02.2022).

wie dies traditionell schon seit Jahrzehnten praktiziert wurde, wirkt sich die algorithmische Entscheidung nur begrenzt auf die Gesamtentscheidung aus. Anders gestaltet sich das Risikoprofil des verwendeten Kreditscoring-Systems, wenn es die Kreditentscheidung maßgeblich beeinflusst oder im Rahmen eines vollautomatisierten Entscheidungsprozesses vollständig determiniert. Grundsätzlich unterscheidet ein Gutachten der Datenethikkommission zwischen drei Intensitätsstufen, in welchen der Algorithmus eine Gesamtentscheidung beeinflussen kann.[643] Diese werden im Folgenden erläutert, wobei zu beachten ist, dass wohl in der Praxis sicherlich auch Mischformen denkbar und eine trennscharfe Einordnung schwierig sein könnte.[644]

(i) Stufe 1: Algorithmenbasierte Entscheidungen

Die niedrigste Intensitätsstufe der Auswirkung eines algorithmischen Entscheidungssystems auf eine menschliche Entscheidung ist dann anzunehmen, wenn eine sogenannte algorithmenbasierte Entscheidung vorliegt. In diesem Fall dient die Berechnung des ADM-Systems als ein Faktor von vielen, der von einem menschlichen Entscheider im Rahmen seiner Gesamtentscheidung berücksichtigt wird.[645] Diese Entscheidungsstruktur ist vergleichbar mit dem „traditionellen Einsatz“ von Kreditscoring-Systemen auf der Basis von nicht-lernenden Algorithmen, die neben der persönlichen Einschätzung des Bankmitarbeiters und anderweitigen Faktoren Einfluss auf die Kreditentscheidung genommen haben. Im Rahmen dieser Art von Entscheidungsstruktur spielen ADM-Systeme eine nur untergeordnete Rolle und haben, jedenfalls theoretisch, keinen maßgeblichen Einfluss auf die Letztentscheidung. Sofern nicht anderweitige Faktoren hinzukommen, die eine nachweislich risikoerhöhende Wirkung haben, sollten algorithmenbasierte Entscheidungen wohl eher keinen umfassenden Zertifizierungsanforderungen unterworfen werden. Dies ist auch nur vor dem Hintergrund konsequent, dass diese Entscheidungsstruktur, jedenfalls unter Verwendung nicht-lernender algorithmischer Systeme, bereits seit

---

643 Datenethikkommission, Gutachten, 23.10.2019, S. 161, online abrufbar unter: https://bit.ly/36Iee4R (letzter Aufruf am 24.02.2022).

644 Datenethikkommission, Gutachten, 23.10.2019, S. 161, online abrufbar unter: https://bit.ly/36Iee4R (letzter Aufruf am 24.02.2022).

645 Datenethikkommission, Gutachten, 23.10.2019, S. 161, online abrufbar unter: https://bit.ly/36Iee4R (letzter Aufruf am 24.02.2022).

Jahrzehnten von Kreditinstituten angewandt wird und bislang keine offizielle Notwendigkeit für die Durchführung von Zertifizierungsverfahren für die involvierten algorithmischen Entscheidungssysteme identifiziert wurde. Aus diesem Grund erschließt sich auch nicht, weshalb eine bereits bewährte Struktur bei gleichbleibendem Risikoprofil nun kostspielige Zertifizierungsverfahren durchlaufen sollte.

Kritisch zu hinterfragen ist jedoch, ob die Klassifizierung als nur „algorithmenbasierte" Entscheidung tatsächlich der praktischen Realität entspricht. Schließlich sind sich sicherlich auch die entscheidungsbefugten Bankmitarbeiter bewusst, dass KI-Systeme in der Lage sind, besonders präzise Prognoseergebnisse zu liefern. So ist denkbar, dass sich Bankmitarbeitern jedenfalls unterbewusst davor scheuen könnten, eine Kreditentscheidung zu treffen, die von dem Scoring-Ergebnis des algorithmischen Entscheidungssystems abweicht. Letztlich könnte in Theorie eine algorithmenbasierte Entscheidung vorliegen, die aber in Realität fast ausschlaggebend von dem algorithmischen Entscheidungssystem vorweggenommen wurde. Hier ist das Risikoprofil quasi mit dem der algorithmendeterminierten Entscheidung identisch, unter Umständen mit dem einzigen Unterschied, dass der Mitarbeiter im Fall der scheinbar nur algorithmenbasierten Entscheidung besonders unplausible Ergebnisse des algorithmischen Entscheidungssystems herausfiltern könnte. Es wird schwer sein, trennscharf zwischen dem tatsächlichen und scheinbaren Entscheidungsermessen des Bankmitarbeiters zu unterscheiden. Hier ist es von besonderer Wichtigkeit, gesetzlich klar zu regeln, welcher Grad von Entscheidungsinput für die Annahme eines algorithmenbasierten Systems erforderlich ist. Nur der Verweis auf „human oversight" kann vieles bedeuten und lädt zu besonders extensiver Auslegung ein, die letztlich zu Lasten diverser Schutzpflichten ginge. Auch innerhalb der Geschäftsorganisation der Institute müssen klare Vorgaben hinsichtlich des erforderlichen menschlichen Entscheidungsinputs gemacht werden. Möglicherweise könnte die technische Ausgestaltung der ADM-Systeme so gewählt werden, dass ein menschlicher Entscheidungsinput zwingend notwendig ist. Je ausgereifter, detaillierter und umfassender die Entscheidung des ADM-Systems ist, desto größer könnte die Versuchung sein, auf jeglichen menschlichen Input zu verzichten.

Letztlich stellen sich in diesem Zusammenhang gewichtige Nachweisprobleme. Schließlich könnte das Risiko bestehen, dass eine vermeintlich algorithmenbasierte Entscheidung tatsächlich vollständig algorithmendeterminiert getroffen wurde, in welchem Fall etwaige Zertifizierungsanforderungen umgangen werden könnten. Um dem Entgegenzuwirken, sollte die Einhaltung extensiver Dokumentationsanforderungen überprüft werden.

(ii) Stufe 2: Algorithmengetriebene Entscheidungen

Neben algorithmenbasierten Entscheidungen nennt die Datenethikkommission auch die Kategorie der algorithmengetriebenen Entscheidungen, die ebenfalls als menschliche und nicht maschinelle Entscheidungen gelten.[646] Für diese Entscheidungskategorie gilt, dass die Berechnung des algorithmischen Systems die menschliche Letztentscheidung zwar nicht vorwegnimmt, aber dennoch einschränkt. Ein fiktives Beispiel für eine solche algorithmengetriebene Entscheidung im Kreditvergabekontext wäre folgende Konstellation: Einem entscheidungsbefugten Bankmitarbeiter wird vorgegeben, einen Kreditbewerber nicht ablehnen zu dürfen, sofern der durch ein ADM-System ermittelte Kreditscore einen bestimmten Wert überschreitet. Bezüglich der Festlegung der Kreditkonditionen steht dem Bankmitarbeiter jedoch nach wie vor freies Ermessen zu. Hier nimmt die Bewertung des ADM-Systems die menschliche Entscheidung nicht vorweg, aber schränkt den Entscheidungsspielraum ein.

Allerdings offenbaren sich im Rahmen dieser Entscheidungskategorie unter Umständen ebenfalls Probleme bei der Abgrenzung zwischen einer lediglich algorithmengetriebenen und einer vollständig algorithmendeterminierten Entscheidung. Wie verhält es sich beispielsweise, wenn einem Bankmitarbeiter vorgegeben wird, seine Kreditentscheidungen grundsätzlich am algorithmisch ermittelten Kreditscore orientieren zu müssen und nur dann davon abzuweichen zu dürfen, wenn ihm die Wertung des ADM-Systems besonders unplausibel erscheint.[647] Einerseits verbleibt dem Bankmitarbeiter in dieser Konstellation theoretisch noch das Entscheidungsermessen, von

---

[646] Datenethikkommission, Gutachten, 23.10.2019, S. 161, online abrufbar unter: https://bit.ly/36Iee4R (letzter Aufruf am 24.02.2022).

[647] Vgl. hierzu auch *Kühling/Buchner/Buchner*, 3. Auflage, 2020, DS-GVO Art. 22, Rn. 15; *von Lewinski*, in: BeckOK DatenschutzR/von Lewinsky, Art. 22, Rn. 25.1. Hier wird im datenschutzrechtlichen Kontext darauf hingewiesen, dass es unter Umständen für die Annahme einer echten menschlichen Mitentscheidung ausreichen kann, wenn sich die Überprüfung und ggf. abweichende Entscheidung durch eine natürliche Person auf das Herausgreifen nicht plausibler Entscheidungen beschränkt.

jeglichem ihm unplausibel erscheinenden Wert abzuweichen. Andererseits ist praktisch gesehen sein Handlungsspielraum sehr eingeschränkt, sodass ein Großteil der Kreditentscheidungen faktisch vom ADM-System getroffen werden. Dies zeigt, dass auch bei der Kategorie der algorithmengetriebenen Entscheidungen klar und praxisnah differenziert werden sollte, welche Konstellationen tatsächlich als algorithmengetriebene und daher letztlich menschliche Entscheidungen klassifiziert werden sollten. Dies Einordnung sollte, wenn möglich, nicht im Rahmen einer formalistischen, sondern eher risikobasierten Betrachtung erfolgen, die sich an der Entscheidungsrealität orientiert.

(iii) Stufe 3: Algorithmendeterminierte Entscheidungen

Die algorithmendeterminierte Entscheidung ist die einzige der drei von der Datenethikkommission vorgeschlagenen Entscheidungskategorien, bei der das Vorliegen einer „maschinellen" und keiner menschlichen Entscheidung angenommen wird. Bei einer algorithmendeterminierten Entscheidung mündet die Wertung des ADM-Systems nahtlos in eine konkrete Konsequenz, ohne dass eine Beteiligung eines menschlichen Akteurs erfolgt.[648] Im Falle der Kreditvergabe liegt eine algorithmendeterminierte Entscheidung beispielsweise dann vor, wenn ein ADM-System einen Kreditscore generiert, der als alleinige Basis der konkreten Kreditentscheidung gilt, ohne dass diesbezüglich einem menschlichen Entscheider eine Entscheidungskompetenz eingeräumt wird. Denkbar ist zu einen, dass das ADM-System in der Lage ist, automatisch auf der Basis des berechneten Kreditscores auch die einzelnen Kreditkonditionen festzulegen, wie beispielsweise die Höhe etwaiger Tilgungsraten und den Preis des Kredits in Form der Zinshöhe. In diesem Falle wäre theoretisch keinerlei menschlicher Entscheidungsinput notwendig. Eine alternative Entscheidungsstruktur hierzu wäre, dass ein ADM-System einen Kreditscore ermittelt, der die Grundlage für eine gebundene, also ermessensfreie, Entscheidung eines Bankmitarbeiters bildet. Sofern beispielsweise klar vorgegeben ist, welche Kreditkonditionen bei welchem Kreditscore-Spektrum eingreifen, würde sich die Beteiligung des menschlichen Entscheiders in einer rein formalen Zuordnungstätigkeit erschöpfen.

---

[648] Datenethikkommission, Gutachten, 23.10.2019, S. 161, online abrufbar unter: https://bit.ly/36Iee4R (letzter Aufruf am 24.02.2022).

Wie bereits im vorigen Abschnitt ausgeführt, wäre zu überlegen, ob die Kategorie der algorithmendeterminierten Entscheidungen nicht beispielsweise um solche Fälle erweitert werden sollte, in denen zwar ein gewisses menschliches Entscheidungsermessen gegeben ist, von dem aber in der Praxis tatsächlich selten Gebrauch gemacht wird. Zu solchen Fällen könnte beispielsweise der Fall gehören, in sich der menschliche Entscheidungsbeitrag darin erschöpft, gänzlich unplausible Wertungen des ADM-Systems herauszufiltern.

4.2 Bedeutung/Wirkung der algorithmischen Berechnung

Wie bereits in Kapitel 3 beschrieben, können ADM-Systeme auch auf Basis Künstlicher Intelligenz an verschiedenen Stellen des Gesamtprozesses der Kreditvergabe verwendet werden. So können KI-Systeme beispielsweise dafür genutzt werden, im Rahmen der Datenaufbereitung mit Hilfe von Text Mining-Technologien relevante Informationen herauszufiltern oder im Rahmen des Ex-post-Kreditmonitorings relevante Veränderungen der Lebenssituation des Kreditnehmers oder der Wertigkeit der verfügbaren Sicherheiten zu identifizieren, um den Kreditinstituten eine rechtzeitige Reaktion hierauf zu ermöglichen. Ebenso können KI-Systeme auch für das Kreditwürdigkeitsprüfung eingesetzt werden und auf diese Weise Kreditkonditionen und unter Umständen auch die Kreditentscheidung an sich maßgeblich beeinflussen.

Für die Frage, ob ein ADM-System, das für den Kreditvergabeprozess eingesetzt wird, Zertifizierungsverfahren durchlaufen muss, ist somit auch relevant, an welcher Stelle im Prozess das System eingesetzt wird und welchen Zweck es erfüllt. Hiervon hängt ab, inwieweit die ADM-Systeme überhaupt die Rechtsgüter der Kreditnehmer tangieren können und wie unmittelbar sich deren potenzielle Auswirkungen gestalten. So haben ADM-Systeme, die für Kreditscoring-Zwecke eingesetzt werden, potenziell einen viel unmittelbareren Einfluss auf die Rechtsgüter der Kreditnehmer, als dies beispielsweise bei ADM-Systemen der Fall ist, welche bei der Datenfilterung und -aufbereitung eingesetzt werden.

4.3 Komplexität des verwendeten Modells

Für die Frage des Risikoprofils eines ADM-Systems ist sicherlich auch maßgeblich, welche Art von algorithmischem Modell diesem zugrunde liegt. So haben lineare und logistische Regressionen, die häufig für die Zwecke von

ADM-Systemen zur Beurteilung der Kreditwürdigkeit genutzt werden, eine relativ einfache Modellstrukturen. Sie sind auch eher erklärbar und transparent, was deren Risikoprofil deutlich verringert.

Demgegenüber sind Modellstrukturen wie beispielsweise mehrschichtige neuronale Netze sehr viel komplexer ausgestaltet. Sie sind mehrdimensionaler und der von ihnen generierte Output kann nicht ohne weiteres in Beziehung zum eingepflegten Input gebracht werden. In anderen Worten kann die „funktionale Beziehung zwischen Input und Output nicht mehr in der Regel durch eine einfache Beschreibung mittels mathematischer Formeln nachvollzogen werden".[649] Aus diesem Grund ist die Wirkungsweise solcher neuronalen Netze nicht eindeutig identifizier- und daher auch nicht erklärbar. Als weitere Konsequenz, ist es schwieriger, die Funktionsweise und Sicherheit solcher Systeme wie auch deren Vereinbarkeit mit diversen Mindeststandards institutsintern zu überprüfen. Insoweit hätte unter Umständen eher eine staatliche Stelle die Ressourcen, solche komplexen Systeme im Rahmen des Möglichen zu überprüfen. Dies spräche dafür, Zertifizierungspflichten für solche komplexe Modellstrukturen vorzusehen.

4.4 Potenzielle Schadenshöhe

Ein weiterer Faktor, der für die Entscheidung relevant sein könnte, ob ein bestimmtes ADM-System ein Zertifizierungsverfahren durchlaufen müsste, ist der Umfang des potenziellen Schadens, der durch die Verwendung dieses Systems entstehen könnte. In dem Zusammenhang geht es um die Höhe des potenziellen Risikos, das bei Fehlerhaftigkeit des ADM-Systems drohen würde. Hier wäre beispielsweise maßgeblich, für welche Kreditarten, für welches Kreditvolumen und für welche Anzahl von Krediten das entsprechende ADM-System genutzt wird. Sofern beispielsweise ein vollständig automatisiertes ADM-System für die Vergabe von Kleinstkrediten mit besonders niedrigem Kreditvolumen und Kreditzinsen sowie einer kurzen Laufzeit verwendet wird, besteht natürlich nach wie vor das inhärente Risiko, dass das ADM-System beispielsweise mit manipulierten Inputdaten operiert oder indirekt diskriminierend entscheidet. Allerdings ist unter diesen

[649] *BaFin*, Konsultation 11/21, Diskussionspapier: Maschinelles Lernen in Risikomodellen – Charakteristika und aufsichtliche Schwerpunkte, S. 8, online abrufbar unter: https://bit.ly/3h7qqxZ (letzter Aufruf am 23.02.2022).

Umständen aufgrund des niedrigen Kreditvolumens und der kurzen Laufzeit das Risiko für den Kreditnehmer vergleichsweise beschränkt. Anders verhält es sich, wenn ein vollautomatisiertes ADM-System theoretisch für die Vergabe von Immobilienkrediten eingesetzt wird, bei denen regelmäßig das Kreditvolumen hoch angesetzt ist, der Kreditnehmer über eine längere Laufzeit hinweg gebunden ist und der Kredit für den Kreditnehmer von besonderer Bedeutung ist.

Hier ist auch denkbar, die Nutzung eines ADM-Systems ohne zwingende Zertifizierungspflicht für nur bestimmte Kreditarten mit einem gedeckelten maximalen Kreditvolumen, einer maximalen Zinshöhe und einer entsprechend kurze Laufzeit freizugeben. Sofern eines dieser Parameter überschritten werden, mag es notwendig werden, das entsprechende ADM-System zertifizieren zu lassen.

Sicherlich ist die potenzielle Schadenshöhe als Voraussetzung für die Zertifizierungspflicht in Kombination mit weiteren Eigenschaften des ADM-Systems, wie beispielsweise dessen Automatisierungsgrad, zu betrachten. Letztlich kann das Risikoprofil eines ADM-Systems regelmäßig nur im Rahmen einer Gesamtschau mehrerer Faktoren ermittelt werden.

4.5 Adaptivität des ADM-Systems

Ein weiterer Faktor, der ausschlaggebend für eine Zertifizierungspflicht sein könnte, ist die Adaptivität des verwendeten ADM-Systems. Eine solche Adaptivität weisen lernende Algorithmen vor, die darauf ausgelegt sind, sich kontinuierlich neuem Dateninput anzupassen.[650] Wie bereits beschrieben, können adaptive Systeme im Bereich des Kreditscorings eigenmächtig neue Korrelationen zwischen gewissen Datenpunkten und der Eigenschaft der Kreditwürdigkeit identifizieren, die einem menschlichen Betrachter unter Umständen verborgen geblieben wäre. Anhand des Dateninputs werden diese neuen Korrelationen erkannt, auf deren Basis sich die Struktur des ADM-Systems ohne menschliches Zutun anpasst.

Die Adaptivität der ADM-Systeme ermöglicht einerseits die Generierung besonders genauer Vorhersageergebnisse als Folge der Identifikation

---

[650] *BaFin*, Konsultation 11/21, Diskussionspapier: Maschinelles Lernen in Risikomodellen – Charakteristika und aufsichtliche Schwerpunkte, S. 8, online abrufbar unter: https://bit.ly/3h7qqxZ (letzter Aufruf am 23.02.2022).

prognoserelevanter Korrelationen und der jeweils anzuwendenden Gewichtung. Andererseits birgt deren Nutzung gewisse Schwierigkeiten im Zusammenhang mit ihrer Validierbar- und Überprüfbarkeit.[651] Gleichzeitig entwickelt sich ein adaptives ADM-System auf Basis der eingepflegten Daten weiter, weshalb auch die Gewährleistung eines entsprechend hohen Datenvolumens mit entsprechender Qualität von besonderer Relevanz und unter Umständen risikobehaftet ist.[652]

Vor diesem Hintergrund ist es einerseits geboten, ein staatliches Zulassungsverfahren nicht nur auf eine Kontrolle *ex ante*, also vor Inbetriebnahme des Systems, zu beschränken.[653] Schließlich verändern sich adaptive ADM-Systeme fortlaufend, sodass ein ursprünglich zugelassenes System unter Umständen zu einem späteren Zeitpunkt nicht mehr die Merkmale aufweisen könnte, die für die Erstzulassung erforderlich waren. Beispielsweise wäre hier eine entweder periodische Überprüfung, abhängig vom Adaptivitätsgrad des ADM-Systems, oder eine anlassbezogene Überprüfung angebracht. Der Anlass zur erneuten Überprüfung könnte beispielsweise der Grad der relativen Abweichung des ADM-Systems zur vorherigen zertifizierten Konfiguration sein. Natürlich setzt dies voraus, dass das ADM-System technisch so programmiert werden kann, dass es selbst den Abweichungsgrad messen und anzeigen kann. Andererseits wäre es sinnvoll, die Kontrollen im Rahmen des Zulassungsverfahren nicht nur auf den Algorithmus des ADM-Systems an sich zu beschränken, sondern das gesamte „Ökosystem" einzubeziehen, dem er angehört.[654] Hierzu gehört neben dem Programmcode an sich auch „das verwendete maschinelle Lernverfahren, die Lernumgebung einschließlich

---

[651] *BaFin*, Konsultation 11/21, Diskussionspapier: Maschinelles Lernen in Risikomodellen – Charakteristika und aufsichtliche Schwerpunkte, S. 9, online abrufbar unter: https://bit.ly/3h7qqxZ (letzter Aufruf am 23.02.2022).

[652] *BaFin*, Konsultation 11/21, Diskussionspapier: Maschinelles Lernen in Risikomodellen – Charakteristika und aufsichtliche Schwerpunkte, S. 9, online abrufbar unter: https://bit.ly/3h7qqxZ (letzter Aufruf am 23.02.2022).

[653] Aktualisierung nach Inkrafttreten der KI-VO: Nunmehr ist in § 43 Abs. 4 der KI-VO vorgesehen, dass Hochrisiko-KI-Systeme, die bereits Gegenstand eines Konformitätsbewertungsverfahrens gewesen sind, im Falle einer wesentlichen Änderung einem neuen Konformitätsbewertungsverfahren unterzogen werden.

[654] *Martini*, Blackbox Algorithmus – Grundfragen einer Regulierung Künstlicher Intelligenz, 2019, S. 227.

der Datenbasis und die Trainings- und Testdaten".[655] Schließlich ist das Risikoprofil eines adaptiven ADM-Systems deutlich komplexer und enthält ein breiteres Spektrum von Risikofaktoren, wie beispielsweise die Datenqualität und das Trainingsumfeld, welche direkten Einfluss auf die Sicherheit, Diskriminierungsfreiheit und datenschutzrechtliche Konformität des ADM-Systems haben.

5. Zertifizierungskriterien

Grundsätzlich sollten dieselben Zertifizierungskriterien und -maßstäbe angewandt werden, unabhängig davon, ob Kreditscoring-Systeme innerhalb eines Kreditinstituts oder von Scoring-Unternehmen verwendet werden. Schließlich bestehen in beiden Fällen, unabhängig vom Verwender der Systeme, überwiegend die gleichen Risiken, sodass auch im Sinne der Rechtssicherheit, sofern praktisch umsetzbar, dieselben Kriterien zur Anwendung kommen sollten.

Wie im folgenden Kapitel anhand des Beispiels des BSI beschrieben wird, könnte eine staatliche Unterstützungs- und Überwachungseinheit für den Zweck eingesetzt werden, zusammen mit den anderen relevanten Fachbehörden wie beispielsweise den Datenschutzbehörden, den Verbraucherschutzbehörden und der BaFin und Interessenvertretern der Finanzindustrie Mindeststandards zu entwerfen, die differenziert und risikoangemessene Zertifizierungskriterien statuieren. Diese Zertifizierungskriterien könnten sich auf die Verlässlichkeit, Robustheit, Leistungsfähigkeit und funktionale Sicherheit der Systeme beziehen und auch rechtliche sowie ethische Voraussetzungen umfassen.[656]

Sofern praktisch umsetzbar, wäre zu erwägen, im Sinne eines umfassenden risikoangemessenen Verfahrens etwaige staatliche Vorabkontrollen nicht auf die Überprüfung eines einzelnen Algorithmus zu beschränken, sondern hierbei das gesamte „Ökosystem" einzubeziehen, innerhalb dessen

---

[655] *Martini*, Blackbox Algorithmus – Grundfragen einer Regulierung Künstlicher Intelligenz, 2019, S. 227; *Martini*, Algorithmen als Herausforderung für die Rechtsordnung, JZ 2017, 1017 (1021).

[656] *Wahlster / Winterhalter*, DIN e.V., DKE Deutsche Kommission Elektrotechnik, Deutsche Normungsroadmap Künstliche Intelligenz, Stand: November 2020, S. 5, online abrufbar unter: https://bit.ly/3LXoIgy (letzter Aufruf am 24.02.2022).

er operiert.[657] Hierzu zählen beispielsweise auch „das verwendete maschinelle Lernverfahren, die Lernumgebung einschließlich der Datenbasis, die Trainings- und Testdaten sowie die technische Garantie der *procedural regularity*".[658] Wie bereits in den vorigen Abschnitten deutlich wurde, sollten insbesondere auch verbraucherschutzrechtliche, datenschutzrechtliche und diskriminierungsrechtliche Aspekte des verwendeten Systems durch geeignete Kontrollverfahren überprüft werden.

6. Vorteile von Zertifizierungsverfahren

6.1 Wahrung von Geschäftsgeheimnissen

Im Wege einer Ex-ante-Zulassungskontrolle könnten die Interessen der Verwender BDAI-basierter Kreditscoring-Systeme und (potenziellen) Kreditnehmern in einen für beide Seiten vertretbaren Ausgleich gebracht werden: Sofern algorithmische Systeme für die Zwecke der Kreditwürdigkeitsprüfung genutzt werden, hätten die Kreditnehmer die Sicherheit, dass das angewandte System die zertifizierten Kriterien gemäß den technischen Mindeststandards erfüllt. Gleichzeitig hat eine Ex-ante-Zulassungskontrolle von algorithmischen Systemen für die Verwender von BDAI-basierten Kreditscoring-Systemen, insbesondere Wirtschaftsauskunfteien oder andere Scoring-Unternehmen, unter Umständen den Vorteil, dass sie den Kreditnehmern gewisse Eigenschaften des algorithmischen Systems zusichern können, ohne Einzelheiten zu dem von ihnen verwendeten Kreditscoring-Verfahren preisgeben zu müssen. Im Falle, dass die Zulassungskontrolle im Wege eines staatlichen Kontrollverfahrens durchgeführt wird, ist denkbar, dass die zuständige Kontrollinstanz Scoring-Unternehmen oder Kreditinstituten den notwendigen Geheimnisschutz gewähren können. Das öffentliche Recht enthält nämlich diverse Geheimhaltungsvorschriften, die demonstrieren, dass der Gesetzgeber die grundsätzliche Notwendigkeit von Verschwiegenheitsverpflichtungen anerkannt und umgesetzt hat. So verpflichtet § 9 Abs. 1 Satz 1 KWG beispielsweise unter anderem BaFin

[657] *Martini*, Blackbox Algorithmus – Grundfragen einer Regulierung Künstlicher Intelligenz, 2019, S. 227.

[658] *Martini*, Blackbox Algorithmus – Grundfragen einer Regulierung Künstlicher Intelligenz, 2019, S. 227; *Martini*, JZ 2017, 1017 (1021).

Beschäftigte dazu, Geschäfts- und Betriebsgeheimnisse, die ihnen bei ihrer Tätigkeit bekannt geworden sind, nicht unbefugt zu offenbaren oder zu verwerten, auch wenn sie nicht mehr im Dienst sind oder ihre Tätigkeit beendet ist. Eine Schweigepflicht für Angestellte des öffentlichen Dienstes findet sich in § 9 Abs. 1 Bundesangestelltentarifvertrag, wonach Bundesangestellte über Angelegenheiten der Verwaltung oder des Betriebes, deren Geheimhaltung durch gesetzliche Vorschriften vorgesehen oder auf Weisung des Arbeitgebers angeordnet ist, Verschwiegenheit bewahren müssen.[659] Je nach organisatorischer Ausgestaltung der Zertifizierungsstelle könnte es sein, dass keine der aktuell bestehenden gesetzlichen Geheimhaltungsvorschriften auf diesen Fall direkt anwendbar sind. Allerdings demonstriert die Fülle der bestehenden Geheimhaltungsvorschriften, dass der Gesetzgeber das Betriebsgeheimnis als Schutzgut anerkennt und grundsätzlich bereit ist, es durch die ihm übertragenen legislativen Möglichkeiten zu hüten.

Im Wege der Offenlegung von Daten und Auskünften lediglich gegenüber einem Expertenkreis einer staatlichen Stelle, wie beispielweise der im nächsten Kapitel angeregten algorithmischen Unterstützungs- und Überwachungseinheit, könnte somit sowohl dem Geheimhaltungsinteresse der Unternehmen und Institute als auch dem Auskunftsrecht der Betroffenen entsprochen werden.[660] Selbst wenn eine Zertifizierung von privatrechtlich organisierten Stellen durchgeführt werden sollte, könnten sich Kreditinstitute oder Scoring-Unternehmen mit Hilfe von Verschwiegenheitsverpflichtungen und Geheimhaltungsverträgen absichern.

6.2 Entlastung von Kreditinstituten und Scoring-Unternehmen

Außer Frage steht, dass algorithmische Systeme über den aufsichtsrechtlichen Eigenkapital-orientierten Genehmigungsumfang hinaus inhärente Risiken bergen, denen es zu begegnen gilt, um eine dauerhafte Nutzung und Etablierung dieser Systeme zu ermöglichen. Wie bereits dargelegt, spielen Kontrollverfahren für diese Zwecke eine überaus wichtige Rolle, auf die

---

[659] Zu weitere Geheimhaltungsvorschriften des öffentlichen Rechts zählen § 61 BbeamtG, § 32 BbkG, § 16 BstatG, § 8 WpHG. Vgl. hierzu *Boos / Fischer / Schulte-Mattler / Lindemann*, 5. Auflage, 2016, KWG § 9, Rn. 17.

[660] Sachverständigenrat für Verbraucherfragen beim Bundesministerium der Justiz und für Verbraucherschutz, Gutachten, Digitale Souveränität, 2017, S. 22, online abrufbar unter: https://bit.ly/3IIlicOus (letzter Aufruf am 24.02.2024).

im öffentlichen Interesse nicht verzichtet werden darf. Sofern daher keine (staatliche) Stelle mit der umfassenden Ex-ante-Prüfung und Zertifizierung von algorithmischen Systemen vor deren Inbetriebnahme vertraut wäre, müsste dies von Kreditinstituten selbst oder von Scoring-Unternehmen im Rahmen von ex-ante und laufenden Testpflichten erfolgen. Ohne Ex-ante-Zulassungsverfahren wäre auch die Wichtigkeit und Kritikalität dieser Test- und Auditverfahren umso größer.

Zunächst könnte die Etablierung von Zulassungskontrollen die Belastung für Kreditinstitute im Hinblick auf Ex-ante-Tests vor Inbetriebnahme und laufende Testpflichten im Hinblick auf die umfassenden technologieimmanenten Risiken wie Datenschutz, Anti-Diskriminierung und IT-Sicherheit senken. Müssten Kreditinstitute diese Kontrollpflichten in einer solchen Weise erfüllen, die nicht nur den aufsichtsrechtlichen Vorgaben, sondern auch dem öffentlichen Sicherheitsbedürfnis hinreichend Rechnung trüge, wäre dies vermutlich mit überaus hohen Kosten für die Institute verbunden. Hauptbestandteil des Kostenpunkts wären vermutlich Personalkosten für die Einstellung und Unterhaltung von technischen Experten, um die ex-ante und laufenden Tests institutsintern in hinreichender Qualität und in umfassendem Umfang durchführen zu können. Diese finanzielle Hürde könnte unter Umständen innovationshemmend wirken und einen wichtigen Anreiz für den Einsatz von algorithmenbasierten Systemen, der Einsparung von Personalressourcen, konterkarieren. Je nach Institutsgröße und den verfügbaren Ressourcen ist es unter Umständen gar nicht möglich, ein entsprechendes Level an Expertise zu rekrutieren. Folglich wäre denkbar, dass aus diesem Grund einige Kreditinstitute gänzlich von der nachhaltigen Nutzung von algorithmischen Systemen für die Zwecke der Kreditvergabe ausgeschlossen wären. Dies hätte potenziell den Effekt, dass einige große und bereits finanzstarke Kreditinstitute über den Einsatz algorithmischer Kreditvergabesysteme an noch mehr Marktmacht gewinnen, während kleinere Kreditinstitute, die ohnehin schon auf dem Kreditmarkt unterlegen sind, an Bedeutung verlieren.[661] Das wahrscheinlichere Szenario ist allerdings, dass sich als Marktstandard für die ex-ante und laufenden Testverfahren ein geringerer Sicherheits- und Kontrollstandard etabliert, der sich den Kapazitäten anpasst, die Kreditinstituten zur Verfügung stehen. In diesem Falle müsste

661 Siehe hierzu auch Kapitel 7, Abschnitt 5.

sich der Finanzmarkt mit einem geringen Grad an Gründlichkeit, Präzision und Sicherheit der Ex-ante-Prüfung begnügen, was allerdings in Anbetracht der vielzähligen Risiken algorithmischer Systeme schwer vertretbar scheint.

Eine gründliche zentralisierte Initialkontrolle eines algorithmischen Systems über die bestehenden aufsichtsrechtlichen Genehmigungsvoraussetzungen hinaus hätte unter Umständen auch den Vorteil, dass die Bedeutung und Kritikalität von laufenden Testpflichten nach Inbetriebnahme des Systems etwas geringer ausfallen könnten und Kreditinstitute folglich etwas weniger Ressourcen investieren müssten. Dies gilt allerdings nur für den Fall, dass ein algorithmisches System auf nicht-lernenden, anstatt auf lernenden, Algorithmen basiert. Während die Initialkalibrierung bei nicht-lernenden Algorithmen statisch über die Funktionsdauer des Systems unverändert bleibt, sind nicht-lernende Algorithmen einer stetigen eigenständigen Re-Kalibrierung ausgesetzt. Bei Systemen, die auf nicht-lernenden Algorithmen basieren, ist somit der Stellenwert der Ex-ante-Zulassungskontrolle größer als der von laufenden Testverfahren, da der Algorithmus an sich während der Laufzeit des Systems keinerlei Anpassung unterworfen ist. Die laufenden Testverfahren sind dann zwar dennoch sinnvoll und könnten dann beispielsweise der Überprüfung dienen, ob ein Algorithmus im Hinblick auf IT-Sicherheit, also beispielsweise Hackerangriffen, nach wie vor robust ist und keine manipulierten Inputdaten verwendet. Allerdings ist die Gefahr, dass der Algorithmus möglicherweise mit der Zeit geschützte Attribute als Parameter für die Kreditwürdigkeitsprüfung nutzt und somit diskriminierende Wirkung entfaltet, fernliegend, sofern dies zum Zeitpunkt der Inbetriebnahme nicht bereits der Fall war. Schließlich orientiert sich das algorithmische System, das nicht-lernende Algorithmen nutzt, ausschließlich an den Parametern und deren Gewichtung, die eingangs entsprechend programmiert wurde. Wurde also im Wege einer Ex-ante-Zulassungskontrolle bereits mit hinreichender Sicherheit festgestellt, dass ein statisches algorithmisches System für die Zwecke der Kreditwürdigkeitsprüfung nicht auf geschützte Attribute oder entsprechende Proxyvariablen zugreift, müsste dies nicht im selben Umfang laufend überprüft und getestet werden. So könnte ein besonders sichereres und vertrauenswürdiges Ex-ante-Kontrollsystem zur Folge haben, dass besondere Gewissheit hinsichtlich einzelner Kriterien besteht und diesbezüglich der Druck und die Bedeutung laufender Testverfahren etwas eingeschränkt wird.

Sofern Kreditinstitute algorithmische Systeme nutzen, die auf lernenden Algorithmen basieren, könnten gründliche Ex-ante-Zulassungsverfahren Kreditinstitute allerdings weniger von umfassenden laufenden Testpflichten entlasten. Lernende Algorithmen entwickeln sich auf der Basis der eingespeisten Datenmengen kontinuierlich weiter und können sich aufgrund von neu identifizierten Korrelationen selbst anpassen. Dies bedeutet, dass selbst wenn die Initialkalibrierung auf keinerlei geschützte Attribute zur Bestimmung der Kreditwürdigkeit abstellt, dies nicht zwingend für die gesamte Anwendungsdauer des lernenden Algorithmus gilt, sofern nicht anderweitige Sicherheitsmechanismen vorhanden sind. Deshalb sind im Falle von lernenden Algorithmen regelmäßig stattfindende Testverfahren von besonderer Wichtigkeit.

Im Ergebnis würde ein Ex-ante-Zulassungsverfahren erstens vermutlich Kreditinstitute personaltechnisch entlasten, weil insbesondere vor Inbetriebnahme eines algorithmischen Systems besondere Anforderungen an die Gründlichkeit der Testverfahren gestellt werden und Kreditinstitute dieses Know-how, insbesondere in datenschutzrechtlicher oder antidiskriminierungsrechtlicher Hinsicht, möglicherweise teuer erwerben müssten. Zwar ist davon auszugehen, dass Kreditinstitute auch für die Inanspruchnahme eines Ex-ante-Zulassungsverfahren finanzielle Mittel einsetzen müssten. Es ist allerdings davon auszugehen, dass die Kosten für die dauerhafte Unterhaltung der notwendigen Expertise innerhalb des Kreditinstituts vergleichsweise höher ausfallen sollten. Zweitens könnten, jedenfalls bei algorithmischen Systemen, die nicht-lernende Algorithmen verwenden, besonders gründliche und allgemein anerkannte Ex-ante-Zulassungskontrollen vor Inbetriebnahme theoretisch bestimmte Eigenschaften des algorithmischen Systems mit besonderem Nachdruck bestätigen. Dies würde zwar die Notwendigkeit von regelmäßigen Testverfahren nicht beseitigen, aber gewisse Erleichterung im Hinblick auf einzelne Kriterien gewähren, bei deren im Laufe der Zeit keine grundlegenden Veränderungen zu erwarten sind.

6.3 Begrenzung des Haftungsrisikos für Verwender von ADM-Systemen

Unter Umständen könnten Ex-ante-Zertifizierungsverfahren dazu beitragen, das Haftungsrisiko von Kreditinstituten, die BDAI-basierte Systeme für die Zwecke der Kreditwürdigkeitsprüfung verwenden, zu begrenzen und ihnen hierdurch mehr Rechtssicherheit zu verschaffen. Mangels Ex-ante-Zulassungsverfahren wären die Kreditinstitute nämlich verpflichtet, die algorithmischen Systeme vor Inbetriebnahme selbst umfassend im Hinblick auf alle möglichen Rechtsrisiken zu überprüfen. Eine solche Testpflicht ist einerseits im Entwurf der KI-Verordnung vorgesehen, ergibt sich aber auch aus aufsichtsrechtlichen Vorgaben und unter Umständen aus allgemeinen deliktischen Sorgfaltspflichten. Sofern Kreditinstitute die Ex-ante-Testpflichten nicht hinreichend erfüllen und ein algorithmisches System zur Bewertung der Kreditwürdigkeit gesetzeswidrig oder entgegen rechtlicher Grundsätze operiert, bestehen unter Umständen zusätzlich zu den aufsichtsrechtlichen Sanktionen gewisse Haftungsrisiken vor dem Hintergrund von Kreditnehmerrechten.[662] Sofern sich nun Kreditinstitute vor der Inbetriebnahme algorithmischer Systeme deren Sicherheit im Hinblick auf bestimmte Merkmale durch eine entsprechende anerkannte Zertifizierungsstelle haben bescheinigen lassen, könnten sie mit diesem Nachweis, sich an den Stand der Technik gehalten zu haben, ihr Haftungsrisiko wohlmöglich zumindest begrenzen.[663] Der Ex-ante-Zertifizierung kommt somit unter Umständen eine Art Entlastungsfunktion zu, auf die sich Kreditinstitute verlassen könnten. Dies könnte auch eine innovationsfördernde Wirkung haben, da die umfangreichen schwer überschaubaren rechtlichen Risiken, die mit dem Betrieb von BDAI-basierten Systemen zusammenhängen, Kreditinstitute davon abhalten könnten, in die Entwicklung innovativer algorithmischer Systeme zu investieren und diese für sich nutzbar zu machen.

Auch für Kreditnehmer wäre eine Ex-ante-Zulassungskontrolle mit mehr Rechtssicherheit verbunden. Sie wären nicht mehr gezwungen, auf die Aussagen und internen Tests des Kreditinstituts zu vertrauen, sondern könnten davon ausgehen, dass das algorithmische System, je nach Zertifizierungsumfang der unabhängigen Stelle, gewisse Anforderungen im Hinblick auf geltende Mindeststandards wie Sicherheit, Diskriminierungsfreiheit und ethische Grundsätze erfüllt. Anders als beispielsweise das aufsichtsrechtliche IRBA-Genehmigungsverfahren, könnte diesen zusätzlichen staatlichen

---

662 *Mangelsdorf / Gabriel / Weimer*, Institute for Innovation and Technology, Working Paper Nr. 58, Die Zertifizierung von KI: Mehr Sicherheit für alle – oder unnötiger Ballast?, S. 6, online abrufbar unter: https://bit.ly/3t3SKqj (letzter Aufruf am 24.02.2022).

663 *Mangelsdorf / Gabriel / Weimer*, Institute for Innovation and Technology, Working Paper Nr. 58, Die Zertifizierung von KI: Mehr Sicherheit für alle – oder unnötiger Ballast?, S. 6, online abrufbar unter: https://bit.ly/3t3SKqj (letzter Aufruf am 24.02.2022).

Vorabkontrollen entsprechende Außenwirkung beigemessen werden im Wege der Aushändigung einer Zertifizierungsurkunde und der Veröffentlichung der Kreditinstitute oder Scoring-Unternehmen, die ein entsprechend staatliches Kontrollverfahren durchlaufen haben. Der Status von Zertifizierung als Qualitätsmerkmal würde auch einen Anreiz liefern, BDAI-basierte Systeme entsprechend sicher zu gestalten und staatlich überprüfen zu lassen.

6.4 Zertifizierung schafft Wettbewerbsvorteile auf dem internationalen Finanzmarkt

Der Finanzmarkt ist in den letzten Jahren stetig internationaler und integrierter geworden. Insbesondere der europäische Binnenmarkt für Finanzdienstleistungen weist mittlerweile ein hohes Integrationsniveau auf, sodass für Kreditinstitute vielzählige Möglichkeiten bestehen, grenzüberschreitend tätig zu werden und sich ausländische Märkte zu erschließen. Dies intensiviert wiederum den Wettbewerb zwischen in- und ausländischen Kreditinstituten, weshalb Gütesiegel und Qualitätsmerkmale, insbesondere in Form der Zertifizierung, auch im Bereich der Finanzdienstleistungen immer wichtiger werden, um sich gegen die Konkurrenz zu behaupten.

Sofern deutsche Kreditinstitute im In- und Ausland mit ausländischen Kreditinstituten um Kreditkunden konkurrieren, könnten anerkannte Zertifizierungsverfahren deutschen Kreditinstituten einen Wettbewerbsvorteil verschaffen. Eine deutsche Zertifizierung von KI-basierten Kreditscoring-Verfahren „Made in Germany" könnte eine Zusicherung eines gründlich geprüften und hochqualitativen Systems darstellen.[664] Die Sicherheit, Robustheit und Diskriminierungsfreiheit von algorithmischen Systemen zur Bestimmung der Kreditwürdigkeit ist für potenzielle Kreditnehmer nicht einsehbar, weshalb eine Zertifizierung ein wichtiges Alleinstellungsmerkmal für Kreditinstitute im In- und Ausland darstellen kann.

6.5 Zertifizierung schafft Vertrauen bei Kreditnehmern

Gerade in Deutschland besteht noch eine gewisse allgemeine Skepsis in Bezug auf die Anwendung neuer Technologien, insbesondere wenn diese auf

---

[664] *Mangelsdorf / Gabriel / Weimer*, Institute for Innovation and Technology, Working Paper Nr. 58, Die Zertifizierung von KI: Mehr Sicherheit für alle – oder unnötiger Ballast?, S. 6, online abrufbar unter: https://bit.ly/3t3SKqj (letzter Aufruf am 24.02.2022).

künstlich intelligenter Technologie basieren.[665] Zertifizierungsstellen könnten hier einen wertvollen Beitrag dazu leisten, dass mehr öffentliches Vertrauen in die Qualität und Sicherheit algorithmischer Systeme entsteht. Diese Akzeptanz würde auch Anreize bei Kreditinstituten schaffen, die Technologien breitflächiger einzusetzen und in ihre Weiterentwicklung zu investieren.

Zu der Schaffung von Vertrauen in die Funktionsweise von algorithmischen KI-basierten Kreditscoring-Verfahren sollen aktuell insbesondere Transparenz- und Testpflichten beitragen. Wie aber bereits oben dargestellt, stoßen diese Pflichten an rechtliche und tatsächliche Grenzen: Die Transparenzpflichten beziehen sich teilweise nur auf vollautomatisierte algorithmische Kreditscoring-Verfahren, wohingegen je nach gesetzlicher Ausgestaltung Ex-ante-Zulassungskontrollen auch teilautomatisierte algorithmische Systeme umfassen können. Weiterhin werden Transparenzpflichten durch etwaige Geheimhaltungsinteressen der Scoring-Unternehmen beschränkt, was aber nicht für ein präventives staatliches Kontrollverfahren gelten muss. Während die Rechenformel einer algorithmischen Anwendung den (potenziellen) Kreditnehmern verborgen bleibt, hätten unter gewissen Umständen staatliche Kontrollinstanzen ein berechtigtes Interesse an deren Offenlegung, sofern sie den Scoring-Unternehmen den notwendigen Geheimnisschutz gewährleisten können.[666] Unter Umständen verschafft die Erfüllung der Transparenzpflichten den Kreditnehmern wenig Klarheit hinsichtlich der eigentlich für sie interessanten Fragen: Ob das algorithmische Kreditscoring-Verfahren faire und datenschutzrechtlich einwandfreie Beurteilungen trifft und im Einklang mit den geltenden datenschutzrechtlichen Bestimmungen operiert. Auch diesbezüglich könnten präventive staatliche Kontrollverfahren Abhilfe leisten, indem das algorithmische System genau im Hinblick auf diese relevanten Eigenschaften geprüft wird. In diesem Fall erhielten die (potenziellen) Kreditnehmer genau die Informationen, die sie auch tatsächlichen interessierten, anstatt beispielsweise einer diffusen Rechenformel oder abstrakten Erläuterungen, die ihnen im Endeffekt nicht weiterhelfen. Letztlich besteht auch das Risiko, dass algorithmische Systeme fälschlicherweise

---

665 *Mangelsdorf/Gabriel/Weimer*, Institute for Innovation and Technology, Working Paper Nr. 58, Die Zertifizierung von KI: Mehr Sicherheit für alle – oder unnötiger Ballast?, S. 6, online abrufbar unter: https://bit.ly/3t3SKqj (letzter Aufruf am 24.02.2022).

666 *Martini*, Blackbox Algorithmus – Grundfragen einer Regulierung Künstlicher Intelligenz, 2019, S. 226, 227.

vorgeben, Vorhersageentscheidungen anhand bestimmter Kriterien zu treffen, obwohl tatsächlich ganz andere Kriterien entscheidungsrelevant sind.[667] In diesem Fall können Transparenzpflichten keinerlei Schutz bieten, weil die offengelegten Informationen nicht den Tatsachen entsprechen. Selbst wenn (potenzielle) Kreditnehmer nur einen dahingehenden Verdacht hegen, entsteht eine Verunsicherung, die nicht durch eine Erklärung hinsichtlich der Funktionsweise des algorithmischen Systems behoben werden kann.[668] Ein umfassendes präventives staatliches Zulassungsverfahren könnte auch hier Komfort bieten, indem das öffentliche Informationsinteresse nicht von der Selbsterklärungsfähigkeit des algorithmischen Systems abhängt.

6.6 Umfassende Überprüfung BDAI-basierter Kreditscoring-Systeme

Ein präventives Algorithmen-Aufsichtssystem mit Zertifizierungsfunktion hätte auch zur Folge, dass BDAI-basierte Kreditscoring-Verfahren, unabhängig von ihrem Verwender, einer entsprechenden Überprüfung unterzogen werden. Aktuell gelten die bestehenden aufsichtsrechtlichen IRBA-Genehmigungsverfahren lediglich für Kreditinstitute, nicht aber für Wirtschaftsauskunfteien oder andere Scoring-Unternehmen. Da Aufsichtsbehörden Kreditscoring-Systeme von Nicht-Banken nicht überprüfen, besteht diesbezüglich eine gewisse Kontrolllücke, die aufgrund der Vergleichbarkeit der potenziellen Risiken schwer zu rechtfertigen ist. Um ein einheitliches und lückenloses Kontrollsystem zu etablieren, wäre es sachgerecht, jegliche Verwender BDAI-basierter Kreditscoring-Systeme hiervon zu umfassen und sie anhand einheitlicher Standards zu bewerten.

7. Grenzen von Zertifizierungsverfahren

7.1 Grenzen bei der Zertifizierung von lernfähigen Algorithmen

Der Nutzen einer Ex-ante-Zulassungskontrolle ist nicht für alle Arten von algorithmischen Systemen im Hinblick auf alle zertifizierten Aspekte gleich.

---

[667] *Martini*, Blackbox Algorithmus – Grundfragen einer Regulierung Künstlicher Intelligenz, 2019, S. 225.

[668] *Martini*, Blackbox Algorithmus – Grundfragen einer Regulierung Künstlicher Intelligenz, 2019, S. 225.

In diesem Zusammenhang ist die Unterscheidung zwischen algorithmischen Systemen, die auf lernenden und nicht-lernenden Algorithmen basieren, relevant. Wie bereits beschrieben, sind algorithmische Kreditscoring-Verfahren, die auf nicht-lernende Algorithmen verwenden, statisch. Die für die Entscheidung relevanten Parameter und deren Gewichtung werden einprogrammiert und bleiben über die Anwendungsdauer des Algorithmus konstant. Lernende Algorithmen entwickeln sich mit Hilfe der eingespeisten Datensätze stetig weiter, passen die Gewichtungen von Parametern eigenständig an und nehmen unter anderem neue Kriterien für die Kreditwürdigkeitsbewertung hinzu, sofern sie entsprechende Korrelationen in den Datensätzen identifiziert haben.

Sofern beispielsweise im Rahmen einer Ex-ante-Kontrolle festgestellt wurde, dass ein Kreditscoring-System, das auf nicht-lernenden Algorithmen basiert, keine geschützten Attribute für die Zwecke der Kreditwürdigkeitsprüfung verwendet, besteht die Vermutung, dass dies auch für die gesamte Anwendungsdauer des Algorithmus gilt. Schließlich sind die Entscheidungskriterien statisch und beruhen auf einer fix programmierten Eingabe. Anders verhält es sich bei lernenden Algorithmen, die möglicherweise im Laufe der Zeit neue Attribute hinzuziehen könnten, die entweder direkt oder, beispielsweise aufgrund von Proxy-Variablen, indirekt diskriminierende Wirkung entfalten könnten.

Somit ist im Falle von lernenden Algorithmen eine Ex-ante-Zulassungskontrolle vor Inbetriebnahme vermutlich nicht ausreichend, um hinreichende Sicherheit zu gewährleisten. Vielmehr müsste diese allgemeingültige Überprüfung beziehungsweise Zertifizierung in gewissen zeitlichen Abständen wiederholt werden, um eine zutreffende Bewertung des Systems in seiner jeweils aktuellen Form gewährleisten zu können.[669] Die jeweiligen zeitlichen Abstände hängen diesbezüglich von der Beschaffenheit des Systems selbst ab und der Geschwindigkeit, in der gewisse Modifikationen des zugrundeliegenden Algorithmus zu erwarten sind. In jedem Fall sind aber regelmäßige Abnahmen des KI-basierten Kreditscoring-Systemen geboten. Im Hinblick

---

[669] Vgl. hierzu *Martini*, Blackbox Algorithmus – Grundfragen einer Regulierung Künstlicher Intelligenz, 2019, S. 228; vgl. auch *BaFin*, Konsultation 11/21, Diskussionspapier: Maschinelles Lernen in Risikomodellen – Charakteristika und aufsichtliche Schwerpunkte, S. 15, online abrufbar unter: https://bit.ly/3h7qqxZ (letzter Aufruf am 23.02.2022).

auf Sicherheitsrisiken, wie beispielsweise der Robustheit des algorithmischen Systems gegen Hacker-Angriffe, ist eine regelmäßige Überprüfung vermutlich in beiden Fällen, also bei lernenden sowie auch bei nicht-lernenden Algorithmen sinnvoll und nützlich. Schließlich können sich hier gegebenenfalls neue Sicherheitslücken auftuen, insbesondere aufgrund der fortschreitenden Professionalität der Hacker und neuen Möglichkeiten der Digitalisierung.

Somit zeigt sich, dass Ex-ante-Zulassungskontrollen für ein paar Zertifizierungskriterien wie beispielsweise Cybersicherheit und bei lernfähigen algorithmischen Systemen nur eine beschränkte Gewährleistung bieten können. Zwar schaffen auch hier Zertifizierungssystemen gewissen anfänglichen Komfort – dieser ist allerdings nicht von langer Dauer, sodass die besondere Relevanz von durchgängig durchgeführten Test- und Auditpflichten bestehen bleibt.

7.2 Risiko der Verbreitung von Geschäftsgeheimnissen

Sofern die präventiven Zulassungskontrollen von staatlichen Stellen durchgeführt werden, ist es grundsätzlich einfacher, einen lückenlosen Geheimnisschutz zu gewährleisten. Allerdings ist die ex-ante und laufende Kontrolle von algorithmischen Systemen eine technisch sehr herausfordernde Aufgabe, die entsprechend fortgeschrittene Kompetenz und Erfahrung erfordert. Hierfür sind Experten notwendig, die auch ihr Wissens- und Erfahrungsspektrum laufend erweitern, um die sich stetig weiterentwickelnde Technik adäquat beurteilen zu können. Vermutlich könnten hierfür besonders Fachkräfte aus der Privatwirtschaft geeignet sein, die selbst die überprüften algorithmischen Systeme entwickelt haben und somit über das notwendige Spezialwissen verfügen.

Fraglich ist daher, ob es dem Staat personaltechnisch gelingen kann, die notwendige Expertise zu rekrutieren. Schließlich unterscheidet sich die Personalpolitik von Behörden und deren verfügbare Ressourcen für die Vergütung von hochqualifizierten Informatikern von den Möglichkeiten der Privatwirtschaft, weshalb der Aufbau eines behördeninternen IT-Expertenstammes mit Schwierigkeiten verbunden sein könnte.[670] Somit liegt nahe, dass der Staat mangels eigener Expertise für die Zwecke der

---

[670] Vgl hierzu auch Fn. 243 in *Martini*, Blackbox Algorithmus – Grundfragen einer Regulierung Künstlicher Intelligenz, 2019, S. 229.

präventiven und laufenden Kontrollen von algorithmischen Systemen auf Dritte, namentlich privatwirtschaftlich organisierte Unternehmen, zurückgreifen müsste.[671] Für die Zwecke der Überprüfung müsste die staatliche Einrichtung den mit den Kontrollen betrauten Unternehmen umfassende Informationen des jeweiligen algorithmischen Systems weiterleiten, inklusive deren Quellcodes. Hierdurch gelangen unter Umständen vertrauliche Informationen außerhalb des geheimnisgeschützten Bereichs des öffentlichen Dienstes, was für die Kreditinstitute ein gewisses Risiko darstellen könnte.[672] Dementsprechend wird es notwendig sein, entsprechende Strukturen zu schaffen, um das berechtigte Interesse der Kreditinstitute auf Schutz ihrer Betriebsgeheimnisse zu wahren.

7.3 Verstärkung ungleicher Marktmachtverhältnisse

Obwohl der genaue Aufwand für die Durchführung von Zertifizierungen aktuell nicht bezifferbar sind, werden aber hier vermutlich Kosten für die Kreditinstitute oder auch Scoring-Unternehmen anfallen, die beispielsweise ihre algorithmenbasierten Kreditscoring-Systeme entsprechend prüfen lassen. Etwaige anfallende Kosten könnten aber dazu führen, dass kleinere oder finanzschwache Kreditinstitute noch weiter benachteiligt werden.

Grundsätzlich besteht ohnehin die Herausforderung, dass algorithmische Systeme die Marktmacht bereits starker Kreditinstitute zu Lasten kleinerer Institute überproportional ausdehnen könnten. Schließlich gelingt es Kreditinstituten mit Hilfe der Entwicklung von algorithmischen Kreditscoring-Verfahren, präzisere Kreditentscheidungen zu treffen und aufgrund der hohen Prozessgeschwindigkeit auch ein höheres Volumen von Kreditanträgen zu bearbeiten. Die Kombination dieser Faktoren führt dazu, dass Kreditinstitute, die Zugriff auf algorithmische Systeme haben, bessere Kreditentscheidungen mit geringeren Ausfallwahrscheinlichkeiten treffen können und dies gleichzeitig in hoher Geschwindigkeit. Es liegt auf der Hand, dass Kreditinstitute aufgrund dessen exponentiell an Profitabilität gewinnen und somit kleinere oder finanzschwache Kreditinstitute hinter sich

[671] *Martini*, Blackbox Algorithmus – Grundfragen einer Regulierung Künstlicher Intelligenz, 2019, S. 229.

[672] *Martini*, Blackbox Algorithmus – Grundfragen einer Regulierung Künstlicher Intelligenz, 2019, S. 229.

lassen, die mangels finanzieller Mittel schon gar nicht in die Entwicklung der nötigen Technologie investieren konnten. Sofern nun als zusätzliche finanzielle Hürde, algorithmische Kreditscoring-Verfahren von einer zentralisierten Stelle überprüft werden müssten, würde dies das bestehende Ungleichgewicht noch weiter verstärken.

Errichtung einer staatlichen Stelle für Algorithmenregulierung

1. Einleitung

Wie bereits beschrieben, existieren bereits diverse Regulierungsbemühungen auf europäischer und nationaler Ebene, um Transparenz zu schaffen und den Verbrauchern über eine Erklärbarkeit der verwendeten KI-Systeme Schutz zu gewähren. Allerdings hat die Analyse im Rahmen dieses Beitrags ergeben, dass diese Bemühungen und der Fokus auf der Erklärbarkeit KI-basierter Systeme nicht umfassend effektiv sind. So sind beispielsweise die Anforderungen an Kreditinstitute, die ihren Entscheidungen zugrundeliegenden KI-Systeme erklären zu müssen, unter Umständen wenig zielführend. Dies liegt zum Teil daran, dass die Abgabe der erforderlichen Erklärungen hinsichtlich der Wirkungsweise von KI-Systemen teilweise objektiv unmöglich ist. Der Grund hierfür ist, dass gerade die prognosesichersten und effektivsten KI-Systeme diejenigen sind, deren Funktionsweise am wenigsten nachvollzogen werden kann. So würde es unter Umständen auch IT-Ingenieuren nicht gelingen, zufriedenstellende technische Erklärungen liefern zu können, da ihnen selbst die Wirkungsweise des KI-Systems nicht vollständig klar ist.[673] Sollten

[673] Zur Veranschaulichung hierzu folgender Auszug eines Artikels von FAZ.NET: „Es ist selbst für [Experten, die diese KI-Technologien entwickeln], schwierig zu verstehen, warum eine KI komplexe Dinge plötzlich leisten kann. Ein Beispiel: Das KI-basierte Sprachmodell ‚GPT3' wurde mit Milliarden von Texten gefüttert. Die KI kann damit nicht nur Texte verstehen, sondern auch weiterschreiben. Zum Beispiel können Sie vorgeben: ‚In Kenia gibt es den Berg Soundso, drei Menschen und eine Ziege besteigen ihn. Erfinde eine Geschichte dazu.' Die KI ist dazu problemlos in der Lage, so weit war das zu erwarten. Aber als man der Text-KI plötzlich eine Rechenaufgabe gab, war sie in

nun beispielsweise Kreditinstitute und Scoring-Unternehmen von der Verwendung der prognosesichersten Kreditscoring-Systeme absehen, nur weil sie deren Funktionsweise nicht vollständig durchdringen? Auf weniger genaue Scoring-Verfahren zurückzugreifen, wäre weder im Sinne der Finanzmarktstabilität noch im Sinne der Verbraucher, die ebenfalls ein Interesse daran haben, Kredite, wenn überhaupt, zu möglichst passgenauen Konditionen zu erhalten. Darüber hinaus könnte so das Erfordernis der Erklärbarkeit zum Innovationshemmnis werden, weil Institute opake, aber effektive Systeme nicht anwenden dürften und somit auch erstmal nicht in deren Entwicklung investieren würden. Gleichzeitig spricht auch das legitime Interesse von Kreditinstituten und Scoring-Unternehmen zur Wahrung ihrer Betriebsgeheimnisse dafür, dass gewisse Details der Entscheidungsfindung nicht an die Öffentlichkeit gelangen. Es müssen auch gewisse Aspekte der Entscheidungsfindung verborgen bleiben, um „Gaming-the-System"-Bemühungen auf Seiten der Kreditnehmer vorzubeugen.[674] Letztlich können keinerlei Verbraucher-Informationsrechte Komfort liefern, wenn die übermittelten Informationen für den Verbraucher unverständlich sind oder nicht die Aspekte enthalten, die für ihn relevant sind. Auch diese Gefahr droht bei der komplexen Materie. So könnte man auch argumentieren, dass es dem Verbraucher bei seinen Informationsanfragen weniger um die Befriedigung seines technischen Wissensdranges geht, sondern eher darum, eine Art von Kontrolle über eine Entscheidung zu gelangen, der er misstraut und der er sich ausgeliefert fühlt.

Diese Beispiele zeigen, dass Erklärbarkeit, Transparenz- und Informationsrechte nach wie vor zwar relevant sind und einen nicht zu vernachlässigenden Beitrag leisten, dennoch aber nicht ausreichend sind, um Akzeptanz und Vertrauen zu schaffen. Vielmehr bedarf es darüber hinaus einer staatlichen Infrastruktur, die „privacy and security by design" fördert. Es müssen Anreize und staatliche Strukturen geschaffen werden, um zu gewährleisten, dass die angewandte Technologie so konzipiert ist, dass sie gewissen Standards entspricht, derer sich die Verbraucher über öffentlich-zugängliche Quellen

der Lage, auch die lösen zu können. […] Es ist selbst den verantwortlichen Forschern nicht vollkommen klar, warum die auf Sprache trainierte KI plötzlich auch rechnen kann", „Das Verständnis für Geräte fehlt", Ursula Krals, FAZ.NET, 30.11.2021.

674 Siehe hierzu auch Kapitel 7, Abschnitt 5.1, (iii).

vergewissern können. Diese technischen Mindeststandards müssen allgemein gültig und fortlaufend an den technologischen Fortschritt angepasst werden. Diese Vorgaben sollen auch ein einheitliches Schutzniveau garantieren, unabhängig davon ob Kreditinstitute, Scoring-Unternehmen oder Wirtschaftsauskunfteien die entsprechenden Systeme entwickeln und implementieren. Des Weiteren sind Initiativen zur Aufklärung über die neuen Technologien essenziell, um den Verbrauchern im Wege der Informationsvermittlung etwas Ungewissheit und Sorge zu nehmen und sie über das Potenzial und die vielfältigen Vorteile der Künstlichen Intelligenz zu informieren.

Ein Kernproblem bei der Regulierung von schnelllebiger Technologie ist, dass der Gesetzgeber sich schwertut, mit der rasanten technischen Entwicklung mitzuhalten, sodass sich der Regulierungsprozess im schlimmsten Fall wie der Kampf des Herakles gegen die Hydra gestaltet, der mit jedem rollenden Kopf zwei neue nachwachsen. Vor diesem Hintergrund scheint es eher zielführend, eine robuste (staatliche) Infrastruktur zu schaffen, die einerseits für gewisse Sicherheitsstandards sorgt und andererseits so flexibel wie möglich ausgestaltet ist, um neuen Entwicklungen schnell begegnen zu können. Auf diese Weise könnten, bei gleichzeitiger Vermeidung von innovationshemmender Überregulierung, präemptive Strukturen geschaffen werden, die sich schnell an eine veränderte Risikolandschaft anpassen lassen. Ein wichtiger Teil dieser Infrastruktur könnte, wie im folgenden Kapitel ausgeführt wird, mit der Etablierung einer Unterstützungs- und Überwachungseinheit für den Bereich der Künstlichen Intelligenz verwirklicht werden.[675] Diese könnte

---

[675] Aktualisierung nach Inkrafttreten der KI-VO: Die KI-VO sieht eine neue Aufsichtsstruktur, sowohl auf europäischer als auch auf nationaler Ebene für den KI-Bereich vor. Auf europäischer Ebene ist gemäß § 64 KI-VO ein Büro für Künstliche Intelligenz zu errichten, über das die Kommission die Sachkenntnis und Fähigkeiten der EU auf dem Gebiet der KI entwickelt. Des Weiteren muss gemäß § 65 KI-VO ein KI-Gremium eingerichtet werden, welches sich aus Vertretern der Mitgliedstaaten zusammensetzt (vgl. § 65 Abs. 2 KI-VO). Dieses KI-Gremium berät und unterstützt die Kommission und die Mitgliedstaaten, um die einheitliche und wirksame Anwendung der KI-Verordnung zu erleichtern, beispielsweise durch die Zusammentragung von technischem und regulatorischem Fachwissen und der Verbreitung an die Mitgliedstaaten sowie der Unterstützung der Kommission bei der Förderung der KI-Kompetenz und der Aufklärung der Öffentlichkeit bezüglich der Nutzung von KI-Systemen (vgl. § 66 lit. b, lit. f KI-VO). In § 67 KI-VO ist noch die Einrichtung eines Beratungsforums vorgesehen. Gemäß § 68 KI-VO erlässt die Kommission Bestimmungen über die

auch für den Aufbau und die Bündelung von spezialisiertem technischem Sachverstand und zentralisierter Expertise verwendet werden.

Auch in anderen Regelungsbereichen wurden bereits entsprechende staatliche Unterstützungseinheiten geschaffen, wie beispielsweise die Physikalisch-Technische Bundesanstalt, die Bundesanstalt für Arbeitsschutz und Arbeitsmedizin oder auch das Bundesamt für Sicherheit in der Informationstechnik (‚BSI'). Insbesondere auch bei der Errichtung und Ausgestaltung des Bundesamts für Sicherheit in der Informationstechnik waren viele Gesichtspunkte relevant, die auch für die Regulierung von Künstlicher Intelligenz wichtig sind. Zunächst handelt es sich bei der informationstechnologischen Sicherheit ebenfalls um einen Regulierungsbereich, der so ausgestaltet sein muss, dass auf rasante technologische Entwicklungen reagiert werden kann. Zweitens ist auch dies ein Bereich, in der die Sicherheit und Funktionstüchtigkeit der Produkte und Dienstleistungen essential für den Schutz grundlegender Rechtsgüter sind. Deshalb wird dort zur Sicherstellung eines hinreichend hohen Sicherheitsstandards auf standardisierte Zertifizierungsverfahren und der Ausarbeitung und Weiterentwicklung entsprechender allgemeingültiger technischer Mindeststandards zurückgegriffen. Drittens ist die informationstechnologische Sicherheit eine Querschnittsmaterie, die Überschneidungen mit den Tätigkeitsfeldern vieler Fachbehörden aufweist. Gleichzeitig ist es aufgrund der Komplexität der Materie schwer möglich, in jeder Fachbehörde die nötige Kompetenz

---

Errichtung eines wissenschaftlichen Gremiums unabhängiger Sachverständiger, welches das Büro für Künstliche Intelligenz (vgl. § 64 KI-VO) berät. Auf nationaler Ebene sieht die KI-VO vor, dass gemäß Art. 70 Abs. 1 KI-VO jeder Mitgliedstaat eine notifizierende Behörde und mindestens eine Marktüberwachungsbehörde als zuständige nationale Behörden einrichtet oder benennt, wobei es sich hierbei nicht um zwei separate Behörden, sondern auch um eine einzige Behörde handeln kann. Die notifizierende Behörde ist gemäß Art. 3 Nr. 19 KI-VO für die Einrichtung und Durchführung der erforderlichen Verfahren für die Bewertung, Benennung und Notifizierung von Konformitätsbewertungsstellen und für deren Überwachung zuständig. Die Marktüberwachungsbehörde ist für die Tätigkeiten und Maßnahmen unter der Verordnung (EU) 2019/1020 zuständig (vgl. Art. 3 Nr. 26 KI-VO). Des Weiteren dient sie unter anderem als Meldestelle für Anbieter von Hochrisiko-KI-Systemen (vgl. Art. 73 Abs. 1 KI-VO) und kann in Ausnahmefälle selbst Konformitätsbewertungsverfahren durchführen (vgl. Art. 46 KI-VO). Letztlich werden die nationalen Behörden von der KI-VO auch mit der Innovations- und Wettbewerbsförderung betraut (vgl. Art. 57 ff. KI-VO).

im Feld der informationstechnologischen Sicherheit aufzubauen, sodass Zentralisierung und Aufbau der Expertise innerhalb des BSI erfolgt. Dieses erfüllt dann gegenüber den einzelnen Fachbehörden eine Unterstützungs- und Beratungsfunktion. Auch die Algorithmenregulierung stellt eine solche Querschnittsmaterie dar, die unter anderem die Belange des Datenschutzes, der informationstechnologischen Sicherheit, der Anti-Diskriminierung und des Verbraucherschutzes betrifft.[676] Auch hier ist zu vermuten, dass es nicht jeder Fachbehörde rechtzeitig gelingen wird, sich die nötige Spezialkompetenz in der Materie der Künstlichen Intelligenz anzueignen. Letztlich ist in beiden Bereichen die Schaffung von allgemeinem Verständnis und Akzeptanz, wie auch ein effektiver Verbraucherschutz wichtig.

Im Bereich der informationstechnologischen Sicherheit wurde diesen Herausforderungen durch sinnvolle und angemessene Maßnahmen begegnet, die im folgenden Kapitel beschrieben werden. Natürlich sind die Regelungsfelder der Künstlichen Intelligenz und der informationstechnologischen Sicherheit verschieden, sodass die Regulierungsstruktur sicherlich nicht umfassend übernommen werden kann. Dies wird auch im Folgenden nicht angeregt. Dennoch könnten die Tätigkeits- und Verantwortungsbereiche des BSI wertvolle Inspiration für die Ausgestaltung der Rolle einer nationalen Unterstützungs- und Überwachungseinheit für KI-Systeme liefern. Insbesondere die Rolle des BSI bei der Digitalisierung der Energiewende liefert interessante Ideen für mögliche Aufgabenfelder einer Unterstützungs- und Überwachungseinheit für KI-Systeme, weshalb auf diesen speziellen Bereich ebenfalls gesondert eingegangen wird.

Letztlich ist auch zu beachten, dass die Anwendung von Künstlicher Intelligenz, abhängig von ihrem individuellen Einsatzgebiet, einer differenzierten Regulierung und spezialisierten Expertise bedarf. Künstliche Intelligenz durchdringt schließlich mittlerweile fast jeglichen Lebensbereich, vom Automobilsektor, über das Gesundheitswesen, wie auch in der Finanzindustrie. Hier braucht es Strukturen, die auf die Eigenheiten des jeweiligen Lebensbereichs eingehen. Beispielsweise sind beim Einsatz von Künstlicher Intelligenz bei der Digitalisierung der Energiewende, wie auch bei ihrer Nutzung für die Zwecke des Kreditscorings in beiden Fällen

---

676 Dies gilt jedenfalls für die Anwendung von KI-Systemen im Finanzsektor, insbesondere beim Kreditscoring-Verfahren.

datenschutzrechtliche Belange von Relevanz. Allerdings aus unterschiedlichen Blickwinkeln und mit verschiedenen Herausforderungen. Dies zeigt, dass es entweder notwendig ist, sektorspezifische Unterstützungs- und Überwachungseinheiten zu schaffen oder klare Ressorts innerhalb einer einheitlichen KI-Unterstützungs- und Überwachungseinheit zu schaffen, die Expertise in klar umrissenen KI-Anwendungsbereichen aufbauen. Hier führt ein „One size fits all"-Vorgehen zu Rechtsunsicherheit und Überregulierung.

So wäre beispielsweise denkbar, eine KI-Unterstützungs- und Überwachungseinheit zu errichten mit einem speziellen Ressort, das den Einsatz von KI im Finanzsektor überwacht, diesbezüglich Expertise aufbaut und für Mindeststandards und Zertifizierungsverfahren zuständig ist. Allerdings darf dies nicht die Befürchtung schüren, dass dies zwingend zu einer Überregulierung dieses bereits dicht regulierten Bereichs führen muss. Sicherlich ist zutreffend, dass beispielsweise Kreditinstitute aktuell erst vereinzelt und nur für bestimmte Kreditarten von Künstlicher Intelligenz Gebrauch machen, wobei die Entscheidungen in der Regel mit menschlicher Unterstützung getroffen wird, sodass das Gesamtrisiko überschaubar ist.[677] Daher ist natürlich verständlich, dass Kreditinstitute neuen regulatorischen Strukturen kritisch entgegenstehen und hierdurch weitere Kosten und innovationshemmende Überregulierung befürchten. Allerdings kann man sich dem Umstand nicht verschließen, dass die Künstliche Intelligenz ein Phänomen ist, das mit rasanter Geschwindigkeit diverse Lebensbereiche durchdringt. Auch die Formulierung der KI-Verordnung demonstriert, dass dem europäischen Gesetzgeber bewusst ist, dass der Einsatz von KI im Kreditsektor eine regelungsbedürftige, risikobehaftete Materie darstellt.[678] Gerade um eine Überregulierung und regulatorische „Kurzschlussreaktionen" in Anbetracht plötzlich auftretender KI-Risiken aufgrund intensivierter Nutzung zu verhindern, ist die Schaffung einer robusten Infrastruktur und der Aufbau von sektorspezifischem Sachverstand im Austausch mit den betroffenen Wirtschaftsakteuren so wichtig. Dies erlaubt es, differenziert, präemptiv und

---

677 Siehe hierzu *Die Deutsche Kreditwirtschaft*, Stellungnahme zu dem Vorschlag für eine Verordnung des Europäischen Parlaments und des Rates zur Festlegung harmonisierter Vorschriften für künstliche Intelligenz (Gesetz über künstliche Intelligenz) und zur Änderung bestimmter Rechtsakte der Union, online abrufbar unter: https://bit.ly/3hbEiHu (letzter Aufruf am 23.02.2022).

678 Siehe Anhang 3, Nr. 5, lit. b des Entwurfs der KI-Verordnung.

bedacht Regelungen zu schaffen, die einen angemessenen Ausgleich zwischen Rechtsgutschutz und Innovationsfreiheit herstellen.

Im besten Fall kann der frühzeitige Aufbau von zentralisierter Expertise zur Antizipation gewisser Entwicklungen beitragen, was eine rechtzeitige und angemessene regulatorische Reaktion ermöglicht, von der auch andere Fachbehörden, der Bund und die Verbraucher profitieren würden.

Abschließend ist jedoch auch zu erwähnen, dass sich jegliche staatliche Struktur natürlich in die europäische Regulierungslandschaft integrieren müsste, die aktuell im Fluss ist. Auch wäre sicherlich die Kompetenzverteilung innerhalb der nationalen Behördenlandschaft, insbesondere die Zusammenarbeit mit der BaFin, näher zu prüfen und auszugestalten.

2. Schaffung einer staatlichen Unterstützungs- und Überwachungseinheit am Beispiel des Bundesamts für Sicherheit in der Informationstechnik

Im Rahmen von spezialisierten Studien und der einschlägigen Literatur zum Thema KI-Regulierung finden sich vermehrt Vorschläge zur Errichtung einer staatlichen Einrichtung, die mit diversen Aufgaben im Zusammenhang mit algorithmischen Entscheidungssystemen betraut wäre.[679] In diesem Kontext wird auf die Vorbildfunktion von anderen staatlichen Stellen, wie beispielsweise der Physikalisch-Technischen Bundesanstalt, der Bundesanstalt für Arbeitsschutz und Arbeitsmedizin oder auch des Bundesamts für Sicherheit in der Informationstechnik verwiesen, die innerhalb des ihnen zugeteilten Regelungsbereichs wichtige Funktionen erfüllen.[680] Im folgenden Teil soll der Fokus auf das Bundesamt für Sicherheit in der Informationstechnik gelegt und näher untersucht werden, welche Aufgaben und Funktionen es genau hat, um zu erörtern, ob eine „Algorithmen-Behörde" sinnvollerweise mit ähnlichen Tätigkeits- und Zuständigkeitsbereichen innerhalb ihres eigenen Kompetenzrahmens ausgestattet werden sollte.

---

679 Siehe hierzu beispielsweise *Fachgruppe Rechtsinformatik der Gesellschaft für Informatik e.V.*, Studie, Technische und rechtliche Betrachtungen algorithmischer Entscheidungsverfahren, S. 174, online abrufbar unter: https://bit.ly/3saCipa (letzter Aufruf am 23.02.2022); *Martini*, Blackbox Algorithmus – Grundfragen einer Regulierung Künstlicher Intelligenz, 2019, S. 268 ff.

680 *Martini*, Blackbox Algorithmus – Grundfragen einer Regulierung Künstlicher Intelligenz, 2019, S. 271.

2.1 Bundesamt für Sicherheit in der Informationstechnik

(i) Entstehung und Entwicklung des BSI

Die intensivierte Nutzung von IT-Systemen in der Wirtschaft ist Segen und Fluch zugleich: Einerseits bedingen IT-Systeme in mittlerweile fast allen Sektoren maßgeblich den Unternehmenserfolg, da viele Prozesse nur mit Hilfe von entsprechendem Technologieeinsatz durchgeführt werden können.[681] Insbesondere auch die Phänomene der Globalisierung und Digitalisierung führen zu stetig steigenden Transaktionsvolumina, denen ohne eine reibungslos funktionierende IT nicht entsprochen werden könnte. So eröffnen IT-basierte Systeme den Wirtschaftsunternehmen Möglichkeiten zu Wachstum und Expansion. Andererseits bergen der intensivierte Einsatz und die steigende Abhängigkeit von IT-Systemen auch diverse Gefahren für die sie nutzenden Wirtschaftsunternehmen. Schließlich exponiert gerade diese Abhängigkeit von internetbasierten IT-Anwendungen Wirtschaftsunternehmen zu externen Bedrohungen in Form von Angriffen aus dem Netz. Hierzu gehören beispielsweise Malware oder Denial-of-Service-Attacken, die die Betriebsfähigkeit von Unternehmen beeinträchtigen oder zu Datendiebstählen und Wirtschaftsspionage führen könnten.[682]

Das Gefahrenpotenzial des Informationstechnikeinsatzes wurde schon vor mehreren Jahrzehnten erkannt, sodass im Jahre 1991 das Gesetz über die Errichtung des Bundesamtes für Sicherheit in der Informationstechnik (‚BSI-Errichtungsgesetz') in Kraft trat.[683] Ziel des BSI-Errichtungsgesetzes war es, die „Verletzlichkeit der modernen Informationsgesellschaft zu begrenzen"[684], indem auf eine Erhöhung der Sicherheit informationstechnischer Systeme hingewirkt wird. Es wurde gar kommuniziert, dass die Sicherheit als äquivalent bedeutender Wert neben dem Leistungspotenzial informationstechnischer

---

[681] *Voigt*, in: Voigt, IT-Sicherheitsrecht, 2. Auflage, 2021, IT-Sicherheit in der Unternehmensorganisation, Rn. 10.

[682] *Voigt*, in: Voigt, IT-Sicherheitsrecht, 2. Auflage, 2021, IT-Sicherheit in der Unternehmensorganisation, Rn. 16; *Bitkom*, Spionage, Sabotage und Datendiebstahl – Wirtschaftsschutz in der vernetzten Welt, Studienbericht 2020, online abrufbar unter: https://bit.ly/35oBpAv (letzter Aufruf am 24.02.2022).

[683] Online abrufbar unter: https://dip.bundestag.de/vorgang/.../177291.

[684] Gesetzesentwurf der Bundesregierung, Entwurf eines Gesetzes über die Errichtung des Bundesamtes für Sicherheit in der Informationstechnik, Drucksache 11/7029, 27.04.1990, S. 1.

Systeme bestehen und gefördert werden sollte.[685] Eine effektive Begegnung und Eindämmung der immanenten Gefahren IT-basierter Systeme sollte auch die allgemeine Akzeptanz der Informationstechnik erhöhen.[686] Um dies zu erreichen, sollte das BSI-Errichtungsgesetz die Bereitstellung von Informationen und technischem Sachverstand zu sicherheitsrelevanten Aspekten gewährleisten.[687] Dies nicht nur zugunsten von Herstellern und Anwendern informationstechnologischer Systeme, sondern auch gegenüber Strafverfolgungs- und Polizeibehördenbehörden, die für die Erkennung und Verfolgung von Systemeinbrüchen auf ein detailliertes Verständnis der technischen Zusammenhänge angewiesen sind.[688] Das BSI-Errichtungsgesetz setzt bei der Gewährleistung von allgemeiner Sicherheit und dem Schaffen von Vertrauen in informationstechnische Systeme auch auf den Erlass von Sicherheitszertifikaten für entsprechend berechtigte IT-Anwendungen.[689] Die Vergabe von Sicherheitszertifikaten sollte deutschen Herstellern auch die Teilnahme am internationalen Wettbewerb erleichtern, die sich dort insbesondere gegenüber US-Herstellern mit behördlichen US-Sicherheitszertifikaten durchsetzen müssen.[690]

Um diese Zielsetzungen des BSI-Errichtungsgesetzes zu erreichen, wurde eine neue staatliche Stelle in Form einer selbstständigen Bundesoberbehörde mit der Bezeichnung „Bundesamt für Sicherheit in der Informationstechnik" geschaffen.[691] Das BSI wurde durch die teilweise Verselbstständigung der damals bereits vorhandenen „Zentralstelle für Sicherheit in der Informationstechnik" errichtet, die vormals nur mit Tätigkeiten in Zusammenhang mit dem staatlichen Geheimnisschutz betraut war.[692] Für den Bereich der Sicherheit in der Informationstechnologie sollte das BSI als bundesweite Fachbehörde fungieren.[693]

---

685 Gesetzesentwurf der Bundesregierung, Entwurf eines Gesetzes über die Errichtung des Bundesamtes für Sicherheit in der Informationstechnik, Drucksache 11/7029, 27.04.1990, S. 1.

686 Drucksache 11/7029, 27.04.1990, S. 6–11.

687 Drucksache 11/7029, 27.04.1990, S. 1.

688 Drucksache 11/7029, 27.04.1990, S. 1.

689 Drucksache 11/7029, 27.04.1990, S. 1.

690 Drucksache 11/7029, 27.04.1990, S. 2.

691 Drucksache 11/7029, 27.04.1990, S. 6–11.

692 Drucksache 11/7029, 27.04.1990, S. 6–11.

693 Drucksache 11/7029, 27.04.1990, S. 6–11.

Das BSI-Errichtungsgesetz wurde 2008 mit dem Gesetz zur Stärkung der Sicherheit in der Informationstechnik des Bundes (‚BSI-Gesetz') geändert, um die Erwartungen zu reflektieren, die sich im Laufe der Zeit an das Tätigwerden des BSI entwickelt haben.[694] Insbesondere wurden dem BSI durch die Gesetzesänderung neue Befugnisse eingeräumt, wie beispielsweise die Vorgabe von technischen Sicherheitsrichtlinien und Maßnahmen zur Gefahrenabwehr.[695] Eines der Hauptziele des BSI-Gesetzes war es, dem BSI die Kompetenz und Funktion einer zentralen Meldestelle für IT-Sicherheit zu verleihen. Dies wurde erreicht, indem das BSI legislativ ermächtigt wurde, Informationen zu Angriffen und Sicherheitslücken zu sammeln, auszuwerten und unter Umständen Unternehmen und die Öffentlichkeit zu warnen.[696]

Das BSI-Gesetz wurde im Jahre 2015 erneut geändert, diesmal mit der Verabschiedung des Artikelgesetzes zur Erhöhung der Sicherheit informationstechnischer Systeme („Erstes IT-Sicherheitsgesetz"), welches das BSI und auch das Bundeskriminalamt weiter stärken sollte, um eine signifikante Verbesserung der Sicherheit informationstechnischer Systeme in Deutschland zu erreichen.[697] Das Erste IT-Sicherheitsgesetz nimmt insbesondere Betreiber sogenannter Kritischer Infrastrukturen in die Pflicht, gewisse IT-Sicherheitsstandards einzuhalten und unter Umständen sicherheitsrelevante Vorfälle dem BSI zu melden.[698]

Im Jahre 2021 wurde dann das Zweite Gesetz zur Erhöhung der Sicherheit informationstechnischer Systeme („Zweites IT-Sicherheitsgesetz") erlassen, welches unter anderem dem BSI weitere Prüf- und Kontrollbefugnisse zum

---

694 Gesetz zur Stärkung der Sicherheit in der Informationstechnik des Bundes, BGBl. I 2009, Nr. 54, 19.08.2009, S. 2821.

695 Drucksache 16/11967, 16.02.2009, S. 10 ff.

696 Drucksache 16/11967, S. 1; *Voigt*, in: Voigt, IT-Sicherheitsrecht, 2. Auflage, 2021, Branchenspezifische Regelungen: Vorgaben des BSI-Gesetzes, Rn. 245.

697 Referentenentwurf des Bundesministeriums des Innern, Entwurf eines Gesetzes zur Erhöhung der Sicherheit informationstechnischer Systeme (IT-Sicherheitsgesetz), S. 25, online abrufbar unter: https://bit.ly/3BQnHlL (letzter Aufruf am 24.02.2022).

698 Referentenentwurf des Bundesministeriums des Innern, Entwurf eines Gesetzes zur Erhöhung der Sicherheit informationstechnischer Systeme (IT-Sicherheitsgesetz), S. 2, online abrufbar unter: https://bit.ly/3BQnHlL (letzter Aufruf am 24.02.2022). Betreiber sogenannter kritischer Infrastrukturen sind Unternehmen in Geschäftsfeldern wie Versorgungsdienstleistungen, für deren Funktionsfähigkeit eine sichere IT-Infrastruktur als besonders essenziell gilt, vgl. § 2 Abs. 10 BISG und BSI-KritisV. Hierzu im Einzelnen *Voigt*, in: Voigt, IT-Sicherheitsrecht, 2. Auflage, 2021, Branchenspezifische Regelungen: Vorgaben des BSI-Gesetzes, Rn. 246, 255 ff.

Schutz der IT der Bundesverwaltung gewährte und die Grundlage für die Schaffung eines einheitlichen Sicherheitskennzeichens legte.[699] So unterliegt beispielsweise auch der Finanzsektor als sogenannte Kritische Infrastruktur dem Anwendungsbereich des Zweiten IT-Sicherheitsgesetzes.[700]

(ii) Gesetzgebungskompetenz

Die Gesetzgebungskompetenz richtet sich danach, welche Zweckrichtung die entsprechenden Regelungen des BSI-Gesetzes verfolgen. Sofern es um Regelungen geht, die die Sicherheit der Informationstechnik innerhalb der Bundesverwaltung selbst betreffen, stützt sich der Bund auf seine Gesetzeskompetenz aus Art. 86 Satz 2 des Grundgesetzes und auf seine ungeschriebene Gesetzgebungskompetenz kraft Natur der Sache.[701]

Sofern es allerdings um Regelungen geht, kraft derer das BSI außenwirksam in der Wirtschaft tätig wird, beispielsweise durch die Empfehlung von Sicherheitsstandards, der Ausgabe von Sicherheitszertifikaten, sowie dem Erlass von Warnungen, folgt die Gesetzgebungskompetenz aus der konkurrierenden Gesetzgebungskompetenz des Bundes für das Recht der Wirtschaft gemäß § 74 Abs. 1 Nummer 11 des Grundgesetzes, quasi als „gefahrenabwehrrechtliche Annexkompetenz zum Recht der Wirtschaft".[702] Allerdings steht dem Bund gemäß § 72 Abs. 2 des Grundgesetzes die konkurrierende Gesetzgebungskompetenz auf dem Gebiet des Rechts der Wirtschaft nur dann zu, wenn und soweit die Herstellung gleichwertiger Lebensverhältnisse im Bundesgebiet oder die Wahrung der Rechts- oder Wirtschaftseinheit im gesamtstaatlichen Interesse eine bundesgesetzliche Regelung erforderlich macht. Im Rahmen des BSI-Gesetzes argumentiert der Gesetzgeber, dass landesspezifische Gesetzgebung im Kontext der Aufgabenbereiche des BSI zu erheblichen Nachteilen führen würde. Zum einen erschwerten

---

699 *Voigt*, in: Voigt, IT-Sicherheitsrecht, 2. Auflage, 2021, Branchenspezifische Regelungen: Vorgaben des BSI-Gesetzes, Rn. 247.

700 *Die Deutsche Kreditwirtschaft*, Stellungnahme zu dem Vorschlag für eine Verordnung des Europäischen Parlaments und des Rates zur Festlegung harmonisierter Vorschriften für künstliche Intelligenz (Gesetz über künstliche Intelligenz) und zur Änderung bestimmter Rechtsakte der Union, S. 8, online abrufbar unter: https://bit.ly/3hbEiHu (letzter Aufruf am 23.02.2022).

701 Drucksache 16/11967, 16.02.2009, S. 10

702 Gesetzentwurf der Bundesregierung, Entwurf eines Gesetzes zur Stärkung der Sicherheit in der Informationstechnik des Bundes, Drucksache 16/11967, 16.02.2009, S. 10 ff.; Schallbruch, CR 2021, 516 (522).

unterschiedliche Voraussetzungen für die Vergabe von Sicherheitszertifikaten ein bundesweites wirtschaftliches Tätigwerden und führten unter Umständen zu Wettbewerbsverzerrungen.[703] Des Weiteren basiere die internationale gegenseitige Anerkennung von Sicherheitszertifikaten auf der Etablierung einer einzigen hoheitlichen Zertifizierungsinstanz pro Staat.[704]

(iii) Allgemeine Aufgaben des BSI

Grundsätzlich erfüllt das BSI die Rolle einer „nationalen Cybersicherheitsbehörde“ und fungiert als „unabhängige neutrale Beratungsstelle für Fragen der IT-Sicherheit“.[705] Es gilt als Beratungs- und Unterstützungseinheit für Bund und Länder, Unternehmen, Verbraucher und erfüllt die Funktion einer zentralen Zertifizierungs- und Standardisierungsstelle für IT-Sicherheit.[706] So äußerte sich der Präsent des Bundesamts für Sicherheit in der Informationstechnik Arne Schönbohm folgendermaßen:

> Als Cyber-Sicherheitsbehörde des Bundes sind wir hochgradig vernetzt. Bundesweit, in Ländern und Kommunen, mit Unternehmen, Verbänden und Stiftungen pflegen wir Kooperationen, tauschen Informationen aus und haben immer die Praxistauglichkeit und den effizienten Wissenstransfer im Blick.[707]

Im Folgenden werden zunächst die allgemeinen Funktionen des BSI erläutert.

(a) Erarbeitung von Technischen Richtlinien

Gemäß § 3 Abs. 1 Satz 2 Nr. 20 BSIG gehört es zu den Aufgaben des BSI, einen Stand der Technik bei sicherheitstechnischen Anforderungen an IT-Produkte zu beschreiben und zu veröffentlichen. Dies sollte unter Berücksichtigung

---

703 Drucksache 16/11967, 16.02.2009, S. 10.

704 Drucksache 16/11967, 16.02.2009, S. 10.

705 Vgl. Koalitionsvertrag zwischen CDU, CSU und SPD, Ein neuer Aufbruch für Europa – Eine neue Dynamik für Deutschland – Ein neuer Zusammenhalt für unser Land, 19. Legislaturperiode, online abrufbar unter: https://bit.ly/3pfXIiR (letzter Aufruf am 24.02.2022).

706 Vgl. Koalitionsvertrag zwischen CDU, CSU und SPD, Ein neuer Aufbruch für Europa – Eine neue Dynamik für Deutschland – Ein neuer Zusammenhalt für unser Land, 19. Legislaturperiode, online abrufbar unter: https://bit.ly/3pfXIiR (letzter Aufruf am 24.02.2022).

707 Vgl. hierzu die Webseite des BSI, online abrufbar unter: https://bit.ly/3v9EoHM (letzter Aufruf am 24.02.2022).

bestehender Normen und Standards und Einbeziehung der betroffenen Wirtschaftsverbände erfolgen. Das BSI gilt insoweit als zentrale Stelle für die Formulierung von Anforderungen und Empfehlungen, insbesondere in Form von Technischen Richtlinien.[708] Die Erarbeitung und Veröffentlichung von Technischen Richtlinien soll zur Schaffung eines einheitlichen und angemessenen IT-Sicherheitsstandards beitragen.[709]

Die Gesetzesbegründung nennt die Festsetzung von einheitlichen Kriterien für die IT-Sicherheit als unerlässlich für den Verbraucherschutz.[710] Grundsätzlich haben die Technischen Richtlinien nur Empfehlungscharakter, können aber „durch individuelle Vorgabe des Bedarfsträgers" verbindlich werden.[711]

(b) Verbraucherschutz

Eines der Vorhaben, die im Koalitionsvertrag der 19. Legislaturperiode festgehalten wurden, war die Etablierung des Verbraucherschutzes als zusätzliche Aufgabe des BSI.[712] Dies wurde im Rahmen des Zweiten IT-Sicherheitsgesetzes durch die Ergänzung des BSIG um § 3 Abs. 1 Satz 2 Nr. 14a BSIG umgesetzt. Dort wird als weitere „wichtige im öffentlichen Interesse liegende Aufgabe des BSI", „Verbraucherschutz und Verbraucherinformation im Bereich der Sicherheit der Informationstechnik, insbesondere durch Beratung und Warnung von Verbrauchern in Fragen der Sicherheit in der Informationstechnik und unter Berücksichtigung der möglichen Folgen fehlender oder unzureichender Sicherheitsvorkehrungen" genannt.

Aus der Gesetzesbegründung des Zweiten IT-Sicherheitsgesetzes ergibt sich, dass die Aufgabe des Verbraucherschutzes und der Verbraucherinformation diverse Ausprägungen hat.

---

708 Drucksache 19/26106, 25.01.2021, S. 61.

709 Siehe hierzu auch die Ausführung auf der Webseite des BSI, online abrufbar unter: https://bit.ly/351gYtA (letzter Aufruf am 24.02.2022).

710 Drucksache 19/26106, 25.01.2021, S. 61.

711 Vgl. hierzu ebenfalls die Webseite des BSI, online abrufbar unter: https://bit.ly/351gYtA (letzter Aufruf am 24.02.2022).

712 Vgl. Koalitionsvertrag zwischen CDU, CSU und SPD, Ein neuer Aufbruch für Europa – Eine neue Dynamik für Deutschland – Ein neuer Zusammenhalt für unser Land, 19. Legislaturperiode, S. 44, Rn. 1975, 1976, online abrufbar unter: https://bit.ly/3pfXIiR (letzter Aufruf am 24.02.2022).

(I) Beratung, Information und Warnung von Verbrauchern

Bereits vor der Änderung des BSIG durch das Zweite IT-Sicherheitsgesetz war es Aufgabe des BSI, eine Beratungs-, Warn- und Sensibilisierungsfunktion gegenüber Verbrauchern zu Fragen der IT-Sicherheit zu erfüllen.[713] Für diesen Zweck ermächtigen insbesondere § 7 und 7a BSIG das BSI, diverse Maßnahmen vorzunehmen. Beispielsweise darf das BSI zur Erfüllung seiner Aufgabe des Verbraucherschutzes Warnungen vor Sicherheitslücken, Schadprogrammen oder einem Verlust oder einem unerlaubten Zugriff auf Daten an die Öffentlichkeit richten. Hierbei hat das BSI Ermessen, den Kreis der informierten Personen einzuschränken, beispielsweise auf nur besonders zuverlässige Informationsempfänger, sofern entdeckte Sicherheitslücken oder Schadprogramme nicht allgemein bekannt werden sollen.[714] Sofern hinreichende Anhaltspunkte vorliegen, darf das BSI die Öffentlichkeit auch unter Nennung der Bezeichnung und des Herstellers des betroffenen Produkts und Dienstes vor Sicherheitslücken in informationstechnischen Produkten und Diensten und vor Schadprogrammen warnen.[715] Sobald sich jedoch herausstellt, dass die an die Öffentlichkeit gegebenen Informationen falsch oder die zugrunde liegenden Umstände als unzutreffend wiedergegebenen werden, ist dies unverzüglich öffentlich bekannt zu machen.[716]

Letzteres ist sicherlich auch notwendig, um im Wege einer geeigneten Gegendarstellung anlasslosen geschäftlichen Schaden von Herstellern abzuwenden, sofern sich eine ausgesprochene Warnung als unrichtig herausstellen sollte.

Das BSI wurde im Rahmen des Zweiten IT-Sicherheitsgesetzes dazu verpflichtet, zum Zwecke des Verbraucherschutzes eine Online-Plattform einzurichten. Über diese können Verbraucher einerseits auf Informationen, Warnungen und Empfehlungen des BSI zugreifen.[717] Die Online-Plattform soll aber auch den Austausch zwischen BSI und Verbrauchern erleichtern und eine entsprechend übersichtliche und nutzerfreundliche Kommunikationsschnittstelle darstellen.[718]

---

713 Vgl. § 3 Abs. 1 Satz 2 Nr. 14 BSIG a.F.; Drucksache 19/26106, 25.01.2021, S. 59.
714 Vgl. § 7 Abs. 1a Satz 3, 4 BSIG.
715 Vgl. § 7 Abs. 2 Satz 1 BSIG.
716 Vgl. § 7 Abs. 2 Satz 2 BSIG.
717 Drucksache 19/26106, S. 60.
718 Drucksache 19/26106, S. 60.

Die Beratungs- und Unterstützungsangebote für Verbraucher umfassen beispielsweise auch Sensibilisierungskampagnen und Empfehlungen zur sicherheitsbewussten Nutzung von IT-Produkten wie auch umfassende Beratung zu potenziellen Risiken und Gefahren.

(II) Sicherstellung der IT-Sicherheit gegenüber Herstellern

Das Ziel, einen umfassenden Verbraucherschutz zu gewährleisten, kann nicht nur im Wege eines Austauschs zwischen BSI und Verbrauchern erreicht werden. Vielmehr ist es auch erforderlich, die Hersteller in den Dialog mit einzubeziehen. Aus diesem Grund begleitet das BSI zu einem gewissen Grad auch Hersteller bei der Entwicklung und Gestaltung der Produkte und Dienste.[719] Schließlich müssen die notwendigen verbraucherschützenden Eigenschaften inhärenter Teil der Konzeptionisierung und Programmierung der Produkte und Dienstleistungen sein, sodass diesbezüglich bereits frühzeitig auf den Entwicklungsprozess Einfluss genommen werden muss. Nur anhand des Prinzips „security by design“ kann effektiv ein hinreichendes Sicherheitslevel gewährt werden.[720] Deshalb nutzt das BSI „seine Erfahrungen aus der Marktbeobachtung, den Sicherheitstests und -analysen sowie dem Dialog mit den übrigen im Verbraucherschutz tätigen Akteuren“, um im Wege eines fortwährenden Verbraucherschutzdialogs auf die Umsetzung eines hohen Schutzniveaus hinzuwirken.[721]

(III) Unterstützung bei Abmahnungen und Klagen

Weiterhin gehört zu den Aufgaben des BSI, gewisse berechtigte Stellen zu unterstützen, Ansprüche bei verbraucherrechtswidrigen Praktiken im Bereich der IT-Sicherheit durchzusetzen.[722] Für diesen Zweck ist das BSI auch gemäß § 7a Abs. 1 BSIG ermächtigt, auf dem Markt bereitgestellte oder zur Bereitstellung auf dem Markt vorgesehene informationstechnische Produkte und Systeme zu untersuchen und sich hierfür auch der Unterstützung Dritter bedienen. Weiterhin darf das BSI gemäß § 7a Abs. 2 BSIG für solche

[719] Drucksache 19/26106, S. 59.
[720] Vgl. Drucksache 19/26106, S. 59.
[721] Drucksache 19/26106, S. 60.
[722] Drucksache 19/26106, S. 60.

Untersuchungen von Herstellern informationstechnischer Produkte alle notwendigen Auskünfte, auch zu technischen Details, verlangen.

(IV) Angebot eines IT-Sicherheitskennzeichens

Zur Erhöhung der Transparenz für Verbraucher und dem Sicherheitsniveau für IT-Produkte und Dienstleistungen soll auch ein einheitliches IT-Sicherheitskennzeichen eingeführt werden. Dies soll für Verbraucher auf einen Blick kenntlich machen, welche IT-Produkte bereits gewissen IT-Sicherheitsstandards entsprechen.[723] Dies erhöht auch die Sensibilisierung und das Bewusstsein von Verbrauchern für das Thema IT-Sicherheit.[724] Letztlich sollte die Erlangung des IT-Sicherheitskennzeichens einen Anreiz für Hersteller bieten, das Sicherheitsniveau ihrer Produkte zu erhöhen, nicht zuletzt um sich Marktvorteile zu sichern. Auch würde dies Herstellern, die ohnehin besonders in die Sicherheit ihrer Produkte investieren, die Möglichkeit gewähren, dies entsprechend kenntlich zu machen.

Allerdings ist zu beachten, dass das IT-Sicherheitskennzeichen auf nationaler Ebene nicht verpflichtend eingeführt werden darf, da dies gegen geltendes EU-Recht verstoßen würde.[725] Aber die freiwillige Erlangung eines solchen IT-Sicherheitskennzeichens wäre für die vorgenannten Zwecke nicht minder effektiv und hilfreich.

(c) Prüfung, Bewertung und Zertifizierung

Wirtschaft und Gesellschaft sind immer mehr auf moderne Kommunikations- und Informationstechnik angewiesen, was dazu führt, dass die sich im Umlauf befindlichen Daten immer sensibler werden und mögliche Störungen, Ausfälle oder Angriffe auf IT-Systeme erhebliches Gefahrenpotenzial bergen. Hinzu kommt, dass die verwendeten Systeme immer komplexer werden und für den durchschnittlichen Nutzer kaum noch greifbar und nachvollziehbar sind. Sie haben somit keine Möglichkeiten, sich selbst einen Überblick über die Sicherheit von informationstechnologischen Systemen zu verschaffen. Um vor diesem Hintergrund Vertrauen

---

[723] Vgl. hierzu die Webseite des BSI, online abrufbar unter: https://bit.ly/3BLb4sp (letzter Aufruf am 24.02.2022); vgl. § 9c BSIG.

[724] Drucksache 19/26106, S. 60.

[725] Drucksache 19/26106, S. 87.

zu stärken und die allgemeine Akzeptanz informationstechnologischer Systeme zu erhöhen, ist die Prüfung, Bewertung und Zertifizierung von IT-Produkten und -Systemen nach einheitlichen Kriterien durch bestimmte Prüfstellen vorgesehen.[726] Diese Prüfstellen müssen unabhängig und vom BSI anerkannt sein.

Des Weiteren ist das BSI bei der Erarbeitung der relevanten Sicherheitskriterien beteiligt und gewährleistet, dass die Prüfungen objektiv, unabhängig und einheitlich durchgeführt werden.[727] Nach Antrag beim BSI werden die technischen Prüfungen von den einzelnen Prüfstellen übernommen, die vom Antragsteller frei wählbar sind.[728] Allerdings müssen diese beim BSI akkreditiert und lizenziert worden sein.[729] Für Anbieter von IT-Produkten und -Systemen bietet die Zertifizierungsmöglichkeit den Vorteil, potenzielle Kunden auf einfachen und eindeutigen Weg von der Sicherheit der Systeme überzeugen zu können.[730]

Gemäß § 3 Abs. 1 Nr. 5 BSIG gehört es zu den Aufgaben des BSI, die Sicherheit von informationstechnischen Systemen oder Komponenten zu prüfen und zu bewerten und unter Umständen Sicherheitszertifikate zu erteilen.

(d) Unterstützung und Beratung von Behörden, Unternehmen und Entscheidungsträgern

Auf Anfrage steht das BSI anderen deutschen Behörden mit technischer Expertise und Beratung zur Seite. So gehört es zu den Aufgaben des BSI gemäß § 3 Abs. 1 Nr. 13a BSIG, auf Ersuchen der zuständigen Stellen der Länder, diese in Fragen der Abwehr von Gefahren für die Sicherheit in der Informationstechnik zu unterstützen. Zugleich gilt das BSI als kompetente Stelle, die dem Bund auch bei Gesetzesvorhaben mit dem notwendigen

---

726 Siehe hierzu „Fragen und Antworten zu Aufgaben und Themen des BSI", Webseite des BSI, online abrufbar unter: https://bit.ly/3Hk8zyl (letzter Aufruf am 24.02.2022).

727 Vgl. hierzu ebenfalls Webseite des BSI, online abrufbar unter: https://bit.ly/3Hk8zyl (letzter Aufruf am 24.02.2022); vgl. § 9 BSIG.

728 Vgl. hierzu ebenfalls Webseite des BSI, online abrufbar unter: https://bit.ly/3Hk8zyl (letzter Aufruf am 24.02.2022).

729 Vgl. hierzu ebenfalls Webseite des BSI, online abrufbar unter: https://bit.ly/3Hk8zyl (letzter Aufruf am 24.02.2022).

730 Vgl. hierzu ebenfalls Webseite des BSI, online abrufbar unter: https://bit.ly/3Hk8zyl (letzter Aufruf am 24.02.2022).

Sachverstand zur Seite stehen kann, beispielsweise beim Erlass von datenschutzrechtlichen Gesetzen.[731]

2.2 Darstellung der Tätigkeit des BSI am Beispiel des „Smart-Meter-Gateways"

Nach dieser allgemeinen Darstellung der Tätigkeiten und Kompetenzen des BSI wird im folgenden Teil die Rolle des BSIs anhand eines konkreten Beispiels, der Nutzung KI-basierter Messsysteme im Rahmen der Energiewende, veranschaulicht. In diesem Kontext erfüllt das BSI diverse wichtige Aufgaben und trägt unter anderem zur Schaffung von Sachverstand und einem effektiven Verbraucherschutz bei. Auf den ersten Blick mag die Digitalisierung der Energiewende thematisch weit vom Einsatz von KI-Systemen in der Finanzindustrie entfernt sein. Allerdings stellen sich in beiden Fällen sehr ähnliche Herausforderungen. Insbesondere fußen die erfolgreiche Etablierung und Betrieb dieser neuen Infrastrukturen und Systeme in beiden Fällen auf den Eckpfeilern „Standardisierung, Datenschutz und Datensicherheit, Investitionssicherheit und Akzeptanz".[732] In beiden Fällen handelt es sich um regulatorische Querschnittsmaterien, die in die Zuständigkeit mehrerer Fachbehörden fallen. Gleichzeitig handelt es sich in beiden Fällen um Gebiete, die von einer rasanten technologischen Entwicklung und Veränderung geprägt sind, was regulatorisch Berücksichtigung finden muss. Auch bei der Verwendung intelligenter Messsysteme stellt sich die Frage, welche technischen Mindeststandards verwendet werden sollen, um einerseits den gesamtwirtschaftlichen Nutzen durch „vielseitige Einsetzbarkeit" zu maximieren, gleichzeitig aber „Datenschutz und Datensicherheit" gewährleisten zu können.[733] Intelligente Messsysteme führen nämlich zu einem erhöhten Aufkommen an Daten, die potenziell Aufschluss auf Lebensgewohnheiten der einzelnen Haushalte liefern und daher besonders sensibel sind.[734] Weiterhin führt

[731] Drucksache 11/7029, S. 8.

[732] Bundesamt für Sicherheit in der Informationstechnik und Bundesministerium für Wirtschaft und Energie, Standardisierungsstrategie zur sektorübergreifenden Digitalisierung nach dem Gesetz zur Digitalisierung der Energiewende, 29.01.2019, S. 4, online abrufbar unter: https://bit.ly/3vfvrwt (letzter Aufruf am 24.02.2022).

[733] Vgl. Drucksache 18/7555, 17.02.2016, S. 63.

[734] Vgl. Drucksache 18/7555, 17.02.2016, S. 63.

die erhöhte Vernetzung des Energieversorgungssystems zu einer erhöhten Exponierung des Gesamtsystems gegenüber Hackerangriffen, sodass sichere IT- und TK-Technologie unabdingbar ist.[735] Allgemein betrachtet scheinen somit in diesem Kontext grundsätzlich ähnliche Aspekte von regulatorischer Relevanz zu sein wie bei der Verwendung BDAI-basierter Systeme im Finanzsektor, sodass unter Umständen einzelne entsprechende Teile der Regulierungsstruktur auch gewisse Orientierung liefern könnten.

(i) Die Bedeutung des „Smart-Meter-Gateways" für die Energiewende

Mit Inkrafttreten des novellierten Klimaschutzgesetzes im August 2021 hat die Bundesregierung ihre Klimaziele weiter verschärft: Nun soll das Ziel der Energiewende, die Treibhausgasneutralität, bereits bis zum Jahre 2045 erreicht sein.[736] Die Energiewende fußt auf der Abkehr von fossilen Energieträgern und der Nutzung von diversen Quellen erneuerbarer Energien. Diese Entwicklung beinhaltet die Dezentralisierung der Stromerzeugung, da nun eine größere Anzahl von Energieerzeugungsanlagen das Stromnetz speisen, während vormals deutlich weniger Hauptquellen existierten. Gleichzeitig galten Verbraucher bislang eher als passive und stille Konsumenten der Energie und entwickeln sich nun vor dem Hintergrund der Energiewende von „Consumern" zu „Prosumern", die aktiv das Stromversorgungssystem mitgestalten.[737]

Dieser strukturelle Wandel erfordert die Integration vielzähliger Akteure, die Möglichkeit der effizienten Kommunikation und die Gewährleistung eines sicheren Informationsaustausches. Dies gelingt nur über eine umfassende Digitalisierung unter Einsatz von intelligenten Messystemen (sog. „Smart Metern"), um letztlich eine Modernisierung des Energienetzes hin zu einem intelligenten Energienetz (sog. „Smart Grid") zu ermöglichen.[738] Dieses

---

[735] Vgl. Drucksache 18/7555, 17.02.2016, S. 63.

[736] Vgl. hierzu ausführlich die Webseite der Bundesregierung, online abrufbar unter: https://bit.ly/3JPHC7k (letzter Aufruf am 24.02.2022).

[737] Vgl. Drucksache 18/7555, 17.02.2016, S. 62.

[738] Bundesamt für Sicherheit in der Informationstechnik und Bundesministerium für Wirtschaft und Energie, Standardisierungsstrategie zur sektorübergreifenden Digitalisierung nach dem Gesetz zur Digitalisierung der Energiewende, 29.01.2019, S. 2, online abrufbar unter: https://bit.ly/3vfvrwt (letzter Aufruf am 24.02.2022).

intelligente Energienetz soll „Energieerzeugung, Weiterleitung, Speicherung und Verbrauch effizient verknüpfen und ausbalancieren".[739]

Intelligente Messsysteme erfüllen zwei Hauptfunktionen im Kontext der Energiewende und der Integration diverser Energiequellen: Erstens ermöglichen sie dem Letztverbraucher, detaillierte Informationen zu seinem eigenen Stromverbrauch zu erhalten.[740] Dies erlaubt es ihm, sein Stromkonsumverhalten unter Umständen anzupassen. Zweitens können intelligente Messsysteme Netzbetreiber dabei unterstützen, ihr Energienetz effizienter zu steuern, indem sie spezifische Verbrauchsinformationen und Netzzustandsdaten bereitstellen.[741] Mit Hilfe dieser Daten können Netzbetreiber die Stromversorgung besser koordinieren und allokieren. Schließlich muss die Bereitstellung von Strom aus erneuerbaren Energien aufwändiger gesteuert und geplant werden als dies bei fossilen Energiequellen der Fall ist.

Ein intelligentes Messsystem besteht grundsätzlich aus zwei Komponenten: Einem digitalen Stromzähler und einer Kommunikationsplattform, welche auch als „Smart-Meter-Gateway" bezeichnet wird und das Kernstück des intelligenten Messsystems darstellt.[742] Bei Einrichtung und Betrieb eines solchen intelligenten Messsystems, insbesondere der Kommunikationsplattform „Smart-Meter-Gateway", stellen sich vielzählige Herausforderungen. Schließlich wird hierüber eine weitläufige Vernetzung hergestellt und der Austausch und die Übermittlung hochsensibler (Verbraucher-)Daten abgewickelt. Somit ist von besonderer Bedeutung, dass das System informationstechnologisch sicher ist und dass Datenschutz und Datensicherheit gewährleistet sind. Darüber hinaus muss auch das Vertrauen der Öffentlichkeit gewonnen und allgemeine Akzeptanz der neuen Infrastruktur erreicht werden.

---

[739] Bundesamt für Sicherheit in der Informationstechnik und Bundesministerium für Wirtschaft und Energie, Standardisierungsstrategie zur sektorübergreifenden Digitalisierung nach dem Gesetz zur Digitalisierung der Energiewende, 29.01.2019, S. 9, online abrufbar unter: https://bit.ly/3vfvrwt (letzter Aufruf am 24.02.2022).

[740] Drucksache 18/7555, 17.02.2016, S. 115.

[741] Drucksache 18/7555, 17.02.2016, S. 115.

[742] Drucksache 18/7555, 17.02.2016, S. 115; Bundesamt für Sicherheit in der Informationstechnik und Bundesministerium für Wirtschaft und Energie, Standardisierungsstrategie zur sektorübergreifenden Digitalisierung nach dem Gesetz zur Digitalisierung der Energiewende, 29.01.2019, S. 8, online abrufbar unter: https://bit.ly/3vfvrwt (letzter Aufruf am 24.02.2022).

Der Gesetzgeber hat zur spezifischen Regulierung der Einrichtung und des Betriebs der neuen Messtelleninfrastruktur das Messstellenbetriebsgesetz (‚MsbG') als eigenes Regelungsregime erlassen. Es wurde im Jahre 2016 durch das Gesetz zur Digitalisierung der Energiewende eingeführt. Das neue Regelungsregime wurde unter anderem mit den folgenden zwei Zielsetzungen eingeführt: Erstens soll das Gesetz die Verwirklichung des Grundsatzes *„Privacy & Security by Design“* erreichen. Dies soll hauptsächlich durch die effektive und praxisorientierte Ausgestaltung, Kommunikation und Integration von Schutzprofilen und Technischen Richtlinien gelingen.[743] Zweitens soll das Messstellenbetriebsgesetz ein bereichsspezifisches Datenschutzrecht konstituieren. Schließlich stellen sich durch die Einführung intelligenter Messsysteme neue Herausforderungen für den verantwortungsvollen Umgang und die sparsame Erhebung von Daten. Dem erweiterten Regelungsbedarf kann die vormals zentrale gesetzliche Norm für den Datenschutz im Energierecht, § 21g EnWG, nicht mehr gerecht werden.[744]

(ii) Rolle des BSI

Der Gesetzgeber hat dem BSI bei der Implementierung und dem Betrieb von intelligenten Messsystemen eine zentrale Rolle verliehen, nicht nur bei der Standardisierung, der Entwicklung und Weiterentwicklung von Technischen Richtlinien, sondern auch bei der Zertifizierung.

(a) Entwicklung von Schutzprofilen und Technischen Richtlinien

Vor dem Hintergrund, dass die Entwicklung hin zu einem intelligenten Energienetz grundrechtsrelevante Risiken birgt, liegt ein besonderer Fokus auf der immanenten technischen Sicherheit und Standardisierung der verwendeten Systeme. Auch die Tatsache, dass der einwandfreie Betrieb des Energienetzes systemrelevant ist, bedingt die inhärente Verlässlichkeit und Robustheit der angewandten Technologie. So regelt § 22 Abs. 1 MsbG, dass das Smart-Meter-Gateway, also die Kommunikationsplattform als zentrales Element eines intelligenten Messystems, zur Gewährleistung von

---

743 Bundesamt für Sicherheit in der Informationstechnik und Bundesministerium für Wirtschaft und Energie, Standardisierungsstrategie zur sektorübergreifenden Digitalisierung nach dem Gesetz zur Digitalisierung der Energiewende, 29.01.2019, S. 10, online abrufbar unter: https://bit.ly/3vfvrwt (letzter Aufruf am 24.02.2022).

744 Drucksache 18/7555, 17.02.2016, S. 64.

Datenschutz, Datensicherheit und Interoperabilität dem Stand der Technik entsprechen muss. Welche Anforderungen genau erfüllt sein müssen, damit ein System dem Stand der Technik entspricht, wird durch das BSI bestimmt. Das BSI ist nämlich dafür zuständig, Schutzprofile und Technische Richtlinien zu erarbeiten, die den Stand der Technik widerspiegeln. Sie spezifizieren Anforderungen an die Sicherheitsarchitektur sowie konkrete Voraussetzungen, um die „Gewährleistung von Datenschutz, Datensicherheit und Interoperabilität" zu erreichen.[745]

Besonders hervorzuheben ist die Tatsache, dass die Schutzprofile und technischen Richtlinien bereits in der Entwicklungsphase von Herstellern und Anwendern mitgestaltet werden. Schließlich müssen praktische Relevanz und Umsetzbarkeit der Vorgaben von Anfang an gegeben sein, ohne die jegliche Rahmenbedingungen wirkungslos und schlimmstenfalls hinderlich wären. Die frühzeitige Einbeziehung betroffener Akteure in die Konzeptionisierung der Vorgaben hat noch einen weiteren Vorteil: Durch die hierdurch hergestellte Transparenz wird auch Vertrauen und Akzeptanz der Regulierung geschaffen. Branchenvertreter, Behörden sowie Daten- und Verbraucherschützer werden von Anfang an eingebunden, was zwar gegebenenfalls in der Ausgestaltungsphase für einen größeren Verhandlungs- und Koordinierungsaufwand sorgt, letztlich aber einen reibungsloseren Ablauf in der Anwendungsphase der Vorgaben gewährleistet.

(b) Weiterentwicklung von Schutzprofilen und technischen Vorgaben

Weiterhin ist das BSI dafür verantwortlich, die Schutzprofile und Technischen Richtlinien kontinuierlich weiterzuentwickeln. Da sich in der digitalisierten Welt die externe Bedrohungslage in Form von Risiken durch Hackerangriffe und jegliche Formen von Cyberkriminalität stetig wandelt, müssen die verwendeten Systeme hieran angepasst werden, um Sicherheitslücken zu verhindern. Vor diesem Hintergrund ist es sinnvoll, dass das BSI die technischen Vorgaben an die Kommunikationssysteme stetig der Bedrohungsrealität anpasst.

---

[745] Bundesamt für Sicherheit in der Informationstechnik und Bundesministerium für Wirtschaft und Energie, Standardisierungsstrategie zur sektorübergreifenden Digitalisierung nach dem Gesetz zur Digitalisierung der Energiewende, 29.01.2019, S. 10, online abrufbar unter: https://bit.ly/3vfvrwt (letzter Aufruf am 24.02.2022).

Die Weiterentwicklung der Schutzprofile und technischen Richtlinien ist in § 27 MsbG geregelt, wonach gewisse Änderungen das Einvernehmen mit anderen staatlichen Stellen erforderlich machen: So ist unter Umständen ein Einvernehmen mit der Physikalisch-Technischen Bundesanstalt und der Bundesnetzagentur unter Anhörung der oder des Bundesbeauftragten für den Datenschutz und die Informationsfreiheit nötig. Bei wesentlichen Änderungen ist der „Ausschuss Gateway-Standardisierung" anzuhören, dem gemäß § 27 Abs. 2 Satz 1 MsbG das Bundesministerium für Wirtschaft und Energie, das BSI, die Physikalisch-Technische Bundesanstalt, die Bundesnetzagentur sowie je ein Vertreter von mindestens drei auf Bundesebene bestehenden Gesamtverbänden, die jeweils die Interessen von Letztverbrauchern, Herstellern und Anwendern vertreten, angehören. Der Ausschuss wird gemäß § 27 Abs. 2 Satz 2 MsbG von der oder dem Bundesbeauftragten für den Datenschutz und die Informationsfreiheit beraten.

Die Errichtung und Einbeziehung des „Ausschusses Gateway-Standardisierung" ist eine effiziente Lösung, um Standards für Technologieformen zu entwickeln, die sich als regulatorische Querschnittsmaterie darstellen. Neben der Gewährleistung informationstechnologischer Sicherheit, sind hierbei nämlich auch unter anderem datenschutzrechtliche, wettbewerbsrechtliche, verbraucherrechtliche und allgemeine wirtschaftliche Fragen von Relevanz, denen durch die Einbeziehung des breitbesetzen Ausschusses Rechnung getragen wird.

(c) Veröffentlichung der Schutzprofile und technischen Vorgaben

Das BSI ist weiterhin auch dafür verantwortlich, die erarbeiteten Standards auf dessen Internetseite zu veröffentlichen. Dies gewährleistet, dass die Vorgaben allgemein zugänglich sind und sich Hersteller und Anwender schnell und einfach über die Standards informieren können. Insbesondere vor dem Hintergrund, dass die BSI-Standards als Grundlage für die Zertifizierung der entwickelten Systeme gelten, ist deren Veröffentlichung und Zugänglichmachung von besonderem Interesse.[746]

---

[746] Bundesamt für Sicherheit in der Informationstechnik und Bundesministerium für Wirtschaft und Energie, Standardisierungsstrategie zur sektorübergreifenden Digitalisierung nach dem Gesetz zur Digitalisierung der Energiewende, 29.01.2019, S. 20, online abrufbar unter: https://bit.ly/3vfvrwt (letzter Aufruf am 24.02.2022).

(d) Zertifizierungen

Das BSI ist des Weiteren auch für die Zertifizierung der Kommunikationsplattformen intelligenter Energienetze, den Smart-Meter-Gateways, zuständig. Gemäß § 24 Abs. 1 MsbG müssen Smart-Meter-Gateways im Rahmen des Zertifizierungsverfahrens nach den Common Criteria durch das Bundesamt für Sicherheit in der Informationstechnik zertifiziert werden. Das Zertifizierungserfordernis der Smart-Meter-Gateways verfolgt zwei Ziele: Zum einen soll durch die Zertifizierung ein dauerhaft hohes Schutzniveau gehalten werden.[747] Zum anderen soll durch die Zertifizierung Vertrauen geschaffen werden, zumal es bei den Smart-Meter-Gateways um die Übermittlung und Verarbeitung von personenbezogenen Daten geht. Sie belegt nämlich im Rahmen eines staatlich anerkannten und regulierten Verfahrens, dass gewisse „Anforderungen an Datenschutz, Datensicherheit und Interoperabilität durch Hersteller und Anwender umgesetzt wurden".[748] Die Zertifizierung erfolgt durch Prüfstellen, die vom BSI anerkannt sind.[749] Die BSI-Zertifizierungsstelle ist hierbei in engem Austausch mit den anerkannten Prüfstellen, um eine uniforme und gleichwertige Vorgehensweise aller Prüfstellen zu gewährleisten.

Grundsätzlich erfolgt das Zertifizierungsverfahren bei Smart-Meter-Gateways in den folgenden drei Prozessschritten: Zunächst werden die technischen Vorgaben und Mindeststandards vom BSI nach dem bereits erläuterten Verfahren erarbeitet und öffentlich bekanntgegeben. Im nächsten Schritt erfolgt die Durchführung der Zertifizierung im Einklang mit den geltenden BSI-Standards. Zuletzt werden die Zertifikatsurkunden und Zertifizierungsberichte veröffentlicht. Sofern im Nachgang bestimmte BSI-Standards, beispielsweise gemäß § 27 Abs. 1 MsbG, angepasst werden, gelten

---

[747] Bundesamt für Sicherheit in der Informationstechnik und Bundesministerium für Wirtschaft und Energie, Standardisierungsstrategie zur sektorübergreifenden Digitalisierung nach dem Gesetz zur Digitalisierung der Energiewende, 29.01.2019, S. 34, online abrufbar unter: https://bit.ly/3vfvrwt (letzter Aufruf am 24.02.2022).

[748] Bundesamt für Sicherheit in der Informationstechnik und Bundesministerium für Wirtschaft und Energie, Standardisierungsstrategie zur sektorübergreifenden Digitalisierung nach dem Gesetz zur Digitalisierung der Energiewende, 29.01.2019, S. 34, online abrufbar unter: https://bit.ly/3vfvrwt (letzter Aufruf am 24.02.2022).

[749] Bundesamt für Sicherheit in der Informationstechnik und Bundesministerium für Wirtschaft und Energie, Standardisierungsstrategie zur sektorübergreifenden Digitalisierung nach dem Gesetz zur Digitalisierung der Energiewende, 29.01.2019, S. 36, online abrufbar unter: https://bit.ly/3vfvrwt (letzter Aufruf am 24.02.2022).

diese Neuerungen als aktualisierte Grundlage für die Zertifizierung nach § 24 MsbG.[750] Daraufhin wird bekannt gegeben, wie lange die alten Standards noch für die Zwecke der Zertifizierung gelten und ab welchem Zeitpunkt die angepassten BSI-Standards gelten.

Diese Vorgehensweise beinhaltet einige Elemente, die als besonders effektiv hervorzuheben sind. Zunächst erfolgt die Zertifizierung nach klar formulierten, allgemeingültigen und von den relevanten staatlichen Stellen erarbeiteten Standards. Dies gewährleistet, dass die Zertifizierung nach Kriterien erfolgt, die praxisrelevant, durchsetzbar und notwendig sind und im Rahmen eines differenzierten und demokratisch legitimierten Prozesses entstanden sind. Insbesondere reflektiert dieses Vorgehen die Komplexität, dass es sich bei der Etablierung des Smart-Meter-Gateways um ein System handelt, das als Querschnittsmaterie diverse Sachbereiche tangiert und somit in Einklang mit unterschiedlichen regulatorischen Belangen stehen muss.

Des Weiteren ist auch sinnvoll geregelt, dass die Zertifikatsurkunden und Zertifizierungsberichte veröffentlicht werden und Verbrauchern wie auch weiteren Interessengruppen zugänglich sind. Dies trägt erheblich zur Transparenz und zur Förderung von allgemeiner Akzeptanz und Vertrauen bei.

Letztlich ist das System so strukturiert, dass Anpassungen und Weiterentwicklungen der Standards darin vorgesehen sind und leicht umgesetzt werden können. Insbesondere vor dem Hintergrund, dass Technologie eine Materie ist, die stets von Weiterentwicklung und Anpassung geprägt ist, muss auch ein Zertifizierungssystem Mechanismen vorsehen, die Anpassungen der zugrundeliegenden Vorgaben ermöglichen. Insbesondere die Setzung klarer Umsetzungsfristen für Hersteller kreiert für diese notwendige Rechtssicherheit und wirtschaftliche Planbarkeit.

€ Maßnahmen zur Aufrechterhaltung des sicheren Betriebs der digitalen Infrastruktur

§ 26 Abs. 1 MsbG verpflichtet das BSI, die Kontinuität und Aufrechterhaltung eines adäquaten Sicherheitsniveaus zu gewährleisten. Hierzu wird das BSI im

[750] Bundesamt für Sicherheit in der Informationstechnik und Bundesministerium für Wirtschaft und Energie, Standardisierungsstrategie zur sektorübergreifenden Digitalisierung nach dem Gesetz zur Digitalisierung der Energiewende, 29.01.2019, S. 32, online abrufbar unter: https://bit.ly/3vfvrwt (letzter Aufruf am 24.02.2022).

Wege der Ermächtigung zu diversen Maßnahmen befähigt: Unter anderem soll das BSI eine Analyse, Priorisierung und Bewertung von Schwachstellen von Smart-Meter-Gateways durchführen und über Software-Updates zu deren Behebung beitragen.

Hierzu gehört auch, dass das BSI von Sicherheitsvorfällen und systemimmanenten Schwierigkeiten erfährt, um geeignete Gegenmaßnahmen treffen zu können. So sind Administratoren von Smart-Meter-Gateways, in der Regel die Messstellenbetreiber, verpflichtet, dem BSI Sicherheitsmängel und Änderungen von Tatsachen, die für die Erteilung des Zertifikats nach § 24 Abs. 1 wesentlich sind, mitzuteilen.

Dies ist ebenfalls ein Element der Regulierung von Smart-Meter-Gateways, das sinnvoll und nützlich ist. Schließlich kann eine staatliche Stelle kein effektives Monitoring betreiben, sofern keine Informationspflichten der Betreiber oder Administratoren bestehen. Der Aufbau und die Aufrechterhaltung eines sicheren und adaptiven Systems setzen den regen Austausch und die transparente Kommunikation zwischen allen hauptsächlich beteiligten Akteuren voraus.

2.3 Mögliche Aufgaben einer staatlichen Unterstützungs- und Überwachungseinheit für algorithmische Systeme in der Finanzindustrie

Sicherlich operiert das BSI innerhalb eines anderen verfassungsrechtlichen Gefüges und in einem thematisch anderen Bereich als dies bei einer KI-Behörde der Fall wäre. Dennoch lassen sich einige grundsätzliche Charakteristika identifizieren, die auf beide staatlichen Stellen zutreffen würden, weshalb die Ausgestaltung und der grundsätzliche *Modus Operandi* des BSI Inspiration und Grundkonzepte für die Errichtung einer KI-Behörde liefern könnte.

Zunächst handelt es sich beim BSI um eine staatliche Stelle, die mit einer Querschnittsmaterie betraut ist, die die Zuständigkeiten diverser Behörden betrifft. Gerade bei der Rolle des BSI im Rahmen der Digitalisierung der Energiewende und der hiermit verbundenen Inbetriebnahme der Kommunikationsplattform „Smart-Meter-Gateway“ handelt es sich um eine Materie, die das Datenschutzrecht, Themen der IT-Sicherheit, wettbewerbsrelevante Aspekte, Verbraucherschutz und die Interessen von Herstellern und Anwendern vereint. Auch eine KI-Behörde mit einem für den Finanzbereich spezialisierten Ressort stünde vor einer solchen Herausforderung, da die Algorithmenregulierung ebenfalls eine Vielzahl unterschiedlicher Sachmaterien umfasst.[751] Neben dem Datenschutzrecht ist das Antidiskriminierungsrecht sowie auch Themen der IT-Sicherheit von Relevanz. Des Weiteren sind Kompetenzen im Wettbewerbsrecht erforderlich, da der Einsatz von Algorithmen zunehmend Einfluss auf die Marktchancen hat.[752] Letztlich wäre auch die Information und der Schutz von Verbrauchern und die Einbeziehung der Interessen diverser Interessengruppen, beispielsweise der von Finanzinstituten und Scoring-Unternehmen, zu beachten.

Des Weiteren handelt es sich bei der Installation von Kommunikationsplattformen und dem Einsatz von KI bei der Kreditvergabe oder allgemein bei der Bereitstellung von Finanzdienstleistungen um Materien, die in der breiten Öffentlichkeit zunächst für Verunsicherung sorgen. Schließlich werden in beiden Fällen persönliche und hochsensible Daten erhoben, übermittelt und ausgewertet, während sich der betroffene Verbraucher dieser Entwicklung schlimmstenfalls ausgeliefert fühlt. Im Regelfall bleibt ihm nämlich die technische Wirkungsweise unklar und er hat das Gefühl, keine Kontroll- oder Einsichtnahmemöglichkeiten zu haben. Aus diesem Grund ist es in beiden Fällen, sowohl bei der Einrichtung von Kommunikationsplattformen zur Durchsetzung der Energiewende wie auch bei dem Einsatz von KI-Systemen in der Finanzindustrie, geboten, allgemeines Vertrauen in die Technologie zu schaffen. Wie bereits ausgeführt, müssen für diesen Zweck Transparenzpflichten der Hersteller und Betreiber zwingend durch staatliche Regulierung und Kontrolle, wie beispielsweise in Form von Zertifizierungen und laufenden Kontrollen, ergänzt werden.[753]

Letztlich handelt es sich in beiden Fällen, sowohl bei der Digitalisierung der Energiewende als auch beim Einsatz von KI-Systemen in der Finanzindustrie, um Materien mit untrennbarem Technologiebezug. Dieser macht es erforderlich, dass jegliche staatliche Kontroll- und Regulierungsmaßnahme potenziell flexibel ist und innerhalb eines Rahmens durchgeführt wird, der Anpassungen und Weiterentwicklungen vorsieht. Für diesen Zweck scheinen die Maßnahmen des Messstellenbetriebsgesetzes sinnvolle Regelungen

---

[751] *Martini*, Blackbox Algorithmus – Grundfragen einer Regulierung Künstlicher Intelligenz, 2019, S. 269.

[752] *Martini*, Blackbox Algorithmus – Grundfragen einer Regulierung Künstlicher Intelligenz, 2019, S. 270.

[753] Vgl. hierzu Kapitel 9.

vorzusehen, die Orientierung bieten könnten. Im Folgenden wird vor dem Hintergrund des Beispiels des BSIs ausgeführt, welche Tätigkeitsfelder und Kompetenzbereiche unter Umständen auch einer Unterstützungs- und Überwachungseinheit mit KI-Bezug übertragen werden sollten.

(i) Erarbeitung von Mindeststandards

Eine wichtige Aufgabe einer staatlichen Unterstützungseinheit im Bereich der Algorithmenregulierung wäre zunächst, die Fachbehörden bei der Erarbeitung von technischen Mindeststandards für die Herstellung und Programmierung der entsprechenden Software zu unterstützen. Bei der Anwendung von KI-Systemen bei der Kreditvergabe, insbesondere beim Kreditscoring, sind wie bereits ausgeführt inhärente Persönlichkeitsrechte besonders betroffen und es besteht die Gefahr des Verstoßes gegen datenschutzrechtliche Bestimmungen und geltendes Antidiskriminierungsrecht. Zudem birgt der überwiegend digitalisierte und algorithmenbasierte Kreditprozess IT-Risiken, aufgrund derer beispielsweise die Gefahr von Hackerangriffen oder manipulierten Inputdaten bestehen, die das Ergebnis von Kreditwürdigkeitsprüfungen verfälschen könnten. Transparenzpflichten sind gerade vor dem Hintergrund dieser Bedrohungsszenarien nach wie vor wichtig, aber letztlich nicht hinreichend, um perspektivisch in Anbetracht eines fortschreitend digitalisierten und KI-basierten Kreditprozesses das notwendige Vertrauen der Öffentlichkeit zu erlangen.[754] Auch die bestehenden aufsichtsrechtlichen Genehmigungsverfahren greifen zu kurz, wie im vorigen Kapitel 9 ausgeführt wurde. Deshalb ist es notwendig, präemptiv staatliche Strukturen zu schaffen, um der rasanten, sektorübergreifenden technologischen Entwicklung effektiv begegnen zu können. Erst dann konzeptionell tätig zu werden, wenn sich potenzielle Risiken bereits verwirklicht haben, birgt die Gefahr, dass kurzfristig keine effizienten und interessengerechte Lösungen gefunden werden können. Dies könnte entweder zu Über- oder Unterregulierung führen. Als Folge einer Unterregulierung könnten beispielsweise informationstechnologische Sicherheitslücken oder datenschutzrechtliche Verstöße allgemeines Misstrauen in KI-basierte Anwendungen bedingen, das im Nachgang schwer zu neutralisieren sein könnte. Nicht minder destruktiv wäre allerdings auch eine Überregulierung, die unter Umständen zu

---

[754] Vgl. hierzu Kapitel 7, Abschnitt 5.

unangemessenen Kosten für die Verwender und Entwickler solcher Systeme führen könnte. Dies würde letztlich ein Innovationshemmnis darstellen.

Bei der Formulierung der Mindeststandards ist weiterhin wichtig, dass diese bereits in der Innovationsphase von den diversen thematisch betroffenen Fachbehörden, Interessengruppen, Herstellern und Anwendern mitgestaltet werden.[755] Es wird beispielsweise angeregt, unter anderem den Datenschutzbeauftragten des Bundes und der Länder, Wettbewerbsbehörden, die Antidiskriminierungsstelle des Bundes, das Bundesamt für Sicherheit in der Informationstechnik, Verbraucherschutzstellen sowie auch Interessenvertreter der betroffenen Finanzinstitute und Scoring-Unternehmen bereits in der Konzeptionsphase der Standards einzubeziehen. Dies ist aus zwei Gründen von besonderer Wichtigkeit: Zunächst gewährleistet dieses Vorgehen, dass die formulierten Standards nicht an der Praxis vorbeigehen und Vorgaben konstatieren, die unpassend, zu präskriptiv oder gar überflüssig sind. Zweitens trägt die Involvierung der betroffenen Akteure zur Schaffung von allgemeiner Akzeptanz der Regulierung bei. Sicherlich ist die Schaffung eines gerechten Ausgleichs, gerade bei so vielen Beteiligten und diversen Interessen, ein zeitintensives und komplexes Unterfangen. Es ist jedoch zu hoffen, dass sich ein solches gründliches präemptives Vorgehen später in der Anwendungsphase der Standards bestenfalls durch weniger Komplikationen und größere Regelungseffizienz auszahlt.

Wichtig ist allerdings, dass die technischen Standards, die mit Hilfe der staatlichen Unterstützungseinheit erarbeitet werden, lediglich als Mindeststandards formuliert werden und so wenig präskriptiv wie möglich sind. Sofern technisch praktikabel, sollten sie auch nur Vorgaben hinsichtlich der absolut kritischen Regelungsmaterien beinhalten. Schließlich dürfen jegliche Richtlinien und Vorgaben nicht innovationshemmend wirken. Zu strenge oder zu präskriptive Maßstäbe hätten auch den Nachteil, dass deren Umsetzung unter Umständen auch besonders kostenintensiv wären. Hier gilt es, im Rahmen einer intensiven Behördenkooperation und unter Einbeziehung von Interessenvertretern von beispielsweise Finanzinstituten,

---

[755] Bundesamt für Sicherheit in der Informationstechnik und Bundesministerium für Wirtschaft und Energie, Standardisierungsstrategie zur sektorübergreifenden Digitalisierung nach dem Gesetz zur Digitalisierung der Energiewende, 29.01.2019, S. 12, online abrufbar unter: https://bit.ly/3vfvrwt (letzter Aufruf am 24.02.2022).

Softwarefirmen und Scoring-Unternehmen, Standards zu formulieren, die einen gerechten Ausgleich zwischen den diversen betroffenen Belangen schaffen.

Die Mindeststandards sind, wie im Falle des BSI, auf dem Internetauftritt der staatlichen Unterstützungseinheit zu veröffentlichen. Dies führt einerseits zu Rechtssicherheit, da sich Hersteller, Programmierer und Anwender, beispielsweise in Form von Kreditinstituten und Scoring-Unternehmen, auf direktem Wege über die geltenden Mindeststandards informieren können. Andererseits können sich auch Verbraucher bei Bedarf ein Bild über die geltenden Bestimmungen machen. Dies führt zu Transparenz und würde zu weiterer allgemeinen Akzeptanz der neuen Technologie führen.

Diese Mindeststandards sollten insbesondere auch vor dem Hintergrund formuliert werden, dass der Entwurf der KI-Verordnung Zertifizierungsverfahren für Hochrisiko-KI-Systeme vorsieht, zu denen auch IT-Systeme zur Ermittlung der Kreditwürdigkeit zählen.[756] Die Zertifizierung muss idealerweise anhand von spezifischen, allgemeingültigen und einheitlichen Vorgaben und Standards erfolgen. Idealerweise sollten diese Standards auch von einer staatlichen Stelle in Kooperation mit den diversen Interessengruppen und thematisch betroffenen Behörden erfolgen. Insbesondere sollte gewährleistet sein, dass einheitliche Mindeststandards für alle Verwender von KI-basierten Kreditscoring-Systemen gelten. Sofern einerseits die Aufsichtsbehörden für Kreditinstitute als Verwender KI-basierter Systeme und andererseits eine andere Behörde für Nicht-Banken, wie beispielsweise Scoring-Unternehmen, zuständig wäre, bestünde die Gefahr uneinheitlicher Vorgaben. Zudem sollte dem entgegengewirkt werden, dass private Unternehmen oder ein privatrechtlich organisierter „Algorithmen-TÜV" die zwingend notwendigen Mindeststandards setzen. Gleichzeitig sollte auch gewährleistet sein, dass die Standards von einer solchen Qualität und inhaltlichen Relevanz sind, dass ihre Überprüfung nicht als reiner „Tick-the-Box"-Formalismus gilt.

(ii) Risikobasierte Standards

Wie bereits ausgeführt wurde, sollte die Regulierungsintensität für algorithmische Entscheidungssysteme im Bereich der Kreditvergabe direkt

[756] Vgl. beispielsweise S. 4 ff. und Artikel 6 des Entwurfs der KI-Verordnung.

proportional zum Risiko dieser Systeme ausgestaltet sein. Dies wäre auch bei der Ausgestaltung der Mindeststandards zu beachten. Während der aktuelle Entwurf der KI-Verordnung in diesem Zusammenhang eher einen übergreifenden pauschalen Ansatz zu verfolgen scheint, ist dies nicht unbedingt im Sinne einer risikobasierten Regulierung. Stattdessen sollten etwaige Zertifizierungsanforderungen nicht nur hinsichtlich der Zertifizierung selbst, sondern auch hinsichtlich der Notwendigkeit laufender Genehmigungsverfahren, am tatsächlichen Risikopotenzial des spezifischen Systems ausgerichtet sein. Unter Umständen könnten die in Kapitel 9 genannten Kriterien hierfür erste Anhaltspunkte liefern.

(iii) Anpassung der Mindeststandards unter Beteiligung eines „Ausschusses"

Neben der initialen Formulierung der Mindeststandards ist ebenso relevant, dass effiziente und praktikable Strukturen geschaffen werden, um bestehende Mindeststandards an veränderte technologische oder praktische Realitäten mit entsprechend höherer Bedrohungslage anzupassen. So mag es beispielsweise sein, dass die meisten Finanzinstitute zum aktuellen Zeitpunkt KI-Systeme für die Zwecke der Kreditvergabe, einschließlich Kreditwürdigkeitsprüfung, kaum vollautomatisiert und stets unter „human oversight" verwenden.[757] Dies ist sicherlich ein Argument, jedenfalls zum aktuellen Zeitpunkt, Mindeststandards im Sinne einer risikobasierten Regulierung unter Anwendung eines „light touch"-Ansatzes zu formulieren.

Allerdings kann der Status quo nicht als Argument dienen, von jeglichen präemptiven Vorbereitungshandlungen abzusehen, bis die technologische Entwicklung das bestehende weiche Regelungskorsett gesprengt hat. Stattdessen sollten bereits jetzt konzeptionelle Strukturen geschaffen werden, um einer veränderten Bedrohungslage schnell und effektiv regulatorisch begegnen zu können. Hierzu gehört beispielsweise ein Konzept, wie bestehende Mindeststandards schnell und unter Einbeziehung der relevanten Behörden und Interessengruppen angepasst werden können.

---

[757] Vgl. hierzu *Die Deutsche Kreditwirtschaft*, Stellungnahme zu dem Vorschlag für eine Verordnung des Europäischen Parlaments und des Rates zur Festlegung harmonisierter Vorschriften für künstliche Intelligenz (Gesetz über künstliche Intelligenz) und zur Änderung bestimmter Rechtsakte der EU, online abrufbar unter: https://bit.ly/3hbEiHu (letzter Aufruf am 23.02.2022).

Das Vorgehen im Rahmen des Messstellenbetriebsgesetzes liefert auch in diesem Zusammenhang hilfreiche Vorschläge: Erstens bedarf es nämlich einer staatlichen Stelle, in deren expliziten Verantwortungsbereich es liegt, die technologische Entwicklung zu beobachten und in regem Austausch mit der Finanzindustrie und den Finanzaufsichtsbehörden zu bleiben, um einen etwaigen Anpassungsbedarf der Mindeststandards frühzeitig zu erkennen. Im Bereich informationstechnologischer Sicherheit obliegt diese Verantwortung dem BSI. Bei der Regulierung von KI-Systemen könnte die hier vorgeschlagene staatliche Unterstützungs- und Überwachungseinheit diese Aufgabe übernehmen. Sicherlich muss in diesem Zusammenhang noch geklärt werden, wie die Kompetenzverteilung zwischen der Unterstützungs- und Überwachungseinheit, den zuständigen Aufsichtsbehörden und einer etwaigen gemäß dem Entwurf der KI-VO neu zu errichtenden KI-Behörde ausgestaltet sein müsste.

Zweitens muss ein Verfahren konzeptionisiert werden, welches klar formuliert, welche staatlichen Stellen und Interessengruppen in welcher konkreten Form bei Anpassungen der Mindeststandards zu involvieren sind. So schreibt beispielsweise § 27 Abs. 1 Hs. 2 MsbG vor, dass bei wesentlichen Änderungen der Schutzprofile und Technischen Richtlinien der „Ausschuss Gateway-Standardisierung unter Vorsitz des Bundesministeriums für Wirtschaft und Energie im Anschluss anzuhören ist".

(iv) Unterstützung von anderen Behörden

Die Regulierung von KI-Systemen, insbesondere auch solchen, die in der Finanzindustrie für die Zwecke des Kreditscorings eingesetzt werden, ist unter anderem deshalb so komplex, weil hierbei eine Vielzahl unterschiedlicher Sachmaterien von Bedeutung sind.[758] Aus diesem Grund ist es auch so schwierig, einer einzigen bereits bestehenden Behörde als zusätzliche Aufgabe die der Algorithmenregulierung zuzuschreiben. Schließlich erfordert die Regulierung und Aufsicht über KI-Systeme Erfahrung und Sachverstand in nicht nur einer Materie, sondern in den diversen Themengebieten, die vom Einsatz von KI-Systemen tangiert werden. Sofern KI-Systeme beispielsweise in der Finanzindustrie oder speziell beim Kreditscoring eingesetzt werden, ist

[758] *Martini*, Blackbox Algorithmus – Grundfragen einer Regulierung Künstlicher Intelligenz, 2019, S. 269.

zunächst ein vertieftes Verständnis des Finanz- und Kreditmarktes notwendig. Insofern ist die BaFin wohl die Behörde, die aufgrund ihrer allgemeinen Erfahrung und ihrer Aufsichtsbefugnisse im Zusammenhang mit dem algorithmischen Wertpapierhandel am ehesten in Betracht käme, den Einsatz von KI-Systemen auch im Kreditbereich umfassend zu regulieren.[759] Allerdings steht dem entgegen, dass neben einem Verständnis des Kreditmarktes und der Finanzindustrie auch vertiefte Kenntnisse im Datenschutzrecht, Wettbewerbsrecht, allgemeinen Persönlichkeitsrecht, IT-Sicherheitsrecht und Antidiskriminierungsrecht erforderlich sind. Es liegt nicht auf der Hand, wie sich eine einzige Behörde neben der notwendigen Expertise in der hochtechnisierten Algorithmentechnologie auch detaillierte Kenntnisse der anderen Rechtsmaterien zu einem solchen Grad aneignen könnte, um eine umfassende und dezidierte Beaufsichtigung gewährleisten zu können.[760]

Vor diesem Hintergrund wäre es eher praktikabel, bei der Regulierung von KI-Systemen auf zwei Grundpfeilern aufzubauen: Zunächst auf intensivierter Kooperation zwischen den einzelnen Behörden, um einen regen Austausch zu fördern und zu gewährleisten, dass die Querschnittsmaterie der Künstlichen Intelligenz in all ihren regelungsspezifischen Facetten so umfassend wie nötig und ohne Kompetenzüberschneidungen beaufsichtigt wird. Zum anderen wäre es hilfreich, eine staatliche Unterstützungseinheit zu schaffen, die nachhaltige und umfassende technische Expertise im Bereich der Künstlichen Intelligenz aufbaut. Es kann nicht jeder einzelnen Vollzugsbehörde zugemutet werden, sich neben ihren originären Aufgaben einerseits den notwendigen hochtechnisierten Sachverstand anzueignen und zum anderen stets auf dem neuesten Stand der Technik zu bleiben, um eine zeitgemäße Beaufsichtigung der Materie zu gewährleistet. Stattdessen wäre es effizienter, Ressourcen in die Schaffung einer unterstützenden staatlichen Einheit zu investieren, die die involvierten Fachbehörden auf Anfrage berät und unterstützt. Insoweit könnte man sich auch an der entsprechenden Aufgabe des BSI orientieren, welches den notwendigen Sachverstand in Fragen der informationstechnologischen Sicherheit vorhält.

---

759 *Martini*, Blackbox Algorithmus – Grundfragen einer Regulierung Künstlicher Intelligenz, 2019, S. 270.

760 Vgl. hierzu auch *Martini*, Blackbox Algorithmus – Grundfragen einer Regulierung Künstlicher Intelligenz, 2019, S. 270.

So verbleibt die Frage, ob es mehrere sektorspezifische staatliche Unterstützungseinheiten für die diversen Anwendungsbereiche der KI-Systeme geben sollte oder eine einzige Unterstützungseinheit, die sich mit der Anwendung von KI-Systemen in allen Geschäftsfeldern, wie beispielsweise der Gesundheits- und Automobilindustrie und auch in der der Finanzindustrie in technischer Hinsicht vertieft auskennt. Für die Einrichtung sektorspezifischer Behörden spricht, dass sich je nach Sektor, die spezifischen Herausforderungen im Hinblick auf Datenschutz, Diskriminierung und Verbraucherschutz deutlich unterscheiden. Zwar geht es in jedem Fall um den Betrieb von KI-Systemen, jedoch sind die einzelnen Anwendungsbereiche so grundverschieden, dass es sich quasi um getrennte Regelungsmaterien handelt, die unterschiedliche Expertise und spezifischen Sachverstand erfordern. Dennoch wäre es vermutlich realistischer, eine umfassende staatliche Unterstützungs- und Überwachungseinheit zu schaffen, die technische Expertise für alle Erscheinungsformen des KI-Einsatzes aufbaut. Schließlich ist die Verfügbarkeit technischer Experten ohnehin schon stark eingeschränkt, sodass es wohl problematisch sein könnte, für diverse staatliche Unterstützungseinheiten geeigneten Sachverstand zu rekrutieren.

Möglicherweise könnte jedoch die Unterstützungseinheit in sektorspezifische Ressorts untergliedert werden, die sich jeweils mit den unterschiedlichen Einsatzbereichen der KI-Systeme befassen. So wäre es beispielsweise nützlich, ein Ressort mit dem Einsatz von KI-Systemen in der Finanzindustrie, speziell für den Einsatz bei der Kreditwürdigkeitsprüfung, einzurichten. Schließlich werden solche Systeme zur Bewertung der Kreditwürdigkeit explizit im Entwurf der neuen KI-Verordnung als „Hochrisiko-Systeme“ eingeordnet. Die Zuständigkeit dieses Ressorts könnte dann im Laufe der Zeit bei Bedarf erweitert werden, um weitere Einsatzbereiche der KI-Systeme in der Finanzindustrie, beispielsweise bei der Betrugs- und Geldwäscheerkennung, ebenfalls zu umfassen. Denkbar ist auch, dass das Ressort die BaFin bei der Regulierung und Aufsicht über den Algorithmeneinsatz im Bereich des Wertpapierhandels unterstützt.[761]

---

[761] Aktualisierung nach Inkrafttreten der KI-VO: Gemäß Art. 74 Abs. 6 KI-VO gelten bei Hochrisiko-KI-Systemen, die von regulierten Finanzinstituten in Verkehr gebracht, in Betrieb genommen oder verwendet werden, die in jenen Rechtsvorschriften für die Finanzaufsicht über diese Institute benannte nationale Behörde als Marktüberwachungsbehörde für die Zwecke der KI-VO, sofern das Inverkehrbringen,

(v) Zertifizierung

Wie bereits in Kapitel 9 ausgeführt, können staatliche Zulassungskontrollen und Zertifizierungsverfahren einen wertvollen Beitrag zur Sicherung und insbesondere Zusicherung eines gewissen Qualitätsstandards leisten.[762]

Es wäre effizient und sinnvoll, wenn die staatliche Unterstützungs- und Überwachungseinheit, die die Mindeststandards in Kooperation mit den anderen genannten Fachbehörden und Interessenvertretern erarbeitet, auch für deren Durchsetzung und Überprüfung im Rahmen entsprechender Zertifizierungsverfahren zuständig wäre. Dies bedeutet nicht notwendigerweise, dass die Unterstützungs- und Überwachungseinheit selbst alle Zertifizierungsverfahren eigenverantwortlich durchführen muss. Schließlich würde dies unter Umständen ihre Kapazitäten sprengen. Bei der Implementierung von Zertifizierungsverfahren für BDAI-basierte Kreditvergabesysteme ist sicherlich noch zu klären, wie das kompetenz- und tätigkeitsbezogene Zusammenspiel neuer Verfahren mit den bereits bestehenden aufsichtsrechtlichen Genehmigungsverfahren im Hinblick auf Eigenkapitalanforderungen ausgestaltet sein wird.

Grundsätzlich könnte das System so ausgestaltet werden, dass die Zertifizierung zwar bei der staatlichen Einheit beantragt wird, aber dann durch Prüfstellen vollzogen wird.[763] Diese Prüfstellen sollten allerdings

---

die Inbetriebnahme oder die Verwendung des KI-Systems mit der Erbringung dieser Finanzdienstleistungen in direktem Zusammenhang steht.

762 Aktualisierung nach Inkrafttreten der KI-VO: Grundsätzlich sieht die KI-VO für Hochrisiko-KI-Systeme, die in Anhang II Nr. 2–8 der KI-VO genannt werden, Konformitätsbewertungsverfahren auf der Grundlage von internen Kontrollen im Wege der Selbstregulierung gemäß Anhang VI der KI-VO vor, die keine Beteiligung einer notifizierten Stelle vorsehen. Beispielsweise für Hochrisiko-KI-Systeme im Bereich der Biometrie (vgl. Anhang III, Nr. 1) hingegen sieht die KI-VO allerdings die Möglichkeit von Konformitätsbewertungsverfahren unter Beteiligung einer notifizierten Stelle vor (vgl. Art. 43 Abs. 1 KI-VO). In Ausnahmefällen, beispielsweise namentlich aus außergewöhnlichen Gründen der öffentlichen Sicherheit und des Schutzes des Lebens und der Gesundheit von Personen, kann eine Marktüberwachungsbehörde das Inverkehrbringen oder die Inbetriebnahme bestimmter Hochrisiko-KI-Systeme genehmigen.

763 Das Zertifizierungssystem ist auch für Themen der IT-Sicherheit so ausgestaltet, vgl. hierzu die Ausführungen auf der Webseite des BSI im Abschnitt „Fragen und Antworten zu Aufgaben und Themen des BSI“, online abrufbar: https://bit.ly/3t8pjmX (letzter Aufruf am 24.02.2022).

entsprechend staatlich akkreditiert und lizensiert sein. Gleichzeitig ist es auch wichtig, dass die staatliche Unterstützungs- und Überwachungseinheit dafür sorgt, dass die Prüfstellen objektiv und einheitlich entscheiden, um ein bundesweit uniformes Prüfsystem zu gewährleisten.[764]

Allerdings wäre noch zu überlegen, wie Zertifizierungsverfahren auszugestalten sind, wenn lernende Algorithmen in der IT-Anwendung genutzt werden. Schließlich entwickeln sich diese Algorithmen stetig anhand des neuen Dateninputs weiter, sodass eine einmalige anfängliche Zertifizierung nicht ausreichend ist. Schließlich könnte die veränderte Struktur der IT-Anwendung zu neuen Risiken führen, die anfänglich nicht antizipiert werden konnten. Eine Möglichkeit wäre, Zertifizierungen periodisch anzuordnen, um somit in regelmäßigen Abständen überprüfen zu können, ob das System noch den geltenden Anforderungen entspricht. Allerdings hätte dies den Nachteil, dass auf diese Weise das Risiko besteht, dass im Zeitraum zwischen eigenmächtiger Negativanpassung des Systems und Kontrolle im Zertifizierungsverfahren, ein potenziell schädliches System rechtsgutgefährdend aktiv war. Unter Umständen könnte man argumentieren, dass dies dem allgemeinen Lebensrisiko zuzuschreiben ist und in einer Gesamtschau die Vorteile der KI-Nutzung dennoch überwiegen. In diesem Fall wäre eine potenzielle Rechtsgutsgefährdung innerhalb eines überschaubaren Zeitraums hinzunehmen. Vielleicht gibt es aber auch die Möglichkeit, über eine rein periodische Prüfung von IT-Anwendungen hinaus, auch eine „anlassbezogene" Prüfung durchzuführen. Eine solche anlassbezogene Prüfung könnte beispielsweise dann durchzuführen sein, wenn interne Testverfahren ergeben haben, dass ein System möglicherweise fehlerhaft oder nicht mehr gemäß festgelegten Kriterien operiert. Auch bei bestimmten Vorfällen, die auf eine Fehlerhaftigkeit des Systems hindeuten, sollten erneute Systemprüfungen notwendig werden. Im Idealfall könnten die KI-Anwendungen so programmiert werden, dass sie zu einem gewissen Grad „selbstreflektive" Eigenschaften haben und somit die eigene Weiterentwicklung aufgrund des KI-basierten Lernprozesses erkennen und analysieren können. So könnte beispielsweise das System ab einer bestimmten prozentualen Abweichung von der Initialprogrammierung eine entsprechende Information für den Anwender

[764] Vgl. hierzu ebenfalls die Webseite des BSI, online abrufbar: https://bit.ly/3t8pjmX (letzter Aufruf am 24.02.2022).

generieren, die das erneute Durchlaufen eines Zertifizierungsverfahrens erforderlich machen würde.

Ein erneutes Durchlaufen eines Zertifizierungsverfahrens ist letztlich in jedem Fall dann nötig, wenn sich die technischen Mindestanforderungen verändern.

(vi) Funktion als Registrierungsstelle

Die staatliche Einheit, die idealerweise auch die Aufgabe einer Überwachungseinheit übernehmen soll, kann jeglicher Beobachtungs- und Monitoringfunktion nur dann nachkommen, wenn ein System wechselseitiger Informationspflichten besteht. Natürlich sollten diese Informationspflichten ebenfalls dem bereits oben spezifizierten risikobasierten Ansatz folgen und nur für Anwender von KI-Systemen gelten, welche diese Systeme in einer Art und in einem Umfang einsetzen, wodurch ein relevantes Risiko entsteht.

Um ihrer Beobachtungsaufgabe nachkommen zu können, muss die staatliche Überwachungseinheit zunächst Kenntnis erlangen und einen Überblick darüber gewinnen können, welche Anwender überhaupt KI-Systeme nutzen. Aus diesem Grund sollten Anwender solcher Systeme dazu verpflichtet werden, sich bei der staatlichen Einheit zu registrieren und im Zuge dessen zu erläutern, welche Art von KI-System in welchem Umfang genutzt wird.[765]

Einerseits ermöglicht die Registrierungspflicht bei einer staatlichen Einheit die Überprüfung, ob beispielsweise die notwendigen Zulassungskontrollen durchlaufen wurden und erforderliche Zertifizierungen vorliegen. Des Weiteren ermöglicht eine Registrierungspflicht der staatlichen Einheit, sich einen Überblick über die Entwicklung des Einsatzes von KI-Systemen in den diversen Sektoren zu verschaffen. Indem die Anwender verpflichtet werden, beispielsweise zu erläutern, bei welchen Kreditarten und in welchem Umfang auf KI-Systeme für die Zwecke der Kreditvergabe zurückgegriffen wird und inwieweit die Kreditentscheidung durch menschlichen Input ergänzt wird, kann sich die staatliche Stelle einen allgemeinen Überblick über die technische Entwicklung im Gesamtsektor machen. Die frühzeitige Identifizierung technologischer Trends ermöglicht es dem Gesetzgeber, der Bankenaufsicht

[765] Auch der Entwurf der KI-Verordnung sieht eine Registrierungspflicht für Hochrisiko-KI-Systeme vor, vgl. hierzu S. 14 des Entwurfs der KI-Verordnung.

oder jeglicher staatlichen Stelle, bei Bedarf präemptiv legislativ einzugreifen, sei es in Form einer Lockerung oder Verschärfung bestehender Regulierung.

Die Registrierungspflicht ermöglicht auch eine verhältnismäßige und differenzierte Beaufsichtigung von Anwendern der KI-Systeme, abhängig davon, zu welchem Grad und mit welchem potenziellen Risiko die entsprechenden Systeme verwendet werden. Indem sich Aufsichtsbemühungen und Ressourcen eher auf Anwender konzentrieren, deren KI-Systeme besonders intensiv genutzt oder aus anderweitigen Gründen risikobehaftet sind, könnte man so die Kapazitäten der Aufsicht effizienter allokieren und bedarfsgerecht fokussieren.

Die Registrierungspflicht könnte auch die staatliche Stelle dazu befähigen, eine Auflistung der jeweiligen Anwender der KI-Systeme, mit weitergehenden Informationen, beispielsweise hinsichtlich der durchlaufenen Zertifizierungsverfahren, zu veröffentlichen. Dies würde dem Verbraucherschutz dienen und Transparenz schaffen, da sich die Verbraucher auf diese Weise einen schnellen und leicht zugänglichen Überblick verschaffen könnten. In Kombination mit einem etwaigen Verbraucherinformationsservice der staatlichen Überwachungseinheit, könnte hier sicherlich dazu beigetragen werden, KI-Systeme und deren Anwendung gegenüber Verbrauchern zu „demystifizieren", indem mehr Transparenz hergestellt und zu einem gewissen Grad auch grundlegendes technisches Verständnis geschaffen wird.

Im Gegenzug hätte die Registrierung der KI-Systeme bei einer staatlichen Stelle jedoch auch potenzielle Vorteile für die Anwender dieser Systeme. Insbesondere könnte die staatliche Stelle dazu verpflichtet werden, die registrierungspflichtigen Unternehmen auch über die sie betreffenden Informationen in Kenntnis zu setzen.[766] Diese Informationspflicht auf Seiten der staatlichen Stelle könnte sich beispielsweise auf neue regulatorische Verpflichtungen oder von anderen Unternehmen gemeldete Vorfälle beziehen, wie beispielsweise Cyberangriffe auf IT-Systeme von Konkurrenten oder sicherheitsrelevante Schwachstellen.[767] Die staatliche Stelle könnte aufgrund der von den Anwendern übermittelten Registrierungsinformationen

[766] Vgl. hierzu Drucksache 19/26106, 25.01.2021, S. 80.

[767] Diese Überlegungen stellte auch der Gesetzgeber beim Entwurf eines Zweiten Gesetzes zur Erhöhung der Sicherheit informationstechnischer Systeme an, Drucksache 19/26106, 25.01.2021, S. 80.

besser einschätzen, welche Informationen für diese nützlich und relevant sein könnten.[768]

Sofern die Übermittlung etwaiger Detailinformationen an die staatliche Einheit mit dem Geheimhaltungsinteresse von beispielsweise Kreditinstituten kollidiert, könnte die staatliche Überwachungseinheit zu Diskretion und Geheimhaltung verpflichtet werden. Es ist davon auszugehen, dass eine solche Geheimhaltungsverpflichtung schwerer einzurichten und durchzusetzen wäre, wenn es sich bei der Registrierungsstelle um eine privatrechtlich organisierte Einheit handeln würde.

(vii) Funktion als Meldestelle

Neben der Funktion als Registrierungsstelle ist ebenso wichtig, dass die staatliche Unterstützungs- und Überwachungseinheit die Rolle einer zentralen Meldestelle einnimmt, der bestimmte Vorfälle im Zusammenhang mit dem Betrieb von KI-Systemen gemeldet werden. Sofern sich beispielsweise IT-Sicherheitslücken auftuen, die grundlegende Funktionsweise von Systemen gestört ist oder sich anderweitige Vorfälle ereignen, sollte hierüber zeitnah eine entsprechende Information der staatlichen Einheit erfolgen.[769] Insbesondere wäre das Ziel, zwischen staatlicher Einheit und den meldenden KI-Anwendern ein Verhältnis des vertrauensvollen Austauschs aufzubauen.[770]

Diese Meldepflicht hat insbesondere zwei Vorteile: Erstens ermöglicht sie der staatlichen Stelle, andere Unternehmen, die möglicherweise ebenfalls

---

768 Vgl. hierzu Drucksache 19/26106, 25.01.2021, S. 80.

769 Vgl. hierzu auch folgende Ausführungen im Rahmen des aktuellen Entwurfs der KI-Verordnung, Abschnitt 5.1, S. 14: „Zudem werden KI-Anbieter verpflichtet, die nationalen zuständigen Behörden zu informieren, sobald sie Kenntnis über schwerwiegende Vorfälle oder Fehlfunktionen erlangen, die eine Verletzung der Pflicht zur Wahrung der Grundrechte darstellen, sowie über jeden Rückruf oder jede Rücknahme von KI-Systemen vom Markt. Es ist dann Aufgabe der nationalen Behörden, den Vorfall oder die Fehlfunktion zu untersuchen, alle notwendigen Informationen zu sammeln und der Kommission zusammen mit den geeigneten Metadaten zu übermitteln. Die Kommission wird die Informationen zu den Vorfällen durch eine umfassende Analyse des KI-Markts insgesamt ergänzen."

770 Dieser der Meldepflicht zugrundeliegende Gedanke findet sich auch im Gesetzesentwurf des Zweiten Gesetzes zur Erhöhung der Sicherheit informationstechnischer Systeme, Drucksache 19/26106, 25.01.2021, S. 82.

von der gemeldeten Störung oder Sicherheitslücke betroffen sind, frühzeitig zu informieren und zu warnen.[771] Sofern beispielsweise das KI-System, das von einem Kreditinstitut für die Zwecke des Kreditscorings verwendet wird, bestimmte extern verursachte Funktionsstörungen aufweist, so könnte eine rechtzeitige Warnung anderer Kreditinstitute möglicherweise weitergehende Schäden aufgrund eines rechtzeitigen Eingriffs abwenden. Insbesondere bliebe es unter Umständen dem KI-Anwender erspart, sich selbst mit Warnungen oder Informationen zu Funktionsstörungen an die Öffentlichkeit oder an andere Unternehmen zu wenden, da die staatliche Einheit für solche Maßnahmen zuständig wäre.[772]

Zweitens ermöglicht die Meldung von gewissen Funktionsstörungen, Anwendungsfehlern oder Sicherheitslücken, dass sich eine zentrale Stelle ein Gesamtbild über gewisse technische Entwicklungen machen kann, um unter Umständen unterstützend einzugreifen. Eine zentrale Sammlung und Auswertung der entsprechenden Daten würde die zuständige staatliche Stelle befähigen, in einen Austausch mit ausländischen Parallelbehörden zu treten, um eventuell gemeinsame Projekte anzustoßen oder in einen gegenseitig nutzbringenden Austausch zu treten.

In diesem Zusammenhang müsste vorab definiert werden, welche Arten von Informationen zu melden sind und ab welcher Schwelle die Informationspflichten eingreifen. Beispielsweise wäre denkbar, dass Kreditinstitute oder Scoring-Unternehmen nicht nur tiefgreifende Funktionsstörungen melden müssten, sondern auch die Tatsache, dass ein internes Testverfahren ergeben hat, dass ein für Scoringzwecke verwendetes KI-System diskriminierende Tendenzen aufweist. Jedoch ist auch gerade hier das Verhältnismäßigkeitsprinzip zu wahren und abzuwägen, bis zu welchem Grad Meldepflichten allgemeine Relevanz haben und ab wann sie eher eine unangemessene Belastung der

[771] Dieser Gesichtspunkt war auch im Rahmen der Änderung von §8 f BSIG relevant, dessen Absatz 7 die spezifizierten Unternehmen dazu verpflichtet, bestimmte Störungen unverzüglich dem BSI zu melden. Vgl. hierzu den Gesetzesentwurf der Bundesregierung, Entwurf eines Zweiten Gesetzes zur Erhöhung der Sicherheit informationstechnischer Systeme, Drucksache 19/26106, 25.01.2021, S. 80.

[772] Dieser Aspekt wird ebenfalls in der Gesetzesbegründung zum Entwurf des Zweiten Gesetzes zur Erhöhung der Sicherheit informationstechnischer Systeme im Rahmen der Meldepflichten genannt, Drucksache 19/26106, 25.01.2021, S. 82.

meldepflichtigen Unternehmen darstellen. In jedem Fall sind die Vorgaben jedoch klar und eindeutig zu formulieren.[773]

(viii) Verbraucherinformation über KI-Systeme

Eine weiteres wichtiges Tätigkeitfeld, das eine staatliche Unterstützungs- und Überwachungseinheit spezialisiert auf KI-basierte Systeme betreuen könnte, wäre die Aufgabe der Verbraucherinformation. So haben sich wohl viele Verbraucher bei der BaFin erkundigt, inwiefern die Aufsicht Scoring an sich und deren Nutzung durch Kreditinstitute kontrolliert.[774] Dies demonstriert das grundsätzliche Interesse von Verbrauchern an der Etablierung, Nutzung und Kontrolle von Kreditscoring-Systemen.

Die Relevanz einer solchen Stelle lässt sich an folgendem hypothetischen Beispiel veranschaulichen: Ein Verbraucher möchte einen Kredit beantragen und erfährt auf dem Internetauftritt des Kreditinstituts anhand einer entsprechenden Kennzeichnung oder bei der persönlichen oder telefonischen Beratung durch einen Mitarbeiter des Kreditinstituts, dass die Kreditwürdigkeitsprüfung mit Hilfe oder auf Basis eines KI-Systems durchgeführt wird. Dies mag beim ein oder anderen Verbraucher Unbehagen auslösen, da er nicht genau versteht, auf welche Weise der Input des KI-Systems das Ergebnis seines Kreditantrags beeinflusst, welchen potenziellen Risiken er hierdurch ausgeliefert ist und welche speziellen Rechte ihm möglicherweise zustehen. Nun hat er aktuell die Möglichkeit, sich mit seinen Fragen

---

[773] Der Entwurf der KI-Verordnung verwendet eher allgemeine und auslegungsbedürftige Voraussetzungen für das Eingreifen von Meldepflichten. So seien KI-Anbieter verpflichtet, die nationalen zuständigen Behörden zu informieren, „sobald sie Kenntnis über schwerwiegende Vorfälle oder Fehlfunktionen erlangen, die eine Verletzung der Pflicht zur Wahrung der Grundrechte darstellen, sowie über jeden Rückruf oder jede Rücknahme von KI-Systemen vom Markt", vgl. Abschnitt 5.1 des Entwurfs der KI-Verordnung. Diese Formulierung ist vermutlich deshalb so allgemein gehalten, weil sich die Verordnung auf alle Arten von KI-Systemen bezieht, unabhängig vom Sektor, in dem sie eingesetzt werden. Je nach Sektor gestaltet sich die Bedrohungslage jedoch grundlegend anders, sodass diesbezüglich im Sinne der Rechtssicherheit spezifiziert werden sollte, welche genauen Vorfälle oder Eigenschaften eines KI-Systems, beispielsweise beim Einsatz im Rahmen der Kreditwürdigkeitsprüfung, eine Meldepflicht auslösen.

[774] Vgl. *BaFin*, Fachartikel, Rolle der Aufsicht bei der Verwendung von Kreditscores, 20.03.2019, online abrufbar unter: https://bit.ly/36rbcl4 (letzter Aufruf am 24.02.2022).

beispielsweise an das Kreditinstitut selbst, die Aufsichtsbehörden oder an die Verbraucherzentrale zu wenden. Gegen eine Beratung durch das Kreditinstitut und stattdessen durch eine separate staatliche Stelle selbst könnte sprechen, dass eine Beratung durch eine staatliche Stelle dem Verbraucher eher den Eindruck vermitteln könnte, neutral und unabhängig betreut zu werden. Aus diesem Grund ist es nicht hinreichend, dem Verbraucher lediglich die Möglichkeit einer Beratung durch das Kreditinstitut selbst zu eröffnen. Das Problem bei einer Beratung durch die Verbraucherzentrale oder die Aufsichtsbehörden ist, dass das Thema Künstliche Intelligenz sehr speziell ist und besonderen technischen Sachverstand voraussetzt. Sofern ohnehin eine staatliche Stelle als Unterstützungs- und Überwachungseinheit ausgestaltet ist und somit über hinreichend extensives technisches Verständnis verfügt, um Fachbehörden zu beraten und Mindeststandards zu erarbeiten, so sollte dieser Sachverstand auch dafür genutzt werden, um Verbraucher zu informieren und zu beraten. Schließlich ist dies ein wichtiger Schritt, um öffentliche Akzeptanz und Vertrauen zu schaffen. Insbesondere die opake Materie der Künstlich Intelligenz macht sie für Verbraucher schwer greifbar und wenig zugänglich. Dies schürt Misstrauen und Unsicherheit, dem durch Aufklärung und Information entgegengewirkt werden muss.

Beim Thema Verbraucherschutz und -information wäre es auch sinnvoll, wenn die neue staatliche Unterstützungs- und Überwachungseinheit mit anderen Behörden kooperieren würde, wie beispielsweise mit der Verbraucherzentrale, dem BSI, der BaFin oder dem Bundeskartellamt. Letztlich ist die Förderung von Akzeptanz und Information dieser Querschnittsmaterie eine Gemeinschaftsaufgabe.

Beim Thema Cybersicherheit kooperiert beispielsweise das BSI mit der Verbraucherzentrale NRW. Diesbezüglich haben diese staatlichen Stellen auch ein „Memorandum of Understanding" unterzeichnet, welches die Art und den Umfang der Zusammenarbeit konkretisiert.[775] Während nämlich die Verbraucherzentrale NRW über vielzählige Beratungsstellen und somit über eine große Nähe zu den Bürgern verfügt, hat das BSI die ausgeprägte Expertise

[775] Memorandum of Understanding zur Förderung der Informationssicherheit von Verbraucherinnen und Verbrauchern zwischen dem Bundesamt für Sicherheit in der Informationstechnik (BSI) und der Verbraucherzentrale NRW, 01.03.2017, online abrufbar unter: https://bit.ly/3t4mJyC (letzter Aufruf am 24.02.2022)

und den technischen Sachverstand. Insoweit können sich die beiden Stellen zum Vorteil der Verbraucher gut ergänzen. So gestaltet sich die konkrete Zusammenarbeit der beiden Stellen wie folgt: Zunächst findet ein regelmäßiger Informationsaustausch zu verbraucherrelevanten Themen statt, sodass das BSI stets erfährt, welche Aspekte der IT-Sicherheit aus Verbrauchersicht besonders relevant sind und die Verbraucherzentrale stets über neue Entwicklungen und den Stand der Technik informiert wird.[776] Darüber hinaus führen sie gemeinsam „Präventions- und Sensibilisierungsaktivitäten" für Verbraucher aus, „um deren Kenntnisse über einen sicheren Umgang mit Informations- und Kommunikationstechnologie zu verbessern und wirksame Schutzmöglichkeiten aufzuzeigen".[777] Letztlich gestalten das BSI und die Verbraucherzentrale NRW die Presse- und Öffentlichkeitsarbeit gemeinsam und stimmen sich diesbezüglich ab.[778]

Angelehnt an diese Elemente könnte auch eine staatliche Unterstützungs- und Überwachungseinheit, beispielsweise für den Fall des KI-Einsatzes im Finanzbereich, gemeinsam mit anderen relevanten Behörden Veranstaltungen zu betreffenden Themen organisieren, proaktiv Verbraucher informieren und Themen für die Öffentlichkeitsarbeit untereinander abstimmen. Eine proaktive Information der Öffentlichkeit bietet auch für Finanzinstitute den Vorteil, präemptiv dafür zu sorgen, dass keine überzogenen Befürchtungen und unbegründete Zweifel bezüglich des KI-Einsatzes im verbrauchernahen Kreditgeschäft entstehen. Stattdessen könnten die Verbraucher auch effektiv über die Vorteile und den Nutzen des KI-Einsatzes aufgeklärt werden.

---

[776] Memorandum of Understanding zur Förderung der Informationssicherheit von Verbraucherinnen und Verbrauchern zwischen dem Bundesamt für Sicherheit in der Informationstechnik (BSI) und der Verbraucherzentrale NRW, 01.03.2017, online abrufbar unter: https://bit.ly/3t4mJyC (letzter Aufruf am 24.02.2022).

[777] Memorandum of Understanding zur Förderung der Informationssicherheit von Verbraucherinnen und Verbrauchern zwischen dem Bundesamt für Sicherheit in der Informationstechnik (BSI) und der Verbraucherzentrale NRW, 01.03.2017, online abrufbar unter: https://bit.ly/3t4mJyC (letzter Aufruf am 24.02.2022).

[778] Memorandum of Understanding zur Förderung der Informationssicherheit von Verbraucherinnen und Verbrauchern zwischen dem Bundesamt für Sicherheit in der Informationstechnik (BSI) und der Verbraucherzentrale NRW, 01.03.2017, online abrufbar unter: https://bit.ly/3t4mJyC (letzter Aufruf am 24.02.2022).

Fazit

Der Einsatz von Automatisierungslösungen und KI-basierten Technologien für die Zwecke der Kreditvergabe birgt immenses Potenzial. Obwohl die Praxis aktuell noch nicht vollumfänglich von den technologischen Möglichkeiten Gebrauch macht, ist davon auszugehen, dass dies perspektivisch immer mehr der Fall sein wird.

Bei der Etablierung neuer fortschrittlicher Technologien, von denen die Wirtschaftsleistung und Wettbewerbsfähigkeit des Finanzsektors langfristig abhängig ist, stellen sich grundsätzliche Herausforderungen für Aufsicht und Regulierung. Zum einen muss diese hinreichend flexibel ausgestaltet sein, um technische Innovation zu ermöglichen, indem sie keinen zu restriktiven Rechtsrahmen konstatiert. Andererseits muss Regulierung aber auch für genügend Rechtssicherheit sorgen. Ansonsten würde die Finanzindustrie neue Technologien eher verhalten für sich nutzbar machen, um potenzielle Rechtsverstöße zu vermeiden. Neben dieser Gratwanderung zwischen der Gewährung von ausreichender Flexibilität und der Statuierung eines klaren Rechtsrahmens müssen Vorgaben auch in der Lage sein, sich der rasanten Geschwindigkeit von Innovation und technologischen Fortschritt anzupassen. Weiterhin muss Regulierung auch im Sinne eines effektiven Rechtsgutschutzes den neuen Risikobereichen begegnen können, die durch den intensivierten und erweiterten Technologieeinsatz eröffnet sind. Dies ist auch zentral für die Schaffung von Vertrauen und gesellschaftlicher Akzeptanz, was für die Etablierung fortschrittlicher Technologien im Wirtschaftsleben essenziell ist. Hierfür ist auf Seiten der Aufsicht nicht nur spezialisierter Sachverstand gefragt, sondern auch idealerweise die Antizipation künftiger Entwicklungen, um rechtzeitig und präemptiv Gefahrenabwehr betreiben zu können.

Vor dem Hintergrund dieser regulatorischen Gemengelage hat dieser Beitrag die aktuelle Gesetzeslage sowie auch mögliche weitere Regulierungsansätze für den Einsatz von BDAI-basierten Technologien und Automatisierungslösungen im Bereich der Kreditvergabe untersucht. Einige grundlegende Ergebnisse dieser Analyse können in den folgenden Thesen zusammengefasst werden:

1. Der Einsatz fortschrittlicher Technologien bei der Kreditvergabe eröffnet neue Risikobereiche

Zunächst hat dieser Beitrag im Wege einer Gegenüberstellung der risikomitigierenden und risikoerhöhenden Wirkung von BDAI-basierten Kreditscoring-Verfahren erörtert, inwieweit der Technologieeinsatz neue Gefahrenpotenziale birgt. Einerseits gelingt zwar neuen Technologien, einigen Risiken des Traditionellen Kreditvergabeverfahrens effektiv zu begegnen: So mindert beispielsweise die Verwendung eines BDAI-Kreditscoring-Verfahrens das Risiko der Diskriminierung, das jeder menschlichen subjektiv-eingefärbten Entscheidung inhärent ist. Schließlich sind Antipathien oder Fehleinschätzungen aufgrund des Eindrucks der Person des Kreditnehmers einem Algorithmus fremd. Gleichzeitig sorgt der Einsatz von lernenden Algorithmen, die auf Basis großer strukturierter und unstrukturierter Datenmengen trainiert und kalibriert werden, nachweislich dafür, dass Bonitätseinschätzungen zutreffender und genauer vorgenommen werden können. Dies sorgt dafür, dass die Kreditvergabe marktübergreifend für alle Teilnehmer sicherer und auch preiswerter wird. Weiterhin erlaubt es die Einbeziehung von einem größeren, diverseren Datenpool in die Bonitätsbewertung, dass bislang benachteiligte Personengruppen erstmalig kreditberechtigt werden oder dass Antragsteller Kredite zu besseren Konditionen erhalten. Dies wird insbesondere dadurch erreicht, dass erstmalig Datenpunkte in die Bonitätsbewertung mit einbezogen werden, die zwar für die Zwecke der Kreditwürdigkeitsprüfung aufschlussreich sind, aber traditionell nicht in die Bewertung mit einbezogen wurden. Dies verringert das Risiko, dass bestimmte Personengruppen vom Kreditmarkt ausgeschlossen werden, weil beispielsweise keine traditionell-verwendeten Datenpunkte über sie vorliegen, die für die Zwecke der Kreditwürdigkeitsprüfung genutzt werden könnten. Gleichzeitig erlaubt die Nutzung eines breiteren Datenspektrums, dass die Kreditwürdigkeitsprüfung in Einzelfällen positiver ausfällt als im traditionellen Verfahren, sodass ein Kredit unter erleichterten Konditionen, wie beispielsweise einer niedrigeren Zinslast, ausgereicht werden kann. Dies verringert das Risiko, dass einzelne Kreditnehmer aufgrund besonders strenger Kreditkonditionen, wie hohen Zinsen, in finanzielle Schwierigkeiten geraten.

Während das BDAI-basierte Kreditscoring-Verfahren unter anderem aufgrund der vorgenannten Faktoren (potenzielle) Kreditbewerber schützt und risikoverringernde Wirkung auf das Kreditvergabesystem hat, birgt es gleichzeitig neue Gefahren sowohl für die Finanzmarktstabilität als auch für natürliche Personen. Diese sind insbesondere dem starken Technologiebezug des BDAI-Kreditscoring-Verfahrens geschuldet. Schließlich wird die menschliche Interventions- und Steuerungsmöglichkeit stark reduziert, sodass die Kreditwürdigkeitsprüfung wie auch das Kreditvergabeverfahren in Gänze maßgeblich von dem reibungslosen und korrekten Funktionieren der komplexen, algorithmenbasierten Technik abhängt. In dem Zusammenhang wirkt insbesondere risikoerhöhend, dass systemimmanente Modellfehler aufgrund des großen Bearbeitungsvolumens und der hohen Prozessgeschwindigkeit besonders gravierende Auswirkungen haben können. Des Weiteren sind die algorithmisch-determinierten Ergebnisse maßgeblich von der Qualität der eingepflegten Daten abhängig, die sowohl zu Trainings- als auch zu Kalibrierungszwecken essenziell sind. Sofern die Datensätze beispielsweise unvollständig, fehlerhaft sind oder diskriminierende Tendenzen aufweisen, führt dies dazu, dass das BDAI-Kreditscoring-Verfahren selbst auch gleichermaßen ungenaue oder ebenfalls diskriminierende Ergebnisse produziert. Des Weiteren birgt Technologieversagen, wie beispielsweise aufgrund von Hacker-Angriffen, eine besonders virulente Gefahr für das Gesamtsystem, da es durch den besonderen Technologiefokus im Hinblick auf externe Einwirkungsmöglichkeiten exponierter ist als bisher. Letztlich bestehen auch Risiken für den Verbraucherschutz, der durch drohende Informationsasymmetrien zwischen Kreditnehmer und Kreditgeber gefährdet ist. Insbesondere in Kombination mit einer drohenden Intransparenz des BDAI-Kreditscoring-Verfahrens könnte dies zur Situation führen, dass der Verbraucher nicht mehr nachvollziehen kann, welche Daten dem Kreditgeber über ihn vorliegen und auf welche Weise sie in die Kreditentscheidung einfließen. Darüber hinaus besteht das Risiko der Verbrauchermanipulation und

-ausbeutung, da das Verbraucherinteresse aufgrund der schieren Datenmenge sehr genau eingeschätzt und beziffert werden kann.

2. Die gesetzlichen Rahmenbedingungen sind nur eingeschränkt bei der Begegnung des technologiebedingt erhöhten Risikopotenzials wirksam

Sicherlich besteht ein dichtes Regelungsgeflecht aus zivilrechtlichen, aufsichtsrechtlichen und datenschutzrechtlichen Normen, die beim Technologieeinsatz im Bereich der Kreditvergabe, insbesondere von Kreditinstituten, zu beachten sind. Eine nähere Analyse offenbart allerdings die Schwächen der bestehenden Regulierung, insbesondere in Anbetracht des erhöhten Gefahrenpotenzials, das Folge des intensivierten und erweiterten Technologieeinsatzes ist. Dieses Gefahrenpotenzial resultiert insbesondere in einem erhöhten Schutzbedarf im Hinblick auf datenschutzrechtliche, antidiskriminierungsrechtliche und allgemein verbraucherschutzrechtliche Belange. Während beispielsweise das Aufsichtsrecht die Kreditvergabe und auch die Verwendung von Modellen für die Zwecke der Kreditwürdigkeitsprüfung intensiv reguliert, besteht diese Regulierung vornehmlich im Hinblick auf banktypische Risiken.[779] Zu diesen zählen Risiken für den Institutsschutz, den Einlegerschutz und die Finanzmarktstabilität. Datenschutzrechtliche, diskriminierungsrechtliche oder verbraucherschutzrechtliche Gefahren als Folge des Technologieeinsatzes liegen daher nicht im Fokus der Aufsichtsbehörden. Hierin liegt die Schwäche des Aufsichtsrechts bei der Gewährung eines adäquat umfassenden Schutzniveaus.

Das Datenschutzrecht selbst wiederum ist nicht darauf ausgerichtet, etwaige technologieimmanente Risiken zu steuern, sondern soll hauptsächlich den Gefahren der Datenverarbeitung begegnen. So enthält die DSGVO zwar eine Definition für das „Profiling", zu dem das Kreditscoring zu zählen ist, knüpft aber hieran keine bestimmten Rechtsfolgen.[780] Stattdessen

[779] Siehe hierzu insbesondere Kapitel 6, Abschnitt 4.

[780] Sachverständigenrat für Verbraucherfragen beim Bundesministerium der Justiz und für Verbraucherschutz, Verbrauchergerechtes Scoring, 2018, S. 113, online abrufbar unter: https://bit.ly/3HhYaTJ (letzter Aufruf am 24.02.2022).

ist die „automatisierte Entscheidung“ im Sinne des Art. 22 DSGVO reguliert, welche jedoch nur vollautomatisierte algorithmische Systeme für Kreditentscheidungszwecke umfasst, was etwas zu kurz greift. Des Weiteren ist der Anwendungsbereich der DSGVO auf die Verarbeitung von personenbezogenen Daten beschränkt, sodass die erste Phase der Etablierung eines Scoring-Systems auf der Basis von Datensätzen ohne Personenbezug nicht von der DSGVO erfasst sind. Gleichzeitig werden in dieser Phase bereits Grundsatzentscheidungen getroffen, die die Basis für das spätere Scoring-Verfahren mit Individualbezug bilden, sodass auch diese Phase regulierungsbedürftig wäre. Gleichzeitig sieht die DSGVO diverse Kennzeichnungs- und Offenlegungspflichten vor, welche jedoch ebenfalls an das Vorliegen einer vollautomatisierten Entscheidungssystem geknüpft sind und somit innerhalb eines besonders engen Anwendungs- und Schutzbereich wirken. Hierin manifestieren sich auch die Schwächen einer nicht-sektorspezifischen Regulierung, die allgemeine Vorgaben statuiert, unter welche beispielsweise die besonderen Spezifika des Kreditgeschäfts zu subsumieren sind. Dies führt unweigerlich sowohl zu Auslegungsschwierigkeiten wie auch zu Regelungslücken, die in Teilen beschrieben wurden.[781]

3. Informations- und Transparenzrechte können den Betroffenen nur eingeschränkten Schutz gewähren

Sicherlich ist die Debatte um Künstliche Intelligenz stark von Rufen nach „Erklärbarkeit“ und „Nachvollziehbarkeit“ geprägt. Die Analyse dieses Beitrags hat gezeigt, dass diese Attribute der KI-Systeme dem Einzelnen aber auch nur begrenzten Komfort gewähren können. Trotz etwaiger Transparenzrechte ist zu befürchten, dass es Betroffenen dennoch nicht gelingen wird, „die Funktionsweise einer Softwareanwendung zu verstehen und zu kontrollieren“.[782] Schließlich sind den Transparenzpflichten in Form von Erläuterungs-, Informations- oder Erklärungspflichten aus allgemeinen Gründen Grenzen gesetzt. Beispielsweise stehen Transparenzpflichten die Geheimhaltungsinteressen der Entwickler und Verwender solcher Systeme entgegen. Des Weiteren kann es sein, dass sich bestimmte Systeme, je nach

[781] Siehe hierzu insbesondere Kapitel 7, Abschnitte 1.6 sowie 2. und 3.
[782] *Martini*, Algorithmen als Herausforderung für die Rechtsordnung, JZ 2017, 1021

Art und Komplexität, beim besten Willen technologisch nur in eingeschränktem Umfang erklären lassen. Zu starre Voraussetzungen, nur solche Systeme verwenden zu dürfen, die tatsächlich vollumfänglich vom Verwender verstanden werden, würde unter Umständen eine große Hürde und ein potenzielles Innovationshemmnis darstellen. Schließlich sind gerade die besonders präzisen und prognosestarken Systeme diejenigen, die am wenigsten erklärbar sind. Letztlich mag es auch sein, dass sämtliche Erklärungs- und Informationsbemühungen ins Leere laufen, weil die Erläuterung der technologischen Funktionsweise nicht dem tatsächlichen Informationsbedürfnis der Betroffenen gerecht werden kann.[783]

4. Risikobasiert angelegte Zulassungs- und Zertifizierungsverfahren könnten eine hilfreiche Ergänzung der bestehenden Strukturen darstellen

Zulassungsverfahren könnten einen wichtigen Beitrag zur Schaffung eines allgemeingültigen Qualitätsstandards für KI-Systeme, gerade im Rahmen des Kreditscorings, darstellen und so zu Vertrauen und gesellschaftlicher Akzeptanz beitragen. Insbesondere auch vor dem Hintergrund, dass Kreditscoring nicht nur von bereits stark regulierten Kreditinstituten, sondern beispielsweise auch von Fintech-Unternehmen und Wirtschafsauskunfteien betrieben wird, wäre es zur Vermeidung von Rechtslücken und -unsicherheit wichtig, den Einsatz von BDAI-basierter Kreditscoring-Systeme einheitlich zu regulieren. Für die Aufrechterhaltung eines angemessenen Qualitätsstandards, der auch gegenüber Verbrauchern kommuniziert werden kann, bietet es sich daher an, Zulassungsverfahren anhand von klar definierten Mindeststandards durchzuführen. Allerdings bestehen auch diverse Herausforderungen für die Implementierung solcher Zulassungsverfahren. Zu diesen zählt unter anderem die Tatsache, dass Zulassungsverfahren mit hohen Kosten für die Entwickler und Verwender von BDAI-basierten Systemen verbunden sein könnten. Deshalb ist insbesondere wichtig, bei der Ausgestaltung von Zulassungsverfahren einen risikobasierten Ansatz zu wählen, um Überregulierung und unnötige Kosten zu vermeiden. Vor diesem Hintergrund nennt dieser Beitrag einige Kriterien, die für die Bestimmung

---

[783] Stichwort „meaningful transparency", vgl. hierzu Kapitel 7, Abschnitt 4.3.

des Risikopotenzials von BDAI-basierten Kreditentscheidungssystemen angelegt werden könnten. Letztlich ist die Implementierung solcher Zulassungsverfahren für BDAI-basierte Kreditscoring-Verfahren im Entwurf der aktuellen KI-Verordnung angelegt, sodass entsprechende Entwicklungen zu erwarten sind und sich in der Praxis zeigen wird, wie die Integrierung dieses neuen Regulierungsansatzes gelingen wird.

5. Die Einrichtung einer staatlichen Unterstützungs- und Überwachungseinheit für Algorithmen könnte Fachbehörden entlasten und zur Etablierung praxisgerechter Mindeststandards beitragen

Die Regulierung von Algorithmen stellt sich als Querschnittsmaterie dar, die den Kompetenzbereich unterschiedlicher Fachbehörden betrifft, qualifizierten Sachverstand erfordert und mit fortlaufenden technologischen Neuerungen mithalten muss. Dieser Beitrag hat aufgezeigt, inwieweit sich insoweit Parallelen zum Regelungskomplex der informationstechnologischen Sicherheit ergeben, bei dem das BSI eine besondere Rolle als Unterstützungs- und Überwachungseinheit spielt. Einige Kompetenzbereiche und Tätigkeitsfelder des BSI, insbesondere bei der Unterstützung von Fachbehörden mit qualifiziertem Sachverstand und der Etablierung und Anpassung von technischen Mindeststandards, die gemeinsam mit den beteiligten Fachbehörden und Interessenvertretern praxisgerecht erarbeitet werden, könnten einer entsprechenden Behörde für Algorithmenbehörde als Vorbild dienen.

Letztlich ist begrüßenswert, dass auf europäischer und nationaler Ebene das Bewusstsein besteht, dass KI-Systeme und insbesondere deren Verwendung in der Finanzbrache eine brisante regelungsbedürftige Materie darstellt. Dieses Bewusstsein manifestiert sich in diversen Regulierungsbemühungen, insbesondere in Form des Entwurfs der KI-Verordnung. Allerdings vermittelt das aktuell bestehende Regulierungsgeflecht, welches im Falle der BDAI-basierten Kreditvergabe Anwendung finden sollte, eher den Eindruck, ein „fragmentiertes Gesamtpanorama" darzustellen. Dies ist unter anderem eine Folge davon, dass die Spezifika der technologisierten Kreditvergabe unter allgemeingültige Regelungen subsumiert werden müssen, die wie im Falle der DSGVO teilweise noch nicht einmal speziell auf Kreditscoring-Konstellationen zugeschnitten sind. Im Ergebnis führt dies zu Rechtsunsicherheit, Auslegungsschwierigkeiten und Regelungslücken. Perspektivisch wäre daher anzuregen, sektorspezifische Regulierung für Kreditscoring anzustreben, die beispielsweise in den USA vorzufinden ist. Dies erlaubt es, den spezifischen Herausforderungen von Kreditscoring an sich sowie auch, in Kombination mit flexiblen Mindeststandards, den technologiebedingt erweiterten Gefahrenpotenzial effektiv begegnen zu können. Im Ergebnis kann dies nur im Wege eines intensivierten Dialogs zwischen Juristen und Informatikern erreicht werden, da gegenseitiges Verständnis unentbehrlich für effektive und praxisgerechte Regulierung im Technologiekontext sein wird.

Quellenverzeichnis

1. Literatur

Adolff, Johannes / Langenbucher, Katja, Kreditscoring: von Auskunfteien zu künstlicher Intelligenz, in: Festschrift für Gerd Krieger, hrsg. von Michael Hoffmann-Becking und Peter Hommelhoff, München 2020, S. 1–14.

Aggarwal, Nikita, The norms of algorithmic credit scoring, Cambridge Law Journal 2021, 42–73.

Anzinger, Heribert, Rechtskontrolle informeller Verlautbarungen der europäischen Finanzaufsichtsagenturen, RdF 2018, 181–188.

Apel, Simon / Kaulartz, Markus, Rechtlicher Schutz von Machine Learning-Modellen, RDi 2020, 24–34.

Arun, Kumar / Ishan, Garg / Sanmeet, Kaur, Loan Approval Prediction based on Machine Learning Approach, IOSR Journal of Computer Engineering 2016, 18–21 (= Special Issue: NCRTCSIT-2016), online abrufbar unter: https://bit.ly/3IhcfSC (letzter Aufruf am 23.02.2022).

Boos, Karl-Heinz / Fischer, Reinfrid / Schulte-Mattler, Hermann, KWG, CRR-VO, Kommentar, 5. Auflage, München 2016 (zitiert: Boos/Fischer/Schulte-Mattler/*Bearbeiter*).

Runkel, Hans-Peter (Hrsg.) / Bornheimer, Jörg / Westkamp, Mike (Bearb.), Münchener Anwaltshandbuch Insolvenz und Sanierung, 4. Auflage, München 2023 (zitiert: *Bearbeiter*, MAH Insolvenz).

Brink, Stefan / Wolff, Heinrich Amadeus, BeckOK Datenschutzrecht, 38. Edition, Stand: 01.11.2021, München 2021 (zitiert: BeckOK DatenschutzR/*Bearbeiter*).

Bruckner, Matthew A., Regulating Fintech Lending, Banking & Financial Services Policy Report 37 (2018), 1–7.

Bruckner, Matthew A., The Promise and Perils of Algorithmic Lenders' Use of Big Data, Chicago-Kent Law Review 93 (2018), 3–60.

Busche, Daniel, Einführung in die Rechtsfragen der künstlichen Intelligenz, JA 2023, 441–446.

Casper, Matthias / Terlau, Matthias, Zahlungsdiensteaufsichtsgesetz (ZAG), Kommentar, 2. Auflage, München 2020 (zitiert: ZAGKomm/*Bearbeiter*).

Dauses, Manfred / Ludwigs, Markus, Handbuch des EU-Wirtschaftsrechts, 54. Auflage, München 2021.

De Bruyne, Jan / Vanleenhove, Cedric (Hrsg.), Artificial intelligence and the law, Cambridge/Antwerpen/Chicago 2021.

Ebers, Martin (Hrsg.), Nink, David (Bearb.), Stichwort-Kommentar Legal Tech, Baden-Baden 2023 (zitiert: *Bearbeiter*, Stichwort-Kommentar Legal Tech).

Ehmann, Eugen / Selmayr, Martin (Hrsg.), Datenschutz-Grundverordnung, 3. Auflage, München 2024 (zitiert: DS-GVO/*Bearbeiter*).

Feldkamp, Jakob / Kappler, Quirin / Poretschkin, Maximilian / Schmitz, Anna / Weiss, Erik, Rechtliche Fairnessanforderungen an KI-Systeme und ihre technische Evaluation – Eine Analyse anhand ausgewählter Kreditscoring-Systeme unter besonderer Berücksichtigung der zukünftigen europäischen KI-Verordnung, ZfDR 2024, 60–117.

Feldhusen, Claire, „Erhebliche Zweifel" bei der Kreditwürdigkeitsprüfung, BKR 2016, 441–450.

Fischer, Reinfrid / Schulte-Mattler, Hermann (Hrsg.), KWG, CRR – Kommentar zum Kreditwesengesetz, VO (EU) Nr. 575/2013 (CRR) und Ausführungsvorschriften, 6. Auflage, München 2023.

Finanz Colloquium Heidelberg, Arbeitsbuch Neue EBA-Leitlinie Kreditvergabe/-überwachung, Heidelberg 2021 (zitiert: FCH-Arbeitsbuch/*Bearbeiter*).

Fisher, Linda, Target Marketing of Subprime Loans: Racialized Consumer Fraud & Reverse Redlining, Brooklyn Journal of Law and Policy 18 (2009), 101–135.

Füser, Karsten, Intelligentes Scoring und Rating – Moderne Verfahren zur Kreditwürdigkeitsprüfung, Wiesbaden 2001.

Gola, Peter / Heckmann, Dirk, Bundesdatenschutzgesetz: BDSG, Kommentar, 13. Auflage, München 2019 (zitiert: Gola/Heckmann/*Bearbeiter*).

Hacker, Philipp, Europäische und nationale Regulierung von Künstlicher Intelligenz, NJW 2020, 2142–2146.

Hannemann, Ralf / Steinbrecher, Ira / Weigl, Thomas, Mindestanforderungen an das Risikomanagement (Marisk), Kommentar, 5. Auflage, Stuttgart 2019.

Heibel, Christoph Johannes, Kreditwürdigkeitsprüfung im Privatkunden- und Baufinanzierungsgeschäft, Heidelberg 2017.

Herresthal, Carsten, Die Verpflichtung zur Bewertung der Kreditwürdigkeit und zur angemessenen Erläuterung nach der neuen Verbraucherkreditrichtlinie 2008/48/EG, WM 2009, 1174–1180.

Hillmer, Katharina, Daten als Rohstoffe und Entwicklungstreiber für selbstlernende Systeme, Baden-Baden 2021.

Hoeren, Thomas / Sieber, Ulrich / Holznagel, Bernd (Hrsg.), Handbuch Multimedia-Recht, München 2024.

Hopt, Klaus / Binder, Jens-Hinrich / Böcking, Hans-Joachim, Handbuch Corporate Governance von Banken und Versicherungen, 2. Auflage, München 2020.

Hurley, Mikella / Adebayo, Julius, Credit Scoring in the Era of Big Data, Yale J.L. & Tech 18 (2016), 148–216.

Jennen, Angelika / Kersten, Heinrich / Schröder, Klaus-Werner, Sicherheitszertifizierung des BSI, CR 1996, 702–704.

Josten, Ralf, Kreditvertragsrecht, 2. Auflage, München 2017.

Kazemi, Robert, Die EU-Datenschutz-Grundverordnung in der anwaltlichen Beratungspraxis, Bonn 2018.

Krämer, Walter, Die Rechtmäßigkeit der Nutzung von Scorewerten, NJW 2020, 497–502.

Kuschel, Linda / Asmussen, Sven / Golla, Sebastian, Intelligente Systeme – Intelligentes Recht, Hamburg 2021 (zitiert: Kuschel/*Bearbeiter*).

Kühling, Jürgen / Buchner, Benedikt, Datenschutz-Grundverordnung, Bundesdatenschutzgesetz: DS-GVO / BDSG, 3. Auflage, München 2020 (zitiert: Kühling/Buchner/*Bearbeiter*).

Kümpel, Siegfried, Bank- und Kapitalmarktrecht, 5. Auflage, Köln 2019.

Lang, Markus, Anmerkung zu Urteil BGH 6. Zivilsenat, VI ZR 156/13, K&R 2014, 269–274.

Langenbucher, Katja, Diskriminierung bei der Vergabe von Verbraucherkrediten?, BKR 2023, 205–213.

Langenbucher, Katja / Corcoran, Patrick, Responsible AI Credit Scoring – A Lesson from Upstart.com, Digital Finance in Europe: Law,

Regulation and Governance, hrsg. von Emilios Avgouleas / Heikki Marjosola, Berlin 2022, S. 141–180.

Langenbucher, Katja, Responsible A.I.-based Credit Scoring – A Legal Framework, European Business Law Review 31 (2020), 527–572.

Langenbucher, Katja, Zur Regulierung des Kreditscoring, EuZW 2021, 961–962.

Martens, Sebastian, Methodenlehre des Unionsrechts, Tübingen 2013.

Martinek, Michael /Semler, Franz-Jörg / Flohr, Eckhard (Hrsg.), Handbuch des Vertriebsrechts, 5. Auflage, München 2024.

Martini, Mario, Algorithmen als Herausforderung für die Rechtsordnung, JZ 2017, 1017–1025.

Martini, Mario, Blackbox Algorithmus – Grundfragen einer Regulierung Künstlicher Intelligenz, Berlin 2019.

Martini, Mario / Wendehorst, Christiane (Hrsg.), KI-VO: Verordnung über Künstliche Intelligenz, Kommentar, München 2024.

Müller-Gugenberger, Christian / Gruhl, Jens / Hadamitzky, Anke, Wirtschaftsstrafrecht – Handbuch des Wirtschaftsstraf- und -ordnungswidrigkeitenrechts, 7. Auflage, Köln 2020.

Paal, Boris / Pauly, Daniel, Datenschutz-Grundverordnung, Bundesdatenschutzgesetz, Kommentar, 3. Auflage, München 2021 (zitiert: Paal/Pauly/*Bearbeiter*).

Reischauer, Friedrich / /Kleinhans, Joachim, Kreditwesengesetz, Kommentar, Loseblattwerk, 19. Auflage, Berlin, Mai 2020.

Rolfes, Bern / Emse, Cordula, Interne Rating-Verfahren zur Bonitätsklassifizierung, DStR 2001, 316–324.

Rösler, Patrick / Werner, Stefan, Erhebliche Neuerungen im zivilen Bankrecht: Umsetzung von Verbraucherkredit- und Zahlungsdiensterichtlinie – Überblick über den Umsetzungsbedarf in der Bankpraxis anhand der vorliegenden Gesetzesentwürfe, BKR 2009, 1–10.

Säcker, Franz Jürgen / Rixecker, Roland / Oetker, Hartmut / Limperg, Bettina, Münchener Kommentar zum Bürgerlichen Gesetzbuch: BGB, 8. Auflage, München 2019 (zitiert: MüKoBGB/*Bearbeiter*).

Schallbruch, Martin, Neue Rechtslage im IT-Sicherheitsrecht (Teil II), CR 2021, 516–523.

Schimansky, Herbert / Bunte, Hermann-Josef / Lwowski, Hans-Jürgen, Bankrechts-Handbuch, 5. Auflage, München 2017.

Schneider, Uwe, Ist die Annahme von Gesellschafterdarlehen ein „erlaubnisbedürftiges Bankgeschäft"?, DB 1991, 1865–1869.

Schwennicke, Andreas / Auerbach, Dirk, Kreditwesengesetz (KWG) mit Zahlungsdiensteaufsichtsgesetz (ZAG), 4. Auflage, München 2021.

Simitis, Spiros / Hornung, Gerrit / Spiecker, Indra, Datenschutzrecht, DSGVO, Kommentar, Baden-Baden 2019.

Skorjanc, Ziga, CB-Beitrag: Automatisierte Kreditentscheidungen, CB 2020, 70–74.

Taeger, Jürgen / Gabel, Detlev, DSGVO – BDSG – TTDSG, 4. Auflage, Frankfurt am Main 2022 (zitiert: Taeger/Gabel/*Bearbeiter*)

Ukrow, Jörg, VG Wiesbaden: EuGH-Vorlage wegen SCHUFA-Scoring, ZD-Aktuell 2021, 05554.

Veil, Rüdiger, Aufsichtskonvergenz durch „Questions and Answers" der ESMA, ZBB 2018, 151–166.

VG Wiesbaden, Beschluss vom 01.10.2021 – 6 K 788/20.WI, BKR 2021, 782 (Vereinbarkeit des Schufa-Scoring mit DSGVO).

Voigt, Paul, IT-Sicherheitsrecht – Pflichten und Haftung im Unternehmen, 2. Auflage, München 2021.

Von Graevenitz, Albrecht, Mitteilungen, Leitlinien, Stellungnahmen – Soft Law der EU mit Lenkungswirkung, EuZW 2013, 169–173.

Von Graevenitz, Albrecht, Wider die Verrechtlichung von soft law der Europäischen Kommission, ZRP 2019, 75–78.

Wörner, Thorsten, Rechtlich weiche Verhaltenssteuerungsformen Europäischer Agenturen als Bewährungsprobe der Rechtsunion, Tübingen 2017.

2. Rechtstexte

BaFin, Kreditinstitute unter BaFin – bzw. EZB-Aufsicht, online abrufbar unter: https://www.bankingsupervision.europa.eu/framework/supervised-banks/html/index.de.html (letzter Aufruf am 24.02.2022).

BaFin, Merkblatt Kreditgeschäft, Stand: 02.05.2016, online abrufbar unter: https://bit.ly/3scgbhY (letzter Aufruf am 23.02.2022).

BaFin, Rundschreiben 10/2017 (BA), Bankaufsichtliche Anforderungen an die IT (BAIT), Stand: 16.08.2021, online abrufbar unter: https://bit.ly/3BOQAPt (letzter Aufruf am 24.02.2022).

BaFin, Rundschreiben 10/2021, Mindestanforderungen an das Risikomanagement – MaRisk, Stand: 05.11.2021, online abrufbar unter: https://www.bafin.de/SharedDocs/Downloads/EN/Rundschreiben/dl_rs_0523_marisk_ba_en.html (letzter Aufruf am 23.02.2022) (zitiert: MaRisk).

European Banking Authority, EBA Guidelines on creditworthiness assessment, EBA/GL/2015/11, Stand: 19.08.2015, online abrufbar unter: https://bit.ly/34XJUmd (letzter Aufruf am 24.02.2022).

European Banking Authority, Guidelines on loan origination and monitoring, EBA/GL/2020/06, Stand: 29.05.2020, online abrufbar unter: https://bit.ly/3t3R4gr (letzter Aufruf am 23.02.2022).

European Banking Authority, Guidelines on management of non-performing and forborne exposures, EBA/GL/2018/06, Stand: 31.10.2018, online abrufbar unter: https://bit.ly/33Kz426 (letzter Aufruf am 24.02.2022).

Europäische Kommission, Vorschlag für eine Verordnung des Europäischen Parlaments und des Rates zur Festlegung harmonisierter Vorschriften für Künstliche Intelligenz (Gesetz über Künstliche Intelligenz) und zur Änderung bestimmter Rechtsakte der Union, KOM(2021) 206 final.

Europäische Kommission, Vorschlag für eine Richtlinie des europäischen Parlaments und des Rates über Verbraucherkredite, KOM(2021) 347 final.

3. Sonstiges

BaFin, Erläuterungen zum Rundschreiben 10/2021 (BA) – Mindestanforderungen an das Risikomanagement (MaRisk), Stand: 16.08.2021, online abrufbar unter: https://bit.ly/3t39COb (letzter Aufruf am 24.02.2022).

BaFin, Fachartikel, BaFin amends its BAIT, 14.10.2021, online abrufbar unter: https://bit.ly/3JNIKZa (letzter Aufruf am 24.02.2022).

BaFin, Big data and artificial intelligence: Principles for the use of algorithms in decision-making processes. 15.06.2021, online abrufbar unter: https://www.bafin.de/SharedDocs/Downloads/

EN/Aufsichtsrecht/dl_Prinzipienpapier_BDAI_en.html (letzter Aufruf am 20.03.2026).

BaFin, Fachartikel, Mindestanforderungen an das Risikomanagement der Banken, 16.08.2021, online abrufbar unter: https://bit.ly/3IkJSmA (letzter Aufruf am 24.02.2022).

BaFin, Fachartikel, Rolle der Aufsicht bei der Verwendung von Kreditscores, 20.03.2019, online abrufbar unter: https://www.bafin.de/SharedDocs/Downloads/DE/BaFinJournal/2019/bj_1903.pdf?__blob=publicationFile&v=5 (letzter Aufruf am 24.02.2022).

BaFin, Konsultation 11/21, Diskussionspapier: Maschinelles Lernen in Risikomodellen – Charakteristika und aufsichtliche Schwerpunkte, online abrufbar unter: https://bit.ly/3h7qqxZ (letzter Aufruf am 23.02.2022).

BaFin, Pressemitteilung, Anforderungen an die IT von Banken (BAIT), 06.11.2017, WPg 2017, 1391.

BaFin, Studie, Big Data trifft auf künstliche Intelligenz – Herausforderungen und Implikationen für Aufsicht und Regulierung von Finanzdienstleistungen, online abrufbar unter: https://bit.ly/3vrh9cv (letzter Aufruf am 23.02.2022).

Bafin, Publikationen und Daten, Reden zur Jahrespressekonferenz der BaFin 2018, 03.05.2018, online abrufbar unter: https://www.bafin.de/SharedDocs/Downloads/DE/Jahresbericht/dl_jb_2018.pdf?__blob=publicationFile&v=6 (letzter Aufruf am 24.02.2022).

Bank of England, Financial Conduct Authority, Machine learning in UK financial services, S. 6, online abrufbar unter: https://bit.ly/3Ii98ds (letzter Aufruf am 23.02.2022).

Bank for International Settlements, BIS Working Papers, Big data and machine learning in central banking, online abrufbar unter: https://bit.ly/3h7K3FY (letzter Aufruf am 23.02.2022).

Bertelsmann Stiftung, Arbeitspapier, Damit Maschinen den Menschen dienen, online abrufbar unter: https://bit.ly/3t1sQUd (letzter Aufruf am 23.02.2022).

Bertelsmann Stiftung, Arbeitspapier, Wo Maschinen irren können – Verantwortlichkeiten und Fehlerquellen in Prozessen algorithmischer Entscheidungsfindung, online abrufbar unter: https://bit.ly/3hbNk7o (letzter Aufruf am 23.02.2022).

Bundesamt für Sicherheit in der Informationstechnik und *Bundesministerium für Wirtschaft und Energie*, Standardisierungsstrategie zur sektorübergreifenden Digitalisierung nach dem Gesetz zur Digitalisierung der Energiewende, 29.01.2019, online abrufbar unter: https://www.bsi.bund.de/SharedDocs/Downloads/DE/BSI/SmartMeter/standardisierungsstrategie.html (letzter Aufruf am 24.02.2022).

Bundesministeriums des Innern, Referentenentwurf, Entwurf eines Gesetzes zur Erhöhung der Sicherheit informationstechnischer Systeme (IT-Sicherheitsgesetz), online abrufbar unter: https://bit.ly/3BQnHlL (letzter Aufruf am 24.02.2022).

Daldrup, Andre und Gehrke, Nick, Arbeitsbericht des Instituts für Wirtschaftsinformatik, Automatisierte Ratenkreditvergabe im Privatkundengeschäft mit risikoadjustierten Konditionen, online abrufbar unter: https://bit.ly/3BIysGV (letzter Aufruf am 23.02.2022).

Datenethikkommission, Gutachten, 23.10.2019, online abrufbar unter: https://bit.ly/36Iee4R (letzter Aufruf am 24.02.2022).

Dentons, The EBA's loan origination guidelines – taking a closer look at the road to June 2021 and beyond, online abrufbar unter: https://www.dentons.com/-/media/pdfs/insights/2020/november/eba_loan_origination_guidelines.pdf (letzter Aufruf am 24.02.2022).

Deutsche Bundesbank, Policy Discussion Paper – The Use of Artificial Intelligence and Machine Learning in the Financial Sector, S. 4, online abrufbar unter: https://bit.ly/3v5NG7E (letzter Aufruf am 23.02.2022).

Die Deutsche Kreditwirtschaft, Stellungnahme zu dem Vorschlag für eine Verordnung des Europäischen Parlaments und des Rates zur Festlegung harmonisierter Vorschriften für künstliche Intelligenz (Gesetz über künstliche Intelligenz) und zur Änderung bestimmter Rechtsakte der Union, online abrufbar unter: https://bit.ly/3hbEiHu (letzter Aufruf am 23.02.2022).

Europäische Kommission, Europäische Gruppe für Ethik der Naturwissenschaften und der Neuen Technologien, Erklärung zu künstlicher Intelligenz, Robotik und „autonomen" Systemen, März 2018, online abrufbar unter: https://bit.ly/3ticO8u (letzter Aufruf am 28.02.2022).

Europäische Kommission, Mitteilung der Kommission an das Europäische Parlament, den Europäischen Rat, den Rat, den Europäischen

Wirtschafts- und Sozialausschuss und den Ausschuss der Regionen, Koordinierter Plan für künstliche Intelligenz, KOM(2018) 795 final, online abrufbar unter: https://bit.ly/3JRaZGh (letzter Aufruf: 24.02.2022).

Europäische Kommission, Mitteilung der Kommission an das Europäische Parlament, den Europäischen Rat, den Rat, den Europäischen Wirtschafts- und Sozialausschuss und den Ausschuss der Regionen, Schaffung von Vertrauen in eine auf den Menschen ausgerichtete künstliche Intelligenz, KOM(2019) 168 final, online abrufbar unter: https://bit.ly/3hdCIVC (letzter Aufruf am 24.02.2024).

Europäische Kommission, Weißbuch, Zur Künstlichen Intelligenz – ein europäisches Konzept für Exzellenz und Vertrauen, COM(2020) 65 final, online abrufbar unter: https://bit.ly/3JVUYPz (letzter Aufruf 24.02.2022).

European Banking Authority, Consultation Paper – Draft Guidelines on loan origination and monitoring, EBA/CP/2019/04, Juni 2019, online abrufbar unter: https://bit.ly/3vk0esh (letzter Aufruf am 24.02.2022).

European Banking Authority, EBA-Leitlinien für das Management von IKT- und Sicherheitsrisiken, EBA/GL/2019/04, November 2019, online abrufbar: https://bit.ly/3t7M8Hw (letzter Aufruf am 24.02.2022).

European Banking Authority, EBA Report on Big Data and Advanced Analytics, EBA/REP/2020/01, Januar 2020, online abrufbar unter: https://bit.ly/3t75mwU (letzter Aufruf am 24.02.2022).

European Banking Authority, Explanatory note on the EBA's comprehensive approach to loan origination, online abrufbar unter: https://bit.ly/3sghcG0 (letzter Aufruf am 24.02.2022).

European Banking Authority, Guidelines compliance table, EBA/GL/2020/06, Stand: 21.02.2022, online abrufbar unter: https://bit.ly/3hacMKr (letzter Aufruf am 24.02.2022).

European Banking Authority, Summary of the responses received to the consultation and the EBA's analysis, Stand: 29.05.2020, EBA/GL/2020/06, online abrufbar unter: https://bit.ly/36CSuap (letzter Aufruf am 24.02.2022).

Europäische Kommission, Weissbuch, Zur Künstlichen Intelligenz – ein europäisches Konzept für Exzellenz und Vertrauen, COM(2020) 65 final, online abrufbar unter: https://bit.ly/33JMw6z (letzter Aufruf am 23.02.2022).

Fachgruppe Rechtsinformatik der Gesellschaft für Informatik e.V. im Auftrag des Sachverständigenrats für Verbraucherfragen, Studie, Technische und rechtliche Betrachtungen algorithmischer Entscheidungsverfahren, online abrufbar unter: https://gi.de/fileadmin/GI/Allgemein/PDF/GI_Studie_Algorithmenregulierung.pdf (letzter Aufruf am 23.02.2022).

Fraunhofer-Institut für Intelligente Analyse- und Informationssysteme (IAIS), Vertrauenswürdiger Einsatz von Künstlicher Intelligenz, online abrufbar unter https://www.iais.fraunhofer.de/content/dam/iais/publikationen/studien-und-whitepaper/2019/Whitepaper_KI-Zertifizierung.pdf (letzter Aufruf am 23.02.2022).

Höttges, Timotheus, *„Überall Glasfaser? Das ist Quatsch!“, in: Frankfurter Allgemeine Sonntagszeitung vom 10.10.2021, Nr.* 40.

Kastrop, „Vertrauenswürdige KI-Systeme sind ein Markenzeichen und werden uns im Wettbewerb mit Asien langfristig Vorteile bringen“; Handelsblatt-Artikel vom 07.09.2021, online abrufbar unter: https://bit.ly/3hg0O1Y (letzter Aufruf am 24.02.2022).

Koalitionsvertrag zwischen CDU, CSU und SPD, Ein neuer Aufbruch für Europa – Eine neue Dynamik für Deutschland – Ein neuer Zusammenhalt für unser Land, 19. Legislaturperiode, online abrufbar unter: https://bit.ly/3pfXIiR (letzter Aufruf am 24.02.2022).

Krals, Ursula, „Das Verständnis für Geräte fehlt“, in: Frankfurter Allgemeine Zeitung vom 30.11.2021, online abrufbar unter: https://www.faz.net/aktuell/karriere-hochschule/hoersaal/didaktiker-malte-persike-drei-dinge-gegen-die-angst-vor-ki-17659605.html (letzter Aufruf am 20.03.2026).

Mangelsdorf, Axel / Gabriel, Peter / Weimer, Martin, Institute for Innovation and Technology, Working Paper Nr. 58, Die Zertifizierung von KI: Mehr Sicherheit für alle – oder unnötiger Ballast?, online abrufbar unter: https://bit.ly/3t3SKqj (letzter Aufruf am 24.02.2022).

McKinsey & Company, Artikel, „The lending revolution: How digital credit is changing banks from the inside“, online abrufbar unter: https://bit.ly/3p8oARy (letzter Aufruf am 23.02.2022).

Memorandum of Understanding zur Förderung der Informationssicherheit von Verbraucherinnen und Verbrauchern zwischen dem Bundesamt für Sicherheit in der Informationstechnik (BSI) und der Verbraucherzentrale NRW, 01.03.2017, online abrufbar unter: https://bit.ly/3t4mJyC (letzter Aufruf am 24.02.2022).

Sachverständigenrat für Verbraucherfragen beim Bundesministerium der Justiz und für Verbraucherschutz, Gutachten, Digitale Souveränität, 2017, online abrufbar unter: https://www.svr-verbraucherfragen.de/digitale-souveraenitaet/ (letzter Aufruf am 24.02.2024).

Sachverständigenrat für Verbraucherfragen beim Bundesministerium der Justiz und für Verbraucherschutz, Verbrauchergerechtes Scoring, 2018, online abrufbar unter: https://www.svr-verbraucherfragen.de/verbrauchergerechtes-scoring/ (letzter Aufruf am 24.02.2022).

Sachverständigenrat für Verbraucherfragen beim Bundesministerium der Justiz und für Verbraucherschutz, Verbraucher-Scoring aus Sicht des Datenschutzrechts, 2018, online abrufbar unter: https://bit.ly/3suI6tT (letzter Aufruf am 28.02.2022).

The Royal Society, Explainable AI: the basics, Policy Briefing, November 2019, S. 6, online abrufbar unter: https://bit.ly/3LTqVto (letzter Aufruf am 23.02.2022).

Wahlster, Wolfgang / Winterhalter, Christoph, DIN e.V., DKE Deutsche Kommission Elektrotechnik, Deutsche Normungsroadmap Künstliche Intelligenz, Stand: November 2020, online abrufbar unter: https://bit.ly/3LXoIgy (letzter Aufruf am 24.02.2022).

www.ingramcontent.com/pod-product-compliance
Ingram Content Group UK Ltd.
Pitfield, Milton Keynes, MK11 3LW, UK
UKHW021927290926
8980IPUK00016B/1503

9 783631 934869